The Blue Book on the Adjustment of Industrial Structure in China(2013–2014)

2013－2014年中国工业结构调整

蓝皮书

中国电子信息产业发展研究院　编　著

主　编／王　鹏
副主编／李　燕

人民出版社

责任编辑：邵永忠

图书在版编目（CIP）数据

2013～2014年中国工业结构调整蓝皮书 / 王鹏 主编；
中国电子信息产业发展研究院 编著 .—— 北京：人民出版社，2014.6
ISBN 978-7-01-013585-4

Ⅰ.①2… Ⅱ.①王…②中… Ⅲ.①工业结构调整—
白皮书—中国—2013～2014 Ⅳ.①F421
中国版本图书馆 CIP 数据核字（2014）第 103239 号

2013-2014年中国工业结构调整蓝皮书
2013-2014NIAN ZHONGGUO GONGYE JIEGOU TIAOZHENG LANPISHU

中国电子信息产业发展研究院　编著
王　鹏　主编

人 民 出 版 社 出版发行
（100706　北京市东城区隆福寺街 99 号）

北京艺辉印刷有限公司印刷　新华书店经销

2014 年 6 月第 1 版　2014 年 6 月第 1 次印刷
开本：787 毫米 × 1092 毫米　16 开　印张：23
字数：386 千字

ISBN 978-7-01-013585-4　定价：78.00 元

邮购地址　100706　北京市东城区隆福寺街 99 号
人民东方图书销售中心　电话（010）65250042　65289539

代　序

以改革创新精神奋力开创新型工业化发展新局面
——中国工业和信息化发展系列蓝皮书

近年来，在党中央、国务院的正确领导下，经过全行业的共同努力，我国工业和信息化保持持续健康发展。工业经济总体规模持续扩大，综合实力明显增强，产业结构调整取得新进展，企业创新能力不断提升，信息化和工业化融合深入推进。工业和信息化发展有力地带动了国内其他产业的创新发展，在促进国民经济增长、调整优化经济结构、扩大城乡就业以及改善人民生活质量等方面发挥了巨大作用，推动了我国工业化、信息化、城镇化、农业现代化进程。

当前，我国工业和信息化发展已经进入到新阶段，国内外环境正在发生广泛而深刻的变化，既有难得的机遇和有利条件，也面临着诸多可以预见和难以预见的困难、风险和挑战。去年底的中央经济工作会议和今年的全国"两会"，对今年经济工作作出了全面部署，强调要坚持稳中求进工作总基调，把改革创新贯穿于经济社会发展各个领域各个环节，切实提高经济发展质量和效益，促进经济持续健康发展、社会和谐稳定。工业和信息化系统要认真学习、深刻领会和全面贯彻落实党中央、国务院决策部署，紧紧围绕"稳中求进、改革创新"的核心要求，着力激发市场主体活力，着力强化创新驱动，着力推进两化深度融合，不断在转型升级、提质增效上迈出新步伐，努力保持工业和信息化持续健康发展，奋力开创新型工业化事业发展新局面。

一是要以深化改革激发市场活力。按照中央部署要求，以使市场在资源配置中起决定性作用和更好发挥政府作用为核心，处理好政府与市场的关系，积极推进重点领域和关键环节改革取得实质性进展，释放改革红利，激发市场主体活力。

当前的重点，是要加快深化行政审批制度改革，转变政府职能，创新管理方式，鼓励引导民间资本进一步进入电信、军工等领域，推动清理和废除对非公有制经济各种形式的不合理规定。同时，认真履行行业管理职责，积极主动作为，及时反映行业、企业情况和诉求，协调推进国有企业、财税、金融、资源性产品价格等领域改革，强化产业对外合作，推动制造业扩大对外开放。要注重加强组织领导，加强调查研究，加强督促检查，严格落实责任，细化完善方案和措施，确保工业和信息化领域改革开好局、起好步。

二是要以扩大内需增强发展内生动力。坚持把优化供给和培育需求结合起来，扩大消费需求，改善供给质量，优化投资结构，使工业发展建立在内需持续扩大的基础上。要着力提高工业产品供给水平，加强质量品牌建设，优化工业产品供给，满足居民对大宗耐用消费品及新兴消费领域产品的需求。要大力培育发展信息消费，支持4G加快发展，全面推进三网融合，鼓励移动互联网新技术新业务发展，加快移动智能终端、智能电视、北斗导航终端、智能语音软件研发应用和电子商务发展，抓好信息消费试点市和智慧城市试点。高度重视解决小微企业发展面临的困难和问题，狠抓政策完善和落实，切实减轻企业负担，进一步激发民间投资活力。同时，充分利用"两个市场、两种资源"，落实好各项政策，巩固和扩大国际市场份额，积极开拓海外市场

三是要以调整优化结构提升发展质量和效益。坚持进退并举、有保有压，加快调整产业结构，提升产业素质和竞争优势。改造提升传统产业方面，要加强企业技术改造，提高并严格执行能耗、环保和安全等行业准入标准，着力化解产能严重过剩矛盾，加快淘汰落后产能，推进企业兼并重组，强化工业节能减排，加快航空、卫星及应用、轨道交通、海洋工程、智能制造等领域重大技术装备研制和技术开发。发展壮大战略性新兴产业方面，要推动健全完善体制机制，着力突破关键核心技术，强化市场培育，在新一代移动通信、集成电路、物联网、大数据、先进制造、新材料等方面赶超先进，引领未来产业发展。同时，要大力促进制造业与服务业融合发展，开展制造业服务化试点示范，加快发展工业设计、现代物流、信息技术服务等面向工业的生产性服务业。

四是要以创新驱动提升产业核心竞争力。坚持把创新驱动作为新型工业化发展的原动力，紧紧抓住增强自主创新这个关键环节，协调推进科技体制改革，促

进科技与经济紧密结合，推动我国工业向全球价值链高端跃升。当前，要加快健全技术创新市场导向机制，强化企业创新主体地位，落实促进企业创新的财税政策，推动扩大研发费用加计扣除范围，研究实施设备加速折旧政策，改进财政补助方式，鼓励企业设立研发机构，推动建设企业主导的产业创新联盟。要依托国家科技重大专项、重大创新发展工程和应用示范工程，结合实施工业强基工程，加大技术攻关力度，力争在信息技术、智能制造、节能环保、节能与新能源汽车等领域，突破一批重大关键核心技术和共性技术，推进科技成果转化和产业化，加快新技术新产品新工艺研发应用，抢占产业发展制高点。

五是要以两化深度融合提升发展层次和水平。适应新科技革命和产业变革趋势和要求，积极营造良好环境，汇聚政策资源，激发企业行业内在动力，促进信息网络技术广泛深入应用。要尽快建立和推广企业两化融合管理体系标准，发布两化融合管理体系基本要求和实施指南，选择部分企业开展贯标试点。要促进信息技术与制造业融合创新，推进智能制造生产模式的集成应用，开发工业机器人等智能基础制造装备和成套装备，推进智能装备、工业软件在石化、机械加工等行业示范应用。要加强重点领域智能监测监管体系建设，提高重点高危行业安全生产水平、重点行业能源利用智能化水平。同时，要加快信息网络基础设施建设，全面落实"宽带中国"战略，大力发展信息技术产业，切实维护网络与信息安全，为两化融合提供有力支撑和保障。

推进工业和信息化转型升级、提质增效、科学发展，既是当前紧迫性的中心工作，也是长期性艰巨任务。工业和信息化系统要更加紧密地团结在以习近平同志为总书记的党中央周围，坚持走新型工业化道路，以改革创新精神，求真务实，开拓进取，狠抓落实，不断以良好成效在建设工业强国征程中迈出坚定步伐，为全面建成小康社会、实现中华民族伟大复兴中国梦做出新的更大贡献。

工业和信息化部部长 苗圩

2014 年 5 月 4 日

3

前　言

离二○二○年我国基本实现工业化还有多远？

金融危机爆发后，发达国家的再工业化战略以及复兴制造业的系列政策，引出了两个颇具理论价值和现实意义的问题：

一是后工业化阶段的再工业化问题。按照诸多经济学家对经济发展阶段和工业化阶段的划分，现代经济增长不仅是工业替代农业的过程，而且也会随后出现服务业替代工业的过程，这一过程基本上是单方向的。应该说，该理论对许多国家经济政策产生了重要影响。而当前已经处在后工业化阶段的发达国家重提再工业化（实际上美国早在上世纪60年代曾经开展再工业化的讨论），既是对其工业化政策的反思，也是对经济理论界提出的新课题。

二是三次产业结构的标准模式问题。我们在进行三次产业结构国际比对分析时，往往设定了以发达国家为参考的标准或理想模式。金融危机爆发后，发达国家试图提升制造业地位的努力，是对金融等虚拟经济脱离实体经济发展的纠偏，也验证了三次产业结构并不存在标准模式。美国服务业比例超过70%是以市场边界远超本土范围、凭借其竞争力服务于全球市场为前提的，美国制造业增加值规模也仅在2010年被中国所超越。诚然，我国的服务业发展滞后，但对三次产业结构问题的分析，需要在更深层次上展开，而不能停留在简单的国际对比。

这两个问题的提出，对我国工业的定位、发展环境和政策制定极具现实意义。当前，我国经济处在增速换挡、结构调整阵痛的"双期叠加"，在相当程度上也是工业领域结构性矛盾的宏观表现。工业领域亟待实现驱动力量和比较优势的"双转换"，需要用供给侧的结构性政策解决其结构性问题。

摸清现状是开展一切工作的基础。与党的十八大的目标要求相比，就目前工业结构的现状而言，存在的差距突出表现为：制造业大而不强，产业层次偏低。现代服务业发展滞后，生产性服务业水平不高，尚未形成对产业结构优化升级的有力支撑。产业组织结构不合理，缺乏大企业大集团和知名品牌，生产集中度较低，过于分散。一般加工工业和资源密集型产业比重大，高新技术产业发展不足，规模以上工业企业高技术产业总产值仅占工业总产值的10.47%，其主导产业地位和优势远未发挥出来。落后产能约占15%-20%，部分行业产能明显过剩。区域发展不平衡，现有的产业布局需要进一步调整优化。

产业价值链提升和产业结构的重构将贯穿于工业结构调整和工业化发展的全过程。围绕二〇二〇年基本实现工业化的目标，必须改善需求结构、优化产业结构、加快提升产业价值链，促进区域协调发展，应从以下几个方面着力：

一是培育壮大战略性新兴产业。加强新兴产业重大共性关键技术研发及产业化融资扶持。支持行业骨干企业整合产业链创新资源，促进新技术、新产品的工程化、产业化，推进产业链整体发展。推动企业与高等学校、科研院所等构建技术创新联盟，提高协同创新能力。依托产业链优势单位联合相关科研机构、企业及投资者，建立涵盖全产业链的开放性技术创新平台。通过试点示范、经验推广的方式，引导需求，加快新兴产业市场培育。发挥国家重大科技专项引领支撑作用，尽快实现关键、核心、重大技术突破。促进新兴产业规模化发展。立足现有企业和产业基础，实施产业链升级工程，促进重大关键技术突破和产业化。选择技术路径清晰、产业发展方向明确的产业或技术，加强资源统筹配置，引导上、中、下游相关产业自主跟进，推动创新要素向区域特色产业集聚，促进产业集聚发展。

二是加快发展先进制造业。优先支持先进制造装备的发展。发展以数字化、自动化技术为基础的重大先进基础机械和装备，如高性能精密机床、数控机床（NC）、柔性制造单元（FMC）、大规模集成电路及电子制造设备等工业"母机"。重点支持技术外溢性强，需求带动明显的复杂产品系统。发展轨道交通、航空航天装备、通信、互联网基础设备等重大产品和基础设备设施，提升重点领域的产品技术水平。推动先进制造业组织形式和商业模式创新。鼓励企业参与全球竞争与国际分工，利用全球制造网络，发挥创新的杠杆作用，谋划"设计＋生产＋服务"高度专业化和分工协作的全球高附加值制造商业模式。

三是大力发展生产性服务业。围绕促进工业转型升级和加快工业化进程，推动生产性服务业向中、高端发展。紧密结合信息技术、网络技术引发的企业经济形态和增长模式的变化，实现由厂商为中心、大规模生产、大规模营销和低成本竞争的模式向以消费者为中心、个性化生产和营销、准确化服务的模式转变。大力发展工业设计及研发服务、信息服务及外包等生产性服务业，为制造业转型升级提供有力支撑。把握全球制造业服务化发展最新趋势，明确加快推进我国制造业服务化主攻方向，增进制造业与服务业融合，加快由"生产型制造"向"服务型制造"转变，延伸产业价值链。

四是加强企业技术改造。实施传统产业升级改造工程。通过增量投入带动存量调整，加快新技术、新工艺、新装备、新材料的推广和应用，推动工业整体素质跃上新台阶。建立企业技术改造长效机制。突出重点行业和关键领域技术改造。加强基础软件、关键零部件、重大装备、先进工业技术、信息安全等关系国计民生的关键领域技术升级。加大对公共服务平台、质量品牌、高端装备提升、装备信息化等转型升级关键环节的支持。

五是加快调整优化重大生产力布局。加快推动资源要素合理流动，促进形成合理产业分工体系。贯彻国家区域发展战略，走中国特色新型工业化道路，强化产业分工，推动区域合作，引导产业有序转移，全面构建特色鲜明、集约高效、具有核心竞争力和可持续发展能力的区域工业发展体系。引导东部地区腾出空间发展高端产业，推动中西部地区承接国内外产业转移，提升产业水平，发展特色产业，形成比较优势，促进区域协调发展。

应该看到，我国工业结构调整面临的国内外形势发生了深刻变化，工业结构调整的内涵和外延与之前也有很大差别。世界经济发展的不确定性、不稳定性上升，全球需求结构呈现新变化，各国纷纷加大新技术和新应用的支持力度，由此带来了3D打印、工业机器人、节能环保、新一代信息技术等新兴产业的加速发展。新一轮科技和产业革命渐行渐近，云计算、物联网、大数据和移动互联网成为新的商业基础设施，全球生产组织模式可能发生颠覆性变革，发达国家蓄势占优和新兴经济体追赶比拼的调整意图凸显。国内经济结构正面临深刻调整，需求增势逐步放缓，制造业投资回报率偏低。资源环境约束进一步强化，要素成本上涨已对中国制造的产业竞争力产生实质性影响。工业自身的一些深层次矛盾和结构性问题尚未解决。可以说，我国工业结构调整面临的难题和挑战前所未有，优化工业结构进入了攻坚期和深水区。未来一段时期，如果把握不好，有可能失去全球制造中心的地位，错过全球新一轮技术和产业革命的历史机遇。必须以改革创新的思路和办法去解决工业结构调整中的难题和挑战。

赛迪智库产业政策研究所编写的《2013—2014年中国工业结构调整蓝皮书》，详细分析了新世纪以来我国工业结构变动的情况，系统总结了2013年我国工业结构调整的主要进展，对国家推动工业结构调整的产业政策进行了较为系统的梳理，并结合当前存在的问题和面临的挑战，研究提出2014年加快推进工业结构调整的政策措施建议。本书对各级工业主管部门推进工业结构调整具有重要的参考借鉴价值，相信各位读者一定能够从中有所收获。

工业和信息化部产业政策司司长

2014年4月

目　录

行业篇

展 望 篇

综述篇

第一章　工业结构演变的基本规律

工业是国民经济的主导，工业结构是经济结构的重要组成部分，它对一个国家或地区的国民经济和社会发展的质量效益和总体水平具有深远影响。调整优化工业结构是我国经济转方式、调结构的一个关键环节。合理的工业结构将为我国高水平实现工业化提供保障。

第一节　工业结构演变的一般规律

国内外诸多经济学家对工业结构的演进过程都有过深入的研究，从不同角度总结出工业结构演变的一般规律。如配第—克拉克的三次产业结构变动规律、钱纳里标准产业结构和工业化阶段理论、霍夫曼轻重工业结构变动规律、主导产业变动规律、工业革命与工业结构演变规律等，为我国工业结构调整提供了方向和理论支撑。

一、三次产业变动的规律

英国古典经济学家威廉·配第在《政治算术》中指出"工业的收益比农业多得多，而商业的收益又比工业多得多，不同产业间相对收入差异，会促使劳动力向高收入的产业转移，这种转移对经济发展有利"[1]。威廉·配第的这一理论为三次产业比重变动规律的提出奠定了基础。在配第研究的基础上，英国经济学家和统计学家科林·克拉克进一步研究了产业结构的变化情况，总结出三次产业结构

---

[1]　威廉·配第：《经济著作选集》，商务印书馆1981年版，第19页。

的变动规律。三次产业结构一般会按照"一、二、三"结构——"二、一、三"结构——"三、二、一"结构的顺序转化。第一阶段，第一产业增加值比重最大、就业人数最多，第二产业次之，第三产业处于发展的初级阶段，增加值占比最低。第二阶段，第二产业增加值、就业人数比重不断扩大，超过第一产业，第三产业发展速度加快，增加值占比明显提高，但仍低于第一产业。第三阶段，第三产业增加值、就业人数比重继续上升，超过第二产业，第一产业增加值和就业人数比重降为最低[1]。即随着全社会人均国民收入水平的提高，就业人口会首先由第一产业向第二产业转移；人均国民收入水平进一步提高时，就业人口将大量向第三产业转移。工业按照划分属于第二产业，产业结构朝着轻工业向基础型重化工业，再向高加工度重化工业的方向发展，进而再向先进制造业、环保型工业方向演进。

二、工业化发展不同阶段工业结构演变的规律

（一）钱纳里标准产业结构和工业化阶段理论

美国经济学家钱纳里在长期考察制造业内部各产业部门地位和作用的变化规律的基础上总结了工业化不同阶段产业结构的变动规律。钱纳里根据人均国内生产总值，将一国经济从初步发展到走向成熟的过程分为六个阶段。不同阶段的产业结构不同，产业结构转化相应推动该国经济迈向更高的发展阶段。第一阶段为初级产品生产阶段，产业主要以农业为主和手工业为主，基本没有现代工业。从第二阶段开始进入工业化发展阶段。第二阶段为工业化初期阶段，产业结构由传统农业和手工业逐步向现代化工业转变，这时的工业主要以满足人们温饱需求的食品、纺织、建材等初级产品生产，这时的工业主要以轻型工业和劳动密集型工业为主。第三阶段为工业化中期阶段，人们温饱需求基本可以得到满足，此时对交通运输及其他耐用品的需求逐步增加，相应推动工业由轻工业逐步向以机械装备、大型家电产品等生产为主的重工业转变，资本密集型产业在这一阶段发展最为迅速。第四阶段为工业化后期阶段，工业发展趋于平稳，而第三产业进入快速发展期，金融、咨询服务、信息产业等新兴服务业逐渐成为推动国家经济增长的重要力量。从第五阶段开始，进入发达经济阶段。首先进入的是发达经济初级阶段，这一阶段，人们对高档耐用消费品的需求越来越多，相应推动工业生产技术、

---

[1] 《中国产业结构调整蓝皮书（2012）》。

工艺水平进一步提高，技术密集型产业得到迅速发展。此后，随着劳动力知识水平的进一步提高，第三产业也开始分化，知识密集型产业逐步成为拉动经济增长的主导力量，相应进入发达经济高级阶段。

（二）主导产业转换规律

主导产业是指能够依靠科技进步或创新获得新的生产函数，能够通过快于其他产品的"不合比例增长"的作用有效地带动其他相关产业快速发展的产业或产业群[1]。主导产业对其它产业的发展具有重要的引导和支撑作用，一般会成为一个国家一定时期内国民经济的"龙头"，在工业结构中占有较大比重。而工业化不同时期，主导产业也不同，主导产业的变化相应带动工业结构的变动。在工业化发展初期，纺织、食品初加工等轻工业一般是一国的主导产业。随着工业化走向中期，主导产业一般会被钢铁、电力、石化、机械等重工业替代。工业化走向后期，汽车、电子等逐步成为主导产业，工业结构也逐渐由重工业占主导向高新技术产业、高端制造业占主导转变。

（三）轻重工业结构变动规律

工业化过程中，工业结构总体是按照"轻工业—重工业"变化。德国经济学家霍夫曼从产业结构演进的角度研究工业化，对工业内部结构演变的规律进行了实证研究。他利用二十多个国家工业发展相关时间序列数据，研究了制造业中消费资料工业和资本资料工业的比例关系，提出了"霍夫曼定理"，该定理的核心思想是：在工业化进程中，消费资料工业净产值与资本资料工业净产值两者比例呈不断下降的趋势。这个比值越大，工业化水平越低；这个比值越小，工业化水平越高[2]。并根据工业化过程中霍夫曼比例的变化趋势将工业化过程划分为四个阶段。而从工业化起步到成熟阶段，工业结构由以消费资料工业为主的轻工业占主导逐渐转变为以资本资料工业为主的重工业占主导[3]。

三、工业革命与工业结构演变的规律

工业革命对工业结构的演变有明显的推动作用。以纺纱机、改良蒸汽机发明为代表的第一次工业革命改变了传统工业以手工生产为主的工业结构，煤炭成为

---

[1] 苏东水：《产业经济学》，高等教育出版社2010年第三版。
[2] 《中国特色新型工业化道路实践与探索》。
[3] 张华见、张智光：《中国工业结构调整研究现状与动态分析》，《工业技术经济》2011年第12期。

主要能源、钢铁成为重要原材料。采矿、冶金、机器制造等行业迅速发展，机器逐渐替代手工成为主要的生产力。而随着冶金、采矿、机器制造等行业发展壮大，钢铁、装备制造等重工业逐渐替代以纺织为主的轻工业成为工业领域的主导产业。以电力和内燃机的广泛应用为标志的第二次工业革命使电力和石油成为工业生产重要的能源，石油也成为工业生产重要的原材料，相应催生了电气、石化、汽车、航空等一批新兴工业，工业重心也加快由轻纺工业转为重化工业。第二次工业革命后期，人类又迎来了以原子能、电子计算机、生物技术等发明和应用为主要标志的科技革命。科技革命催生了一批对技术和知识有更高要求的高新技术产业，相应推动传统的重化工业逐步向精深加工制造业、电子信息产业转变。根据欧美未来学家的观点，人类正迎来以新能源、新材料和新一代信息技术的应用为主要标志的第三次工业革命，依托增材制造技术、信息网络技术、电子商务、智能材料等的智能化生产和全球化大规模订制将成为此次工业革命的主题，而分布式生产和分布式能源供应将对工业结构的变动产生深远影响，值得我们重点关注。

第二节　工业结构调整与优化升级的内涵

工业结构调整的内涵十分丰富，国内外专家学者对此有过深入的研究和讨论。特别是对于处在发展阶段的我国来讲，由于国情不同，工业结构调整内涵体现了中国特色。即我国不仅要推动工业内部结构更加合理优化，同时要促进产业转型升级，提高工业发展的质量和效益，为国民经济和社会发展提供强大的支撑和动力。

一、工业结构调整的文献综述

（一）相关文献综述

工业结构不合理是导致我国经济发展方式粗放、质量效益不高的主要障碍之一，我国政府一直强调以结构调整，特别是工业结构调整作为转变经济发展方式的主攻方向。相关学者对我国工业结构调整的意义、经验、教训、未来方向等进行了深入的研究。简新华认为，产业结构对经济发展具有双重效应，既可以极大地促进经济增长，又可能严重地阻碍经济发展，使产业结构发挥作用的唯一途径是要不断优化产业结构。而产业结构优化过程是产业之间的经济技术联系包括数量比例关系由不协调不断走向协调的合理化过程，是产业结构由低层次不断向高层次演进的高度化过程[1]。日本学者今井健一指出，中国的产业结构调整有两种意义，宏观层面是资本密集度与技术密集度相对较高的产业迅速成长，导致它们在经济整体中的比重大大提高；微观层面是构成产业的各个企业通过提升其资本积累和技术能力，或者通过提高集中度、形成产业聚集等产业组织结构调整手段，推进产品的高附加值化、开发、生产、流通等各阶段的效率化，从而提高整个产业创造附加价值的能力[2]。韩晓虎认为产业结构调整是未来经济发展的主线，是经济结构的核心和基础，特定的产业结构及其调整会推动或制约经济的发展[3]。何雄浪从促进区域经济发展角度提出，区域经济发展的核心是产业的发展和产业结构综合素质的提高。工业结构调整的过程当中，中、西部只有加快产业发展和产业结构升级，才能加速潜在比较优势向现实竞争优势的转化，实现区域产业间的良性互动与相互促进，促进我国各地区经济形成良性共同发展的局面[4]。

在工业结构调整方向上，有观点认为中国目前工业结构调整的关键应该是大力发展以信息产业为代表的高新技术产业，以信息化带动工业化；与之相反的观点主张中国工业结构调整的重点应该是传统产业的改造和升级，以传统产业推动信息产业，其理由是中国传统产业比重大、质量低，已经成为经济发展的瓶颈，如果在传统产业上没有突破，会影响中国工业化进程和技术的高效供给[5]。赵西三从生态文明建设的角度提出工业结构调整应符合生态结构转型的要求，要实行循环经济理念，加大对零次产业和高次产业的投资力度，用高技术与节能环保技术改造和提升传统产业，推动服务业和制造业协调发展[6]。郭振结合我国产业结构中存在的主要问题提出，必须以新思路把工业经济的重心从总量扩张转到质量提升上来，从结构调整着眼，从体制创新入手，在调整中求发展，在创新中求前进，提高产业和企业的技术创新能力和国际竞争力[7]。王桂敏根据当今知识经济发展状况提出，我国工业结构调整要有选择地吸收发达国家对外产业转移；要借助于跨国公司的全球经营战略，通过融入一体化的国际生产体系，以获得世界范围内

[1] 简新华、许辉：《产业结构调整与扩大内需》，《首都经贸大学学报》2003年第1期。
[2] 今井健一：《産業高度化の潮流》；今井健一：《中国産業高度化の潮流》，东京：アジア経済研究所，2008年4月。
[3] 韩晓虎：《试论产业结构调整对经济增长的正面效应》，《天津商学院学报》2004年第3期。
[4] 何雄浪：《产业结构调整与区域经济可持续协调发展》，《西南交通大学学报》2004年第1期。
[5] 郝云玲：《产业结构调整的哲学思考》，《产业发展》2009年第7期。
[6] 赵西三：《生态文明视角下我国的产业结构调整》，《生态经济》2010年第10期。
[7] 郭振：《我国产业结构调整、升级与技术创新》，《北方经贸》2003年第2期。

产业价值增值链中部分环节的发展；要大力发展我国高新技术产业[1]。

（二）工业结构调整的内涵

工业结构调整，包含两大部分内容，一是通过对工业内部各产业的调整实现工业结构高级化和各产业的协调发展；二是推动各产业自身的转型升级，促进工业发展方式的转变，实现工业经济平稳较快发展。工业结构的调整是一个相对的概念，是在一个国家特定的资源禀赋、经济发展阶段、技术水平、人口规模等条件下进行调整，达到产业与上述各条件协调发展的状态。因此，工业结构调整对于不同国家及不同发展阶段有不同的要求。但是，总体上，工业结构调整要使工业结构趋向合理化、高度化和均衡化。所谓结构合理化是指要根据资源条件和市场需求来理顺工业结构，使工业生产在满足市场需求的同时，资源可以在各产业间合理配置，促进产业协调发展。所谓结构高度化是指具有较强经济拉动能力和发展活力的高新技术产业、新兴产业占工业的比重逐步提高。这种高度化的工业结构调整主要从着眼于经济发展的长远利益出发，把产业发展同工业经济的可持续发展相结合，以工业结构的高度化带动工业结构合理化。所谓结构均衡化是指工业结构调整要保证产业发展的稳定性，各行业要均衡发展。即发展高新技术产业、新兴产业的同时，不能忽视传统产业的发展。

从我国工业发展的历程和所处阶段看，总体上我国工业发展处于工业化中期向后期过渡的阶段，工业规模处于世界前列，已建立起涵盖近400个工业门类的现代工业体系，成为世界工业大国。但是，工业结构存在的问题也比较突出，由于我国工业发展前期基本沿用了苏联重化工业优先发展的路子，高污染、高消耗的传统重化工业长期占据主导地位，发展方式较为粗放。并且，我国更多依赖国内廉价劳动力众多的比较优势，劳动密集型产业和代工企业比重较高，自主创新能力较弱，技术、设备以引进为主，被国外低端锁定的问题严重。

二、工业结构调整的影响因素

在经济增长过程中，引起工业结构变动的因素较多。一切决定和影响经济增长的因素都会在不同程度上对工业结构的变动产生直接的或间接的影响。资源禀赋、技术创新、人口规模、需求结构、国际贸易等都是一国工业结构演变过程中

---

[1] 王桂敏：《我国产业结构调整的新背景与新思路》，《沈阳师范大学学报》2003年第6期。

的基本制约因素[1]。

（一）要素禀赋

包括矿藏、地理位置、土地状况、水资源、气候等在内的工业生产过程所依赖的外界自然禀赋状况对一个国家的工业结构有重要影响，特别是矿藏资源的总量和分布会直接影响采掘工业和燃料动力工业的发展，从而会影响到工业结构的变动。如"石油输出国组织"（OPEC）成员国的工业结构与澳大利亚、韩国、新西兰等国的工业结构相比具有显著的差异。美国、俄罗斯、德国、英国、日本等工业发达国家在推进工业化及工业结构调整过程中，其国内的自然资源禀赋发挥了明显的推进作用。一方面某种自然资源相对丰富的国家会重点发展以该资源为主要原材料的产业，从而决定其工业结构将围绕该类资源进行相应的变化。另一方面某种自然资源严重缺乏的国家会尽可能减少该类资源的使用，相应会推动该国工业结构调整。缺煤富油国家或核燃料富集国家会重点发展燃油发电或者核电，煤炭富集国家会重点发展燃煤发电。但随着科技的进步和国际贸易的发展，资源相对贫乏的国家可通过国际贸易弥补国内资源短缺，缓解资源对国家或地区的工业结构的制约。因此，自然资源禀赋对工业发展处于初中期国家的工业结构影响较大，特别是对需要依靠资源或原材料出口维持经济增长的国家或地区影响尤为明显，而对经济、技术发达的国家工业结构的影响相对有限。

（二）劳动力资源

劳动力资源是影响工业结构变动的重要因素。劳动力资源中对工业结构变动起决定性作用的要素主要是劳动力数量和劳动力质量。劳动力数量充足的国家可以依靠人口红利发展低成本的劳动密集型产业，而劳动力质量优势明显的国家可以发展知识密集型、技术密集型产业。然而，在资本量既定情况下，劳动力的质量与工业结构之间存在正相关关系。同等条件下，高素质劳动力可以创造更多、更高质量的产出，同时高素质的劳动力可以使用更先进的生产设备，并能充分发挥该设备的功效，从而使资本产出超出原来预期的产量，进而改变供给结构，从而促进工业结构调整。因此，在一个国家和地区经济发展初期，劳动力资源相对丰富，但平均素质相对较低，工业总体以劳动密集型产业为主。随着经济发展加快，技术水平提高，从事服务业的劳动力增多，从事工业的劳动力减少，但素质

---

[1] 李博：《工业结构演变的动因和机制》，《湖北经济学院学报》2011年第4期。

逐步提高，技术密集型和资本密集型产业逐渐成为工业领域主导产业。工业化后期，自动化技术和设备水平达到一定高度，对劳动力需求大幅减少，相应对劳动力素质的要求也明显提高，迫使劳动力不断提高自身素质，进而推动工业生产工艺、技术、设备向更高端智能化发展。工业领域主导产业逐渐由技术和资本密集型产业转向知识密集型产业。

（三）消费需求

需求是表达了消费者在特定时期、特定价格下购买某种商品和劳务的意愿，这种意愿会影响某种商品和劳务的销量，进而影响该种商品的生产和销售，从而影响企业生产的战略选择。企业战略选择的变化的累积将影响工业结构的变化。古典经济学理论多信奉"供给创造需求"的理论，但是，20世纪30年代的经济危机使经济学家逐渐意识到，人们消费需求结构变化会直接影响投资结构、国家进出口结构等的变化，这种变化对生产具有引导作用，最终会影响产业结构的变化。对比发达国家和发展中国家经济发展历程，可以发现消费需求结构变化与产业结构变化基本呈如下关系。一个国家和地区经济发展初期，国民收入普遍较低，满足温饱是大众的普遍需求，相应对吃穿类产品的需求占主导，相应工业也主要以生产吃穿类产品的轻工业为主，且主要为劳动密集型产业。随着经济发展加快，人均可支配收入增加，人们不用担心温饱问题，需求结构也就由吃穿等必需品转向家电、通信工具、交通工具等方便、充实人们生活的耐用消费品。相应工业也由轻工业逐步转向以设备、耐用消费品制造为主的重工业的生产，技术密集型、资本密集型产业逐步取代劳动密集型产业，开始在工业生产中占据主导地位。

（四）技术革命

技术进步是推动工业结构变迁的主要动力之一，科学技术的发展和扩散不仅带动了产业优化升级，同时，一场技术革命直接催生了大量新产业，并促进淘汰了一批产品甚至是一些行业，进而改变了工业结构。人类已经历了两次工业革命，有学者认为目前人类正在经历第三次工业革命，每一次工业革命都会带来工业结构的变化，而引发工业革命的正是技术的突破。第一次工业革命的标志是纺织机器的发明和蒸汽机的广泛应用，这一技术的变革推动了轻工业的快速发展，同时为钢铁、机械等重工业的发展创造了条件。第二次工业革命中电力和内燃机技术得到广泛使用，相应催生了电力工业、汽车工业、航空工业等的发展，同时是钢铁、石化等工业也加速发展，相应工业结构也开始由纺织服装、食品等为主导的轻工业向重工业转变。此后，电子信息技术、网络技术、生物技术、原子能技术、空间技术、高分子合成技术的诞生和发展催生了信息产业、核能产品、航天产业等一批新兴产业，其中信息产业更是以其强大的生命力和对其他产业的带动能力逐步成为工业化后期一个国家的主导产业。同时，这些高新技术的涌现和新兴产业的崛起使高新技术产业和新兴产业占工业的比重逐步提高，进而推动工业逐步向知识密集型转变。

（五）经济全球化

经济全球化对各国工业结构的调整具有显著影响。其影响主要表现在，一方面，国际贸易引起工业结构的变化。随着经济全球化的发展，国与国间的经济交往活动趋于频繁，即国际贸易越来越频繁，频繁的国际贸易加快了国际间商品和要素的流动，从而影响一个国家商品、原材料等的供给和需求，进而影响了工业结构的变动。由于各国均希望在国际贸易和投资中获得更大利益，在利益驱动下，各国一般会生产具有比较优势产品，而产品相对优势的变化会引起贸易结构、消费结构的变动，进而使工业结构做出相应调整。另一方面，国际产业转移促进工业结构的调整。经济全球化加速产业的国际转移，由于各国产业发展存在巨大差距，因此这种产业转移基本是发达国家将落后的劳动密集型产业甚至是部分技术密集型和资本密集型产业向发展中国家转移，自己重点发展高技术含量的知识密集型产业。这种产业转移在一定程度上促进了技术的交流，使发展中国家可以从发达国家获得部分先进生产技术、设备，引进相对高端产业，从而使发展中国家可以利用引进的技术、设备和产业推动产业升级的同时，调整优化工业结构。

第二章 新世纪以来我国工业结构演变的特征与现状

工业化的过程也是一个工业结构调整和产业结构升级的过程。从世界工业化国家工业结构演变的历史规律看，工业结构的合理化和高级化始终是工业结构演进的重要方向。我国的工业结构从建国初期到现在历经几十年的发展变化，基本上反映出我国工业化的阶段性特征。进入新世纪以来，在国家产业政策、规划等的引导和大力推动下，我国工业结构主动调整的步伐加快，取得了一系列积极的进展，但也存在一些值得关注的问题。

第一节 新世纪以来我国工业结构变动的主要特征

21世纪初，伴随着我国进入工业化中期阶段并开始加速向中后期过渡，这一阶段工业化的一些特征开始呈现出来，表现在工业结构上，就是以重工业为主导，能源和原材料工业呈高速增长态势，高新技术产业快速发展，占比不断提升，同时，工业结构的高级化带动生产性服务业需求大幅增长。工业化中后期重化工业加速发展的阶段性特征决定了这一时期对能源资源的消耗也是巨大的，这一阶段也是工业结构调整和转型的重要时期。2002年，党的十六大顺应世界科技革命和经济结构调整的趋势，提出走新型工业化道路，并将产业结构优化升级作为重点方向。在一系列具体政策措施的推动下，近十年来我国工业不仅在规模上迅速成长为世界工业大国，在技术水平、组织结构等方面也不断调整优化。新世纪以来我国工业结构变动的特征主要表现在以下几个方面：

一、基本形成以重工业为主导的工业增长格局

2000年以来，我国工业内部重工业所占比重持续高于轻工业，重工业呈现快速增长势头，形成了以重工业为主导的工业增长格局。根据国家统计局的数据显示，进入新世纪以后，随着居民消费结构的升级与城镇化步伐的加快，我国重工业增速持续攀升，占工业总产值的比重由2000年的60.2%上升至2011年的71.8%，提高了10多个百分点；反之轻工业产值比重持续下降，由39.8%下降到28.2%。总体而言，近十余年时间里，重工业增速整体快于轻工业，然而在国际金融危机爆发前后的一段时期里，轻重工业增速也经历过三个阶段的变化。2008年国际金融危机发生后，我国工业内部轻重工业的增速对比即发生了明显的变化，2008年重工业与轻工业增长率分别为13.2%和12.3%，后期重工业增速下滑明显快于轻工业，一度出现连续7个月的轻重工业增速倒挂，2010年之后的两年，在我国保增长、扩内需以及大规模基础设施建设投资拉动等因素的影响下，重工业增速重新开始回调，并逐步恢复到国际金融危机前的增速，重工业的增速也再

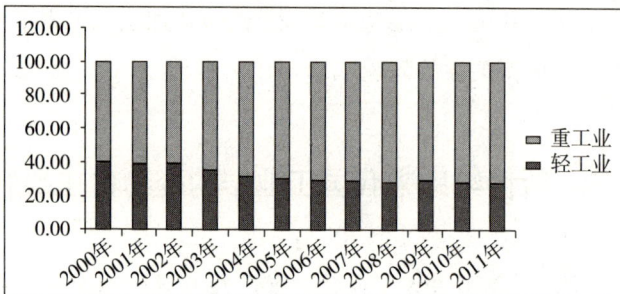

图2-1　2000—2011年我国轻重工业占比变化（%）

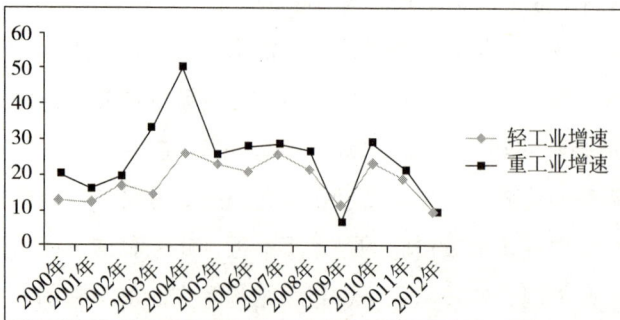

图2-2　2000—2012年我国轻重工增速比较（%）

数据来源：国家统计局。

次超过轻工业。2012 年年初的几个月，受国内外有效需求不足、实体经济增长疲弱的影响，轻重工业增速也出现过短暂的倒挂现象，但随着国际经济的缓慢复苏以及国内经济回暖，重工业增速再次回调到高于轻工业增速，这也说明，在过去十年以至未来一段时期里，投资仍然是拉动中国经济增长的主要力量。

二、能源和原材料工业保持高速增长

近年来，我国国内生产总值持续保持着较快增长，即使在国际金融危机期间依然超过 8%，同时随着我国人民生活水平的提高，尤其是对住房需求和汽车等高端消费品需求的增加，拉动了石油、煤炭、天然气等能源资源和工业原材料的需求增长，使得相关产业也保持着高速增长。2000 年到 2011 年期间，能源生产总量不断攀升，能源工业投资持续递增。其中，原煤近十年以每年净增 2 亿吨左右的产量连续增长，2011 年全国原煤产量已突破 35 亿吨，比 2000 年增加了 22 亿吨；钢铁、建材、化工、有色等行业生产增长也较为迅猛，根据世界钢铁协会的相关统计数据显示，我国 2012 年粗钢产量达到 7.16 亿吨，同比增长了 3.1%，占全球钢铁产量的 46.3%。尤其是改革开放以来，我国电力工业实现了跨越式的发展，电力装机容量和发电量的年均增速均超过 9%。相关数据显示，2000 年我国的电力装机容量仅有 31932 万千瓦，2007 年达到 71329 万千瓦，而截至 2012 年年底，全口径发电装机达 11.47 亿千瓦，年发电量达到 4.99 万亿千瓦时，目前我国电网规模、年发电量已居世界第一。2013 年底，全国发电装机容量达到 12.5 亿千瓦，首次超越美国，成为世界上发电装机规模最大的国家。

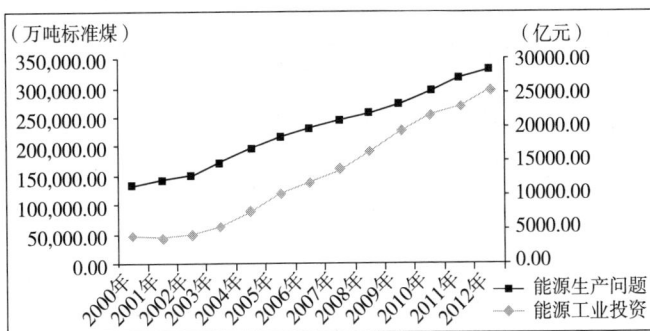

图2-3　2000—2012年能源生产总量和能源工业投资情况

数据来源：国家统计局。

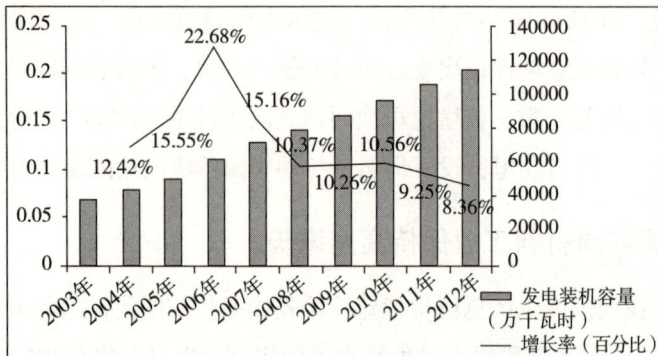

图2-4　2003—2012年全国发电装机容量情况

数据来源：中国电力企业联合会。

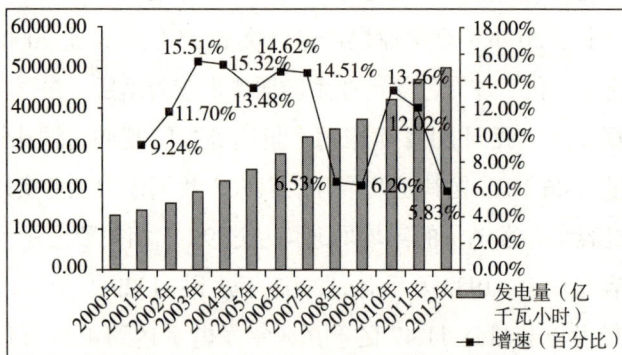

图2-5　2000—2012年全国发电量情况

数据来源：国家统计局。

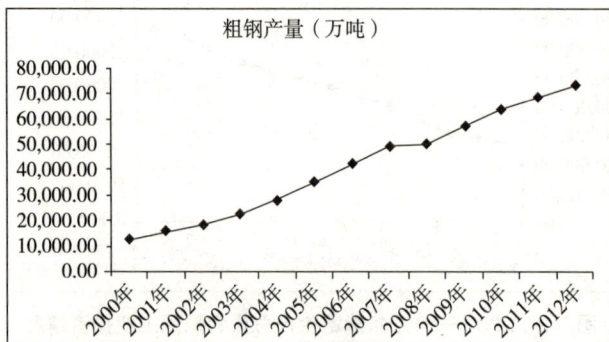

图2-6　2000—2012年我国粗钢产量变化

数据来源：国家统计局。

三、高新技术产业占比不断提升

新世纪以来，围绕走中国特色新型工业化道路的总体目标，政府部门出台和实施了一系列促进装备制造、新能源、新材料、新一代信息技术等高新技术产业和战略性新兴产业发展的重点和专项规划，加强对技术引进、创新及高新科技成果产业化的引导和指导，有力地促进了高新技术产业的发展。2000年到2012年期间，全国高新技术产业总产值从10411亿元增长到突破10万亿元大关，年均增长21.5%，占工业增加值的比重也在很大程度上提高了；随着高新技术产业规模总量的不断扩张，高技术产业产品出口交货值也不断攀升，2012年继续占据世界第一位；同时，高新技术产业企业个数增幅比工业企业单位个数高1.03个百分点、从业人员增幅比工业企业增高5.65个百分点，研发经费也以年均24.5%的增速持续增加，有效发明专利数量也呈现出大幅增加态势。

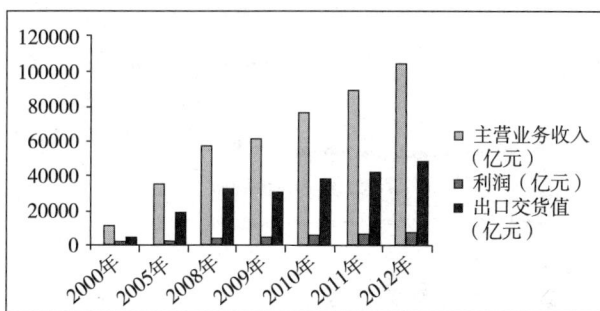

图2-7　高新技术产业主要经济指标（2000—2012）

数据来源：国家统计局与《中国高新技术产业统计年鉴2012》。

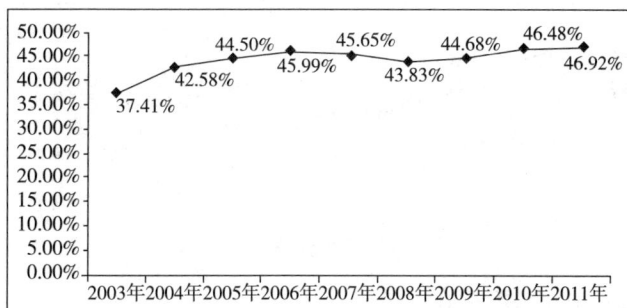

图2-8　2003—2011年高新技术产业总产值占工业增加值比重变化（%）

数据来源：国家统计局。

四、生产性服务业持续较快发展

生产性服务业是随着制造业的发展逐步从制造业部门中分离出来，专门为制造业提供支撑服务的行业，主要包括科技服务业、信息服务业、商务服务业、现代金融、现代物流业等，随着我国逐步进入到工业化中期向后期加速过渡的发展阶段，工业尤其是制造业发展对生产性服务业的需求日益增加，生产性服务业获得了较大发展。目前电子商务、通信增值服务、互联网信息服务、现代物流等生产性服务业已经成为我国国民经济新的增长点，对保持我国经济平稳较快发展做出了贡献。据预测，到"十二五"末，生产性服务业增加值将达到15.8万亿元，生产性服务业占到服务业的55%，年均复合增长率将达到21%。其中，2012年软件行业业务收入达到24793亿元，相较于2010年增长了60%以上。同时，北京、上海、广州等城市在做好规划与明确定位的基础之上，发展形成了一批具有当地

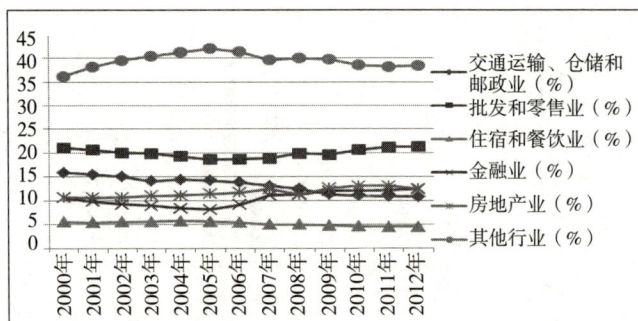

图2-9　2000—2012年第三产业增加值构成

数据来源：国家统计局。

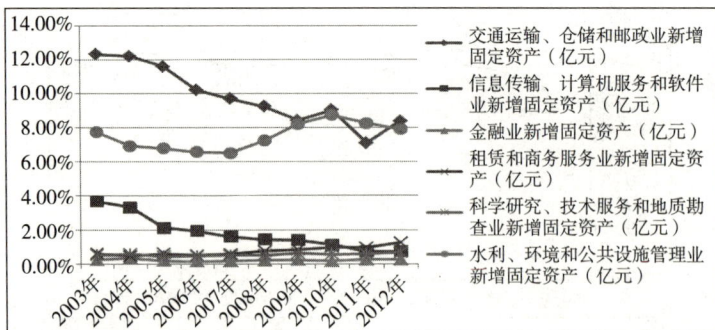

图2-10　2000—2012年部分生产性服务业新增固定资产投资占比情况（%）

数据来源：国家统计局。

特色的生产性服务业产业集群，如北京以信息技术产业为中心的中关村科技园区，上海以信息服务、研发服务和微电子设计为主的张江高科技园区等。生产性服务业的发展反映了我国工业内部结构变动的趋势。

五、产业组织结构不断优化

改革开放初期，我国工业企业规模较小、集中度较低，缺乏具有带动力和影响力的大企业集团。为此，中央政府决定对国有企业实施大企业、大集团战略，培育具有竞争力的企业和企业集团，使其成为行业中的主导企业；尤其是进入 21 世纪以来，我国将工业结构调整作为重点任务之一，采取一系列政策措施促进企业兼并重组、培育具有竞争力的骨干企业和大企业集团，较大程度地优化了我国工业领域的产业组织结构。一批大企业迅速成长起来。截至 2012 年年底，我国大型工业企业达到 9448 家，较 2011 年增长 330 多家；拥有资产 379618 亿元，占规模以上工业企业总资产的近 50%；实现利润总额 25170 亿元，占规模以上工业企业的 40.66%。大型工业企业的快速发展，不仅有力地推动了我国工业可持续发展，而且有效地提升了我国工业的整体素质和国际竞争力。与此同时，我国工业行业集中度也不断提高。根据工业和信息化部发布的相关数据显示，汽车、船舶、水泥、钢铁、电子信息、医药等竞争性行业的集中度稳步上升。2000

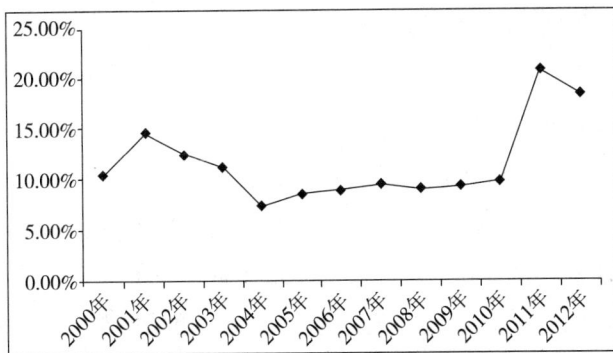

图2-11　2000—2012年大中型工业企业占规模以上工业企业单位数变化情况（%）

数据来源：国家统计局。

（注：1998 年至 2006 年，规模以上工业是指全部国有及年主营业务收入达到 500 万元及以上的非国有工业法人企业；从 2007 年开始，按照国家统计局的规定，规模以上工业的统计范围为年主营业务收入达到 500 万元及以上的工业法人企业；2011 年经国务院批准，纳入规模以上工业统计范围的工业企业起点标准从年主营业务收入 500 万元提高到 2000 万元。）

年我国水泥行业前 10 家大型水泥集团市场占有率仅有 4.4%，到 2005 年这一数据提高到 15%。2012 年我国水泥行业前 10 家大型水泥集团水泥产量占全国比重达到 31.1%，水泥行业集中度稳步提高。2012 年我国汽车行业前 5 位企业集中度达到 87.3%，同比提高 0.5 个百分点。

六、工业技术水平和自主创新能力稳步提升

一直以来，我国制造业在全球产业价值链上基本处于中低端环节，产品研发能力和产品质量水平较国际先进水平相比有一定差距，根本原因是工业特别是制造业整体技术水平偏低。近年来，随着"科教兴国"战略的实施以及工业研发投入、技术改造投资的不断增加，我国工业在技术水平提升方面取得了长足的进步，主要表现为以下几个方面：一是研发投入力度持续加大。2000 年以来，我国研发经费支出（R&D）以年均 23% 的速度增长，到 2012 年达到 10240 亿元，比上年增长 17.9%，占国内生产总值的比重达到 1.97%。二是技术改造投资稳步提升。2009—2012 年中央财政累计投入技术改造资金 778 亿元，拉动社会投资 1.6 万亿元，有力推动了工业经济平稳较快发展，在 2008、2009 年国际金融危机中，通过发挥财政资金作用，提振企业发展信心，在较短时间内实现了工业增速的"V"型反转。"十一五"期间，全国规模以上企业累计完成技术改造投资约 14 万亿元，占工业固定资产投资的 42%，较"十五"期间提高了 2 个百分点。三是技术创新能力快速提升。近十年来，我国抓住新一轮科技革命带来的战略机遇，结合国情组织实施了一系列国家科技重大专项，取得了丰硕的成果，在一些关键领域的技术水平，接近或达到国际先进水平，极大地提高我国的综合国力和产业竞争力。在高端装备领域，开发出了 ARJ21 新型支线飞机、3000 米深水半潜式钻井平台、特高压输变电设备、百万吨级乙烯成套设备等重大设备已实现了自主研发制造，高档数控机床、大规模集成电路装备等关键技术领域取得了突破性进展。在电子信息领域，以龙芯、众志等为代表的高性能通用中央处理器（CPU）技术和以汉芯为代表的高端数字信号处理（DSP）芯片技术，经历了从初步掌握到基本成熟的发展过程，初步改变了中国信息产业无"芯"的历史，在超级计算机、TD-SCDMA 领域取得的成功更为发展新一代信息技术产业奠定了基础[1]。

---

[1] 苗圩：《入世十年我国工业和通信业发展状况及问题》，《行政管理改革》2012年3月。

研究与试验发展经费支出（亿元）

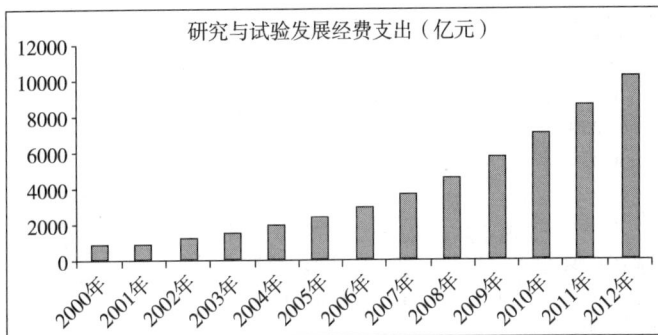

图2-12 2000—2012年我国研发与试验发展经费增长情况

数据来源：国家统计局。

七、工业集聚发展效应初步显现

产业集聚发展有利于资源要素的集约和优化配置，有利于企业、行业间的相互协作、融合和提高，有利于资源的共享和循环利用，是推进信息化与工业化融合、实现工业结构调整和合理布局、转变经济发展方式的有效途径。近年来，各地在推动产业集聚发展、加强工业园区建设方面开展了很多有益的探索和实践，取得了明显成效，工业园区集聚效应日益凸显，基本形成了主导产业与配套产业协同发展的局面。相关数据显示，我国产业园区呈现快速增长态势，截至2010年末国家级高新区达到70多家，国家级经济技术开发区超过100家。同时，工业园区对经济增长的贡献率也逐步提升，一些工业园区已经成为区域经济发展的主力和重要支撑。2012年全国231家国家新型工业化示范基地实现工业增加值4.97万亿元人民币，占全国规模以上工业增加值的1/4；实现利润总额占全国规模以上工业企业利润总额的比重超过25%；全员劳动生产率比全国工业平均水平高出一倍；单位土地平均产值超过4300万元/公顷；基地内大中型企业数字化设计工具普及率达94.8%[1]。与此同时，我国地区经济增长的协调性进一步增强，中西部地区工业增加值占比进一步提高。2008年开始，我国中西部地区的经济增速开始逐步超过东部地区，工业增加值占比稳步提高，由2008年的17%提高到2011年的23%；相反东部地区工业经济在基数较大的情况下，增速逐步放缓，工业增加值占比有所降低，由2008年的63.5%降低至2011年的62.87%，中西

[1] 工业和信息化部召开2013年度国家新型工业化产业示范基地创建工作会议。

部地区正逐步追赶东部成为新的经济增长极。

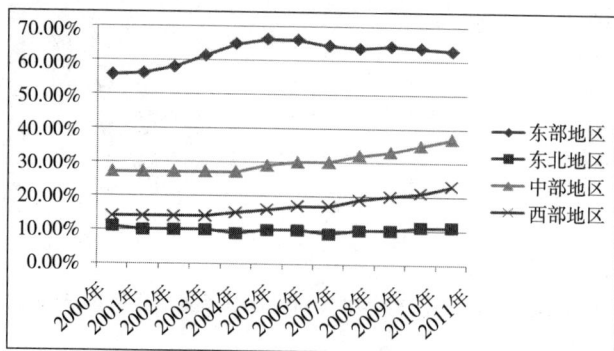

图2-13　2000—2011年东中西地区工业增加值占全国工业增加值比重变化情况（%）

数据来源：国家统计局。

第二节　当前我国工业结构存在的主要问题

我国已经成为世界工业大国，2010年中国制造业占全球制造业比重达到19.8%，高于美国的19.4%，位列世界第一。但是工业大而不强的特征也很明显，主要表现为工业内部结构不合理、自主创新能力不强、组织结构不够合理、产业布局有待优化等，值得我们重视。

一、工业内部结构不合理

近年来，随着我国工业化、城镇化步伐的加快，对资源能源的需求进一步加大，导致工业内部结构的不合理问题更加突出：

一是重工业比例偏高。2000年以来，我国新一轮重工业化趋势明显，重工业占比高于改革开放前。从工业化国家发展历程与工业结构演变的规律看，重工业是大国工业化必经的阶段，加快发展重工业也是提高工业化水平的重要动力。然而，我国重工业的发展方式具有显著的粗放式和外延式特征，不仅使我国的能源消费总量不断增加，而且重工业发展产生的大量二氧化碳、二氧化硫等污染物排放对环境也造成了严重破坏，资源环境对工业发展的承载力越来越脆弱。如：我国的能源消耗主要集中在工业部门，工业能源消耗总量占全部能源消耗总量基本都维持在 70% 左右的高度，冶金、化工、建材等工业的发展对能源消耗有着较高的依赖，尤其是化学原料及化学制品业能源消耗总量占全部工业能源消费总量的 13%~15% 左右，而食品、饮料制造等轻工业的能源消耗总量占比基本都不超过 1%。

二是生产性服务业发展不足。目前我国服务业占国民经济的比重仍然偏低，生产性服务业发展不足，服务贸易国际竞争力不强。从服务业的总量看，2012 年我国服务业占国内经济总量达到 43%，但还是远低于发达国家 70% 左右的占比；从服务业的内部结构看，生产性服务业仅占我国服务业增加值 40% 左右的比重[1]。同时，我国制造业与服务业融合程度相对较低，如 2009 年美国制造业服务化企业占比达到 58%，芬兰为 51%，荷兰为 40%，而我国不到 5%。研发设计、现代物流、信息服务等生产性服务业发展的不足制约了我国工业特别是制造业向产品附加值高、创新能力强、绿色低碳等方向转型升级。

二、部分行业产能过剩问题突出

产能过剩问题在我国由来已久，改革开放后我国历史上出现过三次较为严重的产能过剩。2012 年以来，受国际金融危机的深层次影响，我国部分行业再次出现较为严重的产能过剩问题。

一是传统产业产能过剩问题严峻。其中，钢铁、水泥、电解铝、平板玻璃和船舶五大行业产能过剩较为突出。2012 年钢铁、水泥、电解铝、平板玻璃的产量均位居世界首位，占全球产量的四成以上，产量处于高位，但产能利用率较低，2012 年钢铁、水泥、电解铝、平板玻璃和船舶五大行业产能利用率分别为 72%、73.7%、71.9%、73.1% 和 75%[2]，明显低于国际通常水平。同时，这些行业尚存在较多在建产能，如全国粗钢产能接近 10 亿吨，2012 年粗钢产量 7.17 亿吨，占全球产量 45% 以上，产能过剩行业盲目扩张如不能得到有效抑制，有进一步加剧的可能。传统行业产能过剩亦呈现出新的特点，表现为部分行业高端产品开始显现过剩苗头，如钢铁行业的型材、中厚板、热压宽带钢等高端产品的产能利用率也不足 70%。除上述五大行业外，有色、冶金、石化等传统行业也存在不同程度的产能过剩现象，如氮肥、电石、氯碱、甲醇、塑料等一度热销的化工产品也因

---

[1] 国务院发展研究中心"我国生产性服务业发展的前景、体制和政策研究"课题组：《我国生产性服务业的发展状况及其存在的主要问题》。
[2] 工业和信息化部数据。

为供过于求出现销售困难。

二是新兴产业产能过剩问题凸显。近年来，在传统行业产能过剩积重难返的同时，新兴产业中的太阳能光伏发电用多晶硅、风电设备等也逐渐出现产能过剩的倾向。如我国风电整机行业产能约有 30~35GW 之间，产量只有 1800 万千瓦，产能利用率低于 60%，仅前 5 家企业的产能就超过了全国新增容量。根据国家能源局和中国风能协会统计，2013 年中国新增风电装机容量 1610 万千瓦，国内风电设备产能利用率有所提升，但仍低于 70%。受产能过剩影响，风电机组单位千瓦报价已由 2008 年的 7000 多元下降到 3000 多元。受电网规划协调、建设等因素影响，虽然 2013 年弃风限电形势有明显好转，但是全国弃风电量仍达到162.31 亿千瓦时，弃风率为 10.74%，估算经济损失为 75 亿元[1]。

三、工业自主创新能力不强

与发达国家相比，我国工业技术基础相对薄弱，近年来在国家一系列加强企业技术改造、促进技术创新政策推动下，企业自主创新能力虽然有所提升，但总体上看，与国际先进水平还有较大差距，主要表现为技术进步对工业产出增长的贡献率较低，技术创新能力在促进工业企业转型升级方面的作用还没有发挥出来。

一是研发投入强度还不高。随着我国研发经费投入强度的不断加大，目前我国研发投入总量已经超越日本，位居世界第 2 位，但是与发达国家相比投入强度还远远不够。根据国家统计局发布的《2012 年全国科技经费投入统计公报》显示，2012 年我国研究与试验发展经费（R&D）首次突破万亿元大关，达到 10298.4 亿元，同比增长 18.5%，但是研究与试验发展经费投入强度却依旧只有 1.97%，还不足2%，远低于美国、韩国、日本等世界领先国家 3% 左右的水平。从规模以上工业企业研发（R&D）经费支出来看，2012 年我国规模以上工业企业研发（R&D）经费支出为 7200.6 亿元，仅占主营业务收入的 0.77%。其中，大中型工业企业R&D 经费支出为 7425 亿元，占主营业务收入的比例仅为 0.80%，而主要发达国家这一比例为 2.5% 至 4%。

二是自主创新能力不强。近年来，尽管我国工业的技术水平与自主创新能力都有了相当程度的提升，但是多数领域仍然缺乏核心关键技术、技术对外依存度较高，产业创新能力与发达国家相比还有相当的差距。2012 年我国集成电路

---

[1]　电监会监测数据。

的进口额达到 1920 亿美元，仅次于原油的进口额。从核心专利技术来看，我国近半数发明专利申请来自国外，产业技术空心化成为我国企业进入国际市场的壁垒，如，我国有 60% 的出口企业遭遇过国外的专利技术壁垒；基础研究和应用研究支出所占比重偏低，与发达国家基础研究支出占 10% 以上和应用研究支出占 20% 以上的水平相比差距明显。这两项支出所占比重不高表明我国科技发展的根基还不够坚实，原始创新能力不足 [1]。

四、产业组织结构仍不够合理

改革开放以来，我国在由计划经济体制向市场经济体制转轨的过程中，产业组织结构发生了较大的变化，逐步从过去"大而全""小而全"的模式中脱离出来。但是，由于历史包袱较重，以及受国有企业改革、非公经济准入推进滞缓等因素的影响，我国产业组织结构还远未达到合理水平。

一是规模经济行业集中度依旧偏低，规模经济优势未能充分发挥。从总体来看，我国工业产业集中度总体水平相对偏低。具体来看：一方面，对规模经济要求较高的交通运输设备、黑色金属冶炼及压延加工（冶金）等传统产业集中度与发达国家仍具有一定差距。如：目前我国前 15 家钢铁企业产量市场占有率仅有 45% 左右，而美国、日本在 2005 年时前 4 家钢企市场占有率就已经分别达到 54.5%、74.29%。另一方面，对技术与创新有着较高要求的电子、IT 类等高端装备制造、第三产业以及新兴产业集中度远低于发达国家。如：全球近 80% 左右的高铁轴承是由分布于美国、日本、欧洲等国的 8 家跨国公司生产的，我国有将近 6000 家生产企业，但排名前 10 位的轴承企业销售额合计仅占全行业 40% 左右的份额。

二是大中小企业协调发展的产业生态体系尚未形成。十五大以后，伴随我国政府开始实施的培育大企业大集团与鼓励中小企业发展战略，部分中小企业或主动或被动退出市场，产业结构有了较大的调整，然而大型企业与中小企业之间的协同发展却并不理想。就我国目前的发展来说，大型企业集团不仅在技术、管理、科研等方面的优势未能明显显现，而且在带动配套产业发展方面的作用也相当有限。如：在已经形成的传统产业集群中，中小企业的商品、服务逐渐趋同于大型企业，并且在产品价格、产品质量等方面与大型企业进行恶性竞争，在一定程度

---

[1] 朱涛、冯晔、夏宏：《中国出口商品结构与经济增长的关系研究》，《中州大学学报》2012年第1期。

上反而扰乱了市场的竞争秩序。此外，从大企业数量来看，除传统的能源行业，我国在高端装备制造企业以及新兴产业等领域具有国际竞争力的大企业数量明显偏少。2013年世界500强企业排名中，我国共有95家上榜，集中在采矿、银行、金属产品、汽车、工程与建筑、炼油等行业，而美国、日本、韩国的入围企业则基本都集中在互联网、现代制造业、电子等高科技领域。

五、工业布局有待进一步优化

近十年来，在国家相继实施西部大开发、振兴东北老工业基地和中部地区崛起等战略的基础上，我国工业总体布局逐步优化，集聚效应越来越明显。然而，东中西部地区经济发展不平衡，围绕主体功能区布局不突出，重复建设等问题也同时存在。比如，很多地区受经济增长及就业压力，甚至不顾是否具有相应的优势和条件，将大部分投资引向了那些能够快速拉动GDP增长的重化工行业，以至我国各地钢铁、石化、能源等重复建设布局，产能过剩的问题日益严重。甚至在同一省内的产业布局也出现很多无序布局的情况，产业同质化竞争严重。从资源禀赋、地区优势和市场就近等方面考虑，工业布局尚有待进一步优化。近年来，这种趋势进一步延伸向战略性新兴产业。国家战略性新兴产业发展规划发布后，二十余省市均将太阳能光伏、新能源汽车、新材料等纳入本地重点发展的产业，因而，这种区域产业同构现象，必然会加剧地方在资源、资金、劳动力等生产要素方面的激烈竞争，有可能引发新一轮重复建设、产能过剩等问题，也会导致资源的低效率配置。

第三章　我国工业结构调整面临的形势与方向

"十二五"时期是我国工业化从中期向后期加速过渡的时期，也是克服国内外需求放缓的不利影响，加快推进工业结构调整，深化改革，转变工业发展方式的关键时期。从外部看，我国工业发展既面临着新工业革命的历史机遇，也面临着发达国家制造业回流，发展中国家产业竞争形势更为严峻等一系列挑战。从内部看，工业发展长期积累起来的结构性矛盾和问题仍较为突出，推动工业结构高级化，加快实现从低成本比较优势向基于创新和人力资本的新比较优势转换的任务仍十分艰巨。我们要在认清形势把握方向的基础上，进一步明确工业结构调整的思路和重点，加快推进工业结构优化升级。

第一节　我国工业结构调整面临的主要形势

从世界工业化发展的历史看，在工业结构不断调整和优化的过程中，技术的变革、需求的牵引、市场的竞争和要素的国际化均对工业结构调整产生了重要深远的影响。其中，技术创新既是历次工业革命的推动者，也是工业结构调整的重要驱动力；由消费结构升级带动的需求结构升级代表着工业结构优化升级的方向，引导工业结构向技术更加进步、产品不断升级、服务功能更为完善的方向发展；公开透明的市场竞争环境促进了企业间的优胜劣汰，从微观层面加速推动了工业结构调整；要素价格的市场化和资源配置的国际化为工业结构调整不断增添新的动力。当前，我国工业结构调整面临的技术条件、需求环境已经具备，由新一轮深化改革驱动的市场竞争、要素保障条件即将形成。工业结构调整面临难得的机遇。同时,我们也要正视可能影响工业结构调整的不利因素,准确把握当前的形势。

一、机遇

(一)新工业革命为我国工业结构调整带来历史契机

随着分布式能源、3D打印、智能制造等新兴技术的兴起,欧美等发达国家已开始在第三次工业革命中积极布局,全球工业布局和产业结构变动开始呈现一些新的趋势。英国《经济学人》杂志指出:第三次工业革命将会改变商品的制造方式,改变就业格局,将会对全球制造业产生巨大推动。首先,以工业机器人为代表的新型智能装备将在极大程度上减少劳动力的需求,制造业的就业群体将逐渐转向制造业服务化领域,这将会加速我国二、三产业之间的结构调整与优化过程。其次,能源互联网等的出现有利于改变传统的生产方式,实现资源能源高效清洁循环利用,有助于缓解我国资源能源约束的压力,为传统制造企业的转型升级提供了重要的机会。最后,随着新能源、新材料、生物技术和新一代信息技术创新发展的步伐加快,为我国产业结构调整和产业升级创造了良好的技术环境,为我国实现由"工业大国"向"工业强国"的转变提供了新的契机。

(二)宏观政策趋稳为我国工业结构调整营造良好环境

国际金融危机爆发后,我国经济增速骤然下滑,为此党中央、国务院及时果断决策,启动4万亿元资金、实施积极的财政政策和适度宽松的货币政策等一系列刺激性计划,有效地遏制了国际金融危机对我国经济产生的不利影响。如今,我国经济发展已经进入新的历史阶段,经济潜在增长率放缓,投资对拉动经济增长的动力正在逐步减弱,需要更加注重依靠转型升级、扩大内需、依靠创新来带动经济增长。在此种形势下,国家在统筹考虑稳增长、调结构与促改革的基础上,已经连续三年确定实施积极的财政政策和稳健的货币政策目标,宏观政策趋于稳定。这一政策一方面能够使工业经济的运行保持在合理的区间,使市场有着较为稳定的预期;另一方面在经济运行保持在合理范围内的同时,有利于以转变经济发展方式为主线,以调整结构为重点,促进经济结构调整和产业转型升级。国家保持宏观政策的稳定,不再将注意力集中在GDP增长上,而是更加注重质量效益的提升与新经济增长点的培育,这将会对推动我国经济发展方式转变,从根本上增强经济发展的内生动力创造积极条件。

（三）全面深化改革为我国工业结构调整增添动力

十八届三中全会审议通过《中共中央关于全面深化改革若干重大问题的决定》，提出经济体制改革是我国全面深化改革的重点，核心问题是要处理好政府和市场之间的关系，使市场在资源配置中起决定性作用和更好发挥政府作用。这一论述为我们指明了全面深化改革的前进方向和清晰路径，为工业结构调整的推进增添了新的动力。一是发挥市场在资源配置中的决定性作用，激发市场主体的发展活力和创造力。对于商品价格来说，要求消除政府的直接管制或者干预，应当依据市场、资源稀缺程度等对资源进行合理定价；对于垄断行业来说，要求通过民营经济市场准入，营造公平竞争的市场规则等方式提高行业效率和企业竞争活力。二是尊重市场规律的同时更好地发挥政府的作用。决定指出，政府应当以简政放权为目标，在切实转变政府职能，深化行政体制改革，创新行政管理方式，增强政府公信力和执行力，建设法治政府和服务型政府等方面下大气力，健全宏观调控体系，全面正确履行政府职能，优化政府组织结构，提高科学管理水平。全面深化改革不仅将提高政府的治理能力，更重要的是为实体经济持续健康发展注入新的活力和动力。

二、挑战

（一）全球经济增长的不确定性给工业结构调整带来不稳定因素

国际金融危机过后，其影响呈现长期化趋势，世界经济增长的不稳定不确定因素增多，全球经济将在较长时间内处于艰难的调整期。可以说，不确定性导致政府宏观调控的难度加大。在欧美经济复苏疲弱的背景下，以中国为首的新兴经济体尽管增长力度强劲，但通胀压力上升，不足以带动全球经济走出低谷。一方面，主权债务危机并未解除，欧洲经济难以乐观。主权债务危机爆发后，使得欧盟等发达经济体和新兴经济体的经济增速都出现了相当程度的回落。欧美等国消费信心持续下滑、失业率居高不下、经济政策陷入两难境地，短期内欧洲经济的前景黯淡，难以出现强劲复苏的势头。如：美国、欧元区17国消费者信息指数持续下降，甚至跌至2009年12月以来的最低点；2013年德国央行将德国经济增长预期下调至0.3%，德国经济的走弱不仅不利于其他国家经济的复苏，而且会削弱德国救助欧元区国家的意愿，进一步加剧欧债危机的不确定性。这将严重影响我国工业发展的出口模式、市场空间、技术能力等传统优势局面。另一方面，发达国家极度宽松货币政策及赤字财政的必然退场，将可能对国际资金流动态势形成微妙影响，推动国际流动性从发展中国家涌向发达经济体。如果这一金融潮涌能够被正确引导，可能会使对发展中经济体的冲击得到有效控制，同时对发达经济体形成积极的推动效应，从而有效抵消其对全球经济可能带来的负面效应。否则，不仅不能使发达国家走出困境，而且会导致新兴经济体的经济增速受到严重冲击，从而让世界经济增长的唯一现存动力也面临大幅减速的危险。[1]

（二）发达国家再工业化加大我国制造业战略转型难度

近两年来，美国、欧盟以及日本等发达国家相继实施"再工业化"战略，重振本国制造业，争夺未来产业竞争制高点。如：美国在 2011 年和 2012 年分别出台"先进制造业伙伴计划"和"总统美国制造业复兴计划"，加强对本国先进制造业研发成果的转化。在上述政策的指导下，以美国为主的发达国家制造业开始表现出积极的发展势头，不仅制造部门就业机会出现增长，而且企业回流现象明显。如体育用品制造商阿迪达斯、福特汽车、玩具生产商等先后将它们全部或部分产品制造从中国转回到美国，带动增加本国就业岗位 40 万左右。按照波士顿咨询公司的推测，未来将有 15% 的美国企业从中国"回流"到美国本土。发达国家逐渐全面推行的以 3D 打印、数字制造、工业机器人等高端制造业为主的再工业化，将使我国制造业面临着更加艰巨的竞争：一是随着外部需求的下滑，我国出口制造业可能会受到较大的冲击，企业面临着较大的生存考验；二是制造业资本等向发达国家回流，必然会增加国内就业压力，影响我国产业结构转型；三是与发达国家之间的差距可能会进一步扩大，由于发达国家在关键技术、产业标准等方面具有领先优势并可能加大对我国的技术壁垒，使得发达国家制造业始终处于全球产业价值链高端，我国制造业低端锁定的模式难以摆脱。

（三）新兴经济体与我国的产业竞争进一步加剧

一直以来，我国制造业的竞争力明显高于其他新兴经济体，不仅在发达国家的市场上拥有较高份额，而且在发展中国家的市场上占据一定优势，如：2011 年，我国出口到印度、巴西、俄罗斯的出口额分别为 319 亿美元、490 亿美元、500亿美元，占其工业品进口额比重达到 28%、19%、18%。然而，由于我国日渐上升的劳动力成本与资源能源价格等要素影响，发达国家在经济持续低迷时期将更

---

[1] 李正信：《美国要实现3%快速增长谈何容易》，《经济日报》2013年4月23日。

多的资本、技术、人才投向了巴西、印度等新兴经济体国家，使得我国工业发展的竞争优势逐步减弱，尤其是在低端产业领域。一方面新兴经济体对我国的贸易保护主义日渐活跃。由于新兴经济体与我国均处于工业化中后期的发展阶段，制造业同质化较为严重，尤其是全球经济形势持续低迷，全球贸易保护主义抬头，新兴经济体对我国产品的贸易救济调查和贸易摩擦不断增多。如：2012 年我国遭遇的贸易救济调查中大部分是新兴工业化国家，仅纺织品行业就有 3 起来自新兴工业化国家；同时世界贸易组织报告显示，在 1995—2010 年期间，印度对我国的反倾销调查数量已经远远超过欧美，在其发起的反倾销调查案件数量上我国居首位。另一方面新兴经济体在一定程度上的低成本优势也使其成为产业转移的焦点地区，对我国引进外商高端制造业和高端服务业投资构成竞争压力。

第二节　我国工业结构调整的思路与方向

一、基本思路

未来一段时期，我国仍将处于工业化中期向后期加速过渡的发展阶段，这一阶段，工业化面临的资源环境压力将进一步加大，同时随着劳动力等要素成本因供求关系的变化逐渐步入上升通道，也将加大工业化的压力，加快工业结构调整和产业转型升级，重组产业价值链的任务十分艰巨。只有把握工业化中后期工业结构调整变动的规律，强化产业政策的宏观指导和引导，努力推动一系列结构调整重点任务的实现，促进工业由大变强，才能有效保障 2020 年基本实现工业化目标的实现。要牢牢抓住新一轮工业革命和新兴产业发展给我国工业结构调整带来的历史性机遇，大力培育发展高技术制造业和战略性新兴产业，加快推动传统产业转型升级，提升工业技术水平和自主创新能力，努力培育一批具有国际竞争力的优强企业，优化工业空间布局，打造中国工业经济升级版。

二、重点方向和主要任务

（一）促进工业结构优化升级

遵循工业化过程中工业结构变动的规律，从我国工业化的阶段性特征出发，通过产业政策引导和指导，大力培育发展战略性新兴产业和先进制造业，为生产性服务业发展营造良好环境，同时积极调整优化存量，加快淘汰落后产能，化解产能过剩矛盾。

1. 大力发展战略性新兴产业和先进制造业

大力发展战略性新兴产业和先进制造业，既是增强我国经济社会可持续发展能力、优化产业结构的战略举措，也是构建产业竞争新优势、培育新的经济增长点、掌握未来发展主动权的必然选择。当前特别要结合"十二五"规划的实施工作，以培育节能环保、新一代信息技术、生物、高端装备制造、新能源、新材料、新能源汽车和生产性服务业等为中心，加快制定发布相关专项规划和产业发展配套政策，形成新的竞争优势；加强统筹规划，调动发挥各方面的积极性，推动重大技术突破，加快形成先导性、支柱性产业，切实提高产业核心竞争力和经济效益；实施国家科技重大专项，集中力量突破高端装备、系统软件、关键材料等重点领域的关键核心技术，着力提升关键基础零部件、基础工艺、基础材料、基础制造装备研发和系统集成水平；面向未来发展和全球竞争，制定产业发展要素指南和技术路线图，建立一批具有全球影响力的制造基地，促进制造业由大变强，充分发挥战略性新兴产业和先进制造业在优化产业结构中的带动作用[1]。

2. 提高生产性服务业比重

服务业是国民经济的重要组成部分，具有涉及领域广、带动就业多、消耗资源少、拉动增长作用强等特点。优化产业结构，必须把发展服务业作为战略重点，不断提高服务业比重和水平。大力发展面向民生的服务业，在巩固传统业态基础上，积极拓展新型服务领域，不断培育形成服务业新的增长点。着力发展生产性服务业，培育研发设计、现代物流、金融服务、信息服务和商务服务，促进制造业与服务业、现代农业与服务业融合发展。从促进消费升级出发，不断创造新的消费需求，特别是要把基于宽带和无线的信息消费作为新一轮扩大消费需求的重点领域，积极培育发展电子商务、网络文化、数字家庭等新兴消费热点。深化服务领域改革开放，营造服务业大发展的政策和体制环境，构建充满活力、特色明显、优势互补的服务业发展格局[2]。

3. 化解产能过剩矛盾

2012年中央经济工作会议提出：要充分利用国际金融危机形成的倒逼机制，

---

[1] 苗圩：《优化产业结构是加快转变经济发展方式的重点任务》，人民网，2012年11月21日。
[2] 苗圩：《优化产业结构是加快转变经济发展方式的重点任务》，人民网，2012年11月21日。

把化解产能过剩矛盾作为工作重点。产能过剩问题显然是经济结构调整过程中"绕不过去的坎",化解产能过剩必须毫不动摇地一直坚持下去。尊重规律、分业施策、多管齐下、标本兼治,通过扩大和创造国内需求,消化一批产能;通过支持企业增强跨国经营能力,向境外有序转移一批产能;通过优化产业组织结构、推动企业兼并重组,整合一批产能;通过严格执行环保、安全、能耗等市场准入标准,淘汰一批落后产能。严把市场准入关口,防止盲目投资加剧产能过剩矛盾。加强对各个产能过剩行业发展趋势的预测,制定有针对性的调整和化解方案。

4. 加大力度淘汰落后产能

加快淘汰落后产能是转变经济发展方式、调整经济结构、提高经济增长质量和效益的重大举措,是加快节能减排、积极应对全球气候变化的迫切需要,是走中国特色新型工业化道路、实现工业由大变强的必然要求。充分运用市场机制,发挥市场配置资源的基础性作用,调整和理顺资源性产品价格形成机制,强化税收杠杆调节,努力营造有利于落后产能退出的市场环境;充分运用法律手段,发挥法律法规的约束作用和技术标准的门槛作用,严格执行环境保护、节约能源、清洁生产、安全生产、产品质量、职业健康等方面的法律法规和技术标准,依法淘汰落后产能;完善政策约束、政策激励、监督检查机制,统筹淘汰落后产能与产业升级、经济发展、社会稳定的关系,建立健全促进落后产能退出的政策体系。在淘汰落后产能的同时,不断提高先进产能比重,促进工业转型升级。

(二)提升工业自主创新能力和水平

着眼于增强企业创新能力,加快建立以企业为主体、科技与经济一体化的技术创新体系和运行机制。重点建立以企业技术中心为主要形式的企业技术创新体系、以产学研联合为纽带的科技成果转化体系、以区域和行业技术中心为主要载体的技术支持体系、以中小企业为主要对象的技术创新中介服务体系等,形成稳定有效的技术支持。

1. 建立健全产业技术创新体系

党中央、国务院提出:积极探索走新型工业化道路的关键环节之一是进一步增强企业在技术创新中的主体作用,加快完善企业主导的产业技术创新体系。提高关键核心技术研发攻关的协同和集成能力,对具有战略方向性关键共性技术,集中资金和研究力量实施重点突破,形成具有自主知识产权的核心专利和技术标准；积极发挥财政、税收、金融等政策的引导作用，鼓励工业企业加大技术创新投入，鼓励支持企业设立内部研发机构，提高企业自主创新能力建设；支持和促进重大技术成果工程化、产业化，加快提升制造业领域知识、技术扩散和规模化生产能力，使企业成为技术成果转化为现实生产力的主体；不断探索改进科技计划和科研经费管理方式，瞄准经济建设的主战场，努力做到专项的实施与产业转型升级和经济发展方式转变紧密相连，与战略性新兴产业的培育和发展紧密相连。

2. 加快推动传统产业技术改造

技术改造是我国工业化发展中逐步形成的一项重要制度，也是推动我国工业化进程的一条宝贵经验。2012年发布的《关于促进企业技术改造和产业升级的指导意见》，对进一步推动企业技术改造工作做出重要部署。《意见》中提出促进技术改造，对于投资结构的优化、消费需求的培育以及自主创新能力的推动等都具有重要意义，是推进我国工业发展方式实现转变与科学发展的重要举措。未来，进一步加快促进企业技术改造应当从以下重点任务出发：一是立足关键技术的突破、创新载体的改造提升、创新体系的建立等环节，推进技术创新和科技成果产业化；二是淘汰与推广相结合，支持重点企业追踪前沿技术，实施装备创新工程，提高装备水平；三是加快推广有利于提高能源资源利用效率等相关技术或产品的改造与推广，积极发展循环经济和再制造产业，促进绿色发展；四是推进精益制造，加快产品升级换代，加强产品生产过程控制，培育先进产能与国际知名品牌，实现产品结构优化；五是深化信息技术在产品生命周期各环节的应用与产品上的嵌入式应用，支持企业普及与建立管理信息系统与信息服务平台，推进信息化与工业化融合；六是推动核能、船舶等军民结合型产业发展，支持军民两用技术产业化和相互转化，深化军民结合；七是加强工业控制系统安全保障，提高工业企业本质安全水平，促进安全生产；八是引导企业、项目、要素向现有园区和基地集中，促进工业布局向产业配套、专业化协作、要素集约高效、生态环保的方向发展，提升产业集聚水平；九是支持重点工业园区公共服务平台升级改造，建立和完善中小企业公共服务平台和生产力促进中心。

（三）培育优强企业提高行业集中度

构建和完善大中小企业协调发展，以大企业为主导、中小企业专业化分工、产业化协作、配套化发展的产业组织结构，进一步提升产业集群的竞争优势。以市场为导向，以企业为主体，充分发挥市场机制的作用，通过兼并、联合、重组、上市等形式，加快培育一批主业突出、带动能力强的"航空母舰"和专精特新的"小巨人"，使之成为调整结构和产业升级的主导力量。做强做大一批大企业大集团。鼓励中小企业为大集团配套服务，形成与大企业大集团分工协作、专业互补、配套服务的中小企业群，通过大公司大集团带动一批中小企业的发展。积极扶持和培育成长型中小企业。

1. 加快推进企业兼并重组

推进企业兼并重组是推动工业转型升级、加快转变发展方式的重要举措，是提升我国经济国际竞争力、进一步完善社会主义基本经济制度的必然选择，有利于提高资源配置效率，调整优化产业结构，培育发展具有国际竞争力的大企业大集团。根据工信部、财政部、发改委等联合发布的《关于加快推进重点行业企业兼并重组的指导意见》安排，汽车、钢铁、水泥、船舶等九大领域和行业的兼并重组工作将按照以下要求开始启动：充分发挥市场的基础性作用，遵循经济规律和市场准则，尊重企业意愿，由企业通过平等协商，自愿自主地开展兼并重组；完善相关政策措施和服务管理体系，努力营造有利于企业兼并重组的体制机制和政策环境；支持企业通过兼并重组完善治理结构，增强技术优势，开展管理创新，加强品牌建设，淘汰落后产能，培育国际竞争力，推进转型升级；结合行业自身特点和企业实际情况实行分类指导，促进各种所有制企业公平竞争和优胜劣汰，促进大中小企业协调发展，形成结构合理、有效竞争、规范有序的市场格局；严格执行相关法律法规、产业政策，兼顾国家、地方、企业和职工的利益，促进企业与社会的和谐稳定。

2. 增强大企业在转型和创新中的引领作用

应加快完善促进大企业做强做优的政策。充分发挥行业龙头企业的示范和带动作用，在自主创新、两化融合、绿色低碳发展等方面先行先试，待取得成功经验后，进一步向全行业推广。要以大企业为主体，整合一批资源，强化产业链上下游协同创新，形成中小企业以大企业为中心的集聚配套效应，引导中小企业走差异化、专业化发展道路，带动一批专精特新的中小企业发展，促进产业链价值链升级，形成各类市场主体协同发展的产业生态体系。

3.完善中小企业和民营经济发展的政策环境

近年来，我国在中小企业政策环境建设上付出了很多努力，也取得了一定成绩，但中小企业发展仍然存在着融资难、融资贵、用工难等一系列问题，影响了中小企业创新能力的提升和转型升级的步伐。除了要进一步加大工作力度，落实和完善各类促进中小企业发展的政策，有效改善中小企业的融资、用工等难题外，还要在进一步完善中小企业服务体系上下功夫，将完善中小企业服务体系作为促进中小企业加快转变发展方式、实现科学发展的重要着力点。要进一步明确政府在中小企业服务体系建设中的定位，积极发挥各级政府和各类中介服务机构、社会化服务主体的作用和积极性，促进专业性中小企业服务机构的发展，为中小企业提供转型升级所需的技术、资金、人才、信息等。

（四）优化工业空间布局

"十二五"是深入推进区域协调发展、优化空间开发格局的重要时期。着力推进工业布局的调整和优化，不仅是工业结构调整的重要内容，也是以产业合理配置促进区域协调发展的重要举措。《工业转型升级规划（2011—2015年）》（以下简称《规划》）提出，要按照国家区域发展总体战略和全国主体功能区规划的要求，充分发挥区域比较优势，加快调整优化重大生产力布局，推动产业有序转移，促进产业集聚发展，促进区域产业协调发展。

1.加快推动产业转移，促进东中西产业协调发展

"十一五"时期，受国家产业政策与工业结构调整的影响，东中西地区之间的产业转移呈现了较快的增长局面。一方面援疆、援藏等支持特定地区发展的产业转移与合作机制逐步建立，加速了区域间的产业转移步伐；另一方面同一省市内部之间的产业转移也逐步扩张，一定程度上优化了省内的产业布局。"十二五"期间，产业转移在促进产业空间布局优化，促进区域产业协调发展方面的作用将持续进一步的发挥。深入贯彻落实《国务院关于中西部地区承接产业转移的指导意见》，坚持市场导向、因地制宜、节能环保、深化改革的基本原则，支持中西部地区重点依托现有工业园区和产业基地，完善基础设施保障，加强公共服务平台建设，改善营商环境，提高承接产业转移的能力；健全工业区域协调互动机制，创新产业承接模式，鼓励中西部地区通过要素互换、合作兴办园区、企业联合协作等多种方式，加强与东部沿海地区的合作，建设产业转移合作示范区；在进一步指导中西部地区有序承接产业转移过程中，加强对西部少数民族地区，特别是

新疆、西藏、青海等地的产业援助。同时，继续鼓励东部沿海省市推进本区域内部的产业转移与合作，提升区域整体发展水平。进一步深化海峡两岸工业领域的合作，促进产业融合对接。[1]

2. 按照主体功能区规划的方向，优化重大生产力布局

经过"十一五"和"十二五"期间的发展，我国东、中、西以及东北老工业基地等地区的工业发展协调性日益增强，区域特色优势产业发展速度逐步加快，产业空间布局明显得到改善。但是，由于产业布局的历史遗留问题以及政府盲目投资行为等，使得产业布局的优化难以一蹴而就，尤其是近几年产业布局不合理的矛盾日益凸显，有色冶炼、钢铁等产业的发展已远远超过资源、能源、环境的承载能力，产业分布与各地区人口、资源配比等不够协调，可以说优化工业产业布局仍旧是一项长期且艰巨的任务。在"十二五"时期的最后两年内，仍要继续着力优化重大生产力的空间布局：在区域发展总体战略和主体功能区战略的基本要求下，按照国家重大生产力布局规划框架指引，统筹考虑资源、能源、市场和环境承载力，结合技术进步趋势和区域产业特点，严格制定和实施产业政策，明确区域产业发展的定位、重点和方向，引导工业向适宜开发的区域集聚；[2]对于新增重大生产力，按照能源、资源富集或来源地区，促进能源、资源就地深加工，减少资源、产品跨区域大规模调动，把鼓励先进地区率先发展和帮助落后地区加快发展结合起来，充分发挥产业发展对缩小地区差距、提高区域自我发展能力的重要作用；要积极引导各地在考虑产业基础和发展条件的基础之上，合理选择布局战略性新兴产业，加强制定战略性新兴产业空间布局的整体规划，避免一哄而上导致低水平重复建设和资源浪费。

第三节　工业结构调整优化的评价指标体系

从工业化过程中工业结构演变的一般规律看，工业结构的调整和演变主要体现在工业内部结构的调整优化、工业技术水平的升级、工业组织结构的调整和工业空间布局的优化等多个方面。从这些工业结构演变的方向出发，构建工业结构调整优化评价指标体系，有利于建立健全工业结构优化升级的分析框架以及后续

[1]　工业和信息化部规划司：《工业转型升级规划系列解读材料——优化工业空间布局》。
[2]　工业和信息化部规划司：《工业转型升级规划系列解读材料——优化工业空间布局》。

对工业结构变动进行定量跟踪研究。

一、工业结构基础指标

工业结构的基础指标主要包括工业化率指标、重工业化指标、高加工度指标、技术集约化指标等四个指标。

（一）工业化率指标

工业化率指标主要是指工业增加值占 GDP 的比重。从工业化发展过程看，工业增加值占 GDP 的比重经历了一个从快速增长到达到拐点，再逐步下降的过程。这一过程反映在三次产业结构上，就是工业化初期，随着工业化的发展，第二产业（主要是工业）占 GDP 的比重不断提升，第一产业占 GDP 的比重逐步下降；进入工业化中后期后，工业增加值占 GDP 的比重逐步达到峰值，与此同时，第三产业（主要是服务业）增长迅速；到了工业化后期，工业增加值占 GDP 的比重开始逐步下降，服务业占 GDP 的比重开始超过工业。工业化率指标主要用来衡量一国工业化所处的阶段，工业化率指标一般经历一个先升后降的过程。从典型国家工业化的经验数据看，工业化率的峰值一般在 46%，从我国的数据来看，工业化率已经超过这一数值，工业增加值占 GDP 的比重呈现增速放缓的趋势。

（二）重工业化指标

重工业化指标主要是指重工业总产值占工业总产值的比重。一般而言，工业化进入中期以后，在各类需求中，中间需求（或者生产需求、投资需求）的增长是总需求增长的主角。霍夫曼（Hoffmann,W.,1931）等人根据经验研究得出结论，在工业化进程中，霍夫曼比率或霍夫曼系数（消费品工业的净产值与资本品工业净产值之比）是不断下降的。在工业化前期，消费品工业（轻工业）占据主导地位；在进入工业化中期以后，生产资料工业（重工业）比重显著上升，即出现"重工业化"。从工业化过程中工业结构演变的规律看，随着工业化的发展，重工业占工业总产值的比重不会持续增加，而是呈现一个逐步提升到保持稳定的过程。对于大国的工业化而言，重工业化是一个不可逾越的阶段。2008 年中国的重化工业已达到了 70%，将这一数据与美国、英国、日本、韩国等与我国相似阶段的发展数据进行比较，我国重化工业占工业的比重已经超过了主要国家工业化过程中重工业比重的峰值。

（三）高加工度指标

高加工度指标主要是指工业中加工工业增加值与原材料工业增加值的比例。有学者通过工业内部结构的变动特征，将工业化过程划分为轻工业化、重化工业化和技术集约化三个阶段，它们大致对应于工业化初期、中期和后期阶段。重化工业化阶段又可以分为两个时期，即以原材料工业为主的时期和以高加工度工业为主的高加工度化时期，这两个时期则分别对应于工业化中期的第一阶段和第二阶段。一般而言，当重工业产值超过轻工业产值时，工业化进入重化工业化阶段；而当高加工度工业产值超过原材料工业产值时，工业化则进入高加工度化时期。高加工度工业是工业转型和向更高水平提升的重要支撑，也是促进我国工业发展方式转变的必然要求。我国虽然早已进入重化工业阶段，但仍处在原材料工业为主的时期，高加工度工业特别是高端制造业发展不足，未来应重点扶持医药制造业、金属制品业、通用设备制造业、专用设备制造业、交通运输设备制造业、电气机械及器材制造业、通信设备、计算机及其他电子设备制造业等高加工度工业发展。

（四）技术集约化指标

技术集约化指标主要是指高技术产业产值占工业总产值的比重。从典型工业化国家的经验规律看，当高技术产业产值占工业产值的比重达到30%左右时，工业化处于技术集约化阶段。技术集约化指标反映了多数国家工业化过程中从劳动密集型向资本和技术密集型产业升级转换的过程。2011年，我国高技术产业产值占工业总产值的比重为10.48%，与发达国家相比，我国高技术产业发展水平还比较低，差距仍然较大。这说明我国工业结构优化升级仍然任重道远。

二、工业技术水平升级指标

（一）工业技术创新指标

工业技术创新指标主要是指工业企业研究与试验发展经费支出占主营业务收入的比重。技术创新指标反映了技术进步和技术创新在推动工业化发展中的作用，它在很大程度上也反映了一国的经济增长潜力和科学发展的能力。我国规模以上工业企业研究与试验发展经费支出占主营业务收入的比重不到1%，远低于发达国家的平均水平，较大型跨国公司的研发投入水平就更低。

（二）工业企业万人拥有发明专利数指标

工业企业万人拥有发明专利数主要是指工业企业中每万人的发明专利拥有数。该指标反映我国工业企业实际获取的发明专利强度。过去十年来，我国工业企业万人拥有发明专利指标呈现前期缓慢增长后期快速提升的态势，特别是在2007年以后，提升速度非常快，这也表明我国近年来所采取的一系列鼓励研发、促进自主创新的政策取得了积极成效，从另一个侧面反映了工业技术水平在持续不断提升。

三、工业组织结构调整指标

（一）规模经济行业集中度指标

规模经济行业集中度主要是指钢铁、汽车、船舶等规模经济行业排名前十家企业主营业务收入占全行业比重情况，该项指标反映了工业各行业组织结构优化的程度。2010年我国钢铁、汽车、船舶行业前十家企业集中度分别为48.6%、82.2%和48.9%，近两年来行业集中度虽然又有所提高，但与领先国家相比仍有一定差距。此外，我国500家集成电路设计企业销售收入总和不及美国高通公司一家的收入，也反映了我国现阶段工业组织结构方面与发达国家的差距。

（二）世界500强工业企业数指标

世界500强工业企业数主要反映一国进入世界500强的工业企业数量，是反映一国工业大企业竞争力的主要指标。在经济全球化背景下，一国制造业面临的是来自全球的竞争，能否拥有一批数量较多、具有较强国际竞争力的大企业集团，既是一国工业组织结构优化的体现，也是一国工业国际竞争力逐步提升的重要标志。美国时代华纳集团的《财富》杂志每年都会对全球营业收入较大的企业进行分析和排名，公布《世界500强排行榜》。目前我国进入世界500强的企业以金融业和资源类行业居多，高技术制造企业数量较少。

四、工业布局优化指标

（一）工业集聚度指标

工业集聚度指标主要是指工业园区的产值占工业总产值的比重，该指标反映了工业向园区集聚集中发展的程度，体现了工业用地的节约和集约节约发展理念。2000 —2011 年，我国产业聚集度实现程度从 37.19% 增长到 51.30%，增长了 14.11 个百分点，增长幅度较大。这说明国家在推进区域结构集中和优化方面取得了良好的效果，产业集聚区及工业园区提升改造步伐加快，国家级经济技术开发区和国家级高新区发展水平不断提高。

五、工业协调发展指标

（一）工业与生产性服务业协调发展指标

工业协调发展指标主要是指工业与生产性服务业比例变化情况。进入工业化中后期，重工业特别是高加工度工业将进入一个快速发展的时期，对服务业特别是生产性服务业的需求大幅增加，将促进生产性服务业加快发展。我国生产性服务业伴随工业化的发展初步具有了一定规模，但总体上仍存在供给不足、发展滞后的问题。必须高度重视生产性服务业在促进制造业技术进步、工业结构优化升级中的重要作用。探索建立分工明确、合力推进的工作机制。制定鼓励生产性服务业发展的优惠政策，推动生产性服务业快速发展。

专题篇

第四章 产业组织结构优化

产业组织指生产和经营同类产品及其可替代产品的同一产业内的企业以及企业与市场之间的相互关系及其发生、发展、变化的过程。一般而言，产业组织结构就是同一产业内部企业规模的大中小组合的基本格局，即大中小企业在生产中的关系和构成比例[1]。产业组织结构优化，就是在市场机制作用的基础上，按专业化分工协作和规模经济原则，形成产业适度集中、企业间竞争充分，大企业为主导、大中小企业协调发展的格局。促进企业兼并重组是优化产业组织结构的重要手段。

第一节 2013年促进企业兼并重组做大做强政策解析

推进企业兼并重组有助于促进经济发展方式的转变，调整优化产业结构，促进工业转型升级。目前，我国许多行业如钢铁、水泥、平板玻璃等产业集中度不高，缺乏具有国际竞争力的大型企业，而且部分行业产能过剩情况较为严重，企业利润下滑，影响了资源的有效配置和产业国际竞争力的提升。为此，无论是国家层面还是地方政府均纷纷出台政策，推进企业兼并重组，促进企业做大做强。

一、推进企业兼并重组的政策情况

近年来，我国为推进企业兼并重组，促进企业做大做强，提高产业集中度，已经出台了一系列的政策。工业和信息化部、商务部、财政部、人力资源和社会保障部等部门纷纷出台相关的配套政策和文件。到目前为止，我国在企业兼并重

---

[1] 孙卫敏、赵金国：《寡头垄断与中小企业并存》，《中国地质大学学报（社会科学版）》2005年第5期。

组方面已形成了一套较为完整的政策体系。这一政策体系既包括国家层面的政策，也包括地方层面的政策。

（一）国家层面的政策

改革开放以来的 20 世纪 80 年代，各地企业的兼并重组行为日益增多。1984 年，保定市锅炉厂以承担 42 万元债务的形式兼并了保定市风机厂，成为改革开放以来的"兼并第一案"。武汉市于 1988 年成立了中国第一家兼并市场，之后，保定、成都、南京等地也陆续成立了类似的机构。

从国家层面来讲，为规范企业的兼并重组，1989 年，四部委首次联合出台了《关于企业兼并暂行办法》（体改经〔1989〕38 号）。之后的一段时间内，国家和地方政府出台的政策从数量上来看相对较少。2002 年，我国并购进入了一个新的时代，以加入世贸组织为标志，中国的商业规则开始逐步与世界接轨，市场机制在兼并重组中逐步开始发挥作用。因此，中国并购公会会长王巍将 2002 年称为中国并购元年。

在 2005 年之后，国家才开始密集出台相关政策。国务院及其组成部门，工业和信息化部、财政部、人力资源和社会保障部、国土资源部、国资委、国家税务总局、银监会、证监会、国家外汇管理局等都相继出台了相关的政策文件。

2008 年 12 月，中国银监会发布《商业银行并购贷款风险管理指引》（银监发〔2008〕84 号），明确了允许银行贷款可用于企业并购。这一规定拓宽了企业兼并重组的融资渠道，加大了企业兼并重组信贷支持力度。这一政策成为当时国家推动兼并重组的政策中的一大亮点。

2010 年，国务院发布《关于促进企业兼并重组的意见》（国发〔2010〕27 号，以下简称国发 27 号文），对企业兼并重组工作进行了全面的部署，提出要加快汽车、钢铁、水泥、机械制造、电解铝、稀土等重点行业的兼并重组，从体制改革突破和财政信贷政策倾斜等方面，积极推动企业兼并重组工作。财政部、国资委等部门在中央国有资本经营预算中设立了专项资金支持中央企业为兼并主体的兼并重组。2010 年 12 月 22 日，为贯彻落实国发 27 号文，企业兼并重组工作部际协调小组成立暨第一次会议召开。部际协调小组成员由工业和信息化部、发展改革委、财政部、人力资源和社会保障部、国土资源部、商务部、人民银行、国资委、税务总局、工商总局、银监会、证监会等部门组成，统筹解决企业兼并重组中的问题。2012 年 7 月，企业兼并重组工作部际协调小组召开第二次会议，开通企业兼并重组公共信息服务平台。平台旨在为企业提供信息和政策方面的咨询服务，主要包括工作动态、政策法规、深度观察、经验交流、重点行业、理论实务、境外并购、中介服务等栏目。2013年初，工业和信息化部、国家发展和改革委等12个部委（即企业兼并重组部际协调小组）联合印发《关于加快推进重点行业企业兼并重组的指导意见》（工信部联产业〔2013〕16号），旨在推进重点行业的企业兼并重组。自2013年10月8日起，国家开始对上市公司正式实施并购重组分道制审批，这是我国审批制度的重要创新。

从近年来企业兼并重组的国家层面政策演变来看，总体上看中央政府鼓励企业的并购重组，放松部分领域的管制，同时也在对企业的行为逐步加以规范。

表4-1　国家层面兼并重组主要政策

序号	发布时间	政策名称
1	2010.5.7	国务院《关于鼓励和引导民间投资健康发展的若干意见》（国发〔2010〕13号）
2	2010.8.28	国务院《关于促进企业兼并重组的意见》（国发〔2010〕27号）
3	2011.2.3	《国务院办公厅关于建立外国投资者并购境内企业安全审查制度的通知》（国办发〔2011〕6号）
4	2010.11.16	国务院办公厅《关于依法打击和防控资本市场内幕交易的意见》（国办发〔2010〕55号）
5	2010.10.16	《国务院办公厅转发改革委关于加快推进煤矿企业兼并重组若干意见的通知》（国办发〔2010〕46号）
7	2012.6.29	国家发展改革委等《关于印发鼓励和引导民营企业积极开展境外投资的实施意见的通知》（发改外资〔2012〕1905号）
8	2012.1.12	财政部、国家税务总局《关于企业事业单位改制重组契税政策的通知》（财税〔2012〕4号）
9	2011.2.18	国家税务总局《关于纳税人资产重组有关增值税问题的公告》（国家税务总局公告2011年第13号）
10	2009.4.30	财政部、国家税务总局《关于企业重组业务企业所得税处理若干问题的通知》（财税〔2009〕59号）
11	2010.1.12	财政部、国家税务总局《关于企业事业单位改制重组契税政策的通知》（财税〔2012〕4号）
12	2009.6.25	财政部《关于企业重组有关职工安置费用财务管理问题的通知》（财企〔2009〕117号）

（续表）

序号	发布时间	政策名称
13	2010.7.26	国家税务总局《企业重组业务企业所得税管理办法》（国家税务总局公告2010年第4号）
14	2011.11.28	国家工商总局《关于做好公司合并分立登记支持企业兼并重组的意见》（工商企字〔2011〕226号）
15	2012.3.18	《中央企业境外投资监督管理暂行办法》（国务院国有资产监督管理委员会令第28号）
16	2012.5.23	国资委《关于国有企业改制重组中积极引入民间投资的指导意见》（国资发产权〔2012〕80号）
17	2011.9.7	国资委《关于中央企业国有产权置换有关事项的通知》（国资发产权〔2011〕121号）
18	2012.11.6	证监会《关于加强与上市公司重大资产重组相关股票异常交易监管的暂行规定》（〔2012〕33号）
19	2011.6.27	人保部《关于做好淘汰落后产能和兼并重组企业职工安置工作的意见》（人社部发〔2011〕50号）
20	2012.4.28	工业和信息化部《关于进一步加强企业兼并重组工作的通知》（工信部产业〔2012〕174号）
21	2013.1.22	工业和信息化部、国家发展改革委等12部委《关于加快推进重点行业企业兼并重组的指导意见》（工信部联产业〔2013〕16号）
22	2008.12. 6	《商业银行并购贷款风险管理指引》（银监发〔2008〕84号）

资料来源：赛迪智库产业政策研究所，2013年。

（二）地方层面的政策

在国家政策的指引下，各省区市地方政府纷纷出台地方层面的政策，推进本地区企业的兼并重组工作。为贯彻落实国发27号文，山东省率先于2011年出台《关于贯彻国发〔2010〕27号文件促进企业兼并重组的意见》（鲁政发〔2011〕9号），对兼并重组工作及时进行了专题部署，并建立了省级联席会议制度，在省级国有资本经营预算中安排预算资金，支持省属国有企业兼并重组，并对省政府确定的重大兼并重组项目进行资金支持。之后，河南、江苏等地区也陆续发布了促进兼并重组的文件。

2013年以来，四川、青海、山西、甘肃等不少地区陆续发布地方层面的政策，主要政策如下。

2013 年 3 月 20 日，四川省人民政府下发了《关于推进煤矿企业兼并重组的实施意见》（川府发〔2013〕15 号），提出通过煤矿清理整顿和兼并重组，实现煤矿数量明显减少、企业规模明显扩大、整体水平明显提升、矿区面貌明显改善、煤炭开发秩序进一步规范的目标。所有煤矿单井（独立生产系统）生产能力符合煤炭产业政策规定要求；到 2015 年年底，煤矿企业生产规模（可有多个煤矿）不低于 30 万吨 / 年,矿井数量减少到 1000 个以内,煤矿企业数量减少到 300 个以内。

2013 年 4 月 3 日，青海省人民政府发布《关于印发电解铝铁合金等五个行业兼并重组和结构调整实施方案的通知》（青政办〔2013〕76 号），其中的五个行业是指铁合金、光伏、水泥、钢铁和电解铝。产业集中度方面的目标为：铁合金，到 2013 年年底形成 5 家大型企业集团，产业集中度达到 98% 以上；光伏产业，到"十二五"末，形成 4 家大型企业集团，产业集中度达到 90% 以上；水泥，到 2014 年年底，形成 4 家年产 400 万吨以上的产业链较为完整、竞争力较强的水泥企业集团，产业集中度达到 90% 以上；电解铝，培育形成 5 家具有核心竞争力和在国内有影响力的电解铝生产企业，培育形成 3 家产业链较为完整、精深加工能力较强的上下游一体企业。

2013 年 4 月 7 日，山西省人民政府发布的《关于进一步加强兼并重组整合煤矿建设工作的意见》（晋政发〔2013〕13 号），从补办立项和核准手续、加快审批环评报告、加快办理营业执照、加快换发采矿许可证、加快办理用地手续、加快电网改造步伐、加大资金投入力度、加快矿井建设改造步伐、加强建设项目管理、加强煤矿建设安全管理等十个方面提出了加强重组整合煤矿建设工作，体现了对整合煤矿建设工作的决心。

2013 年 5 月 13 日，甘肃省工信委发布《关于加快推进重点行业企业兼并重组的实施意见》（甘工信发〔2013〕361 号），提出力争 5 年内形成 10 个千亿级循环经济产业链和产业集群，重点培育 5 个千亿级、20 个百亿级、100 个十亿级、500 个过亿级的优势企业集群梯队，培育一批主业突出、规模效益进入国内同行业前列、具有国际竞争力的大型企业集团。

2013 年 5 月 24 日，四川省发展和改革委和能源局联合发布了《贯彻落实〈四川省人民政府关于推进煤矿企业兼并重组的实施意见〉工作指南》（川发改能源〔2013〕588 号），确立推进兼并重组的工作基调和整体思路，即"尊重市场主体、加大政策引导、强化约束手段"，并提出到 2015 年年底,所有煤矿企业生产规模（可有多个煤矿）不低于30万吨/年（经测算，全省煤矿企业数量将减少到300个以内）。

表4-2　地方发布的主要兼并重组政策

地区	政策文件名称
甘肃	《关于加快推进重点行业企业兼并重组的实施意见》（甘工信发〔2013〕361号）
天津	《关于进一步深化国有企业改革的意见》（津政发〔2013〕12号）
山西	《关于进一步加强兼并重组整合煤矿建设工作的意见》（晋政发〔2013〕13号）
	《山西省人民政府关于加快推进煤矿企业兼并重组的实施意见》（晋政发〔2008〕13号）
	《关于加强兼并重组矿井安全工作通知》（晋政发〔2010〕21号）
	《加快焦化行业兼并重组行动方案》（晋焦兼并字〔2013〕2号）
吉林	《吉林省人民政府关于修订吉林省煤矿企业兼并重组实施方案的通知》（吉政发〔2013〕14号）
	《吉林省人民政府办公厅关于印发吉林省煤矿企业兼并重组退出企业奖励政策的通知》（吉政办明电〔2013〕82号）
上海	《上海市人民政府贯彻〈国务院关于促进企业兼并重组的意见〉的实施意见》（沪府发〔2011〕55号）
	《关于进一步做好本市促进企业兼并重组相关税收工作的通知》（沪国税法〔2011〕42号）
江苏	《江苏省政府关于促进企业兼并重组的意见》（苏政发〔2011〕188号）
福建	《关于加快推进重点行业企业兼并重组九条措施的通知》（闽经贸企业〔2013〕588号）
山东	《关于贯彻国发〔2010〕27号文件促进企业兼并重组的意见》（鲁政发〔2011〕9号）
	《山东省人民政府关于印发山东省钢铁企业兼并重组实施方案的通知》（鲁政发〔2012〕41号）
	《关于贯彻落实山东省钢铁产业结构调整试点方案的实施意见》（鲁政发〔2012〕8号）
广东	《广东省人民政府办公厅关于促进企业兼并重组的实施意见》（粤府办〔2012〕99号）
四川	《关于推进煤矿企业兼并重组的实施意见》（川府发〔2013〕15号）
贵州	《关于进一步深入推进全省煤矿企业兼并重组工作的通知》（黔府办发〔2013〕46号）

（续表）

地区	政策文件名称
青海	《关于印发电解铝铁合金等五个行业兼并重组和结构调整实施方案的通知》（青政办〔2013〕76号）

资料来源：赛迪智库产业政策研究所，2013年。

在企业兼并重组的组织协调方面，各地方政府纷纷建立协调机制。如，河北省、重庆市等地区成立了由分管副省长任组长，发展改革委、财政厅、人力资源社会保障等部门和单位为成员的企业兼并重组工作领导小组。江苏省、福建省等地区设立了企业兼并重组工作协调小组，由分管副省长任组长，省经济和信息化委、发展改革委等部门参加。上海等地建立了企业兼并重组工作联席会议制度。

除国家层面和地方层面的专门政策外，在其他的规划和产业政策等文件中也包含有促进企业兼并重组的相关规定，如国家"十二五"规划纲要，《工业转型升级规划（2011—2015年）》等，都对企业兼并重组做了相关的规定。再如，2013年6月份发布的《国务院关于促进光伏产业健康发展的若干意见》（国发〔2013〕24号）中提出要利用"市场倒逼"机制，鼓励企业兼并重组。而且许多产业的产业规划也鼓励企业做大做强，如《电子信息制造业"十二五"发展规划》提出"鼓励和引导企业兼并重组，支持龙头骨干企业开展并购。大力推动产业链整合，提高产业链管理及运作水平，强化产业链整体竞争力"。由此可看出，我国已经将产业政策、产业振兴计划、规划等结合起来，力图通过形成合力来推动企业兼并重组。

二、重点政策分析

如前所述，近年来，无论是国家还是地方都针对兼并重组发布了一系列的文件，其中的重点政策主要有国务院发布的《关于促进企业兼并重组的意见》（国发〔2010〕27号），工业和信息化部、国家发展改革委、财政部等12个部委联合发布《关于加快推进重点行业企业兼并重组的指导意见》（工信部联产业〔2013〕16号，以下简称《指导意见》）等。

（一）以产业结构调整为主线

根据《指导意见》的精神可以看到，我国推进企业兼并重组的目的在于推动企业做大做强，培育大企业大集团，提高企业的国际竞争力，但是并不是要把所有企业做大，而是为不同所有制的企业营造公平竞争的环境，促进企业的优胜劣汰，使得大中小企业协调发展，形成结构合理、有效竞争、规范有序的市场竞争格局，从而促进产业结构的调整。国发27号文、国家"十二五"规划纲要、工业转型升级规划（2011—2015年）、《指导意见》等文件中都提出要以钢铁、汽车、水泥等行业为重点推进企业的兼并重组。这些行业都具有一个共同的特点，就是属于规模经济行业。从这些行业的组织结构来看，产业集中度较低、企业较小且较分散，缺乏龙头企业，并且这些行业的产能过剩、重复建设等问题严重。如2012年钢铁行业的产业集中度为43%，产能利用率仅为72%。对于规模经济行业来说，通过兼并重组，不但可提高产业集中度，还可促进企业的规模化经营，提高企业竞争力，培育一批大企业大集团，促进产业结构的调整。

（二）对不同行业进行分类指导

不同行业的发展情况具有一定的差异性，《指导意见》针对汽车、钢铁、水泥、船舶、电解铝、稀土、电子信息、医药等重点行业的发展目标和重点任务进行分类指导，针对各行业自身特点和发展趋势，并根据行业中企业实际情况，分别对各行业的产业集中度与龙头企业规模提出发展目标，可谓是"定时、定量、定目标"。如，到2015年，前10家钢铁企业集团产业集中度达到60%左右，而前10家水泥企业产业集中度达到35%；前10家整车企业产业集中度达到90%，形成3~5家具有核心竞争力的大型汽车企业集团。对不同行业甚至是同一行业内的不同类型企业提出不同兼并重组方式。如，电子信息行业重点支持龙头骨干企业开展产业链整合，提高整体竞争实力；稀土行业重点推进大企业兼并重组，实现资源整合，提高产业集中度；汽车整车企业重点推动横向兼并重组，实现规模化发展；汽车零部件企业重点推进其与下游整车企业的战略合作，实现专业化分工和协作化生产；大型汽车企业与相关服务企业兼并重组，实现制造业和服务业融合发展。

（三）重点支持行业龙头企业的兼并重组

大型企业在资金、技术水平、人力资源等方面具有一定优势，在产业发展中具有引领作用。企业兼并重组有利于强化大企业在行业中的地位，提高整个产业的竞争实力，从而带动整个产业的发展。因此，各重点行业的大型龙头企业成为兼并重组的重点支持对象。如，国发27号文提出，推动优势企业实施强强联合、跨地区兼并重组、境外并购和投资合作；《指导意见》提出，"支持大型汽车企业通过兼并重组向服务领域延伸；重点支持大型钢铁企业开展跨地区、跨所有制兼并重组；重点支持优势骨干水泥企业开展跨地区、跨所有制兼并重组；积极推进以大型骨干造船企业为龙头的跨地区、跨行业、跨所有制的兼并重组；对于电解铝行业，支持具有经济、技术和管理优势的企业兼并重组落后企业；对于稀土行业，支持大企业以资本为纽带，通过联合、兼并、重组等方式，大力推进资源整合；对电子信息行业，支持龙头骨干企业开展并购，大力推动产业链整合，提高产业链管理及运作水平，强化产业链整体竞争力等"。

（四）鼓励民营资本积极参与兼并重组

民营经济是社会主义市场经济的重要组成部分，是我国经济社会发展的重要基础，在促进经济发展、调整产业结构、扩大社会就业、拉动居民消费等方面发挥着不可或缺的作用。国发 27 号文提出，鼓励和支持民营企业参与竞争性领域国有企业改革、改制和改组；放宽民营资本的准入，切实向民营资本开放法律法规未禁入的行业和领域，并放宽在股权比例等方面的限制。加快垄断行业改革，鼓励民营资本通过兼并重组等方式进入垄断行业的竞争性业务领域，支持民营资本进入基础设施、公共事业、金融服务和社会事业相关领域。《关于印发鼓励和引导民营企业积极开展境外投资的实施意见的通知》（发改外资〔2012〕1905 号）提出，鼓励有条件、有实力的民营企业"走出去"进行境外投资，提升民营企业的国际化经营水平。

（五）政府要营造良好环境和做好管理服务

政府在企业兼并重组中的作用，是营造良好的政策环境，完善相关的政策措施，同时，完善企业兼并重组服务管理体系，消除制约企业兼并重组的体制机制障碍，规范行政行为。所以，国发 27 号文提出，改进对兼并重组的管理和服务，具体包括做好信息咨询服务，加强风险监控，维护公平竞争和国家安全。《指导意见》的制定不仅依据"十二五"规划纲要、工业转型升级规划等文件，并且在制定过程中征求了国家各部门、地方相关部门、行业协会、专家学者以及相关企业等的意见。该意见明确政府的作用是要做好两方面的工作，营造环境和做好管理服务，并对地方政府提出了具体的要求。如在营造良好环境方面，一是要坚持市场化运作，充分尊重企业意愿，充分调动企业积极性，引导和激励企业自愿自主开展兼并重组。二是认真清理、修订、废止各种不利于企业兼并重组的政策、规定和做法，尤其要坚决取消各地自行出台的限制外地企业对本地区企业实施兼并重组的规定。三是积极探索跨区域企业兼并重组的地区间利益共享机制。

第二节　2013年企业兼并重组基本情况

近年来，我国企业兼并重组步伐不断加快，尽管我国并购市场受到了国际金融危机的影响，但仍维持较高的发展水平，水泥、电解铝、稀土等行业的兼并重组在交易数量等方面表现出不同特点。2013年以来我国企业兼并重组取得了一定的成效，部分行业的产业集中度有所提高，大企业的竞争力不断增强。

一、进展

（一）总体情况

2008年以来，我国并购市场基本上处于活跃状态。2012年，受全球经济低迷、外需不振的影响，我国经济发展增速放缓，我国并购市场受到了一定的影响，但总体上依然维持了一个较高的发展水平，2013年又恢复了强劲增长势头。

从交易数量来看，2008年以来，我国并购市场的交易数量呈现出先升后降的趋势。2008年，我国并购市场交易数量为4227起，而2012年为3555起。但交易金额呈逐年上升的趋势，从2008年的1386.94亿美元上升到2012年的3077.85亿美元，如图4-1所示。

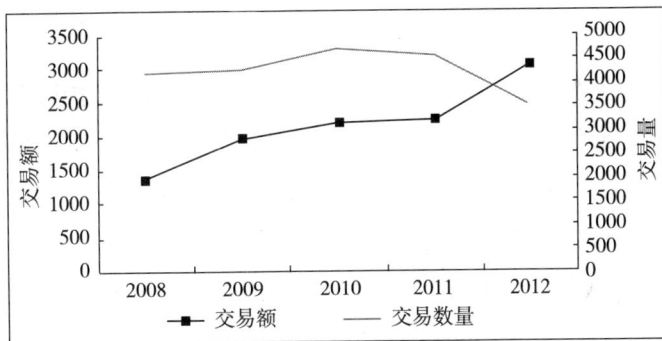

图4-1　2008—2012年中国并购市场宣布交易情况

资料来源：投中集团。

2013年，我国并购市场宣布交易的数量为5233起，披露金额的案例数量为4496起，交易额为3328.51亿美元，交易金额达近年来最高值。[1]

---

[1]　数据来源：http://research.chinaventure.com.cn/report_813.html。

企业兼并重组的行业分布较为集中。从并购的行业分布来看，我国并购涉及的行业日趋广泛，目前已经包括制造业、能源及矿产、金融业、房地产、交通运输、汽车行业、建筑建材、连锁经营、农林牧渔、电信及增值等诸多行业，但无论从交易数额还是交易金额来看，并购仍然集中于少数几个行业之中，其中，制造业、能源及矿产等行业占有较大比重，属于兼并重组较为频繁的行业。

从2013年我国并购市场完成交易数量的行业分布来看，位居前三位的为制造业、能源及矿产、金融行业，完成交易的案例数量分别为337、259、245起，所占比重分别为16.3%、12.5%、11.8%，累计占比约为40.6%。从交易的金额来看，能源及矿产、金融、食品饮料行业分别位居前三位，并购金额分别为411.47亿美元、198.87亿美元、121.77亿美元，所占比重分别为30.4%、14.9%、9.1%，累计占比约为54.4%。

我国企业海外并购势头强劲。2002年到2012年，我国企业的海外并购规模增长超过200倍；2012年我国企业海外并购实现成功的案例为455起，实际交易金额为426.2亿美元，其中直接投资金额为268亿美元，占比为63%；通过境外融资进行并购的金额为158亿美元，占比为37%。[1]

从私募基金的情况来看，一般来说，股权私募基金的生命周期为7年到10年。在未来的几年内，许多私募基金需要退出，所以私募基金更加关注前期剩余资金投资以及已投资项目的退出。2012年，我国并购基金的发展速度较快，如设立了券商系首支并购基金中信并购基金、上海政府资助的上海国际全球并购基金、广发产业并购基金等。近来，几个全球主流私募基金募集了几个较大规模的中国基金，加上我国经济发展速度放缓，"去杠杆化"政策的实施，所以2013年以来，参与并购的基金的数量及规模出现了下降。

以国企为主的中国500强企业并购活跃。从2013年中国500强企业的并购情况看，500家企业中共有144家企业成为了兼并重组的主体，总共针对1061家企业实施了兼并重组。其中，93家国有企业共兼并重组了860家企业，所占比重约为81.1%；51家民营企业共兼并重组了201家企业，所占比重约为18.9%。从兼并重组的行业分布来看，并购最为频繁的主要有煤炭、建材、电力等行业。[2]

[1] 数据来源：商务部，2013年1~6月我国对外投资和经济合作情况。
[2] 数据来源：http://news.xinhuanet.com/fortune/2013-08/31/c_125289122.htm。

（二）重点行业情况

2013 年发布的《指导意见》提出，推进汽车、钢铁、水泥、船舶、电解铝、稀土、电子信息、医药等重点行业的企业兼并重组。在行业篇中，论述钢铁、汽车、船舶、电子信息等行业的章节内容将涉及兼并重组情况，故这里不再赘述。考虑到2013 年上半年互联网行业的大型并购频现，所以本部分内容主要分析水泥、稀土、电解铝、医药、互联网等行业的兼并重组情况。

1. 水泥行业

2009 年国务院发布《关于抑制部分行业产能过剩和重复建设引导产业健康发展若干意见的通知》（国发〔2009〕38 号）就指出，水泥等行业存在盲目扩建的情况，水泥公司扩张方式应由新建转为并购为主。自此，水泥行业的企业兼并重组进入一个新的阶段。

2013 年，水泥企业兼并重组案例共 24 起，披露金额的交易为 23 起，涉及金额 33 亿元。[1] 截至 2012 年年底，前 10 家大型水泥集团熟料产能已占全国的 48.93%，水泥产量占全国 31%，熟料产能达 1 亿吨以上的有 2 家。[2] 2013 年，水泥企业的兼并重组以横向并购为主，主要特点表现为大多为区域市场的整合，跨区域的强强企业之间的联合不断出现；收购混凝土或物流等生产性服务企业，延伸产业链；西北与中南地区为热点区域。

其中，较大的并购案例主要有：2013 年，华新水泥有限公司以 4.2 亿元收购湖北华祥水泥有限公司 70% 的股权，同时以 9943.7 万元收购湖北华祥水泥鄂州有限公司的股权，湖北华祥及华祥鄂州成为华新水泥的控股子公司。山东中联水泥以 30 亿元收购山东申丰水泥集团股权，实现了依托战略平台首次产业并购。中材集团与安徽海螺集团签署战略合作协议，将充分发挥双方优势，共同开拓海外市场等。

2. 稀土行业

稀土素有"工业维生素"之称。我国稀土资源基本分南北两部分。北方为轻稀土资源，主要集中在包头白云鄂博特、四川冕宁等地区；南方为中重稀土资源，分布在江西、广东、广西、福建、湖南等地区。但是，我国稀土行业散、乱、差，不但对环境造成了极大的破坏，并造成极大浪费。兼并重组是改变我国稀土行业

---

[1] 企业兼并重组公共信息服务平台。

[2] http://stock.caijing.com.cn/2013－04－26/112717100.html。

开采方式粗放、资源严重浪费现状的一种重要手段。

早在 2002 年，国务院就批准组建南、北稀土集团，由于种种原因未能实现。直至 2011 年 5 月国务院发布《关于促进稀土行业持续健康发展的若干意见》（国发〔2011〕12 号），我国稀土行业的大规模整合再次展开。随后，2013 年的《指导意见》提出，稀土行业要支持大企业以资本为纽带，通过联合、兼并、重组等方式，大力推进资源整合，大幅度减少稀土开采和冶炼分离企业数量，提高产业集中度，基本形成以大型企业为主导的行业格局。

2012 年，我国稀土行业的整合工作主要表现为以下几个方面：国家加强了对稀土的监管，开展环保核查和行业准入工作，6 月，正式实施稀土专用发票，8 月，成立稀土交易平台，9 月，对稀土资源实施战略性紧缩。中央企业和地方政府积极主导推进稀土整合工作，并购交易活动表现较为活跃。全年兼并重组交易数量为 34 起，交易金额为 37.8 亿元。2012 年全年兼并重组事件中，目的在于发展下游稀土新材料以及应用产品的有 19 起，占全部并购数量的 56%。根据北京交通大学中国企业兼并重组研究中心 China Merger 数据库、中国稀土网和北京、上海、重庆产权交易所公告统计，2013 年第 3 季度中国稀土行业共发生了 5 起兼并重组事件，披露的交易金额为 22.268 亿元。[1] 目前，我国稀土行业已基本形成了以包钢集团、中国五矿、中铝公司、广东稀土、赣州稀土和厦门钨业等 6 家企业为主导的行业发展格局。

近来，较为有影响的并购案例主要有：2013 年以来，赣州稀土集团有限公司与龙南县锗升有色金属有限公司正式签订投资合作协议，由赣州稀土集团控股 60% 股权，龙南锗升持有 40% 股权。7 月，赣州稀土集团与赣州龙南龙钇重稀土科技股份有限公司正式签订并购协议。至此，赣州稀土集团已经并购重组了 5 个赣州市的稀土企业，该地区的资源集中度得到了进一步提升。2013 年 8 月，广晟有色收购德庆兴邦 88% 的股权、清远嘉禾 44.5% 的股权、瑶岭矿业 61.464% 的股权。

3. 电解铝行业

当前我国电解铝产业呈现产业组织结构不合理，产业集中度不高，企业小而分散等特点，而产业集中度低导致资源配置效率不高，重复建设问题严重。据工业和信息化部统计数据，2012 年末我国电解铝产能已超过 2765 万吨，产能利用

[1] 资料来源：企业兼并重组公共信息服务平台。

率仅为72%。2013年1~6月份，电解铝的在建产能约为1000万吨，行业亏损6.7亿元。电解铝产能过剩问题非常突出。而且企业大面积亏损，中东部地区采用网电的电解铝企业亏损严重，部分企业已经停产。[1]

电解铝行业并购的主要形式为纵向并购，主要目的是为了降低电力成本。由于生产电解铝过程中消耗的电力在成本中占较大比重，而国内西部地区电力资源丰富，生产成本相对低廉，电解铝企业兼并重组的目标多分布在西北地区。

2012年电解铝行业的兼并重组数量较少，共有7起案例，涉及金额共32.86亿元。2013年第3季度我国电解铝行业共发生兼并重组事件3起，披露的交易金额达6.25亿元，全部属于关联交易。[2]典型的并购事件如2013年，为拓展发展业务，云铝股份对云南冶金集团财务有限公司进行6.25亿元的增资扩股；为减少公司管理的层级，降低管理成本，焦作万方对子公司焦作万方电力有限公司进行合并。

4. 医药行业

2013年，我国医药制造行业兼并重组较为活跃，根据中国企业兼并重组研究中心、北京产权交易所、上海产权交易所、重庆产权交易所的数据，兼并重组事件92起，除国有资产无偿划拨和集团内吸收合并外，披露的交易金额达到236亿元人民币。从细分行业来看，化学药、中药和生物药三个行业的交易数量分别为18、22和7起，交易额分别为48.3亿元、65.2亿元和24.1亿元人民币。[3]

2013年以来医药行业发生的较大的并购案例有：上海复星医药以2.2亿美元收购以色列飞顿激光公司；深圳华大基金科技有限公司以1.18亿美元收购美国人类全基因组测序公司；深圳迈瑞生物医疗电子股份有限公司以1.05亿美元收购美国卓爵医疗系统集团公司；华润三九医药股份有限公司以5.83亿美元收购桂林天河药业股份有限公司；乐普（北京）医疗器械股份有限公司以3.9亿美元收购河南新帅克制药股份有限公司；中国医药保健品公司吸收合并河南天方药业等。

5. 互联网行业

近年来，互联网行业的并购案大幅增加。2012年阿里巴巴集团以179.29亿港元收购阿里巴巴网络26.55%股权，使其私有化退市，成为当年互联网并购的

---

[1] 资料来源：工业和信息化部。
[2] 资料来源：企业兼并重组公共信息服务平台。
[3] 资料来源：工业和信息化部产业政策司。

第一大案例。优酷网和土豆网以 100% 换股的方式合作，成立优酷土豆集团，这是我国资本市场首次强强合作。

2013 年以来各行业的并购中互联网的并购尤其值得一提，达到近十年来的最高水平。较为重大的并购案例主要有：百度以 19 亿美元收购 91 无线，以 3.7 亿美元收购 PPS 视频，以 3000 万美元收购移动安全公司 TrustGo 的 100% 股权；阿里巴巴以 5.86 亿美元收购新浪微博 18% 的股份，以 2.94 亿美元收购高德 28% 的股份，以 8000 万美元收购移动应用服务平台友盟；浙报传媒以 34.9 亿元收购盛大边锋网络及浩方等。

二、成效

企业兼并重组的成效在一定程度上可以从产业集中度、企业竞争力等指标体现出来。

我国部分行业产业集中度总体上表现为不断提高的趋势。从产业集中度来看，企业兼并重组的成效主要体现为行业的产业集中度不断提高。如，从水泥行业来看，全国前 10 家大型水泥集团水泥产量的产业集中度由 2005 年的 15.2% 提高到 2012 年的 31%。从稀土行业来看，省区内的整合在形式上已经基本完成，赣州稀土集团的成立与我国北方稀土主产区的包钢稀土集团共同形成了我国稀土产业南北双雄的局面，这对实现我国关于建设全国性大型稀土企业的战略目标有实质性的推动作用。

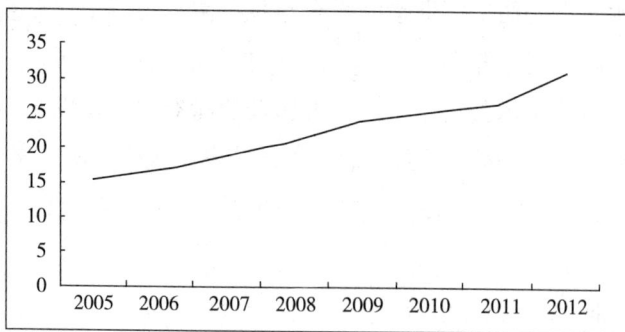

图4-2 2005—2012年水泥行业前十家企业生产集中度

资料来源：中国水泥协会。

大企业实力不断增强。从企业的发展实力来看，我国企业的规模不断壮大。

2013 年，中国企业 500 强的上榜门槛已提高至 198.67 亿，比上年提高 23.6 亿元，500 强企业的资产总和达到 150.98 万亿元，营业收入超过 1000 亿元的企业达 123 家。[1] 其中有 89 家上榜《财富》世界 500 强企业，比上年增加了 16 家。

2013 年财富发布的世界 500 强企业中，我国（包括台湾）上榜企业数量达 95 家，位居第二。在新上榜的所有 31 家企业中，中国共有 18 家，其中大陆地区为 16 家，新上榜企业的数量在所有国家和地区新上榜企业数量中排名第一。而且上榜企业的收入、排名等各项指标都表现良好，从上榜企业的排名变化来看，在上榜企业的前十名中，我国企业共有 3 家。在我国所有上榜的 95 家企业中，只有 13 家企业的排名下降、3 家企业持平，其它 79 家企业排名均有不同程度的上升。[2] 这表明我国企业的全球综合竞争力日趋增强。

第三节　面临的问题与挑战

在相关政策的大力支持下，我国企业兼并重组取得了一定的进展，部分行业的产业集中度得到了一定的提高，也逐渐培育出一批大企业大集团，如 2013 年我国大陆有 89 家企业上榜世界 500 强，且上榜企业数量已连续十年增长。但是我国企业兼并重组仍存在诸多问题和挑战，主要表现为以下几个方面。

一、跨地区、跨所有制企业兼并重组的障碍尚未完全打破

跨区域兼并重组仍存在制度障碍，尤其是钢铁、汽车、电子信息等重点行业。跨区域的企业兼并重组涉及到地区间的利益重新分配问题，可能会影响到地方的利益，如税收分配、职工安置等问题。所以，出于对自身利益的保护，目前许多地区还存在一些不合理的规定，阻碍了企业兼并重组的顺利进行。如汽车行业的产权关系比较复杂，而且是地方政府的利税大户，在我国现行的税收体制下，汽车行业的跨区域兼并重组较为困难。国发 27 号文发布之后，汽车行业的跨区域兼并重组基本处于停滞状态，而 2013 年 5 月份东风汽车集团重组福汽集团成为近三年来的首次大规模跨区域兼并重组。

不同所有制企业之间的兼并重组仍困难重重。尤其是民营企业兼并重组国

---

[1] 数据来源：http://news.xinhuanet.com/fortune/2013-08/31/c_125289122.htm。
[2] 数据来源：财富中文网。

有企业。虽然我国放宽了一些民营资本的进入领域,如铁路、电信、能源等领域,但是在特定领域,国有企业已形成垄断,而民营资本的进入会打破原有的利益格局,所以民营资本的进入面临着"玻璃门"、"弹簧门"等障碍。此外,由于国内社会保障机制尚不完善,目前许多地方政府从稳定社会的角度出发还要求并购企业全部安排被并购企业的人员,增加了并购企业的并购成本,成为阻碍成功并购的重要因素。

二、税收制度有待进一步完善

目前,企业兼并重组涉及的税收主要为所得税、营业税、土地增值税、契税、印花税等,涉及的税种较多,负担仍偏重,增加了企业兼并重组成本,影响企业兼并重组的积极性。虽然在我国的相关税收政策中对于企业兼并重组给予一定税收优惠,但是目前许多规定门槛过高,致使许多企业无法享受优惠政策。以企业兼并重组所得税为例,目前,企业兼并重组所得税分为一般性税务处理和特殊性税务处理,如在股权收购中要享受特殊性税务处理,需要满足的要件之一为"收购企业购买的股权不低于被收购企业全部股权的75%,且收购企业在该股权收购发生时股权支付金额不低于其交易支付总额的85%",而现实的企业兼并重组案例中,很多企业很难达到这一比例。我国目前仅仅对上市公司的股利分配所得采取了免税方法,但是在对企业并购过程中产生的股利所得以及非上市公司的股利分配所得仍然要按照规定征税。[1]

税收优惠的方式较为单一。我国对于兼并重组的税收优惠方式主要是直接优惠,如免征契税、营业税、印花税等。随着经济发展阶段的不同,这种优惠方式需要进一步明确应用范围等。

可能会出现双重征税。如我国有关税收法律规定,除未获特别批准的改制企业自身评估增值需要缴纳企业所得税外,对于改制企业的控股股东,转让长期股权评估增值时,以原账面价值作为成本,然后按照转让价款与成本之差缴纳企业所得税,这种处理方式将导致企业双重纳税,加重企业负担。[2]

---

[1] 魏晓媚、杜彬:《关于企业改制评估增值所得税问题的实践分析》,《煤炭经济研究》2012年第7期。
[2] 资料来源:《企业改制评估增值的认定处理方式应统一》,http://www.csteelnews.com/xwbd/djbd/201204/t20120426。

三、兼并重组融资存在困难

在企业兼并重组过程中，资金短缺问题成为重要瓶颈之一，一些规模较小的企业尤其是民营企业融资更为困难。目前，我国企业在兼并重组中融资渠道较少，手段也较为单一。企业兼并重组按融资来源可分为内源融资和外源融资，企业内部资金是有限的，所以兼并重组资金需要借助于外源融资。外源融资主要包括债务融资、股权融资、混合型融资工具和其他特殊融资工具。但我国企业在并购融资中存在诸多障碍，主要表现为以下几个方面。

我国资本市场发展相对滞后，企业可以进行融资的渠道较为有限，我国企业并购融资主要有并购贷款和增发新股募集资金。从并购贷款来看，银监会《商业银行并购贷款风险管理指引》规定，"并购的资金来源中并购贷款所占比例不应高于50%"。2013年，证监会将并购贷款期限最多延长至7年。银行若要为并购提供贷款，要对企业信用状况、财务状况进行严格审查，有时会约定限制性条款，往往是规模大、效益好的企业可以跨过这些门槛。所以，目前我国并购贷款业务的发展尚处于初级阶段，2013年第1季度，并购贷款在银行所有贷款中所占比重仅为0.4%。而增发新股融资只适用于实力雄厚、业绩良好的已经上市或具备上市条件的股份公司。其他的方式如并购基金、发行债券等对企业的支持力度也是有限的。

并购融资的法律、制度环境不健全。虽然，我国已经出台了企业并购融资的法规，但是许多规定不完善，有关操作的细则尚未做明确的规定。我国目前兼并重组的股权注册登记、变更登记制度不完善；司法重整程序与并购重组监管之间存在一定的制度空白，缺乏保护债权人和投资者权利的平衡机制。

四、企业内部的治理结构不完善

所谓的公司治理结构是指在所有权和经营权分离的条件下，为保障财产所有者利益而在所有者和代理人之间形成的一种契约关系和制度结构[1]。目前，我国许多企业的内部治理结构不完善。主要表现为：一是内部人控制问题严重。我国许多企业内部投资者与经营者之间的权责制衡机制不健全，使得企业管理人员在进行重大决策时，追求的是内部人利益最大化。二是股权结构不合理，大多数上市

---

[1] 夏彦升：《论我国公司治理结构的不足与完善》，《经营管理者》2011年第3期。

公司特别是国有企业股权高度集中，股东之间并未形成合理的制衡。三是监督机制不健全，监事会的工作尚未能完全独立、职权范围也有一定的限制，所以目前我国上市公司的监事会并没有真正起到监督作用。企业内部治理结构的不完善对企业的整合将产生不利影响，企业将无法实现生产要素的优化配置，并且难以实现优势互补，无法发挥协同效应。

五、企业海外并购面临诸多困难

近年来，我国企业"走出去"的步伐不断加快，海外并购规模呈不断上升趋势，但失败的案例也比比皆是。我国企业"走出去"面临的主要问题表现为：一是并购战略错误。许多企业海外并购过程中缺乏具体明确的目标和规划，只注重企业规模的扩大，加之缺乏国际投资经验，导致并购的失败。二是缺乏国际化复合型人才。海外并购相当复杂，而我国缺乏具有跨文化知识、有经验的国际化人才。三是面临着政治和法律等风险。目前，许多国家政治环境不稳定，如沙特、伊拉克等地区，冲突一旦爆发，外资企业往往会成为被攻击的目标；我国企业的并购必然会对目标企业所在地的产业竞争格局产生一定影响，当地政府出于对自身产业的保护，可能会阻碍并购。四是企业整合不力。收购交易的成功并不意味着取得了最终的成功，只有通过一系列的整合，实现协同效应，才算是真正意义上的成功，因整合不力而导致失败的案例比比皆是，如TCL并购汤姆逊等。此外，由于全球经济发展不景气，各国注重保护本国产业的发展，我国企业面临着更加严峻的贸易壁垒和投资壁垒。

六、中介机构服务水平仍待提高

中介机构如投资银行、会计师事务所、律师事务所等通过提供专业化的服务，在降低交易成本、对目标企业进行评估、提供风险管理、提供必要的法律支持等方面起着基础性的作用。但是，我国中介机构在企业兼并重组中并未充分发挥作用。我国中介机构发展时间较短，本身不完善，规模偏小、缺乏必要的专业人才，所以，我国中介机构对于兼并重组的参与较少，而且为企业提供的专业服务有限。

第五章　行业准入管理

　　根据"三定"规定,工业和信息化部作为行业管理部门,主要是管规划、管政策、管标准,指导行业发展。在缺乏资金和审批权等传统管理手段的情况下,工业和信息化部通过制定行业发展规划、政策引导和标准规范,加强运行监测分析,加强关键领域管理创新,取得了一定成绩。但是,在推动产业结构调整、转变工业发展方式转变以及落实"四化"同步发展方面,由于缺乏必要抓手,尤其是在传统产业改造升级、淘汰落后产能方面工作推进难度较大。

　　"三定"规定还赋予工业和信息化部"制定相关行业准入条件并组织实施"的职责。行业准入管理作为产业政策的重要内容,在不依赖传统审批权限的情况下,依据企业自愿申请,通过对符合准入条件的企业进行动态公告管理的方式,能够有效掌握企业及行业情况,为有效实施行业管理提供有力支撑。通过与其它职能的有机协调,有助于形成较为完善的行业管理制度体系,从而有效落实工业行业管理职能,更好促进行业健康发展。

第一节　2013 年行业准入政策解析

　　2013 年,行业准入管理作为一种重要的政策手段,在行业管理中依旧扮演中重要角色,为推动我国工业结构调整,防范和化解低水平重复建设带来的产能过剩发挥着重要作用。工业和信息化部不仅对原有的行业准入条件进行了适时调整,而且还针对一些亟待规范的相关领域出台了行业准入条件,进一步扩大了行业准入管理的辐射范围。

一、行业准入管理政策的基本情况

截至 2013 年底，工业领域已制定发布 46 部行业准入条件，其中包括 2008 年由发展改革委转入工业和信息化部的 13 个行业准入条件。工业和信息化部成立以来，共计发布符合行业准入管理的公告 50 批次 [1]。

就 2013 年的情况来看，工业和信息化部共发布建筑防水卷材、二硫化碳、铸造行业、铝行业、光伏制造行业、船舶行业、建筑卫生陶等 7 个行业准入条件，配套管理暂行办法涉及建筑防水卷材、合成氨、废旧轮胎综合方面共 3 部 [2]。（详见表 5-1）

表 5-1　2013 年行业准入条件及管理暂行办法

序号	规范名称	所属领域	依据	规范对象	发布时间	备注
1	建筑防水卷材行业准入条件（2013年第3号）	原材料工业	《中华人民共和国产品质量法》、《中华人民共和国清洁生产促进法》等法律法规和产业政策	建筑防水卷材项目	2013.2.4	本准入条件所称建筑防水卷材是指改性沥青类防水卷材和聚氯乙烯（PVC）、热塑性聚烯烃（TPO）类高分子防水卷材
2	工业和信息化部关于印发建筑防水卷材行业准入公告管理暂行办法的通知工信部原〔2013〕19号	原材料工业	《建筑防水卷材行业准入条件》	建筑防水卷材生产线所属企业	2013.2.4	

---

[1]　赛迪智库产业政策研究所统计整理。
[2]　赛迪智库产业政策研究所统计整理。

（续表）

序号	规范名称	所属领域	依据	规范对象	发布时间	备注
3	工业和信息化部关于印发《废旧轮胎综合利用行业准入公告管理暂行办法》的通知工信部节〔2013〕86号	节能与综合利用		废旧轮胎综合利用企业	2013.4.2	第五条 同一个企业法人拥有多个位于不同地址的厂区或生产车间的，每个厂区或生产车间需要单独填写《申请书》，并在申请准入审查时同时提交
4	二硫化碳行业准入条件（2013年第19号）	原材料工业	法律法规和产业政策	二硫化碳生产企业（生产装置）	2013.4.17	
5	工业和信息化部关于印发合成氨行业准入公告管理暂行办法的通知工信部原〔2013〕111号	原材料工业	《合成氨行业准入条件》（工业和信息化部2012年第64号公告）	合成氨生产企业和生产线	2013.5.8	
6	铸造行业准入条件（2013年第26号）	装备工业		铸造企业	2013.5.20	
7	铝行业规范条件（2013年第36号）	原材料工业		铝土矿、氧化铝、电解铝及再生铝企业	2013.7.24	原《铝行业准入条件》（2007年第64号公告）同时废止
8	光伏制造行业规范条件	电子信息业	《国务院关于促进光伏产业健康发展的若干意见》（国发〔2013〕24号）和国家有关法律法规及产业政策		2013.9.17	原《多晶硅行业准入条件》（工联电子〔2010〕第137号）同时废止
9	船舶行业规范条件2013年第55号	装备工业		船舶制造企业	2013.11.13	

（续表）

序号	规范名称	所属领域	依据	规范对象	发布时间	备注
10	建筑卫生陶瓷行业准入标准（2013年第56号）	原材料工业	《中华人民共和国节约能源法》、《中华人民共和国清洁生产促进法》和《工业转型升级规划（2011—2015年）》等法律法规和规划政策	建筑卫生陶瓷项目	2013.12.2	

资料来源：赛迪智库产业政策研究所整理。

从上述规范性文件覆盖的范围来看，涵盖了原材料工业、装备工业和节能与综合利用相关产业。原材料工业重点针对建筑防水卷材、二硫化碳等行业发布了准入条件，修订了发展改革委2007年发布的铝行业准入条件，配套发布了合成氨和建筑防水卷材两部行业准入公告管理暂行办法；节能与综合利用领域重点针对轮胎翻新、废旧轮胎综合利用发布了配套准入公告管理暂行办法；装备工业领域为了促进铸造行业节能减排和转型升级，同时更好地为装备制造业服务，正式发布了铸造行业准入条件；为化解产能过剩矛盾、加快结构调整，出台了船舶行业规范条件。

二、重点政策解析

截至2013年年底，2013年已出台的9部行业准入条件及公告管理暂行办法中，《建筑防水卷材行业准入条件》及其公告管理暂行办法、《二硫化碳行业准入条件》《铸造行业准入条件》《船舶行业规范条件》《建筑卫生陶瓷行业准入标准》是2013年最新发布的内容，《废旧轮胎综合利用行业准入公告管理暂行办法》是基于2012年《轮胎翻新行业准入条件》和《废轮胎综合利用行业准入条件》发布的操作性规范，《合成氨行业准入公告暂行办法》是基于2012年《合成氨行业准入条件》发布的操作性规范，《铝行业规范条件》是在2007年《铝行业准入条件》基础上所做的修改与完善，《光伏制造行业规范条件》则替代了之前发布的《多晶硅行业准入条件》。

目前为止，2013年发布的行业准入条件和公告管理暂行办法主要集中在原材料工业领域，此外还涉及节能与综合利用、装备工业等领域。不难看出，行业准入管理已经由传统工业中具有典型"两高一资"特征的行业，逐步向其他相关领域辐射。这种变化趋势，一方面跟十八大以来坚持绿色发展、大力推进生态文明建设的要求密切相关，另一方面，也是工业领域加快推动结构调整、进一步化解过剩产能、防范低水平重复建设，推动工业领域可持续发展的必然要求。

从几个行业准入条件的内容来看，基本遵循了前几年行业准入条件的内容框架，主要包括以下几个部分，即（1）建设条件与生产布局；（2）生产规模、工艺与装备；（3）能源消耗；（4）环境保护；（5）产品质量；（6）安全生产、职业卫生和社会责任等；（7）监督管理；（8）附则。其中，生产布局除了沿袭之前对项目布局的一般性要求之外，新发布的准入条件开始结合近几年产业（工业）园区的建设情况，要求新建、改扩建的相关工业项目应当布局在园区内，进一步推动形成一批产业集聚区，也便于节能环保方面的统一处理。比如，《建筑防水卷材行业准入条件》要求，"新建（含迁建）建筑防水卷材项目应进入化工园区或具备相应治污能力的产业集聚区"；《二硫化碳行业准入条件》要求，"新建、改扩建二硫化碳生产装置应在依法设立的园区（包括化工园区、工业园区等）内，项目应符合园区总体规划和产业发展规划等，有较好的原料资源、环境容量和运输条件。"安全生产、职业卫生和社会责任方面，除了对企业安全生产、职业安全提出要求外，还通过法律强制与企业自律的方式，强调了企业社会责任的内容，进一步与国际接轨，便于更好实现对行业的有效管理。

（一）建筑防水卷材行业准入条件及公告管理暂行办法

1. 建筑防水卷材行业准入条件

2013年2月4日，工业和信息化部对外公布了《建筑防水卷材行业准入条件》（2013年第3号）。从发布目的来看，这一政策旨在"引导建筑防水卷材行业健康发展，抑制产能过剩和重复建设，优化产业结构，推进节能减排，提高发展质量和效益"。准入条件明确指出，政策制定的具体依据是《中华人民共和国产品质量法》、《中华人民共和国清洁生产促进法》等法律法规和产业政策。从调整对象来看，建筑防水卷材行业准入条件主要针对的是新建和改扩建建筑防水卷材项目。这里建筑防水卷材指的是改性沥青类（含自粘）防水卷材和聚氯乙烯（PVC）、热塑性聚烯烃（TPO）类高分子防水卷材。准入条件还规定，其他类型防水卷材可参照本准入条件执行。

从《建筑防水卷材行业准入条件》的内容来看，主要包括八个部分，即（1）建设条件与生产布局；（2）生产规模、工艺与装备；（3）能源消耗；（4）环境保护；（5）产品质量；（6）安全生产、职业卫生和社会责任；（7）监督管理；（8）附则。

生产布局方面，准入条件规定"新建（含迁建）建筑防水卷材项目应进入化工园区或具备相应治污能力的产业集聚区"。前已述及，这一规定对于推动产业集聚、集中处理节能环保和资源综合利用具有一定积极作用。

生产规模要求方面，准入条件规定"新建改性沥青类（含自粘）防水卷材项目单线产能规模不低于 1000 万平方米 / 年（以产品标准中厚度最小的产品、250 天 / 年、16 小时 / 天运行计，下同）。新建高分子防水卷材（PVC、TPO）项目单线产能规模不低于 300 万平方米 / 年"。工艺和装备方面，"新建建筑防水卷材项目采用先进的自动化控制系统，生产工艺和关键设备应满足以下基本要求：改性沥青类（含自粘）防水卷材生产线胶体磨总流量不低于 40 立方米 / 小时。聚氯乙烯（PVC）防水卷材生产线总挤出能力不低于 1200 千克 / 小时，热塑性聚烯烃（TPO）防水卷材生产线总挤出能力不低于 1000 千克 / 小时"。上述要求，针对建筑防水卷材生产过程中的基本情况，对行业内相关企业的规模、技术装备情况进行了调查摸底，充分考虑了生产规模、工艺和装备对环境污染控制、节约能源等方面的影响，还听取了行业协会、行业专家以及有关企业代表的意见，最终明确了相关标准。通过积极引导、宣传，可能引导行业转型升级形成积极带动作用，从而在一定程度上遏制低水平重复建设的问题。

能源消耗方面，准入条件规定建筑防水卷材涉及的单位产品综合能耗限额准入值（千克标煤 / 平方米）为：沥青基防水卷材中有胎的不高于 0.20，无胎的不高于 0.10；聚氯乙烯（PVC）防水卷材和热塑性聚烯烃（TPO）防水卷材不高于 0.08。这也是结合有关标准制定的细化条件。当然，随着节能减排要求的逐步强化，或者技术水平的不断进步，这一标准还将及时作出修正。

环境保护方面，准入条件选取了几个相关的国家标准，对气体和噪声排放等作出了明确要求，"改性沥青类（含自粘）防水卷材的沥青搅拌罐、浸油池和涂油池应配置沥青烟气处理装置，排放的气体符合 GB 16297《大气污染综合排放标准》或项目所在地环境标准的要求。厂界噪声防治符合 GB 12348《工业企业厂界噪声排放标准》的规定"。

产品质量方面，准入条件也作出了相应要求，"防水卷材企业按照 JC/T 1072

《防水卷材生产企业质量管理规程》健全管理制度"，具体的产品标准可参照上述建材推荐标准执行。

除了安全生产、职业卫生等要求外，建筑防水卷材准入条件也提出了社会责任方面的要求，申请纳入行业准入公告管理的企业，应当保证"不偷漏税款，不拖欠工资，按期足额缴纳养老保险、医疗保险、工伤保险、失业保险、生育保险和住房公积金，建立职业健康安全管理体系"等等。社会责任理念的引入，与行业准入管理本身的性质较为契合，不仅能够有效督促企业加强自律，更好规范行业秩序，而且进一步与国际接轨，推动行业内相关企业"走出去"时符合相关国家要求，实现国际化发展战略。

准入条件要求"项目的投资、土地、环评、安全监管等应依据本准入条件"。如果这一规定能够得到有效贯彻和执行，那么行业准入管理势必能够发挥更为积极的作用。但是，这方面的管理工作涉及多个部门的职权，除了通过联合发文或者会签的方式，否则很难落到实处。如果有关部门在项目投资、土地、环评等审批环节严格以上述要求为前置要件，行业准入管理的性质可能发生变化，变相达到设置审批的目的，值得进一步研究探讨。此外，附则中还规定，"本准入条件实施前已投产的项目，除生产规模、工艺与装备外，其他方面达不到本准入条件要求的，应在2015年底前经整改达到。"目前来看这一规定主要是针对自愿申请纳入公告管理的企业及生产项目，即在此之前除生产规模、工艺与装备外未达到条件者，经过这一段窗口期可以通过调整达到要求，从而具有申请纳入公告管理的资格。从行业准入管理的性质及特点来看，这一规定并不对行业内未申请公告的企业产生直接的强制效果。

2. 建筑防水卷材行业准入公告管理暂行办法

2013年2月4日，工业和信息化部还配套出台了《建筑防水卷材行业准入公告管理暂行办法》（工信部原〔2013〕19号）。内容体例上，管理暂行办法包括总则、申请与审查、监督管理和附则四个部分，共16个条文。

具体内容上，一般性的内容与其他行业准入公告管理暂行办法基本相似，需要重点提及的条文是涉及申请条件的第四条、第五条以及撤销公告资格的第十三条。

第四条规定："具备上述条件的建筑防水卷材生产线所属企业可向生产线所在地省级工业主管部门提出公告申请，并按照要求提交《建筑防水卷材行业准入公告申请书》及相关材料。申请企业应当对申请材料真实性负责。"这里指出两个关键要素，一是表明管理暂行办法直接针对的是建筑防水卷材生产线；二是表明负责出身的是生产线所在地的省级工业主管部门。通过这个条文，明确了申报主体和审核主体。第五条规定了申请应当提交的材料，包括建筑防水卷材行业准入公告申请书、企业法人营业执照副本、项目建设备案或核准文件、项目建设土地审批文件或建设用地使用权证、项目建设环境保护审批及验收文件、节能评估和审查批复文件（新建和改扩建生产线提供），能源审计或能源利用状况报告（已投产生产线提供）、质量检测报告或型式检验报告、产品生产许可证、排污许可证或环保达标证明材料、上年度社保金缴费凭证及纳税凭证、质量管理体系有效证明文件、安全生产标准化建设和职业健康安全管理体系有效证明文件、生产线运行情况说明等十三项文件材料。可见，申请准入公告要求提供的材料十分丰富。第十三条列举了撤销公告的情况，包括不能保持准入条件、报送的相关材料有弄虚作假行为、拒不接受监督检查、发生重大质量和安全生产或污染环境事故以及发生重大违法行为。已公告生产线和所属企业有上述情况之一的，省级工业主管部门责令其限期整改，拒不整改或整改不合格的，报请工业和信息化部撤销其公告。该条还规定了企业享有的陈述和申辩的权利，工业和信息化部拟撤销公告资格的，提前告知省级工业主管部门和企业，听取其陈述和申辩。并组织安排专家对企业陈述和申辩情况进行论证，以体现专业性和公正性。该条还规定，"被撤销公告的生产线和所属企业，经整改合格满一年后方可重新提出公告申请"。总的来看，关于企业权利救济的规定是很大的进步。但是，这一条文仍有很多值得商榷的地方。从上述撤销公告的情形来看，有的可能并非出于企业的主观故意，或者情节较轻的情形，由这类原因造成撤销公告事实出现的，管理暂行办法给予企业一年后再行申请纳入公告管理的权利。以整改合格为起算点，且仅仅是一年内无法申请，可能无法起到惩戒的效果。另外，对于那些有弄虚作假行为，发生重大质量、安全生产和污染环境事故或者发生重大违法行为的，从主观状态和实际影响来看，恐怕一年后可以再行申请的规定显得与其应当承担的责任不够匹配，也体现不出政策的严肃性。

（二）废旧轮胎综合利用行业准入公告管理暂行办法

2013年4月2日，工业和信息化部对外公布了《废旧轮胎综合利用行业准入公告管理暂行办法》（工信部节〔2013〕86号）。从目的来看，管理暂行办法致力于规范废旧轮胎综合利用行业发展，提高废旧轮胎综合利用水平，落实《轮胎翻新行业准入条件》和《废轮胎综合利用行业准入条件》（工业和信息化部公告2012年第32号）的有关要求。管理暂行办法分为总则、申请和核实、复核与公告、监督管理和附则五个部分，共14个条文。

具体来看，涉及申请条件和提交材料要求的，主要是第三条、第四条。第三条要求申请准入公告的废旧轮胎综合利用企业应当具备的条件包括：具有独立法人资格；遵守国家有关法律法规，符合国家产业政策和行业发展规划的要求；符合《准入条件》中有关规定的要求。2012年发布的《轮胎翻新行业准入条件》中，具体细化的指标包括以下内容：生产经营规模方面，已建轮胎翻新加工企业，轮胎翻新年综合生产能力不得低于20000标准折算条。新建、改扩建的轮胎翻新加工企业，年综合生产能力不得低于30000标准折算条；能源消耗指标方面，轮胎翻新加工的能源消耗限定为预硫化法翻新轮胎综合能耗低于15千瓦时/标准折算条，模压法翻新轮胎综合能耗低于18千瓦时/标准折算条。《废轮胎综合利用行业准入条件》规定，生产经营规模方面，已建废轮胎加工利用企业，废轮胎年综合处理能力不得低于10000吨。新建、改扩建的废轮胎加工利用企业，年综合处理能力不得低于20000吨（常压连续再生法除外）。能源消耗指标方面，废轮胎加工再生橡胶综合能耗低于850千瓦时/吨，废轮胎加工橡胶粉综合能耗低于350千瓦时/吨（40目以上及精细胶粉除外），废轮胎热解加工综合能耗低于300千瓦时/吨。此外，两个准入条件还对技术、工业和设备等其他事项作了较为笼统的规定，比如要求企业应具有符合国家及行业标准翻新轮胎的技术、工艺及配有相符的生产设备、辅助设施，并具有产品质量保证体系和配套的检测设备；再生橡胶生产采用动态法、常压连续再生法、力化学法等，再生橡胶生产企业应同步配套除尘装备、尾气净化装置、烟气及水处理装置等等。

第四条规定应当提交的材料包括：《申请书》所列企业全部相关信息，其中包含了涉及企业生产经营的诸多基本信息；企业法人营业执照副本复印件；项目建设审批、核准或备案相关文件复印件；项目建设土地审批文件复印件；项目建设环境保护审批文件和竣工验收文件复印件等等。值得注意的是，第四条规定了受理申请的初审机关是废旧轮胎综合利用企业所在地县级以上（含县级）工业和信息化主管部门，这与其他行业准入管理暂行办法规定的由省级工业和信息化主管部门进行初审的要求不太相同。

申报主体和具体申报要求方面，第五条和第七条规定，同一个企业法人拥有多个位于不同地址的厂区或生产车间的，每个厂区或生产车间需要单独填写《申请书》，并在申请准入审查时同时提交，且各厂区或生产车间均要达到第四条的要求。

关于公告撤销的情形，第十一条也作了明确规定，具体包括：不能保持《准入条件》要求、报送的相关材料有弄虚作假行为、拒不接受监督检查、发生违反国家法律、法规和国家产业政策行为、发生重大质量、安全生产和污染环境事故等。经省级工业和信息化主管部门责令限期整改后仍不合格，或者拒绝整改的，报工业和信息化部撤销准入资格。该条还规定，被撤销公告资格的生产企业，经整改合格2年后方可重新提出准入申请。权利救济方面，该条规定工业和信息化部撤销公告资格应提前告知企业，听取企业的陈述和申辩。如果将存在主观故意、重大过失排除在外的话，整改合格2年后方可重新提出准入申请的规定，较为合理，体现了严肃性和一定的惩戒效果。这一规定中还有一点需要明确，即如果某个厂区或生产车间达不到要求，撤销公告的仅仅是该厂区或生产车间，还是所属企业？一般理解，仅撤销达不到要求的厂区或生产车间即可。这又给其他行业准入条件提出一个重要警示，对于那些拥有多条生产线或者多个建设厂址的企业而言，公告管理应当细化到企业所属的具体厂区或生产线。

（三）二硫化碳行业准入条件

2013年4月17日，工业和信息化部对外发布了《二硫化碳行业准入条件》（2013年第19号）。内容上，主要有产业布局，规模、工艺、装备及质量，能源消耗，环境保护，安全、消防及职业卫生，监督与管理，公告管理和附则八个部分。

就其重点内容来看，规模、工艺、装备及质量的具体要求是："新建、改扩建二硫化碳生产装置单套规模不得低于2万吨/年，总规模不应低于5万吨/年。淘汰污染严重、工艺落后的木炭法二硫化碳生产装置。"准入条件对装备的要求是，本准入条件实施起两年内，淘汰以焦炭为原料的间歇焦炭法二硫化碳生产装置。现有间歇焦炭法二硫化碳生产装置安全、环保不符合本准入条件要求的，应当立即整改，并经相关部门验收合格后方可继续生产。新建、改扩建二硫化碳生产装置必须采用连续化先进生产工艺和装备。准入条件还要求，在符合天然气利用政策及天然气供应有保障的地区，应当采用国际先进的天然气清洁生产工艺生产二硫化碳。支持二硫化碳生产新工艺、新装备的研究开发，通过省级（含）以上有关部门技术鉴定后适时推广。二硫化碳生产装置主要工段、关键设备必须实现在线自动控制和视频监控，必须配套技术成熟可靠的高效脱硫除尘等尾气处理装置，鼓励二硫化碳热能和尾气综合利用先进技术开发及应用。产品质量方面，二硫化碳产品质量执行的是国家标准（《工业二硫化碳》GB/T 1615-2008）的要求。这一标准属于推荐标准。

能源消耗的具体要求为，"二硫化碳生产装置单位产品能耗应符合以下准入值：以焦炭为原料的生产工艺，吨产品综合能耗不得高于1120千克标煤（含原料消耗）；以天然气为原料的生产工艺，吨产品综合能耗不得高于640千克标煤（含原料消耗）。新建、改扩建项目必须开展节能评估和审查。"

安全、消防及职业卫生的要求中，提出"企业应当严格执行《危险化学品建设项目安全监督管理办法》，认真开展建设项目安全条件审查、安全设施设计审查、试生产备案和竣工验收工作；依法取得安全生产许可证；严格重大危险源的安全管理；开展危险化学品从业单位安全生产标准化达标创建工作，达到危险化学品安全生产标准化三级及以上标准"。准入条件还规定，"二硫化碳生产企业应制定生产安全事故应急预案，并配备安全、环保、消防专职管理人员"。

二硫化碳行业准入条件在"监督与管理"中作出明确要求，"投资、土地供应、环境评价、安全生产监管、节能评估、信贷融资等管理要依据本准入条件"。这一规定可能被视为其他审批的前置条件。

与其他行业准入条件不太相同的是，《二硫化碳行业准入条件》并未单独制定管理暂行办法，而是在"公告管理"这部分内容中作出了程序性规定，这部分内容与其他行业准入公告管理暂行办法的内容基本相同。

（四）合成氨行业准入公告管理暂行办法

2013年5月8日，工业和信息化部对外公布了《合成氨行业准入公告管理暂行办法》（工信部原〔2013〕111号）。从体例上来看，该管理暂行办法未分章节，共11个条文。

该管理暂行办法依据《合成氨行业准入条件》（工业和信息化部公告2012年第64号），为了落实《关于抑制部分行业产能过剩和重复建设引导产业健康发展的若干意见》（国发〔2009〕38号）而制定。上述抑制部分行业产能过剩和重复建设的若干意见中规定，"煤化工：要严格执行煤化工产业政策，遏制传统煤化工盲目发展，今后三年停止审批单纯扩大产能的焦炭、电石项目。禁止建设不符合《焦化行业准入条件（2008年修订）》和《电石行业准入条件（2007年修订）》

的焦化、电石项目。综合运用节能环保等标准提高准入门槛,加强清洁生产审核,实施差别电价等手段,加快淘汰落后产能。对焦炭和电石实施等量替代方式,淘汰不符合准入条件的落后产能。对合成氨和甲醇实施上大压小、产能置换等方式,降低成本、提高竞争力。稳步开展现代煤化工示范工程建设,今后三年原则上不再安排新的现代煤化工试点项目。"这一规定中,要求对合成氨和甲醇项目实施"上大压小、产能置换"。这被认为是《合成氨行业准入条件》及该管理暂行办法的制度依据。

申请企业条件及所需材料主要的相关规定主要是第三条、第四条。第三条要求申请准入公告的合成氨生产企业应当具备的条件包括:具有独立法人资格;符合《合成氨行业准入条件》及国家有关的标准、规范要求;符合各省、自治区、直辖市合成氨行业发展规划或氮肥行业规划;企业合成氨建设项目立项申请、土地使用、环境影响评价、安全生产等建设程序需符合国家有关审批、核准或备案程序要求;企业生产经营活动遵守国家有关法律法规。

2012年12月31日对外发布的《合成氨行业准入条件》中,生产企业布局中需要重点提及的具体要求是:"原则上不得新建以天然气和无烟块煤为原料的合成氨装置(按照区域规划搬迁、综合利用项目除外);三年内,煤炭调入省区原则上不得新建合成氨产能(以高硫煤为原料除外)"。装置规模及技术装备方面,"新建合成氨生产装置,单系列生产规模应不低于1000吨/日(综合利用和联产项目除外),造气炉按需设置"。资源能源消耗和综合利用方面,执行的是《合成氨单位产品能源消耗限额》(GB21344)国家标准规定的限定值,合成氨单位产品水耗执行的《取水定额 第8部分:合成氨》(GB/T 18916.8 — 2006)推荐的取水定额值。环境保护方面,执行的是《合成氨工业水污染物排放标准》(GB13458)、《大气污染物综合排放标准》(GB16297)、《锅炉大气污染物排放标准》(GB13271)。监管管理方面要求,"合成氨建设项目应在投产十二个月内达到本准入条件中规定的能源消耗和污染物排放指标。逾期未达到本准入条件规定的,相关行政主管部门要根据国家有关法律、法规的要求责令其限期整改或停产"。可以看出,这里已经具有一定的强制性。《合成氨行业准入条件》还规定,出现三废排放不达标,发生重大安全、环保事故,年平均吨氨综合能耗高于现行的《合成氨单位产品能源消耗限额》(GB21344)国家标准规定的限定值等三种情形的,由省级工业、安全、环保等有关部门依法对其进行重点监控,限期整改仍达不到相关规定的,应作为落后产能退出。

第四条规定，具备本办法第三条所列条件的合成氨生产企业，提出公告申请所需的材料包括：企业简介及合成氨产品生产情况说明、企业法人营业执照副本、企业法人登记证、项目批文及土地使用证、安全生产许可证证书及附件、清洁生产审核证明、合成氨生产企业基本情况表、合成氨生产运行情况表等材料，与其他准入条件要求提供的材料基本一致。

《合成氨行业准入条件》还规定，各省、自治区、直辖市工业和信息化主管部门要会同环保、质量监督、安全生产监督管理等部门，对公告企业保持合成氨行业准入条件情况进行定期监督检查，原则上每年一次。

《合成氨行业准入条件》第九条规定了撤销公告的情形，包括：不能保持合成氨行业准入条件，拒绝接受监督检查，填报相关资料有弄虚作假行为，发生重大质量安全和环保事故，违反国家法律、法规和产业政策规定等情形。还规定了听取企业陈述和申辩的要求。此外，被撤销公告资格的企业，经整改合格满一年后方可重新提出公告申请。

（五）铸造行业准入条件

2013 年 5 月 20 日，工业和信息化部对外公布了《铸造行业准入条件》（2013年第 26 号）。主要目的是，"为加强行业管理，促进铸造行业节能减排和转型升级，推进铸造行业健康有序协调发展，更好地为装备制造业服务"。因此，这一准入条件被归属为装备制造工业领域。内容体系来看，包括建设条件和布局，生产工艺，生产装备，企业规模（产能 / 产值），产品质量，能源消耗，环境保护，职业健康安全及劳动保护，人员素质，监督管理和附则等十个部分。

生产工艺方面，准入条件规定不得采用粘土砂干型 / 芯、油砂制芯、七〇砂制型 / 芯等落后铸造工艺。准入条件在附表中具体列出了有关规模的要求。针对北京、上海、天津、江苏、浙江、山东、福建、广东、河北、辽宁、海南等地区，制定了不同的企业规模要求，上述地区的规模要求要比其它地区相对较高。

生产装备方面，准入条件列举了一系列熔炼设备和精炼设备，包括冲天炉、中频感应电炉、电弧炉、精炼炉（AOD、VOD、LF 炉等）、电阻炉、燃气炉等。还要求炉前应配置必要的化学成分分析、金属液温度测量装置，并配有相应有效的通风除尘、除烟设备与系统。准入条件还规定，铸造用高炉应符合工业和信息化部颁布的《铸造用生铁企业认定规范条件》并通过工业和信息化部认定。这样就把两个规范条件有机结合起来。准入条件要求企业应配备与生产能力相匹配的造型、制芯、砂处理、清理等设备。采用砂型铸造工艺的企业应配备旧砂处理设备。各种旧砂的回用率应达到：水玻璃砂（再生）≥ 60%，呋喃树脂自硬砂（再生）≥ 90%，碱酚醛树脂自硬砂（再生）≥ 70%，粘土砂 ≥ 95%。准入条件进一步提出细化要求，即现有铸造企业冲天炉的熔化率应大于 3 吨 / 小时，不得采用无芯工频感应电炉、0.25 吨及以上无磁扼的铝壳中频感应电炉、铸造用燃油加热炉；新（扩）建铸造企业冲天炉的熔化率应大于 5 吨 / 小时，不得采用铸造用燃油加热炉。

产品质量方面，要求铸造企业应按照 GB/T19001-2008 标准（或 ISO/TS16949 标准）建立质量管理体系，设有独立质量管理及监测部门，配有专职质量监测人员，有健全的质量管理制度。

能源消耗方面，要求企业根据 GB/T 15587-2008 建立能源管理系统。企业的主要熔炼设备应满足附表要求的能耗指标。企业吨铸铁的综合能耗 ≤ 0.44 吨标准煤；吨铸钢的综合能耗 ≤ 0.56 吨标准煤。

环境保护方面，准入条件作了十分细致的规定。要求生产过程中产生粉尘、烟尘和其他废气的部位均应配置大气污染物收集及净化装置，废气排放应符合《工业炉窑大气污染物排放标准》（GB9078-1996）、《大气污染物综合排放标准》（GB16297-1996）、《锅炉大气污染物排放标准》（GB13271-2001）及所在地污染物排放标准的要求。生产过程中产生的异味排放量应符合《恶臭污染物排放标准》（GB14554-1993）。废水排放流向应符合《污水综合排放标准》（GB8978-1996）及所在地污染物排放标准的要求。企业废砂、废渣等固体废弃物应按照 GB18599-2001《一般工业固体废物贮存、处置场污染控制标准》（GB18599-2001）贮存和处置，并符合国家和地方环保部门要求。企业产生的危险废物应按照《国家危险废物名录》法规，设置规范的分类收集容器（罐、场）进行分类收集，并交给有资质处置相关危险废物的机构实施无害化处置。厂界噪声应符合 GB12348-2008《工业企业厂界噪声标准》。企业应依据 GB/T24001-2004 标准建立环境管理体系。

职业健康安全及劳动保护方面，要求企业根据相关法规为员工提供必要的社会保险和福利，并配发必需的劳动保护用品（防尘、护耳等防护器具）。应对从事有害工种的员工定期进行体检，被检率达 100%。企业应按照《铸造防尘技术规程》（GB8959-2007）、《工作场所有害因素职业接触限值》（GBZ2.1-2007 和 GBZ2.2-2007）、《工业企业设计卫生标准》（GBZ1-2010）等有关标准的要求，配备防止粉尘、有害气体、噪声等职业危害防治措施，并配备必要的治理设备。企业应依据 GB/T28001-2011 标准建立职业健康安全管理体系。

人员素质方面，要求特种作业、特种设备操作、理化检验及无损探伤等特殊岗位的人员应具有经相应的资质部门颁发的资格证书，持证上岗率达 100%。

监督管理规定中指出，准入企业公告管理办法由工业和信息化部另行制定。

（六）铝行业规范条件

2013 年 7 月 23 日，工业和信息化部对外公布了《铝行业规范条件》（2013 年 第 36 号）。该规范性文件与其他行业准入条件的名称上有所差异，但分析其内容，与其他行业准入条件基本一致。规范条件中包括了企业布局、规模和外部条件，质量、工艺和装备，能源消耗，资源消耗及综合利用，环境保护，安全生产与职业病防治，规范管理和附则等八个方面。

该规范条件指出，其制定依据是《工业转型升级规划（2011—2015 年）》《产业结构调整指导目录（2011 年本）》《铝工业"十二五"发展专项规划》和《再生有色金属产业发展推进计划》等文件。目的在于"进一步加强铝行业管理，遏制铝行业重复建设，化解电解铝产能过剩矛盾，规范现有铝企业生产经营秩序，引导废铝再生利用行业有序发展，提升资源综合利用率和节能环保水平，推动铝行业结构调整和产业升级，促进铝行业持续健康发展"。近些年，电解铝行业过剩问题突出，因此该规范条件被寄予化解过剩产能的厚望。

企业规模方面，规范条件提出了明确要求，"氧化铝项目建设规模必须在 80 万吨/年及以上，利用国内铝土矿的氧化铝项目，配套建设的铝土矿矿山比例应达到 85% 以上，资源保障年限应在 30 年以上；利用进口铝土矿的氧化铝项目，必须有长期可靠的境外铝土矿资源作为原料保障，通过合资合作方式取得 5 年以上铝土矿长期合同的原料必须达到总需求的 60% 以上。利用高铝粉煤灰资源生产氧化铝项目必须接近粉煤灰产地，建设规模应达到年生产能力 50 万吨及以上，高铝粉煤灰资源保障服务年限应不得低于 30 年。"新建再生铝项目，要求规模应在 10 万吨/年及以上；现有再生铝企业的生产规模不小于 5 万吨/年。

质量方面，要求铝土矿石产品质量必须符合 GB/T24483-2009、氧化铝产品质量必须符合 YS/T803-2012、铝用预焙阳极产品质量必须符合 YS/T285-2012、重熔用铝锭必须符合 GB/T1196-2008 等国家标准。工艺技术和装备方面，针对不同的铝项目提出针对性的要求。铝土矿山（包括与煤矿等伴生的铝土矿）必须采用适合矿床开采技术条件的先进采矿方法，尽量采用大型设备，提高自动化水平，并依据铝土矿资源情况增设脱硫和除铁生产系统。氧化铝项目要根据铝土矿资源情况选择拜耳法、串联法等效率高、工艺先进、能耗低、排放少、环保达标、资源综合利用效果好的生产工艺及装备。新建及改造电解铝项目，必须采用 400KA 及以上大型预焙槽工艺。现有电解铝生产线要达到 160KA 及以上预焙槽。禁止采用湿法工艺生产铝用氟化盐。铝用炭阳极项目采用中、高硫石油焦原料时，必须配备高效的烟气脱硫净化装置，并实现达标排放，禁止建设 15 万吨 / 年以下的独立铝用炭阳极项目和 2 万吨 / 年以下的独立铝用炭阴极项目。再生铝项目必须按照规模化、环保型的发展模式建设，必须采用双室炉、带蓄热式燃烧系统满足废烟气热量回收利用、提高金属回收率等的先进熔炼炉型，并配套建设铝灰渣综合回收及二英防控能力的设备设施。禁止利用直接燃煤反射炉和 4 吨以下其他反射炉生产再生铝，禁止采用坩埚炉熔炼再生铝合金。现有再生铝生产系统，应采取有效措施去除原料中含氯物质及切削油等有机物。

能源消耗方面，按照 1 千瓦时电力折 0.1229 千克标准煤的折标系数，对铝行业能源消耗提出如下规范指标：铝土矿地下开采原矿综合能耗要低于 25 千克标准煤 / 吨矿，露天开采原矿综合能耗要低于 13 千克标准煤 / 吨矿。新建拜耳法氧化铝生产系统综合能耗必须低于 480 千克标准煤 / 吨氧化铝，新建利用高铝粉煤灰生产氧化铝系统综合能耗必须低于 1900 千克标准煤 / 吨氧化铝（含副产品），其他工艺氧化铝生产系统综合能耗必须低于 750 千克标准煤 / 吨氧化铝。现有拜耳法氧化铝生产系统综合能耗必须低于 500 千克标准煤 / 吨氧化铝，其他工艺氧化铝生产系统综合能耗必须低于 800 千克标准煤 / 吨氧化铝。新建和改造的电解铝铝液电解交流电耗必须低于 12750 千瓦时 / 吨铝，铝锭综合交流电耗必须低于 13200 千瓦时 / 吨铝，电流效率原则上不应低于 93%。现有电解铝企业铝液电解交流电耗必须低于 13350 千瓦时 / 吨铝，铝锭综合交流电耗必须低于 13800 千瓦时 / 吨铝，电流效率原则上不应低于 92%。不符合交流电耗规范条件的现有企业要通过技术改造节能降耗，在"十二五"末达到新建和改造企业能耗水平。再生铝生产系统，必须有节能措施，新建及改造再生铝项目综合能耗应低于 130 千克标准煤／吨铝，现有再生铝企业综合能耗应低于150千克标准煤／吨铝。

资源消耗及综合利用方面，铝土矿采矿损失率地下开采不超过12%、露天开采不超过8%；采矿贫化率地下开采不超过10%、露天开采不超过8%。禁止建设资源利用率低的铝土矿山及选矿厂。铝土矿的实际采矿损失率和选矿回收率分别不得超过和低于批准的矿产资源开发利用方案规定的指标及设计标准。采用铝土矿铝硅比大于7的新建拜耳法氧化铝生产系统，氧化铝综合回收率应达到80%以上，鼓励增加赤泥综合处理回收技术及流程，进一步提高氧化铝的回收率并降低碱耗，新水消耗应低于3吨／吨氧化铝，占地面积应小于0.5平方米／吨氧化铝。新建其他工艺氧化铝生产系统氧化铝综合回收率应达到90%以上，新水消耗应低于7吨／吨氧化铝，占地面积应小于1.2平方米／吨氧化铝。新建利用高铝粉煤灰生产氧化铝系统氧化铝回收率应达到85%及以上，新水消耗应低于10吨／吨氧化铝，占地面积应小于1.6平方米／吨氧化铝（不包含固体废弃物堆存占地面积），硅钙渣等固体废弃物综合利用率必须达到96%以上。对于现有氧化铝企业，使用矿石铝硅比5.5以上的，氧化铝综合回收率应达到75%以上；使用矿石铝硅比5.5及以下的氧化铝企业，应采用先进可靠技术对尾矿和赤泥进行综合利用，尽可能提高氧化铝综合回收率，降低碱耗和水耗。新建和改造的电解铝系统，氧化铝单耗原则上应低于1920千克／吨铝，原铝液消耗氟化盐原则上应低于18千克／吨铝，炭阳极净耗应低于410千克／吨铝，新水消耗应低于3吨／吨铝，占地面积应小于1.5平方米／吨铝。现有电解铝企业，氧化铝单耗原则上应低于1920千克／吨铝，原铝液消耗氟化盐原则上应低于20千克／吨铝，炭阳极净耗应低于420千克／吨铝，新水消耗应低于3吨／吨铝。现有企业要通过提高技术水平加强管理降低资源消耗，在"十二五"末达到新建企业标准。新建、改扩建废铝再生利用项目铝的总回收率95%以上，现有废铝再生利用企业铝的回收率91%以上。废铝再生利用企业应配备热灰处理设备，如热渣压制机、炒灰机、回转式热灰处理设备等，综合回收铝灰渣，最终废弃铝灰渣中铝含量3%以下。废水循环利用率98%以上。

上述规定十分具体，基本上涵盖了这类经营主体可能出现的各种情况，也针对性地提出了各种具体要求。

环境保护方面，氧化铝、电解铝及再生铝企业污染物排放要符合国家《铝工业污染物排放标准》（GB25465-2010），污染物达标排放，企业污染物排放总量不超过环保部门核定的总量控制指标。企业要做到工业废水深度处理后循环利用，减少排放。电解铝项目氟排放量必须低于 0.6 千克 / 吨铝。

此外，该规范条件还指出，本规范条件自发布之日起实施，原《铝行业准入条件》（2007 年第 64 号公告）同时废止。

（七）光伏制造行业规范条件

2013 年 9 月 17 日，工业和信息化部对外发布了《光伏制造行业规范条件》（2013 年第 47 号公告）（以下简称《规范条件》）。这一文件的发布，将导致原《多晶硅行业准入条件》（工联电子〔2010〕第 137 号）废止，从而出现了调整整个光伏产业的准入条件，不再仅仅局限于多晶硅方面。从其调整对象来看，本规范条件所指的光伏制造行业主要为光伏用多晶硅、硅棒、硅锭、硅片、电池、电池组件等制造行业。

《规范条件》开宗明义表明，其主要目的是"为进一步加强光伏制造行业管理，规范产业发展秩序，提高行业发展水平，加快推进光伏产业转型升级，"制度依据是《国务院关于促进光伏产业健康发展的若干意见》（国发〔2013〕24 号）。《规范条件》明确了"优化布局、调整结构、控制总量、鼓励创新、支持应用"的原则。

具体内容来看，主要包括：生产布局与项目设立、生产规模和工艺技术、资源综合利用及能耗、环境保护、质量管理、安全、卫生和社会责任及监督管理几个部分。《规范条件》对研发和技术改造给出了明确要求，即具有省级以上独立研发机构、技术中心或高新技术企业资质，每年用于研发及工艺改进的费用不低于总销售额的 3% 且不少于 1000 万元人民币。还对年产能、产品质量、能耗等提出了具体要求。

监督与管理部分提出，"对光伏制造企业及项目的投资、土地供应、环评、节能评估、质量监督、安全监管、信贷授信等管理应依据本规范条件。不符合本规范条件的企业及项目，其产品不得享受出口退税、国内应用扶持等政策支持"。可见，该政策希望通过出口退税、国内应用扶持等手段，引导企业积极达到规范条件要求的标准。这一政策的出台，将调整范围扩大到整个光伏产业，而不仅仅局限于多晶硅，表现出主管部门对近期出现的光伏产业发展困境给予了极大关注。

（八）建筑卫生陶瓷行业准入标准

2013 年 12 月 2 日，工业和信息化部对外公布了建筑卫生陶瓷行业准入标准（2013 年第 56 号）。从名称来看，与之前发布的行业准入条件或者规范经营条件有了一个明显的变化。可以看出，政策制定者将行业准入的相关条件理解为一种标准。应当说，是对这种管理措施性质认定的一种探索。

从其制定依据来看，该行业准入标准明确提出是依据《中华人民共和国节约能源法》、《中华人民共和国清洁生产促进法》、和《工业转型升级规划（2011—2015年）》等法律法规和规划政策。从制定目的来看，是"为防止低水平重复建设，遏制产能过快增长，促进转型升级，加快转变发展方式，提高建筑卫生陶瓷工业发展质量和效益"。该规范针对的对象是建筑卫生陶瓷项目。

从内容来看，包括建设布局，规模、工艺和装备，质量管理，节能降耗，清洁生产，安全生产和社会责任，监督管理以及附则等主要部分。具体内容中，建设布局强调了东南沿海结构调整、逐步向中西部地区进行产业转移的有关要求，该规范提出"东南沿海地区控制产能增长，重点发展高品质、高附加值产品，加快发展生产性服务业，向中西部地区进行产业转移"。而中西部地区又被要求根据自身特点，重点发展轻量化、节水型产品。在工艺等方面，"严禁生产、使用有毒有害色釉料和原料，杜绝重金属污染和放射性超标"。能耗要求方面，"年耗标准煤5000吨及以上的建筑卫生陶瓷生产企业，应每年向当地管理节能工作的部门提交包括能源消费情况、能源利用效率、节能目标完成情况和节能效益分析、节能措施等内容的能源利用状况报告"。清洁生产方面，要求"采用清洁生产技术，固体废弃物资源化再利用，建筑陶瓷工艺废水全部回用，卫生陶瓷工艺废水回用率不低于90%，污废水应处理达标后方可排放"。监督管理方面，要求在"项目投产前和正常生产期间，地方工业主管部门负责监督检查本地区建筑卫生陶瓷企业和生产线执行本准入标准情况"。这种规定，与行业准入管理的性质和做法可能产生一定的冲突。项目投产前即需要工业主管部门的监督检查企业执行准入标准的情况，与"事前审批向事中事后管理转变"的大背景和转变政府职能的要求不相符，也可能加剧对行业准入管理性质的讨论。

第二节　2013年行业准入管理的基本情况

从行业准入管理的制度设计以及相关程序来看，行业准入的管理工作包括行业准入公告的发布、企业申请的受理、复核、公告及动态管理、监督检查等。行业准入条件规定了生效时间，且多数行业准入公告管理暂行办法规定了受理申报的时间，企业根据条件准备申报材料、省级工业和信息化主管部门受理企业申请均需要一定的时间，2013年发布的行业准入条件以及行业准入公告管理暂行办法，政策效应的显现需要一定周期。

除了前述政策文件的发布之外，2013年行业准入管理工作事实上是围绕着2012年以及之前发布的行业准入条件及行业准入公告管理暂行办法开展的行业准入管理工作。

目前已发布了约45个行业的准入条件及其管理规定，有关部门依据相关程序，公示和公告符合条件的企业。据统计，除了《符合〈联合收割（获）机和拖拉机行业准入条件〉企业名单（第一批）公告》发布时公布了申请企业和获准公告的企业数外，其他行业准入管理未将相关信息对外公布。2013年3月19日，工业和信息化部对外公告称："2012年度在全国136家申报联合收割（获）机和拖拉机行业准入企业中，有92家企业通过联合收割（获）机和拖拉机行业准入审查，并于2012年12月正式发布《符合〈联合收割（获）机和拖拉机行业准入条件〉企业名单（第一批）公告》（工业和信息化部2012年第67号公告）。"上述数据显示，符合准入条件并被公告的企业，占提出申请的企业数达到67.6%，近三分之一的申请企业未达到公告要求。

一、2013年行业准入公告管理情况

从2013年公告发布情况来看，涉及联合收割（获）机和拖拉机行业、粘胶纤维行业、印染行业、电石行业、铸造用生铁行业、磷铵行业、水泥行业、平板玻璃行业、钢铁行业、废钢铁加工行业、稀土行业、氟化氢行业、萤石行业、钨锡锑行业、铅锌行业、焦化行业、铅蓄电池行业、镁行业、光伏制造行业准入条件等19批次，涉及企业（或生产线）达到885家（条）。（见表5-2）

表5-2　2013年行业准入管理公告

序号	名称	主管司局	公告对象	批次	企业数量	发布日期
1	符合《联合收割（获）机和拖拉机行业准入条件》的企业名单（2012年第67号）	装备工业司	联合收割（获）机和拖拉机及产品单元	第一批	联合收割（获）机企业（52）拖拉机企业（40）	2013.1.7

（续表）

序号	名称	主管司局	公告对象	批次	企业数量	发布日期
2	符合《粘胶纤维行业准入条件》企业名单（2012年第71号）	消费品工业司	粘胶纤维企业	第一批	16	2013.1.10
3	符合《印染行业准入条件（2010年修订版）》企业名单（2013年第1号）	消费品工业司	印染企业	第一批	119	2013.1.16
4	符合《电石行业准入条件》企业名单（2012年第68号）	产业政策司	电石企业	第五批	11	2013.1.17
5	符合《铸造用生铁企业认定规范条件》的企业名单（2013年第7号）	原材料工业司	铸造用生铁企业	第二批	21	2013.1.30
6	符合《磷铵行业准入条件》的企业名单（2013年第4号）	原材料工业司	磷铵企业	第一批	3	2013.1.30
7	符合水泥行业准入条件生产线名单（2013年第16号）	原材料工业司	水泥生产线	第二批	112	2013.4.12
8	符合平板玻璃行业准入条件生产线名单（2013年第17号）	原材料工业司	平板玻璃生产线	第五批	19	2013.4.12
9	符合《钢铁行业规范条件（2012年修订）》钢铁企业名单（2013年第24号）	原材料工业司	钢铁企业	第一批	45	2013.5.2
10	符合《废钢铁加工行业准入条件》企业名单（2013年第25号）	节能司	废钢铁加工企业	第一批	44	2013.5.15
11	符合《稀土行业准入条件》企业名单（2013年第31号）	原材料工业司	稀土企业	第四批	5	2013.7.4
12	符合《氟化氢行业准入条件》企业名单（2013年第32号）	原材料工业司	氟化氢生产企业	第一批	13	2013.7.10

（续表）

序号	名称	主管司局	公告对象	批次	企业数量	发布日期
13	符合《水泥行业准入条件》生产线名单（2013年第42号）	原材料工业司	水泥生产线	第三批	92	2013.8.16
14	符合萤石行业准入标准生产线名单（2013年第39号）	原材料工业司	萤石生产线	第二批	13	2013.8.22
15	符合《钨锡锑行业准入条件》企业名单（2013年第34号）	原材料工业司	钨锡锑相关生产企业	第一批	16	2013.9.4
16	符合《铅锌行业准入条件》企业名单（2013年第54号）	原材料工业司	铅锌冶炼企业	第二批	锌冶炼 3 铅冶炼 5	2013.10.28
17	符合《水泥行业准入条件》生产线名单（2013年第58号）	原材料工业司	水泥生产线	第四批	122	2013.12.2
18	符合焦化行业准入条件企业名单（2013年第62号）	产业政策司	焦化企业	第八批	8	2013.12.6
19	符合《铅蓄电池行业准入条件》企业名单（2013年第59号）公告	消费品工业司	铅蓄电池生产企业	第一批	6	2013.12.9
20	符合《镁行业准入条件》企业名单（2013年第64号）	原材料工业司	镁生产企业	第二批	24	2013.12.10
21	符合《光伏制造行业规范条件》企业名单（2013年第70号）	电子信息司	光伏企业	第一批	109	2013.12.31

资料来源：赛迪智库产业政策研究所整理。

以水泥行业为例，2013 年，工业和信息化部发布了符合水泥行业准入条件生产线第二批、第三批名单，各有 112 条、92 条生产线被公告。加上 2012 年公布的第一批 108 条生产线，截至 2013 年底共有 312 条符合水泥行业准入条件的生产线名单被公告。据中国水泥协会统计，截至 2012 年年底，全国新型干法水泥生产线 1637 条，设计熟料产能达 16 亿吨。以此计算，全国水泥生产线中约有 20% 符合行业准入条件被公告。再以稀土行业为例，2013 年 7 月 4 日，工业和信息化部对外公布了 5 家第四批符合《稀土行业准入条件》的企业，2012 年 11~12 月，密集公布的第一批至第三批企业各为 7 家、17 家和 11 家。截至 2013 年底共 40 家稀土矿山、冶炼分离企业被公告。而 2013 年 1 月 30 日公布的符合《磷铵行业准入条件》的企业名单（第一批）中，仅有 3 家被公告。这对于小企业林立、资源过度开采和浪费严重的磷铵行业而言，可谓凤毛麟角。2013 年 3 月 4 日发布的符合《废钢铁加工行业准入条件》企业名单（第一批）公示中，有 45 家企业入围，2013 年 5 月 15 日工业和信息化部发布符合《废钢铁加工行业准入条件》企业名单（第一批）公告中，有 44 家企业被公告。张家港容利再生资源有限公司未被公告。

二、监督检查

2013 年，工业和信息化部、省级工业和信息化主管部门对符合行业准入条件的公告企业进行定期和非定期监督检查，核实公告企业对准入条件的保持情况。

工业和信息化部办公厅于 2013 年 2 月 7 日下发《关于做好铁合金行业准入公告企业监督检查和第五批准入公告申报工作的通知》，要求认真做好前三批准入公告企业监督检查工作。通知要求，要对照《部分工业行业淘汰落后生产工艺装备和产品指导目录（2010 年本）》和《产业结构调整指导目录（2011 年本）》，对前三批准入公告的铁合金生产企业进行全面监督检查。从检查重点来看，要求主要核查企业法人名下所有铁合金资产是否存有应淘汰的落后产能，以及除尘设施是否配备、运行是否正常等问题。不难看出，除了对准入条件的保持情况进行核查外，监督检查工作还与国家淘汰落后产能等政策紧密结合在一起，发挥政策合力。吉林省、陕西省、重庆市等相继转发了《工业和信息化部办公厅关于做好铁合金行业准入公告企业监督检查和第五批准入公告申报工作的通知》，要求下属各单位开展监督检查工作。

2013 年 7 月 5 日，河北省工业和信息化厅组织监督检查辖区内 2012 年年底前已公告的水泥、平板玻璃生产线保持行业准入条件的情况。在企业自查的基础上，河北省工业和信息化厅组织专家赴现场检查已公告生产线保持准入条件情况，当场出具了专家意见，对保持的予以肯定，对存在差异的提出限期整改要求，并请当地工信局督促整改。河北省工业和信息化厅根据检查结果，对外称河北省已公告的水泥、平板玻璃生产线绝大多数较好地保持着行业准入要求，在业内发挥着示范和标杆作用。

2013年8月22日，山西省经济和信息化委员会发布《关于开展山西省葡萄酒行业准入监督检查工作的通知》（晋经信合作字〔2013〕415号）。通知指出，"根据《国务院关于加强食品安全工作的决定》（国发〔2012〕20号）、《工业和信息化部关于印发2013年食品安全重点工作安排的通知》（工信部消费〔2013〕136号）文件精神，按照《葡萄酒行业准入条件》（工业和信息化部公告2012年第22号）要求，为规范葡萄酒生产加工行业投资行为，加强行业管理，防止盲目投资和低水平重复建设，引导生产企业合理布局，保障产品质量安全，节约和有效利用资源，保护生态环境，促进行业协调有序发展，山西省经济和信息化委员会将对葡萄酒生产加工行业准入情况进行监督检查。"通知明确了三个阶段的工作进度安排，包括企业自查、申请确认和督导检查，整个过程历时四个半月，检查通过的出具符合产业政策确认文件，并抄送省发改、质监、金融、工商、环保等相关部门。通知还对监督与管理作出明确规定，新建和改扩建葡萄酒生产企业（项目）要在省级投资或工业管理部门备案，通过备案与准入管理的衔接，强化了准入管理的作用。通知还指出，各市经信委要督促现有企业按照准入条件要求，加快技术改造和结构调整，达到准入条件要求。

第三节　面临的问题与挑战

国务院为深入推进行政管理体制改革，要求采取切实有效的方式逐步减少审批事项，减少对市场的微观干预。国务院进一步要求，要处理好政府与市场、政府与社会的关系，把该放的权力放掉，把该管的事务管好。一方面，市场能够自发调节，或者能够采取事后方式进行管理的，不再通过前置审批的方式进行管理，也不得变相设置审批；另一方面，确实需要强化的政府管理职能，应当创新管理方式，把该管的事情管好。

近年来，工业和信息化部不断探索在不依靠行政审批的条件下如何对行业进行有效管理，以确保国家产业政策目标顺利实现。行业准入管理作为一项区别于传统行政审批的管理手段，这些年来发挥的作用越来越大。行业准入管理作为一种政府管理手段本身来看，随着行业准入工作涉及领域的不断扩大、影响范围的不断渗入，行业准入管理工作中法律定位模糊、程序性规范不统一、不完善等问题将严重影响工业和信息化部行业管理职能的实现。从具体管理过程来看，符合行业准入条件的企业的公示、公告没有一个统一的专区，而且公告文件的呈现方式也大不相同，既不利于统一管理，也不利于社会监督。从行业准入管理的效果角度来看，"重发布条件、轻监督管理"的问题依然存在。完善的实施效果评价机制还未建立起来，企业自律和日常监督检查的制度还不完善。具体体现在以下几个方面：

一是行业准入管理的性质受到社会质疑。"准入"一词很容易被社会理解为"非经许可则禁止"，从而为相关行业设立进入门槛的意思。在转变政府职能和减少审批的趋势下，社会对数量不断增多、涉及行业不断扩大的行业准入管理提出异议，要求明确性质和设定标准，规范管理，防止通过准入管理变相实施审批。工业和信息化部实施的行业准入管理本身并不产生强制力，主要通过设定条件引导企业实现转型升级。但有的准入条件和管理办法中包含了强制性的内容，虽然有相关法律法规作为依据且已获得有权部门会签同意，但很容易被外界理解为行业准入管理本身施加强制性限制措施，从而对其性质认识产生偏差。另外，行业准入公告管理被一些部门作为授予行政许可的前置条件，也受到社会质疑。

二是相关行业设定行业准入条件的标准不明确。由于历史原因或者特殊投资体制，一些行业由于存在严重的结构性问题，有必要设立一定条件和标准，通过规范和引导，实现行业健康发展。但到底哪些行业应当设立准入条件，或者说通过行业准入管理的方式更合适，尚无统一的标准和要求。工业和信息化部成立以来，包括承继发展改革委相关准入条件在内，共计有42个行业准入条件，对25个行业开展公告管理，涉及产业政策司、节能与综合利用司、原材料工业司、装备工业司、消费品工业司等多个业务司局。而且，还有司局准备出台准入条件对相关行业进行准入管理。由于对设定的依据和理由、可以涵盖的行业、准入条件应当包括的内容等缺乏统一要求，导致出现不统一、不规范的情况。一般而言，国家限制或禁止发展的行业或领域，可以设置一定的条件。而对于鼓励类的，则不宜通过设置行业准入条件的方式进行管理。此外，市场机制能够自发调节的领域，即使短期出现问题的也交由市场解决，不宜通过准入进行管理。因此，某些特定行业是否有必要，或者能否通过设定行业准入条件进行管理还有待论证。

三是具体行业准入条件的科学性和合理性亟待完善。目前，工业和信息化部行业准入条件中，技术、工艺和设备以及资源节约和综合利用、环境保护等规定，已由强制性法律规范作出规定。但对于生产规模等条件要求，其科学性和合理性有待进一步深入研究。工业和信息化部公布的部分行业准入条件对生产规模等做了一刀切的规定，要求相关企业或生产线达到一定的规模。但是，该行业是否属于典型的规模经济行业，是否需要明确一定的生产规模值得探讨。另外，这种一刀切的做法，忽略了技术创新等因素的积极作用。某些企业或生产线可能并未达到有关规模要求，但其拥有特定的技术条件或许完全能够达到甚至超过某些规模企业在资源节约和能源综合利用等方面的能力，单纯的规模标准可能阻碍技术创新和市场竞争。在这类准入条件的设定上，应该更加科学、合理。

四是行业准入管理缺乏统一的程序性规范。从表现形式来看，行业准入管理呈现的形式不尽相同。有的起草司局不仅发布了行业准入条件，同时还发布了准入公告管理暂行办法作为配套的程序性规定，如玻璃纤维、黄磷等行业。有的将程序性内容直接放在行业准入条件中，如铝行业、二硫化碳等。从程序性规范的具体内容来看，相关规范差异十分明显，主要体现在初审部门、初审时间、复核时间、公示期间、行政相对人权利救济与重新申请期限等方面。如有的规定初审机关为省级工业和信息化主管部门，而有的则规定县级工业和信息化主管部门是初审机关，如《废旧轮胎翻新企业准入管理暂行办法》。关于对申请企业的复核期限，出现3个月、1个月等不同的规定，或者对复核期限不做具体限定。《水泥行业准入公告管理暂行办法》中明确规定工业和信息化部收到省级工业主管部门报送的审核意见和申请材料之日起3个月内，组织开展复核。《石墨行业准入公告管理暂行办法》却规定工业和信息化部收到省级工业主管部门报送的审核意见和申请材料之日起1个月内组织完成复核。

五是行政相对人权利救济规定不够明确。尽管工业和信息化部实施的行业准入管理不属于行政许可的范畴，但在依法行政、建设法治政府的要求下，行政行为不仅要确保实体权力合法，还要保证程序合法、规范。对于行业准入管理而言，虽然并不赋予行政相对人特定权利或资格，也不施加行政处罚，但作为一项行政行为也应当参照严格的法律程序进行。大多数行业的准入管理中对相对人是否享有救济权利并未明确规定，尤其是撤销其准入资格时，只有玻璃纤维、磷铵等少数行业明确企业在被撤销准入资格时享有陈述、申辩等救济权利。而《铅锌行业准入条件》、《锑行业准入条件》等对企业被撤销资格时是否享有救济权利并未规定。

　　六是工业和信息化部行业准入管理的实施效果评价机制有待健全。现行有效的行业准入条件高达 42 部，涉及领域较广，而且还有进一步扩大的趋势。随着建设法治政府的要求不断深化，政府行使职权的行为将与行政问责等制度进一步挂钩。工业和信息化部行业准入量大面广，涉及行业和企业众多，如果不能建立有效监督机制和实施效果评价机制，则制度规范的作用将大打折扣，实施不力可能还将引发有关部门的问责。而且，作为落实国家产业政策目标的重要手段，行业准入管理有其明显的阶段性特征。通过实施效果评估评价机制的不断检视，能为行业准入管理找到逻辑进路。通过一段时期的纠偏，市场可以自发调节的，相关行业准入管理应当及时退出；经过检验，通过行业准入管理方式无法达到既定目标的，应当及时调整，或者以其他行政管理手段作为替代。某些行业确有必要采取更为严格的手段加以管理的，可以提请国务院将其纳入行政许可的体系。

第六章　化解产能过剩矛盾

　　受国际金融危机的深层次影响，2012年开始我国工业部分行业出现较为严重的产能过剩问题。2012年年底五大行业产能利用率分别仅为72%、73.7%、71.9%、73.1%和75%，明显低于国际通常水平。产能过剩导致钢铁、电解铝、船舶等行业利润大幅下滑，企业普遍经营困难。本轮产能过剩的产生既有国内外需求环境变化的影响，也反映出长期以来我国工业累积的深层次矛盾和问题，主要是结构不合理，发展方式粗放，以及部分领域经济体制改革不到位，优胜劣汰的市场竞争机制尚未真正建立，企业退出渠道不畅等。为化解产能过剩矛盾，国务院及相关部门出台了相应的政策措施，从完善政策体系和建立防范化解产能过剩长效机制两个方面解决产能过剩难题。

第一节　2013年产能过剩的基本情况

一、产能过剩的基本概念及判定标准

　　"产能过剩"即生产能力过剩，指的是实际产出数量长期较大程度地小于最佳生产能力而形成的过剩，产能过剩是产能闲置超出合理界限的结果，通常伴随价格下降，企业利润减少以至持续亏损。欧美等国家一般用产能利用率或设备利用率作为产能是否过剩的评价指标。一般来说，产能利用率在30%以下为产能极度过剩，利用率在30%~60%之间为产能严重过剩，60%~75%为显著过剩，75%~80%为轻度过剩，80%~85%为基本适度。与产能过剩相对应的是产能不足，当产能利用率在85%~90%为产能显著不足，90%~95%为产能严重不足。当产能严重过剩时，会导致产品价格大幅度回落并长期处于成本线以下，行业出现大面

积的企业亏损，投资者失去信心，甚至出现通货紧缩。反之，当产能不足时，生产瓶颈就会出现，对物价尤其是生产者物价水平产生较大压力，并可能引起通货膨胀。日本经济产业省按照行业类别，将生产能力指数化（如生产能力指数、开工率指数等），观察其上升、下降的幅度，从而判断该行业经济的整体走势。产能指数是反映制造业生产、销售、库存等相关经济活动的工业生产指数中的八大指数之一。日本银行还以企业设备投资的数据为基础，通过一定的计算，得出生产经营用设备（制造业）开工率推移表，如果超过其设定的区域，则向上为"过剩"，向下为"不足"。目前我国尚没有一个准确的判断产能过剩的标准，主要靠间接度量方法统计产能过剩。

产能过剩是一个动态的概念，可随着市场供求关系的变化进行动态的转换。就市场经济而言，受宏观经济周期性波动的影响，一定的产能过剩是市场经济的一个基本特征。适度的过剩产能有积极影响，也是市场竞争的需要。在供给能力大于市场需求的情况下，市场竞争加剧，企业才会有调整结构和产品升级的意愿，市场也才有条件淘汰一部分生产能力相对落后的企业。从这个意义上说，适度的产能过剩有利于强化市场竞争、提高效率和促进资源重新配置，有利于产业结构的优化升级。相比之下，过度的产能过剩对行业企业和宏观经济的中长期发展都将产生严重的不利影响。过度的产能过剩将使恶性竞争在所难免，直接导致过剩行业企业利润出现大幅下滑、亏损加大，并导致开工不足甚至倒闭，在长期可能影响就业和社会稳定；由于行业企业的资金有相当一部分来自银行贷款，一旦这些行业产能严重过剩，就会增加银行的呆坏账，甚至引发系统性金融风险；产能过剩的行业如果大范围涉及国民经济的基础产业和支柱性行业，将有可能导致经济增长的停滞。

二、我国产能过剩的基本情况及主要特征

目前为止，我国已出现两轮较为严重的"产能过剩"。一是 1996 ~ 1999 年，出现了产品积压，工业企业严重开工不足。1996 年末全国 28 种主要工业品生产能力有 4 成处于闲置状态。国家统计局 1998 年对 900 多种主要工业产品生产能力的普查显示，多数工业产品生产能力利用率在 60% 以下，最低的仅有 10%。二是 2005 年至今，产能过剩问题凸现。据国家发改委统计，2005 年年底有 11 个行业产能过剩，其中钢铁、电解铝、汽车等行业问题突出，水泥、电力、煤炭

等行业也潜藏着产能过剩问题。此次部分行业出现的产能过剩是在上一轮产能过剩没有彻底消除的情况下,又遭受国际金融危机的冲击和影响,市场需求急剧萎缩,致使产能过剩问题再次凸现出来。2012年,国际货币基金组织(IMF)在其发布的报告中评估了中国产能过剩程度,指出中国产能利用率进一步下降到仅有60%。而依据美联储的数据,美国当前的全工业利用率为78.9%,而在金融危机高峰期这个比率为66.8%。这意味着中国目前的产能利用率尚不及美国2008~2009年金融危机高峰期的水平。

2012年以来我国工业部分行业的产能过剩问题既是多年来建设投资积累的结果,也是受国际金融危机的深层次影响,在国内外需求急剧放缓等外在压力集中作用下爆发的结果。其中钢铁、水泥、电解铝、平板玻璃和船舶五大行业较为突出,2012年年底,五大行业产能利用率分别仅为72%、73.7%、71.9%、73.1%和75%,明显低于国际通常水平。产能过剩导致钢铁、电解铝、船舶等行业企业利润大幅下滑,企业普遍经营困难。根据中钢协的数据,2013年上半年会员钢铁企业实现销售收入17998亿元,同比增长0.94%。但盈亏相抵后实现利润仅有22.67亿元,平均销售利润仅有0.31%,在全国工业行业中最低。86家重点大中型钢铁企业中亏损35家,亏损面高达40.7%,比去年同期提高3.5个百分点。值得一提的是,大中型钢铁企业的资产负债率已达69.47%,部分企业达到80%以上,有的企业甚至高达100%。另据有色金属协会统计,2012年全国有93%的电解铝企业处于亏损状态。船舶方面,根据中船协的数据,2012年1~11月,船舶行业销售利润率仅为4.7%,同比下降29%。全行业亏损企业数量增加到323家,亏损额同比大幅上升158.3%。

我国现阶段产能过剩呈现三个方面的主要特征:一是周期性过剩与非周期性过剩并存。本轮产能过剩自2005年、2006年开始显现,受2009年国际金融危机和国内外需求下滑影响更为凸显,产能过剩受经济发展周期性波动影响较为明显。同时,也有一些资源型行业投资过热,以及行业成长性因素的影响。近年来出现的多晶硅、风电设备等新兴领域产能过剩以及部分行业中出现的高端产能过剩,与行业成长性和投资过热有直接关系。

二是总量过剩与结构过剩并存。从总量看,部分行业存在产能总量过剩问题。船舶和水泥产能已位居世界首位,满足建设需要的同时,已存在过剩趋势。从结构看,低端、粗加工领域产能过剩严重,而高技术含量、高附加值领域产能不足。

如高端、大型船舶的制造能力仍显不足；高端钢材的供给能力有所提升，但高端装备制造业急需的特种钢材仍严重依赖进口；我国风电装机容量已位居全球第二位，而同时，我国尚未建立自主的风况分析、预测及风电场设计系统，主流机型以引进国外技术为主，轴承、变流器、变桨器、控制器、叶片设计基本依赖国外，存在高端产品供给不足的现象。

三是传统行业过剩与新兴行业过剩并存。传统行业中，重化工业具有较强的产业拉动能力，是近年来投资的主体。2008年出台的"4万亿"投资大部分投往基础设施领域，带动重化工业投资迅速增长，在缓解经济下行压力的同时，进一步加剧了重化工业领域产能过剩。另一方面，新兴行业也存在产能过剩。在培育战略性新兴产业等政策利好刺激下，风电设备、多晶硅以及光伏等新兴产业出现重复建设现象，产能过剩倾向加剧。

第二节　产能过剩的原因分析

分析我国产能过剩形成的原因，既有市场经济的一般或共性原因，也有其特殊性。归纳起来，主要是重化工业加速发展引发的能源、原材料工业快速扩张；经济体制改革尚未到位，对各类投资主体及政府部门强烈的投资意愿缺乏有效的约束；以及市场机制不完善，制约了落后产能的自动退出等。产能过剩反映了我国工业化发展进程中，经济体制转型与增长方式转变的阶段性特征，也暴露出我国工业存在的深层次、结构性矛盾和问题。这些问题如果不能得到有效解决，产能过剩不能及时得到化解，将给我国工业的中长期发展埋下严重隐患。相反，如果我们能够抓住时机，把化解产能过剩作为我国重点行业深度调整和产业升级的一个契机，也能把产能过剩的挑战转化成科学发展的机遇，使工业发展迈上一个新的台阶。

从导致产能过剩的直接原因看，本轮产能过剩是周期性、结构性过剩、成长性过剩的叠加。从周期性因素看，受国际金融危机延续性影响，国际市场需求疲软，诸多出口导向性行业出口订单下滑，企业开工不足，是导致产能过剩的直接原因。从结构性因素看，过度投资是造成产能过剩的最直接的原因。林毅夫（2007）认为，发展中国家企业所要投资的产业常常具有技术成熟、产品市场已经存在、处于世界产业链内部等特征，因而全社会很容易对有前景的产业产生正确共识，基于此种一致的共识，企业之间很难协调，所以无法避免这种投资一齐涌向某一大家看好的产业,从而在投资上出现"潮涌现象",导致产能过剩。从成长性因素看,光伏、风电设备等新兴领域的产能过剩反映了处于成长阶段的投资驱动、低水平扩张产能过剩的主要特征。

除了以上产能过剩产生的直接原因,造成中国式产能过剩的还有四重根本原因。

一是不合理的经济结构和发展方式。首先是一直以来以加工制成品出口为主,过度依赖出口的经济结构,受国际市场需求变动影响较大,一旦遭遇国际金融危机,外需急剧萎缩,直接导致企业开工不足甚至停产。其次,重化工业占主体的产业结构也延长了产能过剩存续时间。从过去两次大规模产能过剩的重点行业看,涉及到钢铁、冶金、平板玻璃等行业,多数都是资源密集型的重化工行业。重化工行业特点是产能的增加需要大量的资本投入,产品供给的弹性相对较低,产能调整难以适应快速变化的市场需求。同时,由于资产的专用性较强,产业退出壁垒较高,也使得产能很难在短期内减少。

二是地方政府主导经济增长的模式和受政绩考核影响带来的强烈投资偏好。由于地方政府在承担公共服务职能的同时,还存在职能边界外扩现象,即将精力更多地投向生产经营领域,承担了大量经济建设职能,在这种政府主导经济发展的过程中,很容易出现政府行为微观化、企业化、趋利化的倾向。比如一些地方政府在招商引资方面具有比较强烈的冲动,对外来投资者在用地、税收、电价等方面给予了"超国民待遇",助长了产能过剩行业的投资增长。美国斯坦福大学政治系教授 Jean Oi 曾使用"地方政府公司主义"(local state corporatism)这一概念相对直接地剖析了中国地方政府的企业化行为。我们认为,中国式产能过剩正是工业化中期加速发展阶段,重化工业为主导和投资拉动的特征被我国现行的体制机制进一步强化的结果,由于过度追求 GDP,包括土地在内的要素资源成本被人为压低,环境成本难以内在化,加剧了投资需求。此外,由于中央政府和地方政府的职能分工和站位不同,地方政府从地方经济增长和就业的角度出发,不可能充分考虑全国行业布局等需要,也没有这样的视角和能力,更不可能准确地认识和把握"潮涌现象",因此造成地方发展政策与国家产业政策的脱节,全国性行业布局和规划建设难以落实。地区之间为比拼政绩水平,容易导致重复投资建设同类项目,甚至引发恶性竞争。

三是投资管理体制改革不到位。突出表现为,多年来我们实施的投资项目审批和行政核准,以及对投资方向和步调进行调控的规制手段,不仅不能够消除产能过剩，反而事实上阻碍了市场自发调节的过程。2009 年，《国务院关于抑制部分行业产能过剩和重复建设引导产业健康发展若干意见的通知》已经明确规定各级投资主管部门要进一步加强钢铁等产能过剩行业项目审批管理，原则上不再批准扩大产能的项目，不得下放审批权限，严禁化整为零、违规审批。但是在执行过程中，由于地方政府与中央政府的利益存在不一致，仍有一些地方政府不顾中央的三令五申，核准了一批过剩行业新建项目，还有一些企业存在少报多投的行为。水泥行业协会的数据显示，2009—2011 年，每年水泥产业都以 2 亿吨的新增产能投放市场，产能集中释放对市场影响巨大。不难发现，中央政府的投资规制政策只有在得到严格执行的情况下，对投资的宏观调控才是有效的，而在目前的体制下，中央政府的投资调控政策的权威性和有效性很难得到保障。况且，即使投资规制政策得到了执行，政策的制定者也不可能对市场需求情况作出准确的预测，难免会引发不可预期的不良后果。

四是市场自动调节和市场主体退出机制不健全。在成熟的市场经济国家，比如美国，主要是依靠市场机制来自动调节过剩产能。在市场机制比较完善的情况下，能源资源等要素成本基本上能够反映在市场价格上，市场能够对资源配置起到基础性的调节作用，经济活动的自由度比较大，能够通过市场经济的优胜劣汰实现落后产能或落后企业的自动出清。相比之下，由于我国市场经济成熟度还不够高。首先，由于资源价格改革迟迟没有到位，地方政府招商引资过程中对工业用地存在隐性补贴，使得能源资源、土地、环境等成本不能完全内部化到企业的生产成本中，这种生产要素扭曲使得部分行业进入门槛偏低，给一些小炼铁、小冶金、小水泥等得以生长的空间，也延缓了落后产能的退出时间。其次，市场信息不对称，企业对进入市场的企业数目并不知晓，进入市场后，即便能认识到市场真实的需求情况或者遭遇市场情势变更，但为了弥补沉没成本，也不愿意首先退出市场，反而可能加大投资力度以扭转发展困境。最后，市场主体退出机制不健全，国有企业退出遇到产权障碍和制度障碍，而且面临下岗职工安置等一系列社会风险。

第三节　化解产能过剩矛盾政策解析

针对 2012 年以来出现的产能严重过剩情况，2013 年中央经济工作会议指出，将化解产能过剩矛盾作为2013年结构调整的一项重点工作。一年来，围绕遏制产能过剩行业盲目扩张问题，以及如何完善化解产能过剩的政策体系，建立有效化解产能过剩的长效机制问题，国务院和发改委、工信部等相关部门出台了有针对性的政策措施。

一、关于坚决遏制产能严重过剩行业盲目扩张的通知

党中央、国务院高度重视产能过剩问题，中央经济工作会议把化解钢铁、水泥、电解铝、平板玻璃、船舶等行业产能过剩矛盾作为2013年的工作重点。为此，2013年5月10日，发展改革委、工业和信息化部联合发布《关于坚决遏制产能严重过剩行业盲目扩张的通知》（发改产业〔2013〕892号），防止产能过剩矛盾进一步加剧。

该通知提出四方面的要求。一是充分认识遏制严重过剩产能的重要性和紧迫性。要求地方提高认识，切实把思想和行动统一到中央的决策部署上来，科学论证产业布局，依法依规履行项目建设手续，坚决遏制钢铁、水泥等产能过剩行业的盲目扩张。二是严禁核准产能严重过剩行业新增产能项目。要求加强产能过剩行业的项目管理，不得以任何名义核准、备案严重过剩行业新增产能项目，国土、环保等部门不得办理土地供应、环评审批等相关业务，金融机构不予提供任何形式的授信支持。三是坚决停建产能严重过剩行业违规在建项目。要求地方人民政府立即对违规在建项目进行认真清理，对未批先建、边批边建、越权核准的违规项目，尚未开工的不准开工，正在建设的项目要停止建设；国土部门要依法停止土地供应，环保部门要强化环境监管，金融部门不提供任何形式的新增授信支持，对已经发放的贷款要采取妥善措施保障合法债权安全。四是加强领导严格监督检查。要求各级人民政府对本地区遏制产能严重过剩行业盲目扩张负总责，切实加强组织领导和监督检查。对未按要求停建的违规在建项目，予以严肃查处，并追究相关责任人的责任。对违反国家土地、环保法律法规和信贷政策、产业政策以及该通知规定，继续违规核准、备案新增产能项目以及向违规项目发放贷款、供应土地和通过环评审批的机构和人员，按照中办发〔2009〕25号文的有关要求和规定进行问责，予以严肃处理。

二、国务院关于化解产能严重过剩矛盾的指导意见

2013 年 10 月 6 日，国务院发布《关于化解产能严重过剩矛盾的指导意见》（国发〔2013〕41 号）全面部署化解产能严重过剩矛盾工作。作为化解产能过剩矛盾的核心政策文件，《指导意见》指出坚持以转变发展方式为主线，把化解产能严重过剩矛盾作为产业结构调整的重点，按照尊重规律、分业施策、多管齐下、标本兼治的总原则，立足当前，着眼长远，着力加强宏观调控和市场监管，坚决遏制产能盲目扩张；着力发挥市场机制作用，完善配套政策，"消化一批、转移一批、整合一批、淘汰一批"过剩产能；着力创新体制机制，加快政府职能转变，建立化解产能严重过剩矛盾长效机制，推进产业转型升级。

（一）化解产能严重过剩矛盾的目标

《指导意见》提出明确的目标，即通过 5 年努力，化解产能严重过剩矛盾工作取得重要进展。一是产能规模基本合理。钢铁、水泥、电解铝、平板玻璃、船舶等行业产能总量与环境承载力、市场需求、资源保障相适应，空间布局与区域经济发展相协调，产能利用率达到合理水平。二是发展质量明显改善。兼并重组取得实质性进展，产能结构得到优化；清洁生产和污染治理水平显著提高，资源综合利用水平明显提升；经济效益实现好转，盈利水平回归合理，行业平均负债率保持在风险可控范围内，核心竞争力明显增强。三是长效机制初步建立。公平竞争的市场环境得到完善，企业市场主体作用充分发挥。过剩行业产能预警体系和监督机制基本建立，资源要素价格、财税体制、责任追究制度等重点领域改革取得重要进展。

（二）化解产能过剩的政策框架

坚决遏制产能盲目扩张。严禁建设新增产能项目，分类妥善处理在建违规项目。

清理整顿建成违规产能。依据行政许可法、土地管理法、环境保护法等法律法规，以及能源消耗总量控制指标、产业结构调整指导目录、行业规范和准入条件、环保标准等要求，加强对建成违规产能的规范管理，对工艺装备落后、产品质量不合格、能耗及排放不达标的项目，列入淘汰落后年度任务加快淘汰。

淘汰和退出落后产能。2015 年年底前再淘汰炼铁 1500 万吨、炼钢 1500 万吨、水泥（熟料及粉磨能力）1 亿吨、平板玻璃 2000 万重量箱。"十三五"期间，结

合产业发展实际和环境承载力，通过提高能源消耗、污染物排放标准，严格执行特别排放限值要求，加大执法处罚力度，加快淘汰一批落后产能。对产能严重过剩行业项目建设，实施等量或减量置换，在京津冀、长三角、珠三角等环境敏感区域，实施减量置换。鼓励各地积极探索政府引导、企业自愿、市场化运作的产能置换指标交易，形成淘汰落后与发展先进的良性互动机制。

调整优化产业结构。促进行业内优势企业跨地区整合过剩产能，支持兼并重组企业整合内部资源，优化技术、产品结构，压缩过剩产能。支持跨地区产能置换，引导国内有效产能向优势企业和更具比较优势的地区集中，推动形成分工合理、优势互补、各具特色的区域经济和产业发展格局。

努力开拓国内市场需求。适应工业化、城镇化、信息化、农业现代化深入推进的需要，挖掘国内市场潜力，着力改善需求结构，消化部分过剩产能。

积极拓展对外发展空间。鼓励企业积极参加各类贸易促进活动，创新国际贸易方式，拓展对外工程承包市场，培育"中国建设"国际品牌，巩固扩大国际市场。鼓励优势企业以多种方式"走出去"，扩大对外投资合作，优化制造产地分布，消化国内产能。

增强企业创新驱动发展动力。着力构建以企业为主体、市场为导向、产学研相结合的技术创新体系，集中精力突破、掌握一批关键共性技术。深化国有企业改革，引导国有资本从产能严重过剩行业向战略性新兴产业和公共事业领域转移。

建立长效机制。深化投资体制改革，强化事中和事后纵横协管。加强对产能严重过剩行业动态监测分析，建立产能过剩信息预警机制。切实减少对企业生产经营活动的行政干预，保障各种所有制经济依法平等使用生产要素、公平参与市场竞争、同等受到法律保护，营造公平环境。推进资源税改革和环境保护税立法。理顺资源、要素价格的市场形成机制，完善差别化价格政策，提高产业准入的能耗、物耗、水耗和生态环保标准，切实发挥市场配置资源的基础性作用。

第七章 淘汰落后产能

加快淘汰落后产能是转变经济发展方式、调整经济结构、提高经济增长质量和效益的重大举措，是加快节能减排、积极应对全球气候变化的迫切需要，是走中国特色新型工业化道路、实现工业由大变强的必然要求。

第一节 2013 年淘汰落后产能政策解析

一、加快淘汰落后产能的政策情况

2010 年 2 月 6 日,国务院发布《关于进一步加强淘汰落后产能工作的通知》〔2010〕7 号),由工业和信息化部作为牵头单位,组织发展改革委、监察部、财政部、人力资源和社会保障部、国土资源部、环境保护部、农业部、商务部、人民银行、国资委、税务总局、工商总局、质检总局、安全监管总局、银监会、电监会、能源局等部门参加的淘汰落后产能工作部际协调小组,在全国范围内开展淘汰落后产能工作。经过三年的努力,在工业和信息化部牵头,国家各相关部委紧密配合,地方政府共同努力下,出台了一系列国家层面淘汰落后产能的政策文件,和地方配套的政策法规,淘汰落后产能政策体系已经基本建立,并取得了丰硕的成果,加快了转变经济发展方式,促进了产业结构调整和优化升级,推进了节能减排,进一步推动了我国工业经济的健康发展。

2012 年和 2013 年主要是政策的贯彻执行。通过建立的组织协调和推进实施体系、奖励政策措施、计划下达、企业名单公告、监督、考核推动淘汰落后产能顺利开展,并对政策体系进行完善。一是推动落后产能淘汰。2012 年 12 月 21

日，工业和信息化部发布《关于做好彻底拆除已停产落后设备工作的通知》（工信厅产业函〔2012〕966号），要求地方政府做好列入公告，但因涉及职工安置、资产抵押、债权债务纠纷等问题，尚未彻底拆除的落后设备的拆除工作；同月24日，电监会、工业和信息化部联合发布《关于进一步加强电力节能减排监管做好淘汰落后产能工作的通知》（电监稽查〔2012〕41号），加强对淘汰落后产能企业的电力监管，做好停限电工作，防止落后产能"死灰复燃"。2013年3~6月，工业和信息化部、能源局、煤矿安全监察局发布《关于做好2013年煤炭行业淘汰落后产能工作的通知》（国能煤炭〔2013〕145号）、《关于下达2013年19个工业行业淘汰落后产能目标任务的通知》（工信部产业〔2013〕102号）、《关于下达2013年电力行业淘汰落后产能目标任务的通知》（国能电力〔2013〕247号），向各省、自治区、直辖市人民政府及新疆生产建设兵团下达了21个工业行业、煤炭行业、电力行业2013年淘汰落后产能目标任务，要求各地将目标任务分解到市、县，落实到具体企业和生产线，在当地媒体上发布公告，并采取有效措施，确保12月底前全部拆除列入公告名单内企业的落后生产线。4月，淘汰落后产能工作部际协调小组对各地2012年淘汰落后产能工作进行了考核。7~9月，工业和信息化部分三批公布了《2013年工业行业淘汰落后产能企业名单》（工业和信息化部公告2013年第35号、2013年第44号、2013年第46号）。二是将铅酸蓄电池和再生铅列入淘汰落后产能重点行业。2013年3月12日，工业和信息化部、环境保护部、商务部、发展改革委、财政部联合发布《关于促进铅酸蓄电池和再生铅产业规范发展的意见》（工信部联节〔2013〕92号），明确将铅酸蓄电池和再生铅列入国家淘汰落后产能重点行业，要求立即开展淘汰开口式普通铅酸蓄电池生产能力，加强铅污染防治和资源循环利用，促进铅酸蓄电池和再生铅行业规范有序发展。三是加大淘汰落后产能力度。10月6日，国务院发布《关于化解产能严重过剩矛盾的指导意见》（国发〔2013〕41号），对化解产能严重过剩矛盾工作进行部署，并要求加大淘汰落后产能力度，2015年前再淘汰炼铁1500万吨、炼钢1500万吨、水泥（熟料及粉磨能力）1亿吨、平板玻璃2000万重量箱。

表 7-1 2012~2013 年中央层面发布的淘汰落后产能主要政策文件

序号	发布时间	发布部门	政策名称
1	2012年1月9日	工业和信息化部、财政部、国家能源局	关于报送2012年淘汰落后产能目标计划和申报中央财政奖励资金有关工作的通知（工信厅联产业〔2012〕8号）
2	2012年4月11日	工业和信息化部	关于下达2012年19个工业行业淘汰落后产能目标任务的通知（工信部产业〔2012〕159号）
3	2012年4月14日	国家能源局	关于做好2012年煤炭行业淘汰落后产能工作的通知（国能煤炭〔2012〕107号）
4	2012年5月11日	工业和信息化部、环境保护部	铅蓄电池行业准入条件（工业和信息化部、环境保护部公告2012年第18号）
5	2012年5月23日	国土资源部、国家发展改革委	关于发布实施《限制用地项目目录（2012年本）》和《禁止用地项目目录2012年本》的通知
6	2012年5月25日	工业和信息化部	关于进一步检查2012淘汰落后产能企业项目的通知（工信厅产业函〔2012〕400号）
7	2012年6月28日	工业和信息化部	关于进一步落实2012年淘汰落后产能目标任务的通知（工信厅产业〔2012年135号）
8	2012年6月26日	工业和信息化部	2012年工业行业淘汰落后产能企业名单（第一批）（2012年 第26号）
9	2012年6月28日	工业和信息化部	关于进一步落实2012年淘汰落后产能目标任务的通知（工信厅产业〔2012〕135号）
10	2012年8月29日	工业和信息化部	2012年工业行业淘汰落后产能企业名单（第二批）（2012年 第39号）
11	2012年11月29日	工业和信息化部、财政部	关于报送2013年工业行业淘汰落后产能目标计划和申报中央财政奖励资金有关工作的通知（工信厅联产业函〔2013〕907号）
12	2012年12月21日	工业和信息化部	关于做好彻底拆除已停产落后设备工作的通知（工信厅产业函〔2012〕966号）
13	2012年12月24日	电监会、工业和信息化部	关于进一步加强电力节能减排监管做好淘汰落后产能工作的通知（电监稽查〔2012〕41号）

（续表）

序号	发布时间	发布部门	政策名称
14	2013年3月12日	工业和信息化部、环境保护部、商务部、发展改革委、财政部	关于促进铅酸蓄电池和再生铅产业规范发展的意见（工信部联节〔2013〕92号）
15	2013年3月18日	能源局、煤矿安全监察局	关于做好2013年煤炭行业淘汰落后产能工作的通知（国能煤炭〔2013〕145号）
16	2013年4月2日	工业和信息化部	关于下达2013年19个工业行业淘汰落后产能目标任务的通知（工信部产业〔2013〕102号）
17	2013年6月24日	国家能源局	关于下达2013年电力行业淘汰落后产能目标任务的通知（国能电力〔2013〕247号）
18	2013年7月18日	工业和信息化部	2013年工业行业淘汰落后产能企业名单（第一批）（工业和信息化部公告2013年第35号）
19	2013年8月26日	工业和信息化部	2013年工业行业淘汰落后产能企业名单（第二批）（工业和信息化部公告2013年第44号）
20	2013年9月9日	工业和信息化部	2013年工业行业淘汰落后产能企业名单（第三批）（工业和信息化部公告2013年第46号）

数据来源：赛迪智库整理。

二、重点政策分析

（一）加大产能严重过剩行业淘汰落后产能力度

2013年10月6日，国务院发布《关于化解产能严重过剩矛盾的指导意见》（国发〔2013〕41号）全面部署化解产能严重过剩矛盾工作，对淘汰落后产能工作提出了新的要求。一是将清理整顿后仍未达标的建成违规产能列入淘汰落后产能年度任务予以淘汰。《指导意见》要求依据行政许可法、土地管理法、环境保护法等法律法规，以及能源消耗总量控制指标、产业结构调整指导目录、行业规范和准入条件、环保标准等要求，加强对建成违规产能的规范管理，对工艺装备落后、产品质量不合格、能耗及排放不达标的项目，列入淘汰落后产能年度任务加快淘汰。二是多淘汰一批落后产能。分解落实年度目标,在提前一年完成"十二五"钢铁、电解铝、水泥、平板玻璃等重点行业淘汰落后产能目标任务基础上,通过提高财政奖励标准,落实等量或减量置换方案等措施,鼓励地方提高淘汰落后产能标准,2015年年底前再淘汰炼铁1500万吨、炼钢1500万吨、水泥(熟料及粉磨能力)1亿吨、平板玻璃2000万重量箱。"十三五"期间,结合产业发展实际和环境承载力,通过提高能源消耗、污染物排放标准,严格执行特别排放限值要求,加大执法处罚力度,加快淘汰一批落后产能。三是建立产能等量或减量置换制度。对产能严重过剩行业项目建设,实施等量或减量置换,在京津冀、长三角、珠三角等环境敏感区域,实施减量置换。鼓励各地积极探索政府引导、企业自愿、市场化运作的产能置换指标交易,形成淘汰落后与发展先进的良性互动机制。

(二)将铅酸蓄电池和再生铅列入国家淘汰落后产能重点行业

近年来,我国铅酸蓄电池和再生铅行业快速发展,成为全球铅酸蓄电池生产、消费和出口大国。由于部分企业规模小、工艺技术落后,污染治理水平低,导致铅污染事件频发,严重威胁群众健康,影响社会稳定。为此,2013年3月12日,工业和信息化部、环保部、商务部、发展改革委、财政部联合发布《关于促进铅酸蓄电池和再生铅产业规范发展的意见》(工信部联节〔2013〕92号),明确把铅酸蓄电池和再生铅行业作为国家淘汰落后产能的重点行业,立即淘汰开口式普通铅酸蓄电池生产能力,并于2015年年底前淘汰未通过环境保护核查、不符合准入条件的落后生产能力。同时,加大财政资金支持力度。2012~2015年,中央财政淘汰落后产能奖励资金对全国范围内的铅酸蓄电池企业淘汰落后产能予以支持。加大中央财政清洁生产专项资金支持力度,重点支持符合准入条件、排放达标的企业运用先进节能环保技术改造现有生产能力。

第二节 2013年淘汰落后产能的基本情况

一、淘汰落后产能进展情况

(一)2011年和2012年淘汰落后产能目标任务圆满完成

从2012年12月17日工业和信息化部、国家能源局公告的2011年全国各地区淘汰落后产能目标任务完成情况来看,2011年全国各地淘汰落后产能目标任务全面完成。全国共淘汰炼铁落后产能 3192 万吨、炼钢 2846 万吨、焦炭 2006 万吨、铁合金 212.7 万吨、电石 151.9 万吨、电解铝 63.9 万吨、铜冶炼 42.5 万吨、铅冶炼 66.1 万吨、锌冶炼 33.8 万吨、水泥（熟料及磨机）15497 万吨、平板玻璃 3041 万重量箱、造纸 831.1 万吨、酒精 48.7 万吨、味精 8.4 万吨、柠檬酸 3.55 万吨、制革 488 万标张、印染 186673 万米、化纤 37.25 万吨、煤炭 4870 万吨、电力 784 万千瓦。同时，由于涉及职工安置、资产抵押、债权债务纠纷等问题，26 家企业落后产能主体设备虽已关停，但尚未按要求彻底拆除。[1]

从 2013 年 12 月，工业和信息化部、国家能源局公告的 2012 年全国各地区淘汰落后产能目标任务完成情况来看，2012 年电力、煤炭、炼铁、炼钢等 21 个行业均完成了淘汰落后产能目标任务。全国共淘汰电力落后产能 551.2 万千万、煤炭 4355 万吨、炼铁 1078 万吨、炼钢 937 万吨、焦炭 2493 万吨、铁合金 326 万吨、电石 132 万吨、电解铝 27 万吨、铜（含再生铜）冶炼 75.8 万吨、铅（含再生铅）冶炼 134 万吨、锌（含再生锌）冶炼 32.9 万吨、水泥（熟料及粉磨能力）25829 万吨、平板玻璃 5856 万重量箱、造纸 1057 万吨、酒精 73.5 万吨、味精 14.3 万吨、柠檬酸 7 万吨、制革 1185 万标张、印染 325809 万米、化纤 25.7 万吨、铅蓄电池（极板及组装）2971 万千伏安时。从地区来看，湖南省铅蓄电池行业、陕西省电力行业未完成 2012 年淘汰任务，其余地区均完成或超额完成年度任务。山西、辽宁、吉林、安徽、湖南、广东、湖南、四川、重庆、贵州、云南、陕西等 12 省（市）及新疆生产建设兵团的 42 家企业，由于涉及职工安置、资产抵押、债权债务纠纷等问题，落后产能主体设备虽已关停，但尚未按要求彻底拆除。[2]

（二）2013 年淘汰落后产能进展顺利

2013 年 4 月，工业和信息化部向各省、自治区、直辖市人民政府下达了 2013 年 19 个工业行业淘汰落后产能目标任务，具体为：炼铁 263 万吨、炼钢 781 万吨、焦炭 1405 万吨、铁合金 172.5 万吨、电石 113.3 万吨、电解铝 27.3 万吨、铜冶炼 66.5 万吨、铅冶炼 87.9 万吨、锌冶炼 14.3 万吨、水泥（熟料及磨机）7345 万吨、平板玻璃 2250 万重量箱、造纸 455 万吨、酒精 30.3 万吨、味精 28.5 万吨、柠檬酸 7 万吨、制革 690 万标张、印染 236150 万米、化纤 31.4 万吨、铅蓄电池极板 1420 万千伏安时、组装 1067 万千伏安时。从目前的情况来看，2013

[1] 工业和信息化部、国家能源局联合公告2011年全国各地区淘汰落后产能目标任务完成情况（工业和信息化部、国家能源局公告2012年第62号）。
[2] 2012年全国淘汰落后产能目标任务完成情况（工业和信息化部、国家能源局公告2013年第57号）。

年淘汰落后产能工作总体进展情况良好,个别省份进展较快。截至 8 月底,安徽省、陕西省列入公告的企业已实现 100% 关停;山东省关停比例达 93%,炼铁、铜冶炼、铅冶炼、味精、柠檬酸、化纤等行业已完成拆除。

二、淘汰落后产能取得积极成效

(一)促进节能减排

2010 年以来,淘汰落后产能工作取得了积极的进展,为我国节能减排作出了巨大的贡献。2012 年,全国能源消费总量 36.2 亿吨标准煤,万元 GDP 能耗同比下降 3.6%[1],工业用水总量同比下降 2.6%。2011 年,万元工业增加值能耗 1.31 吨标准煤,同比下降 9.03%,比 2005 年下降 39.9%[2]。2012 年,工业废水排放 221.6 亿吨,同比下降 4.03%;其中化学需氧量排放同比下降 4.6%,氨氮排放同比下降 6.05%。工业废气中二氧化硫排放 2117.6 万吨,比 2005 年减少 50.8 万吨;氮氧化物排放 1658.1 万吨,同比下降 4.14%[3]。

(二)推动产业结构优化升级

通过淘汰落后产能,直接淘汰高耗能、高污染的落后产能,消除低端、落后产能,调整优化产业结构。"十一五"期间,累计淘汰落后炼铁产能 12000 万吨、炼钢产能 7200 万吨、水泥产能 3.7 亿吨,有效地遏制了六大高耗能行业快速增长的势头。2012 年,规模以上工业六大高耗能行业增加值同比增长 9.5%,较 2010 年下降 2.8 个百分点[4]。低端、落后产能的退出,为先进产能腾出了发展空间,促进产业结构升级。一是高科技产业、新兴产业占国民经济的比重明显提升。2012 年,高科技产业总产值 10.23 万亿元,占规模以上工业总产值的 11.01%[5],同比提高 0.6 个百分点。2013 年上半年,高技术产业增加值同比增长 11.6%,快于全部规模以上工业增速 2.3 个百分点。二是高端装备制造、新一代信息技术、新材料、新能源汽车、生物医药等产业规模快速发展壮大。2011 年新材料产业规模超过 8000 亿元,同比增加近 1500 亿元;太阳能光伏、风电、核电、生物质能等装机容量分别达到 300 万千瓦、4700 万千瓦、1257 万千瓦和 450 万千瓦。

[1] 《中华人民共和国2012年国民经济和社会发展统计公报》。
[2] 《中国统计年鉴2013》。
[3] 《全国环境统计公报(2012年、2011年、2005年)》。
[4] 《中华人民共和国2012年国民经济和社会发展统计公报》。
[5] 《中国统计年鉴2013》。

（三）有效抑制产能过剩

2012年年底，根据中央经济工作会议精神，工业和信息化部提出治理产能过剩的工作方案和有效措施，提出"消化一批产能、转移一批产能、整合一批产能、淘汰一批产能"化解产能过剩。淘汰落后产能是抑制产能过剩的有效手段。2010~2012年，累计淘汰炼铁落后产能8300万吨、炼钢4800万吨、电解铝128万吨、水泥5.7亿吨（其中熟料2.5亿吨）、平板玻璃9600万重量箱，有效抑制了严重过剩的钢铁、电解铝、水泥行业的产能过剩问题。

第三节　面临的问题与挑战

一、债务、资产抵押等因素成为企业完全拆除落后设备的障碍

从2011年和2012年已关停但未彻底拆除落后产能设备的69家企业来看[1]，大部分是因为其厂房、主体设备被作为银行抵押物，资产被法院依法查封或进入破产、拍卖程序，无法按要求拆除设备。如广东省2011年未能按期、按要求拆除主体设备的企业基本上都涉及资产抵押、债权债务纠纷等问题。在债务纠纷未能解决的情况下，债权人、金融机构、法院乃至电网公司均不允许对企业拆除设备。

二、环境、节能、质量和安全等执法力度仍需加强

淘汰落后产能工作是个系统工程，需要各个相关职能部门的紧密配合，共同营造有利于落后产能退出的法律环境，促进市场机制发挥作用。市场机制发挥作用的前提条件在于社会成本被有效地内化到企业生产成本中。高污染、高排放、高物耗、高能耗等带来的社会成本内化到企业生产成本后，产能落后企业在市场竞争中便不再具有优势，企业将自动淘汰落后的生产设备和工艺，选用先进的工艺技术和装备。因此，在法律和法规逐步健全的前提下，环境、质量、安全和工商的执法力度是落后产能企业自动退出的必要保障。

三、资源和环境约束日益趋紧要求加快淘汰落后产能

我国处于工业化中期，并向后期迈进的快速发展阶段，以重化工业为主的工

---

[1]　2011年为26家企业，2012年为43家企业。

业结构导致资源能源需求强劲，环境污染问题日益突出。一是能源资源消耗保持高位增长的态势短期难以扭转。近年来，尽管通过淘汰落后产能等措施在促进能源资源节约、减少环境污染等方面取得一定成效，但仍未能根本上改变能源资源消费量过快增长、环境污染严重的局面。2012年，能源消费总量36.2亿吨标准煤，比上年增长3.9%。煤炭、原油、天然气、电力等主要能源及钢材、水泥、乙烯、精炼铜等主要原材料资源消费量均保持增长态势，煤炭、原油、天然气、电力消费量分别增长2.5%、6%、10.2%、5.5%。[1] 二是资源能源利用水平低。万元GDP能耗是世界平均水平的2.2倍，是美国、日本的2.8倍和4.3倍。钢铁、炼油、乙烯、合成氨、电石等工业产品单位能耗较国际先进水平高出10%~20%。三是环境污染日趋严重。工业污染物集中处理水平低，排放量大，2012年工业二氧化硫排放量占全社会的90.9%。

四、产能过剩仍有扩大趋势要求继续淘汰一批落后产能

受国际金融危机影响，需求萎缩，我国传统产业普遍存在产能过剩，其中钢铁、电解铝、水泥、平板玻璃、船舶尤为严重。国际货币基金组织（IMF）发布评估报告指出中国产能利用率进一步下降到仅有60%。依据美联储的数据，美国当前的全工业利用率为78.9%，而在金融危机高峰期这个比率为66.8%。这意味着我国当前产能利用率尚不及美国2008~2009年金融危机高峰期的水平。

保证经济平稳较快增长在当前政府绩效考核机制下是各地政府难以回避的任务，地方政府通过投资拉动经济增长的行为也难以禁止。据统计，全国有31个省区市将新材料和新能源产业作为发展重点，30个将生物产业作为发展重点，29个发展高端装备制造产业和节能环保产业，28个发展新一代信息技术产业，18个发展新能源汽车产业；风电设备、多晶硅以及光伏等新兴产业出现重复建设现象，在市场难以启动情况下，产能过剩倾向加剧。因此，为避免产能过剩进一步加剧，必须在控制增量的基础上，从优化存量上下功夫，鼓励地方加快淘汰落后产能，换取产业发展的空间，实现经济增长的目标要求。

五、国家大气污染防治行动计划要求加快淘汰落后产能

我国大气污染形势严峻，以可吸入颗粒物（PM10）、细颗粒物（PM2.5）为

---

[1]　《中华人民共和国2012年国民经济和社会发展统计公报》。

特征污染物的区域性大气环境问题日益突出，损害人民群众身体健康，影响社会和谐稳定。2013年9月10日，国务院印发《大气污染防治行动计划》（国发〔2013〕37号），部署大气污染防治行动。行动计划对淘汰落后产能工作提出了新的要求，要求严控高耗能、高污染行业新增产能，提前一年完成钢铁、水泥、电解铝、平板玻璃等重点行业"十二五"落后产能淘汰任务。从2011~2012年淘汰落后产能任务完成情况和2013年下达的目标任务来看，大部分行业在2013年年底可以完成"十二五"任务，[1]但难免存在个别死角。同时，淘汰落后产能工作协调小组第四次会议提出，争取多淘汰一批落后产能，为大气污染治理和化解产能矛盾做贡献。这要求加大淘汰落后产能工作力度，并做好监督、考核工作，防止个别行业、个别地区出现未能完成任务的现象。

六、政府职能转变要求创新淘汰落后工作方法和方式

国务院《机构改革和政府职能转变方案》提出要转变国务院机构职能，处理好政府与市场、政府与社会、中央与地方的关系，该减少的减少，减少微观事务管理，充分发挥市场在资源配置中的基础性作用，充分发挥中央和地方两个积极性，该加强的加强，改善和加强宏观管理，注重完善制度机制，加快形成权界清晰、分工合理、权责一致、运转高效、法治保障的国务院机构职能体系，真正做到该管的管住管好，不该管的不管不干预，切实提高政府管理科学化水平。

机构改革和职能转变方案的落实将对深入推进淘汰落后工作产生影响，要求创新淘汰落后产能的工作方法和方式。激发市场活力要充分发挥市场主体——企业的主动性、自觉性，由企业根据市场情况自主选择发展战略，政府部门减少干预。行政干预的退出要求政府更多地侧重于营造公平竞争的市场环境，充分发挥市场在资源配置中的基础性作用，通过市场竞争作用推动落后产能退出。由于我国市场经济和法制环境还有诸多不完善之处，一些改革尚不到位，要素价格形成机制尚未理顺，部分落后产能仍有利可图，企业不愿将之淘汰，完全依靠市场作用还不适应我国当前的国情。因此，行政干预的退出可能会影响部分地区以行政手段为主的淘汰落后产能的效果，要求不断创新工作方式、方法和手段，特别是综合运用经济和法律手段，规范企业行为，形成以市场竞争促淘汰的良好局面。

---

[1] 按照考核2013年淘汰落后产能工作安排，对2013年工作的考核结果于2014年12月底左右公布。此处按2013年年初下达的任务估算"十二五"任务完成进度情况。

第八章　产业转移和布局优化

任何一种产品都会经历创新、发展、成熟、衰退等四个阶段，这也是产品生命周期的四个组成部分。随着劳动力、土地、技术等生产要素价格的变化，一些竞争力不强的产业就会逐渐向资源禀赋、区位条件更加具有优势的国家和地区转移，从而表现出梯度转移的趋势。因此，产业转移和产业布局优化是一个持续、动态的过程，会伴随一个国家和地区产业发展进程的整个过程。

第一节　2013年优化产业布局的政策解析

近年来，我国东部、中部、西部和东北地区的产业发展出现了明显的阶梯性特征，产业结构的差异性也较为明显。2013年，为了发挥各个地区的比较优势，工业和信息化部联合相关部委出台了一系列促进产业转移的政策措施和对接活动，极大地促进了我国各地区的产业转移和结构调整进程。

一、发布《产业转移指导目录（2012年本）》

为进一步落实中共中央、国务院关于完善产业的政策措施，推进产业在区域间的有序转移，加快工业转型升级，促进东中西产业协调发展，2012年7月26日，工业和信息化部发布了《产业转移指导目录（2012年本）》。该指导目录着眼于解决产业转移过程中出现的项目承接地之间盲目竞争、产业项目重复建设、产业无序流动和落后生产能力转移等问题，是落实国家区域发展战略，针对区域工业经济发展所提出的一项具有指导性的产业政策，对于建设和完善东中西部地区良性互动、分工合理、特色鲜明、优势互补的现代产业体系，促进区域工业经济健康、协调和可持续发展具有重要意义。

《产业转移指导目录（2012年本）》制定工作中把握的原则，一是坚持了国家区域发展战略与地方发展需求相结合，既体现了全国主体功能区规划和区域发展战略上的原则导向，又充分考虑了地方发展的需求，与各地"十二五"规划进行了衔接。二是坚持现有产业基础和比较优势相结合，既结合各地现有的产业基础，又考虑了各地在资源、区位、物流条件、劳动力和土地成本、产业配套能力等方面的比较优势，合理地确定各地区优先发展的产业。三是坚持产业分工与区域协作相结合，既注重区域特色优势，又兼顾区域间的分工和区域内的合作，力图使一个产业链能够在相邻区域内得到完整的配置，各地区的优势能够在产业链分工中得到较好发挥。四是坚持政府引导与市场机制相结合，即《产业转移指导目录（2012年本）》充分体现政府对产业发展方向的积极引导，不干预具体的产业转移项目，尊重和发挥市场对资源配置的主体地位，推进现有产能的布局调整和优化。

《产业转移指导目录（2012年本）》一方面针对国家区域战略确定的东北、东部、中部和西部四大区域进行了分类指导，分别明确了四大区域的产业发展方向，另一方面按照省（区、市）分行业提出承接发展的重点，并明确落实到具体的产业带或产业园区（集聚区），进一步突出了各地的特色优势。《产业转移指导目录（2012年本）》重点按照15个行业，对31个省（区、市）重点承接的产业实施分类指导，共提出了111个承接产业转移、加快产业发展的区带（园区），以及2537条承接发展的产业条目。

在未来相当长一段时期内，工业和信息化部将联合相关部委，协调推进土地、环保、能源、信贷等政策与《产业转移指导目录（2012年本）》形成一致取向，通过政策协同配合支持重点地区的特色优势产业加快发展，促进我国产业整体竞争力的提升。

二、《产业转移指导目录（2012年本）》系列解读

为更好地贯彻和落实《产业转移指导目录（2012年本）》，工业和信息化部产业政策司于2013年1月14日在其网站上公开发布了《产业转移指导目录的（2012年本）》的系列解读。"解读"共分为《产业转移指导目录的（2012年本）》

制定工作总体情况、东北地区、东部地区、中部地区和西部地区等五个部分，阐述了《产业转移指导目录的（2012年本）》出台的背景意义、指导思想、基本原则以及制定过程，并针对《产业转移指导目录（2012年本）》中所划分的四个地区的产业发展定位、承接产业发展的载体和四个地区各个省份优先发展的产业进行了较为详细的解读。"解读"针对性强、重点突出，对于各省、自治区、直辖市理解、把握和贯彻《产业转移指导目录（2012年本）》的文件精神具有重要的意义。

东北地区，包括辽宁、吉林和黑龙江三省，地处东北亚经济圈的中心，具有面向东北亚、俄罗斯开放的区位优势，是我国重要的老工业基地。东北地区矿产资源丰富，钢铁、化工、装备等制造业基础雄厚，产业技术人才较为集中，工业经济发展具有得天独厚的优势，石油化工、钢铁、汽车、造船、航空等传统产业具有较强的基础。《〈转移目录〉解读》指出，东北地区要依托现有的10个承接产业转移的载体，加快传统优势产业转型升级步伐，完善以装备制造业为基础的现代产业体系，建成面向东北亚地区和俄罗斯对外开放的重要门户，打造具有国际竞争力的装备制造业基地，国家新型原材料基地，重要的技术研发与创新基地，实现东北老工业基地全面振兴的目标。

东部地区，包括北京、天津、河北、上海、江苏、浙江、福建、山东、广东和海南七省三市，面向国际，辐射中西部地区，区位条件优越，率先在全国实施开放，具有人才、技术、市场、信息等优势，经济发展整体水平较高，生产总值超过全国总量的一半，是全国工业经济发展的重要引擎和我国产业转移的主要输出地。当前，东部地区的工业发展也面临着土地资源稀缺、劳动力成本上涨、资源环境约束加剧等挑战。因此，《〈转移目录〉解读》提出，东部地区要利用36个承接产业转移的载体，率先实现产业转型升级，积极承接国际高端产业转移，推动传统产业向中西部地区转移；要依托雄厚的产业基础和相对完善的市场机制，建设有全球影响力的先进制造业基地，成为我国先进制造业的先行区、参与经济全球化的主体区，建设全国科技创新与技术研发基地。

中部地区，包括山西、安徽、江西、河南、湖北、湖南六省，处内陆腹地，具有承东启西、接南进北的区位优势，农业特别是粮食生产优势明显，生态环境容量较大，工业基础比较雄厚，产业门类齐全，劳动力资源丰富，市场需求旺盛，集聚和承载产业的能力较强，在我国经济社会发展中具有重要地位。《转移目录》

提出，中部地区要发挥好太原城市群、皖江城市带承接产业转移示范区、鄱阳湖生态经济区、中原经济区、武汉城市圈、环长株潭城市群等21个承接产业转移主要载体的功能和平台，加快承接国际和东部发达地区的产业转移，不断提升中部地区的自主创新能力和产业技术水平，建立现代产业体系，建设成为全国重要的高新技术产业、装备制造业、原材料产业和农产品加工基地，以及区域性科技创新基地，实现中部崛起的战略目标。

西部地区，包括内蒙古、广西、重庆、四川、贵州、云南、西藏、陕西、甘肃、青海、宁夏和新疆（含新疆生产建设兵团）六省五区一市。西部地区资源优势突出、市场潜力巨大，具有广阔的发展空间，是我国重要的战略资源接续地和产业转移承接地。《〈转移目录〉解读》提出，西部地区承接产业转移过程中要进一步发挥呼包鄂榆、成渝、黔中地区等9个国家层面的重点开发区域的资源优势，利用成渝经济区、关中—天水经济区、滇中经济区、黔中地区等11个重点经济区的产业基础，发挥44个重点承接产业转移载体的功能，按照科学发展观要求把握资源开发和生态保护的关系，大力实施优势资源转化战略，加快沿边开发开放，建设国家重要的能源化工、资源精深加工、新材料和绿色食品基地，以及区域性的高技术产业和先进制造业基地。

三、《产业转移项目产业政策符合性认定试点工作方案》

为了贯彻落实国家产业政策，化解产能过剩矛盾，探索严把产业政策闸门，截断落后产能转移路径的方式方法，防范落后产能转移，2013年5月20日，工业和信息化部印发了《产业转移项目产业政策符合性认定试点工作方案》（工信厅产业〔2013〕89号），开展产业转移项目产业政策符合性认定试点工作。《产业转移项目产业政策符合性认定试点工作方案》对试点工作的主要任务、相关要求、申请条件、试点时间等提出了具体要求。试点工作既是转变政府职能、强化产业政策工作为地方经济服务能力的重要探索，也是推动国家产业政策贯彻落实的一项重要实践。试点工作的主要任务是以产业转移项目为切入点，坚决防范落后产能转移，探索建立产业政策符合性认定工作的机制和程序，创造产业政策和土地、财税、金融、环保等政策协同配合的沟通渠道和接口，总结形成具有推广价值的工作经验。试点工作由工业和信息化部产业政策司负责，参加试点工作的单位采取自愿申请、综合平衡的方法确定，试点时间为期一年。

四、开展了产业转移对接活动

为了进一步优化产业布局，促进结构调整，防止落后产能和低端工艺、装备、技术向中西部地区转移，工业和信息化部于 2011 年开始至今分别与新疆乌鲁木齐、河南郑州、甘肃兰州政府共同组织了一系列产业转移对接活动。2013 年 6 月 20~24 日，在兰洽会期间，工业和信息化部和甘肃省人民政府在兰州共同主办了"甘肃省承接产业转移系列对接活动"。活动包括甘肃省承接产业转移系列对接活动签约仪式、甘肃省投资环境说明会暨甘肃省新型工业化产业示范基地承接项目推介会、部属高校产学研项目对接会以及国家有关行业协会对口帮扶项目洽谈。本次产业转移活动甘肃省政府请甘肃省工业和信息化委员会对兰洽会拟签约的工业项目和产业转移对接活动拟签约的产业转移承接项目进行了产业政策符合性认定，剔除了一批产能严重过剩行业的项目，有关行业组织和行业协会与甘肃省 86 个县区结成帮扶对子，对县区特色产业进行了调研考察，实地进行了帮扶项目洽谈，这是对扶贫开发模式的创新。

第二节　2013 年产业转移的基本情况

近三年来，随着淘汰落后产能和产业转移相关文件的出台，相关产业转移引导政策的落实，以及广大中西部地区的努力，使得中西部地区的投资环境有了很大改善，吸引了东部以及国际资本、技术、人才等生产要素，使我国的区域比较优势发生了变化，促进了部分工业企业在我国地区之间的合理有序转移。进入 2013 年以来，产业向中西部地区转移的趋势更为明显，不仅促进了中西部地区的产业聚集和产业发展，而且促进了东部地区产业结构优化，为我国产业转型和产业空间布局优化创造了条件。

一、工业投资逐步向中西部地区流动

2008 年以来，一方面受美国次贷危机的影响，欧盟、北美、东盟等我国传统的出口市场居民购买力有所下降，给我国东部沿海地区的工业品出口造成了巨大的负面影响，另一方面，随着劳动力、原材料、土地等生产要素成本的上涨，许多东部沿海地区以出口为导向的制造企业开始面临着巨大的生存压力。为了适

应国际国内市场发展的需要和产业发展的规律，降低企业生产成本，重塑产业竞争优势，开发中西部地区的消费市场，许多企业开始将生产线搬迁到劳动力更为丰富、要素成本更低、市场空间较大的中西部地区，由此开启了我国新一轮的产业转移。

这一轮的产业转移主要表现为中西部地区的投资力度不断加大、经济增长速度持续上升，东部地区大量的农副食品加工业、饮料制造业、纺织业、金属制品业、非金属矿物制品业等工业开始往人口、资源和市场较为集中的中西部省区转移，使得中西部地区的工业增加值保持快速增长。据统计，2013年上半年，我国西部12个省、自治区和直辖市的工业投资平均增长速度比去年同期提高22.7%，而中部6省的工业投资平均增长速度也达到了23.6%，分别比东部沿海12个省市的平均增长速度高出了4.1和5.0个百分点。

表 8-1　2013年上半年各地区固定资产投资增长速度　（单位：%）

东部地区		中部地区		西部地区	
北京	7.8	山西	24.9	四川	20.2
天津	19.3	安徽	21.7	重庆	17.7
河北	19.7	江西	22.0	贵州	29.4
辽宁	21.1	河南	23.5	云南	28.9
黑龙江	26.5	湖北	24.7	西藏	40.4
吉林	25.0	湖南	23.6	陕西	24.5
上海	15.7			甘肃	27.4
江苏	20.1			青海	28.2
浙江	22.0			宁夏	26.9
福建	24.1			新疆	24.0
山东	20.0			广西	22.9
广东	17.0			内蒙古	18.2
海南	27.1				

资料来源：国家统计局。

从各省市的情况来看，经济发展水平较低的西藏、贵州、云南、青海等四省区的投资增长速度较快，2013年上半年的投资增长速度分别达到了40.4%、29.4%、28.9%和28.2%，东部地区的黑龙江省的投资增长速度也达到了26.57%，而东部地区有一半省市的投资增长速度在20%以下，尤其是经济发展水平较高的北京和上海，这两个直辖市的投资增长速度分别仅为7.8%和15.7%。由此可见，中西部地区的投资增长较快，中西部地区已经成为吸引外来投资、承接产业转移的重要区域。

二、中西部地区工业快速增长

近几年来，随着中西部地区交通、电力、能源等基础设施建设不断完善和城镇化进程的持续推进，许多产业开始向中西部地区转移，使得中西部欠发达地区的工业经济有了较快发展。中西部地区的产业也逐步由过去以劳动密集型为主的低附加值产业向以资本和技术密集型为主的高附加值产业转变，逐步形成了以纺织、机械、能源、化工、建材等传统产业和以新能源、新材料、航空航天、电子信息、装备制造等战略性新兴产业共同发展的现代产业体系。

到2013年，产业转移使中西部地区的工业发展进入快速增长阶段，推动了产业结构的优化和经济发展方式的转变。2013年上半年，西部12个省、自治区、直辖市的工业产值增长速度比2012年同期增长了12.67%，中部6省的工业投资增长速度达到了11.68%，东北三省的工业产值增长速度也达到了10.13%，分别比东部沿海12个省市的平均水平高出了2.78、1.79和0.24个百分点。

表8-2　2013年上半年各地区规模以上工业增加值增速　（%）

东部地区		中部地区		西部地区	
北京	8.5	山西	10.8	四川	11.9
天津	12.8	安徽	14.5	重庆	13.8
河北	11.3	江西	12.7	贵州	13.9
辽宁	10.7	河南	11.1	云南	13.6
黑龙江	8.4	湖北	10.7	西藏	15.1
吉林	11.3	湖南	10.3	陕西	13.0

（续表）

东部地区				中部地区		西部地区	
上海	4.8					甘肃	12.4
江苏	11.3					青海	11.4
浙江	8.9					宁夏	11.0
福建	13.2					新疆	11.4
山东	11.3					广西	12.9
广东	9.1					内蒙古	11.6
海南	7.7						

资料来源：国家统计局。

从各省市的增长速度来看，经济发展水平较低的西藏、贵州、云南等三省，工业产值的增长速度分别达到了 15.1%、13.9% 和 13.6%，中部 6 省的工业产值增长速度基本都在 10% 以上，而东部地区有一半以上的省市工业经济增长速度都在 10% 以下，尤其是经济较为发达的上海，2013 年上半年的工业产值增长速度仅为去年同期的 4.8%。由此可见，随着产业转移的推进和布局的优化，中西部地区经济得到快速发展，已经逐渐成为支撑我国经济增长的重要力量。

三、产业转移层次有了明显提升

产业转移不仅对于中西部欠发达地区的经济发展具有重要意义，而且对东部发达地区产业升级和结构调整也十分重要，同时，产业转移还是优化产业空间布局、工业转型升级和提高国民经济综合竞争力的关键。

从东部发达地区来看，产业转移既是调整产业结构的重要手段，也是承接国际高端产业的必要前提。东部沿海省市紧密围绕传统制造业转移和升级、培育和发展新兴产业、提升服务业规模和效率三条主线，采取了"腾笼换鸟"等一系列措施逐步转移和淘汰了一些高能耗、高污染、劳动密集型的制造业，从而为承接国际高端产业转移，发展电子信息、高端装备制造、海洋工程、生物科技、航空航天、新材料等高新技术产业以及金融、科技、节能环保等现代服务业发展赢得了空间，有力的促进了东部沿海地区产业结构的改善、产业技术创新能力的提升和工业转型升级。2013 年第一季度，广东省三次产业结构的比例为 4.6:46.9:48.5，第三产业所占比重比 2012 年同期提升了 1.0 个百分点，比 2012 年全年提高 2.3 个百分点，产业转移使得广东的产业结构更趋合理。

从中西部欠发达地区来看，承接产业转移是转变经济发展方式、实现经济跨越式发展的重要途径。近年来，广大中西部地区不断改善招商引资环境，加强技术创新投入力度，发挥自身的资源和市场优势，为承接国外和东部沿海地区产业、技术的转移创造条件，在高端装备制造、特色纺织、生物科技、新能源、新材料等领域引进了一系列重大项目，为中西部地区的转型跨越发展奠定了坚实基础。截至目前，中西部地区已经成为了承接东部产业转移的重要基地，初步形成了成都和重庆的电子信息产业集群、成都和西安航空产业集群、兰州的石油化工产业集群、郑州的装备制造产业集群等一系列现代产业集群，为中西部地区的产业转型和跨越发展奠定了基础。

第三节　面临的问题与挑战

金融危机以来，随着当前我国东部沿海地区产业结构优化升级的进程加快，中西部地区迎来了承接国际和地区产业转移的重要机遇。但是，广大中西部地区在承接产业转移过程中也面临着前所未有的问题和挑战，如引进产业的规模较小、产业层次较低、产业缺乏统筹、投资流向不合理、物流成本较高等，这些困难和问题在很大程度上制约了中西部地区比较优势的发挥。

一、产业转移层次较低

从产业转移的区域分布来看，由于许多西部省区的产业发展环境和要素比较优势尚不足以吸引东部地区的产业转移和落户，珠三角、长三角和环渤海等发达地区仍然是企业发展壮大的首选地，因此具有一定规模的大型企业、企业集团和上市公司分布仍然以东部沿海地区为主。从 2013 年我国产业转移的实践来看，我国产业转移存在企业数量少、总体规模较少、层次较低等问题，中西部地区引进的投资大多数属于新增建设投资，或者是某一生产环节、某一型号产品，很少有企业愿意将企业总部、研发基地等整体由东部沿海地区向中西部地区搬迁。

二、项目引进难度较大

当前产业转移面临着转出地政府阻扰和承接地无序竞争的双重困境，增加了中西部地区引进项目的难度。一方面，东部地区为了保障经济增长总量和财政收入，想方设法将一些有意向转移的项目留在当地，如福建省泉州市面对民企"走出去"办厂的趋势，相继出台了《关于加快总部经济发展的若干意见》《发展总部经济配套政府》等文件，先后在东海、滨江、城东、江南等地规划建设了多个总部经济区，努力突破民企发展总部经济需要的城市软硬件、人才等瓶颈，力求避免出现"产业空心化"，努力留住民企的"根"。另一方面，许多地方政府为了争取项目落地，纷纷使出各种优惠政策来向企业示好，这种区域间的竞争加大了企业的谈判筹码，进而增加了产业转移的难度。

三、产业转移缺乏统筹

2013 年是实施《产业转移指导目录（2012 年）》的第一年，对于指导各地的招商引资和承接产业转移起到了很好的指导作用，推动了我国产业转移的进程。但是，从落实的情况来看，仍然有一些地方政府并没有完全按照"指导目录"中的意见来布局产业和实施招商引资工作，在承接转移中出现了不同程度的重复建设等问题，导致产业和项目雷同，造成环境难以承载和资源浪费，降低了产业转移的效益。有的地方甚至背离了《全国主体功能区规划》，违规引进一些高污染、高能耗的产业和项目，给自然环境造成巨大的破坏。

四、产业投向不尽合理

从产业转移的领域来看，当前我国产业转移中工业所占比重最大，第三产业次之，农业所占比重较低。在工业领域，重点投资在化工、建材、装备、能源、纺织、房地产等相关产业，而在金融、培训、物流、社会中介等服务行业的投资明显不足，尤其是教育、医疗等公共基础设施项目严重滞后。从产业转移的区域来看，高新技术产业主要向中西部地区的武汉、郑州、成都、重庆、西安等基础较好的省会城市转移，经济基础相对薄弱的中西部二三线城市的竞争力相对较弱。由此可见，通过产业转移来优化产业结构、调整产业布局的目标在一定程度上并未实现，相反却在某种程度上加大了地区差距和发展的不平衡。

五、物流成本居高不下

改革开放以来，我国东部沿海地区交通基础设施建设的迅速发展，有力的支撑了当地经济的持续快速增长，而广大中西部地区由于缺乏投入，综合交通设施和现代物流体系建设较为滞后，物流成本居高不下。当前，中西部地区的现代物流基础设施建设仍然较为滞后，高等级公路里程以及所占比重都比较低，难以支撑产业转移对现代物流的需求。目前，我国东部沿海地区高速公路里程占全区域公路总里程比重达到了20%，而中部地区仅为0.9%，西部仅为0.6%。交通基础设施和现代物流体系建设的滞后，增加了中西部地区物流运输的成本，制约了中西部地区后发优势的发挥，不利于产业转移的深入推进。

第九章 产业技术升级

积极推进技术改造，是贯彻落实中央关于实现经济发展方式转变、推进两化融合的重要手段，是推动我国产业结构优化升级、提升国际竞争力的重要途径，也是走新型工业化道路、实现经济结构战略性调整的迫切任务。为了实现创新型国家的战略目标，长期以来我国政府有重点、有步骤地促进企业技术改造，采取了包括财税、投资指导目录、信贷等一系列政策措施，发挥了重要的推动作用。

第一节　2013年支持产业技术升级政策解析

我国政府一直高度重视产业技术升级工作，自2012年以来，在国家自主创新能力建设、重点领域科技发展、促进企业创新和技术改造升级、完善技术市场、强化企业技术创新主体作用、深化科技体制改革、健全技术标准等方面，中央有关部门集中出台了多项政策文件，有力地支撑了产业技术升级及企业自主创新能力的提升。

一、推进产业技术升级的政策情况

2012~2013年上半年，国务院及工业和信息化部、科技部、发展改革委等有关部门主要通过制定发布规划、政策及科研项目、创新基金项目指南等，推进产业技术升级。

（一）促进产业技术升级的规划

2013年，国务院发布《"十二五"国家自主创新能力建设规划》，提出

"十二五"时期我国自主创新能力建设的总体部署。特别提出要增强制造业、战略性新兴产业等重点产业持续创新能力及加强企业技术创新基础能力建设，为制造业、战略性新兴产业技术升级提供有力保障。科技部发布《技术市场"十二五"发展规划》，提出2015年技术市场的发展目标，即技术市场发展环境进一步优化；全国统一多层次技术市场服务体系初步形成；技术交易机制和模式实现重大创新；技术市场服务国家重大发展战略的能力全面提升。规划目标的顺利完成将有助于我国技术市场的发展壮大，从而为技术加速转移和科技成果转化提供支撑。2012年，科技部发布了中国云、国家宽带网络、导航与位置服务、新型显示、高性能膜材料、高品质特殊钢、废物资源化、高速列车、服务机器人、电动汽车、太阳能发电、风力发电、智能制造等战略性新兴产业领域科技发展"十二五"专项规划，以及蓝天科技工程、制造业信息化科技工程、智能电网科技产业化工程等专项规划。在分析上述领域的发展形势和需求及面临主要问题的基础上，从发展战略、技术路线、技术目标、发展路径、重点任务及保障措施等方面对上述领域未来的技术发展进行了规划。

表9-1　2012~2013年上半年中央政府部门促进产业技术升级的主要规划

发布时间	发布部门	政策名称
2013年2月5日	科技部	技术市场"十二五"发展规划
2013年1月15日	国务院	"十二五"国家自主创新能力建设规划
2012年9月3日	科技部	国家宽带网络科技发展"十二五"专项规划
2012年9月3日	科技部	中国云科技发展"十二五"专项规划
2012年8月22日	科技部	导航与位置服务科技发展"十二五"专项规划
2012年8月21日	科技部	高性能膜材料科技发展"十二五"专项规划
2012年8月21日	科技部	新型显示科技发展"十二五"专项规划
2012年8月14日	科技部	海水淡化科技发展"十二五"专项规划
2012年8月6日	科技部	高品质特殊钢科技发展"十二五"专项规划
2012年7月10日	科技部	蓝天科技工程"十二五"专项规划
2012年4月28日	科技部	"十二五"制造业信息化科技工程规划
2012年4月13日	科技部	废物资源化科技工程"十二五"专项规划

（续表）

发布时间	发布部门	政策名称
2012年4月1日	科技部	高速列车科技发展"十二五"专项规划
2012年4月1日	科技部	绿色制造科技发展"十二五"专项规划
2012年4月1日	科技部	服务机器人科技发展"十二五"专项规划
2012年3月27日	科技部	电动汽车科技发展"十二五"专项规划
2012年3月27日	科技部	太阳能发电科技发展"十二五"专项规划
2012年3月27日	科技部	风力发电科技发展"十二五"专项规划
2012年3月27日	科技部	洁净煤技术科技发展"十二五"专项规划
2012年3月27日	科技部	智能制造科技发展"十二五"专项规划
2012年3月27日	科技部	智能电网重大科技产业化工程"十二五"专项规划

数据来源：赛迪智库整理。

（二）促进产业技术升级的政策

2012~2013年上半年，国务院及科技部、发展改革委和工信部等部委针对深化科技体制改革、强化企业技术创新主体地位、促进企业技术改造、鼓励和引导民间资本进入科技创新领域、提升技术标准体系、支持国家高新技术产业开发区创新驱动战略等提出具体的政策措施。其中，中共中央、国务院2012年9月23日发布的《关于深化科技体制改革加快国家创新体系建设的意见》（中发〔2012〕6号），提出要通过进一步深化科技体制改革，解决制约科技创新的突出问题，加快建设中国特色国家创新体系。国务院办公厅2013年1月28日发布的《关于强化企业技术创新主体地位全面提升企业创新能力的意见》（国办发〔2013〕8号），提出要全面提升企业创新能力，到2020年形成一批创新型领军企业。2012年9月1日发布的《关于促进企业技术改造的指导意见》（国发〔2012〕44号），提出到2015年技术改造投资占工业投资的比重明显提高，企业自主创新能力明显提升。中共中央及国务院发布的这三个意见是全面落实《国家中长期科学和技术发展规划纲要（2006—2020年）》的重要举措，是未来8~10年指导我国科技工作和推进产业技术改造升级的纲领性文件，上述意见具体政策措施的顺利实施将有望改变我国企业创新能力不强、产业技术实力偏弱的不利局面，为创新驱动发展战略提供有力支撑和保障。

表 9-2　2012~2013 年上半年中央政府部门促进产业技术升级的主要政策

发布时间	发布部门	政策名称
2013年3月12日	科技部	关于印发国家高新技术产业开发区创新驱动战略提升行动实施方案的通知（国科发火〔2013〕388号）
2013年1月29日	发展改革委	关于印发再制造单位质量技术控制规范（试行）的通知（发改办环资〔2013〕191号）
2013年1月28日	国务院	关于强化企业技术创新主体地位全面提升企业创新能力的意见（国办发〔2013〕8号）
2012年9月23日	中共中央	于深化科技体制改革加快国家创新体系建设的意见（中发〔2012〕6号）
2012年9月20日	工信部	关于印发技术标准体系提升工程实施方案的通知（工信厅科〔2012〕184号）
2012年9月1日	国务院	关于促进企业技术改造的指导意见（国发〔2012〕44号）
2012年6月18日	科技部	关于印发进一步鼓励和引导民间资本进入科技创新领域意见的通知（国科发财〔2012〕739号）
2012年5月25日	发展改革委	关于组织实施2012年物联网技术研发及产业化专项的通知（发改办高技〔2012〕1203号）

数据来源：赛迪智库整理。

（三）促进产业技术升级的项目指南

为促进船舶、海洋工程装备等产业的技术升级，工业和信息化部制定发布了《高技术船舶科研项目指南（2013年版）》《高技术船舶科研计划2012年度项目指南》和《海洋工程装备科研项目指南（2012年）》，提出船舶和海洋工程装备领域国家鼓励研发的关键系统和设备、基础共性技术和标准。科技部制定发布了《2013年科技型中小企业技术创新基金项目指南》，提出创新基金优先支持的技术领域，重点支持电子信息、生物医药、现代农业、新能源、光机电一体化、环境与资源、新能源汽车、新材料等八大领域科技型小企业的技术创新，同时引导企业创新资源向上述领域倾斜，推动上述领域加速发展。

表9-3　2012~2013年上半年中央政府部门促进产业技术升级的项目指南

发布时间	发布部门	政策名称
2013年5月9日	工信部	高技术船舶科研项目指南（2013年版）
2013年5月6日	科技部	2013年科技型中小企业技术创新基金项目指南
2012年8月14日	工信部	高技术船舶科研计划2012年度项目指南
2012年8月14日	工信部	海洋工程装备科研项目指南（2012年）

数据来源：赛迪智库整理。

二、重点政策分析

（一）关于深化科技体制改革加快国家创新体系建设的意见

科技体制是长期以来阻碍我国产业技术水平的重要因素。受计划经济时代计划式科技体制未能彻底改革的影响，科技和经济"两张皮"的问题一直未能得到有效解决。突出表现在专业科研机构与企业科研相对独立，科研和生产分家，先进科技成果难以转化为实际生产力。同时，科研资源配置不平衡，企业参与重大科研项目程度和水平低，因而难以从国内先进的技术成果中获得收益。因此，中共中央、国务院在2012年全国科技创新大会上提出要进一步深化科技体制改革，并于同年9月发布《关于深化科技体制改革加快国家创新体系建设的意见》（中发〔2012〕6号）。该意见以"自主创新、重点跨越、支撑发展、引领未来"为科技工作的指导方针，以提高自主创新能力为核心，以促进科技与经济社会发展紧密结合为重点，进一步深化科技体制改革，着力解决制约科技创新的突出问题，充分发挥科技在转变经济发展方式和调整经济结构中的支撑引领作用。同时，提出"十二五"科技体制改革的一项重要目标——确立企业在技术创新中的主体地位。为落实这一目标，提出"建立企业主导产业技术研发创新的体制机制"，其中最重要的一项措施是"吸纳企业参与国家科技项目的决策，产业目标明确的国家重大科技项目由有条件的企业牵头组织实施"。这将从根本上解决企业长期以来无法充分参与国家科技项目、分享先进科技成果的结症，有助于科研与生产结合，提升科研成果的实用性和经济效益。改革意见专门提出要完善科技支撑传统产业升级的机制。围绕品种质量、节能降耗、生态环境、安全生产等重点领域建立健全新技术新工艺新产品的应用推广机制。该措施以减小生产行为可能给社会带来的负外部效应为切入点，通过节能、环保、安全等技术设备的应用实现企业技术的换代升级。

（二）"十二五"国家自主创新能力建设规划

2012~2013年上半年，中央有关部门发布了多个领域的科技发展"十二五"规划，其中最重要的是国务院发布的《"十二五"国家自主创新能力建设规划》（以下简称《规划》）。自主创新能力不强是制约我国产业技术水平提升的主要因素之一。国家从提升自主创新能力抓起，把科技创新作为提高社会生产力和综合国力的战略支撑，通过规划加强自主创新能力建设的顶层设计，加强创新薄弱环节，解决制约创新能力建设的核心问题，营造鼓励创新的法律政策环境，提升创新主体的发展能力和创新水平，实现技术的更新换代，以此来促进产业技术的升级。《规划》第四节提出要增强农业、制造业、战略性新兴产业、现代服务业及能源产业和综合交通运输等重点产业的创新能力，提出各产业创新能力建设的重点。其中，增强制造业创新能力提出要以制造业结构调整和优化升级必需的基础工艺、基础材料、基础元器件、关键零部件和软件系统为重点，加强制造业共性技术平台建设，依托共性技术平台，带动提升促进制造业升级的技术水平。并通过深入推进信息化和工业化融合，以信息技术促进产业技术升级。此外，《规划》重视产业技术升级关键环节——企业创新能力的建设，重点支持企业创新基础能力的建设、研发机构的建设及中小企业创新服务体系的建设，进一步深化企业主导的产学研合作，并依托国家科技计划、人才振兴计划及产学研合作项目等培养产业创新紧缺人才，打造一批具有专业化、国际化、复合型工程技术创新能力和水平的人才队伍。这些举措将有助于解决企业科研资源不足、创新基础设施薄弱、创新技术人才缺乏等问题，促进企业加大研发创新力度，并通过有自主知识产权的新技术、新工艺改进提升生产能力。

（三）关于促进企业技术改造的指导意见

《关于促进企业技术改造的指导意见》（国发〔2012〕44号）是国务院近年来发布的通过促进企业技术改造直接推进产业技术升级的重要文件。该意见明确提出了到2015年先进产能比重要显著提高的产业技术升级要求，并提出推进技术创新和科技成果产业化、提高装备系统、促进绿色发展、优化产品结构、推进信息化与工业化融合、深化军民结合、促进安全生产、提升产业集聚水平和加强公共服务平台建设等九项促进企业技术改造升级的任务。一方面通过淘汰落后工艺技术和设备，支持重点企业加快装备升级改造，实施提升工业能效、清洁生产、资源综合利用等技术改造，实施高风险工业产品、生产工艺和装备的技术改造等直接手段推进产业技术升级。另一方通过加快科技成果转化、加强品牌建设、支持军民两用技术产业化和相互转化、支持信息服务平台建设等间接手段促进产业技术升级。同时，通过完善相关产业政策和税收优惠政策、加大技改方面的财政支持力度、拓宽融资渠道等，为产业技术升级创造良好的政策环境。

（四）关于强化企业技术创新主体地位全面提升企业创新能力的意见

产业技术升级关键在企业。企业技术创新能力不足、缺乏自主知识产权和核心技术是我国产业技术实力不强的重要原因之一。企业技术创新能力长期以来未能得到有效提升的一个主要因素是企业一直未能成为创新决策、研发投入、科研组织和成果应用的主体，仍存在较多阻碍企业创新的体制机制问题。中共中央、国务院力求通过新一轮科技体制改革消除体制机制障碍，发布了《关于深化科技体制改革加快国家创新体系建设的意见》。为落实新一轮科技体制改革精神，进一步夯实企业技术创新的主体地位，国务院办公厅发布了《关于强化企业技术创新主体地位全面提升企业创新能力的意见》(国办发〔2013〕8号)。该意见从企业研发投入、产学研合作、企业创新环境建设等方面提出明确的目标和要求，这些目标和要求的达成将逐步缓解企业研发投入低、产学研合作主导地位不突出、科研资源供给不足等影响企业创新的问题。《意见》提出针对央企、国企缺乏创新动力，中小企业缺乏创新资金支持等问题，对症下药，一方面提出要建立健全国有企业技术创新的经营业绩考核制度，另一方面通过中小企业发展专项资金、技改资金、创新基金及信贷政策等加大对中小企业创新和技术升级的支持力度，这些举措将逐渐激发各类企业主体的创新活力。此外，《意见》从研发组织、资源配置、科研计划设计和安排等方面强化企业技术创新主体地位的政策措施，如提出要以企业为主导建立并发展产业技术创新战略联盟、行业领军企业与转制院所构建产业共性技术研发基地、面向企业打造技术创新服务平台、国家科技计划项目征集和指南编制要充分听取企业专家的意见、产业化目标明确的重大科技项目由有条件的企业牵头组织实施等，这一系列政策措施不仅体现了对企业技术创新行为的尊重和鼓励，同时也将有助于真正发挥企业技术创新的主体性作用。

（五）关于进一步鼓励和引导民间资本进入科技创新领域的意见

科技投入不足也是制约我国产业技术水平提升的重要因素之一。长期以来，我国 R&D 经费支出占 GDP 的比重一直低于世界平均水平，即使 2012 年 R&D 占 GDP 比重达到 1.97% 的历史最高点，但与世界平均水平相比仍有 0.2 个百分点以上的差距，与欧美发达国家的差距更是在 1 个百分点以上，很多领域科研缺乏足够的资金支持。导致科研投入强度偏低的主要原因是缺乏多元化的科技投资渠道。目前，我国科技投资来源主要是政府和企业，其他方面投入较低，如根据 2012 年国家统计年鉴数据测算，2011 年除政府、企业以外的 R&D 经费仅占 4.4%，比 2004 年降低近 9 个百分点。因而需要引导更多资本进入科技创新领域。科技部鼓励和引导民间资本进入科技创新领域就是多元化科技投资渠道建设的一项重要举措。该《意见》从鼓励民营企业参与国家科研计划、促进提升民营企业持续科研创新能力、拓宽民营资本进入科研创新领域的渠道、营造有利于民营企业创新创业的环境等方面鼓励和引导民间资本进入科研创新领域。其中，最重要的措施是国家科技项目向民营企业、民营资本进一步放开。一是鼓励民营企业直接参与国家科研项目。二是鼓励民营企业参与国家科研计划的制定和管理。三是鼓励民间资本投资科技成果转化和产业化项目。这些措施的顺利落实将使民营企业、民营资本与国内最先进的科研成果有效接轨并从中受益，从而激励更多民间资本投向科技创新。

第二节　2013 年产业技术升级基本情况

2012~2013 年这短短 1 年多的时间里，我国发布了多项对未来科技和推进产业技术升级工作具有战略意义的重要政策。虽然发布时间不长，但从 2012~2013 年产业技术升级的一些基本情况看，这些政策在促进产业技术水平提升、促进企业经营情况改善、保证行业经济平稳运行等方面取得了一定成效。

一、主要进展

（一）技术改造投资保持增长态势

工业技术改造投资量稳步提升。根据国家统计数据，2013 年 1~5 月，我国工业完成技术改造投资 2.3 万亿元，比 2012 年同期增长 21.7%，虽然增速比 2012 年降低 3.8 个百分点，但仍保持了增长态势，并快于工业固定资产投资 5.3

个百分点[1]。技术改造投资占比上升。2013 年 1~11 月,工业完成技术改造投资同比增长 21%,占工业投资的比重达到 42.5%,同比提高 1.1 个百分点,快于工业固定资产投资近 4 个百分点[2]。分地区看,中西部地区技术改造投资增速快于东部。根据统计数据,2012 年 1~9 月,中部地区技术改造投资 1.5 万亿元,增长26.7%;西部地区技术改造投资 7998.7 亿元,增长 24.1%,东部地区技术改造投资 2.2 万亿元,增长 18.8%。中西部地区增速均快于东部地区。技术改造投资增加有力地支撑了产业技术的不断升级,为工业保持平稳增长做出重要贡献。

(二)企业技术创新实力不断增强

近年来,国家高度重视发挥企业在技术创新中的主体作用。2012 年以来采取了一系列举措,如通过深化科技体制改革、规划引导、支持企业建设研发中心、支持企业参与国家科研项目、鼓励以企业为主导建立产学研联盟、优质科技资源向企业开放等方式进一步夯实企业技术创新的主体地位,增强企业技术创新实力。2012 年我国研究与试验发展(R&D)经费支出 10240 亿元,比 2011 年增长17.9%,占国内生产总值的 1.97%[3],其中企业 R&D 经费支出占到 75% 以上。累计建设国家工程研究中心 130 个,国家工程实验室 128 个,国家认定企业技术中心达到 887 家,省级企业技术中心达到 8137 家[4]。2012 年共签订技术合同 28.2 万项,技术合同成交金额 6437.1 亿元,同比增长 35.1%[5]。

(三)信息基础设施建设进程加快

通过信息技术改造提升传统产业、促进新兴产业发展是我国推进产业技术升级的重要途径,而信息基础设施建设水平则决定了信息技术在企业应用的广度和深度。近年来,我国不断加大信息基础设施力度,为信息技术带动产业技术升级提供了有力支撑。2012 年以来,我国包括光纤宽带网络、无线移动宽带网络等在内的宽带建设已经进入全面提速阶段,100M 宽带已在北京、上海等城市得到普及。2012 年,全国光缆线路长度净增 268.6 万公里,达到 1480.6 万公里;局用交换机容量(含接入网设备容量)净增 478.1 万门,达到 43906.4 万门,互联网国际出口带宽达到 1899792.0Mbps,同比增长 36.7%[6]。电信基础设施投资近

---

[1]《工业和信息化部2013年上半年工业运行报告》。
[2]《2013年中国工业通信业运行报告》。
[3]《2012年国民经济和社会发展统计公报》。
[4]《2012年国民经济和社会发展统计公报》。
[5]《2012年国民经济和社会发展统计公报》。
[6]《工业和信息化部2012年电信业统计公报》。

1300 亿元，TD-LTE 规模技术试验城市扩大到 15 个。

（四）一批先进技术成果在生产中得到推广应用

2012 年以来，国家科技重大专项进展顺利，数控机床、油气开发等专项取得了一批先进的技术成果，部分技术成果已在实际生产中得到使用，为企业带来了巨大的经济效益。数控重型曲轴铣车复合加工机床、大型高速龙门五轴加工中心、8 万吨模锻压力机等一批具有自主知识产权的先进数控机床的研制成功，带动提升了我国加工了技术水平和精度，为航天、航空、造船、钢铁、核电、石化、汽车、轨道交通等行业的发展提供了有力支撑。如 2013 年四川普什宁江机床有限公司与某汽车配套企业签订合同金额达亿元的重型车用变速器壳体生产线订单。该生产线所使用的设备主要来自国家科技重大专项中数控机床专项"精密卧式加工中心"的课题研究成果。此外，航天、航空、汽车、发电设备、船舶等重点行业大型企业集团纷纷开展数字化综合集成技术开发与应用示范，示范企业产品、工艺和管理创新能力得到明显提升。

二、取得的成效

（一）支撑行业经济保持稳定增势

2012 年以来，我国工业增速有所回落，但在产业技术不断升级等积极因素的支撑下，增势总体上保持稳定，全年工业经济运行未出现大的波动和起伏。根据国家统计局数据显示，2013 年 1~11 月份，我国规模以上工业增加值同比增长 9.7%，但比上半年和前三季度分别加快 0.4 个和 0.1 个百分点 [1]。特别是高技术产业依然展现了良好的发展态势。2013 年，高技术产业增加值同比增长 11.7%，比规模以上工业增速快 2 个百分点 [2]。分行业看，对技术要求较高的汽车制造业、电气和器材制造业、计算机、通信和其他电子设备制造业等行业增速均超过平均水平。

（二）促进企业经营情况的改善

企业技术改造的深入推进、技术创新的加快及新技术、新工艺的推广应用在改善企业经营情况，促进企业降本增效中发挥了重要作用，企业效益呈现回升态

[1] 《2013中国工业通信业运行报告》。
[2] 《2013中国工业通信业运行报告》。

势。2013年1~10月，全国规模以上工业企业实现利润总额同比增长13.7%，增速同比提高13.2个百分点，比上半年加快2.6个百分点。主营业务收入利润率为5.59%，比去年同期提高0.13个百分点[1]。在41个工业大类行业中，30个行业主营活动利润比去年同期增长，2个行业扭亏为盈，1个行业亏损同比减少，只有8个行业主营活动利润较去年同期减少[2]。

（三）企业取得一批重大技术创新成果

在国家鼓励企业技术创新政策的引导下，我国企业研发创新动力充足，2012年以来取得了一批有助于产业技术升级、企业生产经营能力提高的技术成果。企业取得有效发明专利的比重明显提高。国家知识产权局专利业务工作及综合管理统计月报数据显示，截至2013年7月，国内有效职务发明专利542558件，其中企业发明专利320888件，占国内有效职务发明专利比重59.1%，比2012年1月份提高6.1个百分点。航天、探海均取得重大进展。神舟九号、神州十号载人飞船顺利完成太空飞行任务，其中，神州九号与天宫一号目标飞行器顺利实现首次空间交会对接；北斗二号卫星导航系统完成区域组网并正式提供运行服务，"蛟龙"号载人深潜器海试成功突破7000米[3]。有企业参与、与工农业生产密切相关的国家科技项目研究进展顺利，取得一批创新性成果。如国家863项目"以煤气化为基础的多联产示范工程"于2013年6月在北京通过技术验收，通过该项目，成功开发了IGCC联产系统运行优化、协调控制、系统集成及设计等技术。"高能量锂离子电池系统和电池组技术开发"项目取得重大进步，目前已开发出全自动密闭的自动加料系统、电池极板全自动叠片机及大容量电池全自动注液机等设备，建立了自动化锂离子电池检测配组生产线，极大提升了电池一致性。由来自国内的12家大中型木竹企业和11家科研院所、高等院校专家集体攻关的"木竹先进加工制造技术研究"项目在木竹化学加工技术、创新性高强度竹基纤维复合材料制造技术、大型连续平压压机技术取得了一系列重要成果，不仅打破了部分技术的国外垄断，同时为木竹产业提供了升级技术[4]。

（四）带动提升了中小企业的信息化水平

信息基础设施不断完善使信息技术的渗透带动作用得到不断增强，为改造提

---

[1] 《2013中国工业通信业运行报告》。
[2] 工业和信息化部运行监测协调局：《关于上半年工业经济运行报告》。
[3] 《2012国民经济和社会发展统计公报》。
[4] 科技部科技成果相关材料。

升传统产业、推动社会信息化建设做出了积极贡献，特别在提升中小企业信息化水平方面发挥了重要作用。与大中型企业不同，很多中小型企业资金有限，很难建立自己专用的信息化系统，利用信息技术需要借助公共信息基础设施和网络平台的力量，因此，信息基础设施建设的快速推进有力地推动了中小企业技术水平的提升和管理的改善。CNNIC 第 31 次中国互联网络发展状况统计报告数据显示，截至 2012 年 12 月底，受访中小企业中，使用计算机办公的比例为 91.3%，使用互联网的比例为 78.5%，固定宽带普及率为 71.0%，开展在线销售、在线采购的比例分别为 25.3% 和 26.5%，利用互联网开展营销推广活动的比例为 23.0%[1]。

第三节　面临的问题与挑战

在国家一系列政策措施的大力支持下，我国企业技术创新的主体地位得到加强，企业创新实力也得到增强，取得了一批有助于产业技术水平提升的成果。但是，与发达国家甚至部分发展中国家相比，企业总体技术创新投资强度较小、主体地位作用不够突出，制约产业技术升级的关键技术、共性技术供给、储备不足，高档次商品和先进技术装备依然依赖进口等长期制约我国产业技术竞争提升的问题仍未得到根本解决，企业技术改造投资热情也一度因经济下行压力加大而有所下降。同时，来自国外技术封锁、知识产权竞争等挑战有进一步加剧的趋势，值得我们高度关注。

一、主要问题

（一）企业技术创新主体地位的作用未能充分发挥

自上世纪 90 年代以来，国家科技体制改革的一项重要内容就是逐步将企业打造成为技术创新的主体，20 多年来的科技改革不断夯实企业在技术创新中的主体地位。从国家 R&D 经费支出上看，企业已经成为当前我国 R&D 经费支出的主体，R&D 经费支出比重近年来已稳定在 70% 以上。但是，从科研工作实际运行状况看，企业在技术创新中的主体地位的作用未能有效发挥。具体表现在，一方面，国家科技项目决策和组织实施过程企业参与度不够，企业获得国家科技项

---

[1]　《CNNIC第31次中国互联网络发展状况统计报告》。

目的比例偏低，整体上看企业在国家重大科技项目中的作用不够突出。根据科技部调研统计资料，我国企业科研项目的来源有80%左右属于企业的自选项目，来自国家和地方的科技项目不到15%。另一方面，科研单位与企业之间缺乏有效研发合作，产学研未能有效结合。根据科技部调研统计资料，我国企业独立完成的项目经费占六成以上，与国内高校合作项目仅占一成左右，与国内独立研究机构合作项目不到一成，而科研机构和高校很少主动与企业进行项目合作。科研单位的科研经费和项目也主要来自政府而非企业。目前，科研院所的科研资金来源中，政府资金占到九成以上，来自企业的资金仅半成左右。专业性的科研单位与企业很大程度上处于分家的状态，虽然从科技投入支出方面企业已经是主体，但这种主体地位更多仅限于企业自己做科研，在关键、重大科研项目的计划制定和组织实施方面及产学研合作方面，企业主体地位的作用未能真正体现。

（二）我国技术的整体质量和水平与产业升级的要求相比尚存在较大差距

技术积累和技术进步是产业升级的基础。近年来，我国技术创新能力有了明显的提升，部分领域已接近或达到世界先进水平。但是，从整体水平看，我国具有自主知识产权的技术尚不足以支撑产业升级。主要表现在，关键共性技术供给、储备不足，升级必要的先进生产技术、生产线和生产设备仍依赖进口。从发明上看，我国企业科研成果的质量也低于国外企业。根据国家知识产权局专利统计数据，截至2013年7月，国外企业有效职务发明专利419623件，比国内企业有效职务发明专利多出30.8%。虽然这一差距与2012年1月相比减少了48个百分点，但仍然表明，我国企业在研发创新方面与国外企业还存在一定差距。在经营指标压力下，国产技术质量、水平上的差距导致我国企业重视直接应用引进的先进技术提高生产能力，忽视消化技术再创新。2011年，我国引进技术消化吸收经费支出首次超过200亿元，但仍不及引进技术支出的50%，而日本在学习国外先进技术时期，用于消化吸收的经费支出比引进技术的支出高3~5倍。这带来的恶果是，表面看，我国很多企业拥有国际先进的技术和生产线，但大多数企业并不能真正掌控这些先进的技术和生产线，甚至维修护理都需要国外工程技术人员完成。这说明，引进的技术和生产线仅满足了企业基本的加工生产需求，而不能从根本上改进提升企业的研发创新和生产能力，企业被锁定在产业价值链低端的局面难以借此扭转。

（三）国内先进技术成果难以为产业技术全面升级提供有力支撑

由于我国科研与生产联系不够紧密，科研成果多停留在理论层面、实验室层面，能够达到世界先进水平的科技成果大多属于军工、国防等领域的国家机密，不能外传，导致我国科技成果转化效果不佳，产业技术升级缺乏合适的技术成果支撑。特别是航天、国防等一批在世界上处于领先地位的技术成果受保密体制的影响，无法实现民用，几乎无法对产业升级做出应有的贡献。科协《第二次全国科技工作者情况调查报告》数据显示，有科研成果转化为产品或应用于生产的科技工作者比例仅占 24.5%。有研究表明我国的科技成果转化率还不足 10%，真正实现产业化的不到 5%[1]，而发达国家科技成果转化率高达 40%~50%。这些数据充分说明，与发达国家相比，我国科技成果转化率和转化速度明显过低。此外，我国还缺乏面向行业，特别是对技术需求量大的工业行业的实力强、基础扎实的研究机构，产业共性技术、关键技术近年来很少有专业科研机构能长期跟踪、持续研究。2009 年全国有研究机构 3707 个，工程与技术科学领域的研究机构仅占31.6%[2]，导致工业领域共性技术、关键技术薄弱。

二、面临的挑战

（一）经济下行压力加大，企业技改投资增速有所放缓

2012 年以来，受产能过剩、有效需求不足、外需萎缩等因素影响，我国工业经济面临巨大的下行压力。季度工业增速一度下滑，企业生存压力增大，转型升级信心有所下降，直接表现为 2012 年 9 月技改投资增速下滑，技改投资占工业投资的比重也比 2011 年有所回落。国家统计局统计数据显示，2012 年，规模以上工业增加值一季度增长 11.6%，二季度增长 9.5%，三季度增长 9.1%，而一季度工业技术改造投资 8275.1 亿元，同比增长 25.6%，2012 年 1~9 月，技改投资增速同比回落 0.3 个百分点，比 1~8 月增速下降 0.9 个百分点，技术改造投资占工业投资的比重为 40.7%，比去年同期回落 0.1 个百分点[3]。10 月技改投资增速继续回落，比 1~9 月回落 0.6 个百分点，比 2011 年同期回落 2.1 个百分点，降幅比 1~9 月扩大 1.8 个百分点。2013 年上半年，工业经济下行压力不减，规模以上

---

[1] 林武汉：《科技管理体制现状分析及改革建议》，《科技致富向导》2010年第26期。
[2] 第二次全国科学研究与试验发展（R&D，以下简称R&D）资源清查结果。
[3] 国家统计局、工业和信息化部运行监测协调局数据。

工业增加值同比增长 9.3%，增速比 2012 年下降 1.2 个百分点。1~5 月，技改投资占工业投资比重有所提高，增速也快于工业固定资产投资，但是同比增速只有 21.7%，比 2012 年同期下降 3.8 个百分点。工业经济不景气，企业面临较大的生存困境，维持生存成为企业应对经济下行的第一要务，通过技术改造转型升级的动力减弱。

（二）欧美等发达国家依然未放弃对我国的技术封锁

虽然欧美等国政府要员近年来不断提出要放松对我国的技术封锁，但是从实际情况看，欧美对我国战略性技术封锁并未放松，甚至一些企业在部分高科技领域有进一步加剧趋势。如在海洋工程装备开发方面，欧美企业牢牢把握技术含量最高的研发设计和关键技术环节，其中，哈里伯顿、贝克休斯、斯伦贝谢等公司更是改变以往向中海油等国内企业出售海洋石油开采、探测设备的模式，转为提供测井或开采服务，即将相关测试结果及开采出的石油出售给我国企业，以免因出售设备导致技术泄露。并且，在服务过程中，禁止中方人员"围观"，服务结束后，这些公司会销毁所有可能造成技术泄密的设备和文件，对我国技术封锁之严可见一斑。在发动机、复合材料、集成电路等领域的高端技术，欧美国家更是对我国严格保密，虽然我国也通过技术攻关取得一定进展，但是与国外最先进技术相比仍然差距明显，跟随者的角色未能从根本上转变，这直接阻碍我国交通运输装备制造、电子制造等相关产业向更高端迈进。

（三）知识产权国际竞争加剧

生产国际化使知识产权成为产业转型升级的重要动力。近年来备受关注的苹果起诉三星、华为起诉摩托罗拉、爱立信起诉中兴、诺基亚起诉苹果等国际信息通信业爆发的诉讼大战无不在警示我们，知识产权国际竞争愈演愈烈。我国产业升级，达到与世界产业相应的高端，必然会要求国内企业走向世界，竞争国际市场。因此，我国产业技术升级必然要遭遇持续的知识产权领域的考验。而随着国内企业全球化程度的逐步加深，国际市场近年来频发的贸易战、知识产权战等的战火必将向我国企业蔓延。自主创新能力较弱、技术对进口依赖程度较高的国内企业是否能打赢每一次知识产权的战斗，在当前这个阶段恐怕难以让人乐观。目前，我国知识产权事业尚处于初期发展阶段，企业还未普遍建立知识产权制度，也未成为知识产权工作的主体，导致在与国外企业进行知识产权的竞争中，我国企业败多胜少。如美国企业针对中国企业的近一百起"337 条款"调查中，只有个别案件中国企业进行应诉并获胜。并且，国内企业竞争国际市场势必要抢占国外老牌企业的市场地位，这些企业不甘心失去往日辉煌，势必会抓住我国企业在知识产权竞争方面经验不足、自主创新能力弱的劣势，发挥自身在技术领域有深厚积累的优势与国内企业大打知识产权战，大范围运用知识产权打压我国企业。这将是未来我国企业，乃至产业达到甚至超越国际水平必须要接受的巨大挑战。

第十章　培育发展战略性新兴产业

根据国民经济发展的需要，结合目前我国的特殊国情以及产业发展基础，在2009年我国提出要发展战略性新兴产业，2010年10月10日国务院通过《关于加快培育和发展战略性新兴产业的决定》（国发〔2010〕32号）明确了重点发展节能环保、新一代信息技术、生物、高端装备制造、新能源、新材料、新能源汽车等七大战略性新兴产业。此后，战略性新兴产业发展步入快速发展阶段，并且国家也先后出台了一系列的相关扶持战略性新兴产业发展的政策措施。

其中，2012年7月9日国务院印发了《"十二五"国家战略性新兴产业发展规划》（国发〔2012〕28号），促进战略性新兴产业进入快速健康发展阶段。2012年12月31日财政部、国家发展改革委联合印发了《战略性新兴产业发展专项资金管理暂行办法》，规范战略性新兴产业发展专项资金管理，提高财政资金使用效益。这意味着，战略性新兴产业在我国已迈入全面推进阶段。

第一节　2013年战略性新兴产业政策解析

2013年以来，政府十分重视战略性新兴产业的发展，围绕七大新兴产业的重大工程、重点发展方向，加强政策引导、综合扶持。各地政府部门也加强了对七大战略性新兴领域的规划和扶持力度。

一、推进战略性新兴产业发展的政策情况

《"十二五"国家战略性新兴产业发展规划》（国发〔2012〕28号），是对国

务院《关于加快培育和发展战略性新兴产业的决定》（国发〔2010〕32号）的进一步完善和细化，该文件详细明确了战略性新兴产业重点发展方向，全面部署各大产业今后发展的主要任务。此规划可以看作是培育和发展战略性新兴产业的重要指南，在此基础上，又陆续发布了一些具体领域的规划，有效促进了战略性新兴产业向纵深发展。

（一）国务院部门文件

2012年6月16日，国务院印发出台了《"十二五"节能环保产业发展规划》（国发〔2012〕19号）。针对节能环保产业的发展现状、存在的问题以及面临的形式，提出到2015年节能环保产业规模、技术装备水平、节能环保产品市场份额、节能产品服务要达到新的水平，迈上新台阶。并对节能技术和装备、节能产品、节能服务等节能产业重点领域；矿产资源综合利用、固体废物综合利用、再制造、再生资源利用、水资源节约与利用等资源循环利用产业重点领域；环保技术和装备、环保产品、环保服务等环保产业重点领域进行了详细规划。提出了重大节能技术与装备产业化、半导体照明产业化及应用、"城市矿产"示范、再制造产业化、产业废物资源化利用、重大环保技术装备及产品产业化示范、海水淡化产业基地建设、节能环保服务业培育等八大工程。

2012年6月28日，国务院印发了《节能与新能源汽车产业发展规划（2012—2020年）》（国发〔2012〕22号）。针对目前新能源汽车和环保汽车发展的薄弱环节，规划明确把纯电驱动作为目前新能源汽车产业发展和汽车工业转型的主要战略取向，当前重点要推进纯电动汽车和插电式混合动力汽车产业化发展，重点推广普及非插电式混合动力汽车、节能内燃机汽车。

2012年7月9日，国务院印发了《"十二五"国家战略性新兴产业发展规划》（国发〔2012〕28号）。对到2020年的七大战略性新兴产业的重点发展方向做出了明确规划，并对每个行业的具体产业发展提出了路线图、重大行动以及支持政策。围绕七大战略性新兴产业，推出了二十项重大工程。

2012年8月6日，国务院印发了《节能减排"十二五"规划》（国发〔2012〕40号）。确定"十二五"时期能源消耗强度降低和主要污染物排放总量减少的约束性指标，确定调整优化产业结构、推动能效水平提高、强化主要污染物减排等三项重点任务。该规划的发布极大地促进了节能环保产业发展，建设资源节约型、环境友好型社会，增强了可持续发展能力。

2012 年 9 月 16 日，国务院印发《全国海洋经济发展"十二五"规划》（国发〔2012〕50 号），提出要培育壮大海洋新兴产业，巩固壮大海洋工程装备制造业，加快发展海水利用业，扶持培育海洋药物和生物制品业以及海洋可再生能源业，不断提升产业竞争力。

2012 年 12 月 29 日，国务院印发了《生物产业发展规划》（国发〔2012〕65 号）。规划明确提出，要提升生物医药产业竞争力，大力开展生物技术药物创制和产业化；促进生物医学工程高端化发展；加速科技成果转化推广，增强生物农业竞争力；提高产品经济性，推动生物制造产业规模化发展；开辟多元途径，促进生物能源商业化；发展壮大生物环保产业等多项重点工作。到 2015 年，我国的生物产业发展能力要显著提升，对经济社会发展的贡献作用显著增强。

2012 年 12 月 31 日，财政部、国家发展改革委联合印发了《战略性新兴产业发展专项资金管理暂行办法》（财建〔2012〕1111 号）。为更好地促进战略性新兴产业的快速发展，尤其是支持重大关键技术实现突破、重大应用的技术推广和示范，财政部联合国家发展改革委安排了《战略性新兴产业发展专项资金》，专项资金针对《十二五国家战略性新兴产业发展规划》中列出的重点发展方向、重点领域和关键环节集中安排资金，进行重点扶持。

2013 年 1 月 1 日，国务院印发了《能源发展"十二五"规划》（国发〔2013〕2 号）。规划根据《中华人民共和国国民经济和社会发展第十二个五年规划纲要》以及《"十二五"国家战略性新兴产业发展规划》，《能源发展"十二五"规划》明确提出要重点突破煤层气、页岩气等非常规油气资源开发技术瓶颈，大力发展非化石能源。根据新兴能源的技术基础、发展潜力和相关产业发展态势，以分布式能源、智能电网、新能源汽车供能设施为重点，大力推广新型供能方式，提高能源综合利用效率，促进战略性新兴产业发展，推动能源生产和利用方式变革。同时，能源规划还根据资源优势，依靠科技创新，加快推进燃煤发电、炼油化工技术进步和产业升级，提高能源加工转化效率和清洁化利用水平，这将为节能环保产业发展提供强有力的支撑。

2013 年 1 月 13 日，国务院印发了《循环经济发展战略及近期行动计划》（国发〔2013〕5 号）。该规划进一步完善和细化了《"十二五"国家战略性新兴产业发展规划》的资源循环利用产业发展方向和目标，通过构建循环型工业体系，推动再生资源利用产业化发展和发展再制造，以及实施循环经济"十百千"示范行动，实现资源高效利用和循环利用，推动产业升级提升和发展方式转变，促进经济社会持续健康发展。

2013年1月15日，国务院印发了《"十二五"国家自主创新能力建设规划》（国发〔2013〕4号）。规划把战略性新兴产业创新能力的提升列为重点增强创新能力的产业之一，规划要加强战略性新兴产业创新平台和标准化建设，推进战略性新兴产业创新成果应用示范，这将极大促进战略性新兴产业的创新能力，推动战略性新兴产业快速发展。

2013年1月28日，国务院办公厅印发了《关于强化企业技术创新主体地位全面提升企业创新能力的意见》（国办发〔2013〕8号）。规划提出，要支持战略性新兴产业领域企业推进重大科技成果产业化，积极开展国家高技术产业化示范项目、国家科技成果转化引导基金、国家重大科技成果转化项目、国家文化科技创新工程等各项工作。以企业为主导发展新兴产业技术创新战略联盟，围绕培育发展战略性新兴产业，结合实施国家科技重大专项，通过联盟研发重大创新产品，掌握核心关键技术，构建产业链。完善面向战略性新兴产业企业的技术创新服务平台，支持围绕战略性新兴产业创新发展的区域公共科技服务平台建设。

2013年2月5日，国务院印发了《关于推进物联网有序健康发展的指导意见》（国发〔2013〕7号）。大力发展物联网是新一代信息技术的具体应用和推广。规划针对物联网产业发展面临瓶颈制约，提出了加快推进我国物联网健康发展的根本原则和发展目标，并全面部署了促进物联网快速发展的九大战略任务。

2013年2月19日，工业和信息化部印发了《关于进一步加强通信业节能减排工作的指导意见》（工信部节〔2013〕48号）。意见提出，要积极构建绿色通信网络，坚持网络演进升级，全面应用推广节能降耗、绿色环保新技术，深入推进节能减排工作。

2013年2月19日，工业和信息化部印发了《关于有色金属工业节能减排的指导意见》（工信部节〔2013〕56号）。意见提出，要不断推动有色金属工业能源资源利用效率，着力降低有色金属工业污染物和排放强度，深入推进有色金属工业节能减排工作。

2013年2月22日，国家发展改革委印发《战略性新兴产业重点产品和服务指导目录》（发展改革委公告2013年第16号）。指导目录涉及7个战略性新兴产业、24个重点发展方向下的125个子方向，进一步细化到近3100项的产业和服务，对今后战略性新兴产业的范围做了比较科学明确的规定。

2013年3月21日，工业和信息化部印发《2013年工业节能与绿色发展专项行动实施方案》（工信部节〔2013〕95号）。意见选择电机等重点领域和行业，开展2013年工业节能与绿色发展专项行动，力求在能效提升和绿色发展方面取得突破，探索工业节能与绿色发展的模式和实现途径，实现以点带面，促进工业节能与综合利用整体工作取得进展。

2013年3月23日，国务院印发了《国家重大科技基础设施建设中长期规划（2012—2030年）的通知》。战略性新兴产业多处在世界科技前沿的领域，它的成长发展离不开重大科技基础设施支撑，技术创新和产业培育也需要重大科技基础设施提供强大动力。规划紧紧围绕提升原始创新能力和支撑重大科技突破，坚持布局新建与整合提升相结合、自主发展与国际合作相结合、设施建设与人才培养相结合，加快建设完善重大科技基础设施体系，全力提高设施建设水平和运行效率。该规划的发布将全面支撑新兴产业前沿科技领域开展原创性研究，催生一批具有变革性、能带动产业升级的高新技术。

2013年4月2日，工信部等八部委《关于实施宽带中国2013专项行动的意见》（工信部联通〔2013〕109号）。意见贯彻落实经济结构战略性调整根本要求，推动"宽带中国"战略加快实施，加快新一代信息基础设施建设，提出开展宽带中国2013年专项行动。通过优化宽带发展环境，加强科技创新，加快网络升级演进，统筹有线无线发展，强化产业链协同并进，改善用户上网体验，不断提高宽带对经济发展的支撑带动作用。

2013年5月18日，国务院批转国家发展改革委《关于2013年深化经济体制改革重点工作的意见》（国发〔2013〕20号）。意见重点围绕促进经济转型、民生改善和社会公正推进各项改革。提出了行政体制、财税体制、金融体制、投融资体制、资源性产品价格等一系列改革的重点方向和具体措施，为进一步培育和发展战略性新兴产业扫清了体制机制上的障碍和重要制约。

2013年5月22日，工业和信息化部印发了《民用航空工业中长期发展规划（2013—2020年）》。规划提出，要不断优化航空工业自主发展体系，增强核心竞争力和可持续发展能力，实现民用航空工业跨越式发展。

2013年6月10日，工业和信息化部印发了《新材料产业标准化工作三年行动计划》（工信部原〔2013〕225号）。该行动计划提出，要加强新材料产业标准化工作，建立完善新材料产业标准体系，促进新材料产业发展。

2013 年 7 月 1 日，国务院办公厅发布《关于金融支持经济结构调整和转型升级的指导意见》（国办发〔2013〕67 号）。针对重点领域发展中的薄弱环节和关键瓶颈制约，政府适当给予扶持和引导，积极营造良好的发展环境，全面激发创新活力。加大对有市场发展前景的先进制造业、战略性新兴产业、现代信息技术产业和信息消费及绿色环保领域的资金支持力度。

2013 年 7 月 4 日，国务院印发了《关于促进光伏产业健康发展的若干意见》（国发〔2013〕24 号）。光伏产业属于战略性新兴产业，是我国具有国际竞争优势的产业，也是全球能源科技和产业发展的重要方向。针对全球光伏市场需求下滑、产业发展不协调等众多不良影响，以及国内光伏产业产能过剩、技术创新能力不足、市场无序竞争等困难，意见提出了到 2015 年我国光伏产业总体要求，不断拓展光伏应用市场，加快产业结构调整和技术进步，整顿产业发展秩序，完善并网管理和服务，着力提高我国光伏产业发展的质量效益水平。

2013 年 7 月 31 日，国务院印发《船舶工业加快结构调整促进转型升级实施方案（2013—2015 年）》（国发〔2013〕29 号）。方案对海洋工程装备产业的发展提出了更高的要求。明确提出要加大海洋油气资源勘探开发力度，发展钻井平台、作业平台、勘察船、工程船等海洋工程装备，鼓励骨干油气、造船企业和科研院所等成立专业化企业或联合体，培育海洋工程装备设计、系统集成和总承包能力。

2013 年 8 月 1 日，国务院印发了《关于加快发展节能环保产业的意见》（国发〔2013〕30 号）。节能环保产业是国家加快培育和发展的七大战略性新兴产业之一。该意见是针对节能环保产业进入新的发展阶段所提出的新任务新要求。结合节能环保产业发展重点领域，加快相关技术装备的研发、推广和产业化，促进产业发展水平全面提升，积极引领社会资金投入节能环保产业，大力推广节能环保产品扩需求，加强节能环保产业技术创新，意见还提出要加快节能环保产业制度环境建设。

2013 年 8 月 1 日，国务院印发了《"宽带中国"战略及实施方案》（国发〔2013〕31 号）。方案制定出宽带网络发展的技术路线和具体的发展时间表，要着重推进区域宽带网络协调发展、加快宽带网络优化升级、提高宽带网络应用水平、促进宽带网络产业链不断完善、增强宽带网络安全保障能力等五大重点任务，不断促进我国宽带基础设施快速健康发展。

2013年8月8日,国务院印发了《关于促进信息消费扩大内需的若干意见》(国发〔2013〕32号)。意见提出,到2015年我国信息消费要达到规模快速增长、信息基础设施显著改善、信息消费市场健康活跃三大目标。为此,要促进信息基础设施加快演进升级、不断增强信息产品供给能力、积极培育信息消费需求、全面提升公共服务信息化水平、加强信息消费环境建设。

2013年8月23日,工业和信息化部印发了《信息化和工业化深度融合专项行动计划(2013—2018年)》(工信部信〔2013〕317号)。专项行动计划提出,通过开展"企业两化融合管理体系"标准建设和推广行动、企业两化深度融合示范推广行动、中小企业两化融合能力提升行动、电子商务和物流信息化集成创新行动、重点领域智能化水平提升行动、智能制造生产模式培育行动、信息产业支撑服务能力提升行动等专项行动计划,推动信息化和工业化深度融合。

2013年9月5日,国家发展改革委联合工业和信息化部、教育部、科技部财政部、国土资源部、商务部等13家部门发布《关于印发10个物联网发展专项行动计划的通知》(发改高技〔2013〕1718号),通知指出要注重物联网发展的部级、行业、区域、军地之间的统筹协调,强调技术研发、标准制定、产业发展、应用推广,加强物联网相关规划、政策、资金投入,及时开展物联网发展中的重大问题研究,合理引导地方政府结合自身的产业基础和地区资源禀赋因地制宜发展具有区域特色的物联网产业。

(二)地方政府文件

自2010年出台《国务院关于加快培育和发展战略性新兴产业的决定》(国发〔2010〕32号)以来,全国各省市区开展战略性新兴产业的热情都很高,陆续出台政策文件规划培育发展战略性新兴产业,2012年国务院《"十二五"国家战略性新兴产业发展规划》(国发〔2012〕28号)的发布,更是进一步明确了战略性发展重点和方向,各省纷纷根据自己的产业基础和区域资源优势,制定出台本省市区的战略性新兴产业的规划。截至2012年,全国31个省市区(除了内蒙古等欠发达地区)基本上制定出了自己的战略性新兴产业的规划。目前,全国各省市区主要围绕产业技术政策、投融资政策、税收和市场培育政策、人才政策等方面,进一步明确和细化新兴产业各大领域的具体发展措施、政策及规划。

2012年10月18日,山西省人民政府办公厅转发省科技厅等部门《关于加强战略性新兴产业知识产权工作引领资源型经济转型发展若干意见》(晋政办发

〔2012〕74）。意见旨在构筑山西省支撑战略性新兴产业知识产权新布局，整体提升战略性新兴产业核心竞争力，推动山西省国家资源型经济转型综合配套改革试验区建设进程。

2012年11月1日，河南省人民政府办公厅印发《河南省推动科技创新培育战略性新兴产业专项工作方案》（豫政办〔2012〕151号）。方案提出，要推动河南省科技创新，加快构建自主创新体系，带动河南省战略性新兴产业快速发展。

2012年12月21日，辽宁省政府办公厅正式转发省知识产权局、省发展改革委、省教育厅、省科技厅、省经济和信息化委、省财政厅等13个部门《关于加强战略性新兴产业知识产权工作实施意见》。实施意见针对辽宁省高端装备制造、新能源、新材料、新医药、信息、节能环保、海洋、生物技术、精细化工等战略性新兴产业，加强知识产权工作，着力提升战略性新兴产业企业自主创新能力和核心竞争力。

2013年1月15日，新疆维吾尔自治区印发《战略性新兴产业专项资金管理暂行办法》，提出要提高扶持新疆战略性新兴产业发展的资金使用效益，积极引导战略性新兴产业快速发展。

2013年3月3日，黑龙江省金融部门出台《关于金融支持黑龙江省战略性新兴产业发展的指导意见》，主动对接《黑龙江省战略性新兴产业发展"十二五"规划》所明确的重点企业和重点项目，支持全省战略性新兴产业加快发展。

2013年5月17日，四川省印发《战略性新兴产业2013年年度工作计划》（川工城办〔2013〕23号）。工作计划提出，要推进四川省战略性新兴产业"611计划"，推进74个关键核心技术的突破和应用，重点突破关键核心技术25个；培育112个战略性新兴产品，重点培育52个战略性新兴产业重点产品，推动创建物联网产业、超大规模数据中心、通用航空、新材料、节能环保、生物医药、北斗导航产业等6个战略性新兴产业示范基地。

2013年5月19日，江西省工信委印发《关于2013年战略性新兴产业推进工作的指导意见》（赣工信〔2013〕69号）。意见对推进战略性新兴产业发展工作做了年度具体安排，要进一步创新推进方式，着力解决一批制约产业发展的瓶颈问题，培育一批成长潜力大的产业集群，壮大一批带动作用强的龙头企业，实施一批技术含量高的重大项目，加快形成支撑江西省可持续发展的支柱性和先导性产业。

2013年6月8日，北京市政府印发了《宽带北京行动计划（2013—2015年）》（京政发〔2013〕16号）。提升本市信息化发展水平，加快构建下一代信息基础设施，到2015年年底，力争建设国内领先、国际先进，泛在、融合、智能、可信的下一代信息基础设施，使北京成为全球信息通信枢纽和互联网中心，实现信息基础设施和信息化应用相互促进、宽带信息技术和相关产业互动发展，推动信息消费成为拉动经济增长的新引擎。

2013年7月5日，陕西省人民政府办公厅印发《关于加强战略性新兴产业知识产权工作的意见》（陕政办发〔2013〕59号）。意见提出，要加快形成陕西省知识产权科学布局，促进知识产权转化应用，加强管理服务标准化体系建设，通过增强陕西省战略性新兴产业的知识产权创造、运用、保护、管理和服务能力建设，以此促进带动战略性新兴产业发展。

二、重点政策分析

（一）《"十二五"国家战略性新兴产业发展规划》，深入明确了战略性新兴产业发展的重点方向和主要任务

2012年7月9日发布的《"十二五"国家战略性新兴产业发展规划》为我国战略性新兴产业发展提供了全面部署和详细的指导。一是对新兴产业重要前沿性领域及早部署，明确了七大战略性新兴产业每个产业发展的路线图和时间表，如表10-1所示。二是强化目标任务工作落实，积极开展新兴产业重点工程建设。围绕七大战略性新兴产业，规划提出了20项重大工程，包括重大节能技术与装备产业化工程、重大环保技术装备及产品产业化示范工程、重要资源循环利用工程、宽带中国工程、高性能集成电路工程、新型平板显示工程、物联网和云计算工程、信息惠民工程、蛋白类等生物药物和疫苗工程、高性能医学诊疗设备工程、生物育种工程、生物基材料工程、航空装备工程、空间基础设施工程、先进轨道交通装备及关键部件工程、海洋工程装备工程、智能制造装备工程、新能源集成应用工程、关键材料升级换代工程、新能源汽车工程。以这20项重大工程建设为载体和依托，促进新兴产业跨越式发展。三是多管齐下加强政策引导，营造产业良好环境。规划坚持市场主导、政府调控相结合的原则，进一步发挥市场配置资源的基础性作用，激发市场主体积极性。政府要加快推进关键环节和重点领域改革，加强企业技术创新能力建设，建设高素质人才队伍，加大财税金融扶持力度，积极营造有利于新兴产业发展的市场环境。

表 10-1　2020 年战略性新兴产业具体发展目标

七大战略性新兴产业		2020年发展目标
节能环保	高效节能产业	形成适合我国国情的节能技术装备和产品体系，主要节能装备、主要行业单位产出能耗指标达到国际先进水平。
	先进环保产业	重点领域环保技术及装备达到国际领先水平，环保装备标准化、系列化、成套化水平显著提高，建立统一开放、竞争有序的环保产业市场和环保服务体系；污染治理设施建设和运营基本实现专业化、社会化。
	资源循环利用产业	形成再利用、资源化产业技术创新体系，形成一批具有核心竞争力的资源循环利用技术装备和产品制造企业，建成技术先进、覆盖城乡的资源回收和循环利用产业体系。
新一代信息技术	下一代信息网络产业	具有国际先进水平的宽带、融合、安全、泛在的信息基础设施覆盖城乡。系统掌握新一代移动通信、数字电视、下一代互联网、网络与信息安全及智能终端等领域的核心关键技术，形成卫星移动通信服务系统，产业发展能力达到国际领先水平。
	电子核心基础产业	掌握新一代半导体材料及器件的制造技术，集成电路设计、制造、封装测试技术达到国际先进水平；实现下一代显示器件与国际先进水平同步发展；新型关键元器件满足国内市场需求并具有国际竞争力；电子专用仪器设备和材料基本满足国内配套需要，形成核心竞争力。
	高端软件和新兴信息服务产业	基本形成具有较强创新能力的软件和信息技术服务产业体系，自主品牌的操作系统和工具软件国际影响力及骨干企业国际竞争力显著增强。一批软件和信息服务企业进入国际前列，形成具有世界先进水平的电子商务信息服务体系、网络信息安全服务体系，实现信息服务对城乡和社会各群体的全面覆盖，信息化程度接近世界先进水平。
生物	生物医药产业	形成以现代科学技术为支撑、以企业为主导的新药创制和安全评价体系，掌握当代新药创制关键核心技术，基因工程、新型疫苗、抗体工程等新医药的产品技术水平达到世界领先水平，5个以上创新药物完成国际注册并上市销售，制剂产品在国际主流市场形成规模销售。
	生物医学工程产业	形成企业主导、医产学研相结合的生物医学工程产品创新体系和新产品开发能力。高性能诊断治疗设备关键技术自主发展能力大幅提升，产品质量和技术水平达到国际先进水平，规模化进入国际市场。
	生物农业产业	形成现代生物育种、农用生物产品创新及安全评价与监督体系。产品发展能力跻身国际先进水平，1~2家种子企业进入全球种业20强，10~15家农用生物制品企业具有国际竞争优势。
	生物制造产业	形成生物化工产品、生物基材料和生物工艺的规模化发展能力，生物基产品在工业化学品中的比重提高到12%。生物发酵产业产值和技术达到国际先进水平。化工、印染、制浆、制革等行业30%的生产采用生物工艺，污染物排放和能耗总量大幅度降低。

（续表）

七大战略性新兴产业		2020年发展目标
高端装备制造	航空装备产业	大型客机研制成功并批量进入市场；新型支线飞机完成研制，支线飞机实现系列化发展，通用航空实现产业化发展。完成大型商用航空发动机研制。航空产品、航空服务形成竞争优势，航空产业国际化发展水平显著提高。
	卫星及应用产业	建成由全天时全天候全球对地观测、全球导航定位、多频段通信广播等卫星系统构成的国家空间基础设施，建成完善的空间信息服务平台以及应用服务网络，航天产业发展水平处于国际先进行列。
	轨道交通装备产业	标准体系及认证体系实现国际化，轨道交通装备技术水平国际领先，形成国际化发展的综合能力，打造拥有总承包商资质、具有全球配置资源能力的大型企业。
	海洋工程装备产业	全面具备深水海洋工程装备的自主设计建造和关键设备配套能力，形成海洋工程装备产业完整的科研开发、总装制造、设备供应、技术服务产业体系，进一步提高国内市场占有率，提高产品国际竞争力。
	智能制造装备产业	建立健全具备系统感知和集成协调能力的智能制造装备产业体系，国内市场占有率达到50%，形成一批具有国际竞争力的产业集聚区和企业集团，整体水平进入国际先进行列。
新能源	核电技术产业	形成具有国际竞争力的百万千瓦级核电先进技术开发、设计、装备制造能力。
	风能产业	累计并网风电装机2亿千瓦以上，年发电量超过3800亿千瓦时。海上风电装备实现大规模商业化应用。风电装备具备国际竞争力，技术创新能力达到国际先进水平。
	太阳能产业	太阳能发电装机容量达到5000万千瓦以上，光伏发电系统在发电侧实现平价上网。太阳能热利用安装面积达到8亿平方米；太阳能光伏装备研发和制造技术达到世界先进水平，太阳能热发电实现产业化和规模化发展。
	生物质能产业	生物质能发电装机达到3000万千瓦。生物燃气年利用量达到500亿立方米。固体成型燃料年利用量达到2000万吨。生物液体燃料年利用量达到1200万吨。实现新一代生物液体燃料的商业化推广。
新材料	新型功能材料产业	以我国高端装备制造和国家重大工程建设对新材料的需求为目标，掌握新材料领域尖端技术和应用器件的规模化生产技术，其中核心技术和先进器件加工制造技术达到国际领先水平。构筑产业链、提高高端功能材料及产品的市场竞争力，打破国外垄断，进一步提高国产高端新材料的自给率。
	先进结构材料产业	
	高性能复合材料产业	

（续表）

七大战略性新兴产业		2020年发展目标
新能源汽车	新能源汽车产业	形成新能源汽车动力电池、电机和电控技术创新发展能力，动力电池模块比能量达到300瓦时/千克以上。纯电动汽车和插电式混合动力汽车累计产销量超过500万辆。充电设施网络满足城际间和区域内纯电动汽车运行需要，实现规模化商业运营。整体水平达到国际先进水平。

资料来源：赛迪智库产业政策研究所根据材料整理，2013年9月。

（二）《战略性新兴产业发展专项资金管理暂行办法》，进一步加大了战略性新兴产业重大关键技术突破和产业化的资金支持

2012年12月31日发布的《战略性新兴产业发展专项资金管理暂行办法》集中支持战略性新兴产业重大关键技术突破、产业创新发展、重大应用示范以及区域集聚发展。办法对中央财政预算安排战略性新兴产业发展专项资金进行了规范管理。一是必须按照"集中资金，扶持重点"的原则来安排使用战略性新兴产业发展专项资金。针对战略性新兴产业发展中的薄弱环节和关键瓶颈制约，政府集中资金，综合扶持，支持创新资源密集、产业发展基础较好的区域率先实现创新驱动发展。二是界定了战略性新兴产业发展专项资金支持的范围。专项资金主要用于支持新兴产业创业投资、产学研协同创新、技术创新平台建设、区域集聚发展等战略性新兴产业重点工作，专项资金不支持已通过中央基建投资、节能减排专项资金、可再生能源专项资金等项目。三是明确了专项资金支持的方式。专项资金支持方式根据国内外战略性新兴产业发展情况进行动态调整，选择采用拨款补助、参股设立新兴产业创业投资基金等形式。参股创业投资基金按照2011年财政部印发的《新兴产业创投计划参股创业投资基金管理暂行办法》相关规定来进行资金拨付和管理。

（三）《"十二五"国家自主创新能力建设规划》，进一步明确了七大战略性新兴产业创新能力建设的重点

2013年1月15日发布的《"十二五"国家自主创新能力建设规划》把增强战略性新兴产业的持续创新能力作为今后战略性新兴产业发展的主攻方向。一是要着力增强战略性新兴产业创新平台和标准化的建设，为促进战略性新兴产业发展提供强有力的支撑。通过各种途径，建立健全产业前沿关键核心技术创新平台，加强技术支持和成果转化。支持企业部署开展战略性新兴产业技术标准前沿研究，

组建专利和技术标准联盟，加快形成一批具有国际影响力和认可度的技术标准。二是要鼓励支持战略性新兴产业创新成果应用示范，提高关键技术的产业化能力。积极建设战略性新兴产业创新成果应用示范基地，开展创新成果重大应用示范工程，培育战略性新兴产业商业模式创新。三是明确战略性新兴产业创新领域，并通过专栏列出了七大战略性新兴产业创新能力建设的重点，如表10-2所示。

表10-2 战略性新兴产业创新能力建设重点

七大领域	创新能力建设重点
节能环保	高效节能、低耗零排、环境安全、资源循环利用。
新一代信息技术	新一代无线通信、卫星移动通信、下一代广播电视网、下一代互联网、云计算、物联网、新型显示技术、半导体照明，信息技术服务。
生物	新药创制、高性能诊疗设备，合成生物与先进生物制造，医药、重要农作物及畜禽、微生物菌（毒）种等基因资源信息库。
高端装备制造	航空产品、卫星载荷研制，智能控制系统、高档数控机床、轨道交通装备、深海运载和探测技术装备、深部矿产资源探测装备。
新能源	新一代核电装备、大型风电机组系统集成及零部件设计试验平台，新型太阳能发电、智能电网、下一代生物燃料、大规模储能。
新材料	新型功能材料、先进结构材料、高性能复合材料、分离膜材料、有机硅材料、纳米材料、共性基础材料。
新能源汽车	插电式混合动力汽车、纯电动汽车、燃料电池汽车、车用动力电池、驱动电机、动力总成、管理控制系统。

资料来源：赛迪智库产业政策研究所根据材料整理，2013年9月。

第二节 2013年战略性新兴产业发展情况

一、战略性新兴产业发展取得的进展

在各级政府积极引导和产业政策大力推动下，在短短的几年时间里，我国战略性新兴产业呈现快速发展态势，规模实力不断扩大，技术水平和创新能力大幅提升，区域集聚快速发展，企业综合实力不断增强，市场环境日趋完善，为促进战略性新兴产业深入发展奠定了坚实基础。

（一）技术创新路径逐渐清晰

在《"十二五"国家自主创新能力建设规划》（国发〔2013〕4号）、《战略性新兴产业发展专项资金管理暂行办法》等政策强力推动下，战略性新兴产业创新机制逐渐形成，技术创新路径日益清晰。战略性新兴产业创新平台和标准化建设取得了较大进展，一批产业关键核心技术创新平台和工程化验证平台陆续建立，加快了创新能力建设的步伐，为战略性新兴产业提供了强有力的智力支撑。产学研联合进行技术攻关，企业与高等学校、科研院所协同创新能力得到了进一步增强，有效促进了全产业链创新发展，延伸产业价值链。加强战略性新兴产业领域的企业知识产权与技术标准建设，支持企业通过多种形式组建专利和技术联盟，加快抢占科技创新顶端。战略性新兴产业创新成果应用示范作用不断增强，依托产业创新资源聚集区，新兴产业示范基地和园区在全国各地相继建立。

（二）产业发展方向更加明确

为更好地指导各部门、各地区开展培育发展战略性新兴产业工作，明确产业发展方向，2013年2月22日国家发改委会同科技部、工信部、财政部、地方发改委、相关研究机构、行业协会等相关部门，组织编制了《战略性新兴产业重点产品和服务指导目录》（中华人民共和国国家发展和改革委员会公告2013年第16号）。《指导目录》依据《关于加快培育和发展战略性新兴产业的决定》（国发〔2010〕32号）确定的七个产业、24个发展方向，进一步细化到近3100项细分的产品和服务，明确指出了战略性新兴产业的发展方向和具体产品。其中节能环保产业约有740项，如表10-3；新一代信息技术产业约950项，如表10-4；生物产业约500项，如表10-5；高端装备制造产业约270项，如表10-6；新能源产业约300项，如表10-7；新材料产业约280项，如表10-8；新能源汽车产业约60项，如表10-9。《指导目录》的发布，进一步细化了战略性新兴产业的具体内涵，更有利于引导社会资源要素合理流动调配，把控社会资本投向，便于各地区、各部门找到今后促进战略性新兴产业发展的方向。

表 10-3　节能环保产业细分目录

重点发展方向	子方向
1.高效节能产业（进一步细分11项）	高效节能锅炉窑炉
	电机及拖动设备
	余热余压余气利用
	高效储能、节能监测和能源计量
	高效节能电器
	高效照明产品及系统
	绿色建筑材料
	节能交通工具
	用能系统优化、节能管理与服务
	采矿及电力行业高效节能技术和装备
	其他节能技术
2.资源循环利用产业（进一步细分9项）	矿产资源综合利用
	固体废物综合利用
	建筑废弃物和道路沥青资源化利用
	餐厨废弃物资源化利用
	汽车零部件及机电产品再制造
	资源再生利用
	非常规水源利用
	农林废物资源化利用
	资源循环利用服务

（续表）

重点发展方向	子方向
3.先进环保产业（进一步细分12项）	水污染防治
	大气污染防治
	土壤污染治理与修复
	垃圾和危险废物处理处置
	减振降噪设备
	环境监测仪器与应急处理设备
	控制温室气体排放技术、新材料与药剂
	环保产品
	环保服务
	智能水务
	海洋水质与生态环境监测仪器设备
	海洋环境保护与生态修复技术及装备

资料来源：赛迪智库产业政策研究所根据材料整理，2013 年 10 月。

表 10–4　新一代信息技术产业细分目录

重点发展方向	子方向
1.下一代信息网络产业（进一步细分4项）	网络设备
	信息网络设施
	新一代信息终端设备
	下一代信息网络安全防护产品
2.高端软件和新兴信息服务产业（进一步细分6项）	软件及应用系统
	信息技术服务
	电子商务服务
	公共事业信息服务
	数字内容服务
	网络与信息安全服务

（续表）

重点发展方向	子方向
3.电子核心基础产业（进一步细分7项）	集成电路
	新型显示器件
	新型元器件
	数字视听与数字家庭产品
	广播电视制播设备
	关键电子材料
	电子专用设备仪器

资料来源：赛迪智库产业政策研究所根据材料整理，2013年10月。

表10-5　生物产业细分目录

重点发展方向	子方向
1.生物医药产业（进一步细分7项）	新型疫苗
	生物技术药物
	化学药品与原料药制造
	现代中药与民族药
	生物分离介质与药用辅料
	海洋生物医药
	生物医药服务
2.生物制造产业（进一步细分4项）	生物基材料
	生物化工产品
	特殊发酵产品与生物过程装备
	海洋生物活性物质及生物制品

（续表）

重点发展方向	子方向
3.生物农业产业（进一步细分5项）	生物育种
	生物农药
	生物肥料
	生物饲料
	生物兽药及兽用生物制品疫苗
4.生物医学工程产业（进一步细分4项）	医学影像设备
	先进治疗设备
	医用检查检验仪器
	植介入生物医用材料

资料来源：赛迪智库产业政策研究所根据材料整理，2013年10月。

表 10-6　高端装备制造产业细分目录

重点发展方向	子方向
1.航空装备产业（进一步细分5项）	民用飞机（含直升机）
	航空发动机
	航空设备及系统
	航空材料
	航空维修及服务业
2.轨道交通装备产业（进一步细分5项）	铁路机车车辆及动车组制造
	铁路专用设备、配件制造
	城市轨道车辆制造
	内燃机及配件制造
	电动机制造

（续表）

重点发展方向	子方向
3.海洋工程装备产业（进一步细分5项）	海洋工程平台装备
	海洋工程关键配套设备和系统
	海洋工程装备服务
	海洋能相关系统与装备
	海洋环境监测与探测装备
4.智能制造装备产业（进一步细分3项）	智能测控装置
	关键智能基础零部件
	重大智能制造成套装备
5.卫星及应用产业（进一步细分4项）	空间基础设施
	卫星通信应用系统
	卫星导航应用服务系统
	卫星遥感应用系统

资料来源：赛迪智库产业政策研究所根据材料整理，2013年10月。

表10-7　新能源产业细分目录

重点发展方向	子方向
1.核电技术产业（进一步细分3项）	先进核电工程技术
	核燃料加工设备制造
	核电站设备及零部件制造
2.太阳能产业（进一步细分3项）	太阳能产品
	太阳能生产装备
	太阳能发电技术服务
3.生物质能产业（进一步细分3项）	生物质能
	生物液体燃料
	其他新能源

（续表）

重点发展方向	子方向
4.风能产业（进一步细分5项）	风力发电机组
	风力发电机组零部件制造
	风电场相关系统与装备
	海上风电相关系统与装备
	智能电网

资料来源：赛迪智库产业政策研究所根据材料整理，2013年10月。

表10-8　新材料产业细分目录

重点发展方向	子方向
1.先进结构材料产业（进一步细分4项）	高品质特种钢铁材料
	高性能有色金属及合金材料
	新型结构陶瓷材料
	工程塑料及合成树脂
2.新型功能材料产业（进一步细分14项）	新型金属功能材料
	新型功能陶瓷材料
	稀土功能材料
	高纯元素及化合物
	表面功能材料
	高品质新型有机活性材料
	新型膜材料
	功能玻璃和新型光学材料
	电子功能材料
	生态环境材料
	新型能源材料
	高品质合成橡胶
	高性能密封材料
	新型催化材料及助剂

（续表）

重点发展方向	子方向
3.高性能复合材料产业（进一步细分2项）	高性能纤维及复合材料
	金属基复合材料和陶瓷基复合材料

资料来源：赛迪智库产业政策研究所根据材料整理，2013年10月。

表10-9　新能源汽车产业细分目录

重点发展方向	子方向
1.纯电动汽车和插电式混合动力汽车（进一步细分1项）	纯电动汽车和插电式混合动力汽车

资料来源：赛迪智库产业政策研究所根据材料整理，2013年10月。

（三）区域集聚发展程度逐步提高

针对战略性新兴产业规划明确的重大工程和重点发展方向，基于各地资源能源优势、产业发展基础，某些资源密集区域的新兴产业发展迅速，产业集聚发展程度得到了很大的增强，区域集聚发展水平得到很大提高。上、中、下游相关产业加强自主跟进、资源统筹配置能力进一步加强，创新要素向区域特色产业集聚，重大关键技术产业化水平不断提升，逐渐形成一批具有国际竞争力和影响力的新兴产业集群。战略性新兴产业的区域发展格局初步形成。长三角、环渤海、珠三角已经成为产业发展的关键核心区域。如节能环保产业方面，我国已经初步形成东起上海沿长江至四川等中部省份的"沿江发展轴"，和以长三角、珠三角、环渤海为核心集聚发展的沿海发展带的区域集聚发展格局。生物产业方面，基本形成以环渤海为中心，东北地区快速发展，河南、湖南、湖北、四川等中西部地区具备较好基础的总体格局。一些地方政府也纷纷针对重点产业制定专项规划，加快构建具有地方特色的战略性新兴产业集群。

（四）市场发展环境积极改善

近年来，战略性新兴产业的宏观政策环境得到了很大改善。党和国家对战略性新兴产业的发展给予了高度重视。各级部门不失时机地发布政策文件力促战略性新兴产业发展。在财政支持方面，建立了稳定的财政投入增长机制，加大了对战略性新兴产业创新能力的资金支持，安排专项资金重点扶持战略性新兴产业重点领域和关键环节的技术突破，如 2012 年 12 月 31 日财政部、国家发展改革委联合印发了《战略性新兴产业发展专项资金管理暂行办法》（财建〔2012〕1111号）。战略性新兴产业发展的金融支持也得到了强化，2013 年 7 月 1 日国务院办公厅发布《关于金融支持经济结构调整和转型升级的指导意见》（国办发〔2013〕67 号），加大对有市场发展前景的战略性新兴产业资金支持力度。金融机构加大对战略性新兴产业的信贷支持，推动设立了战略性新兴产业穿越投资引导基金，民营企业和民间资本开始投资于战略性新兴产业领域。在战略性新兴产业人才培养方面，依托"千人计划"和海外高层次创新创业人才基地建设，注重创新人才培养和海外高层次人才引进。在战略性新兴产业市场培育和准入政策方面，加快建立有利于战略性新兴产业发展的相关标准和重要产品技术标准体系，市场准入的审批管理程序逐步得到优化。不断深化国际合作，积极引导外资投向战略性新兴产业，扩大外商投资渠道，完善外商投资环境。各级政府也加强顶层设计、政策引导，纷纷制定规划，明确战略新兴产业发展思路和重点，加强基础设施建设，加大政策资金扶持，为战略性新兴产业发展营造良好氛围，力争在竞相发展战略性新兴产业浪潮中，提升产业能级、打造新增长点。

二、战略性新兴产业发展取得的成效

（一）产业规模和总量水平发展迅速

在政府一系列政策措施的推动下，节能环保、新一代信息技术、生物产业、新能源、新能源汽车、高端装备制造业和新材料等七大战略性新兴产业得到了快速发展，部分领域产业规模位居世界首位。2012 年节能环保产业总产值接近3 万亿元，年均增速保持在 15% 以上，预计到 2015 年，总产值达到 4.5 万亿元，成为国民经济新的支柱产业。2011 年，我国核电、风电生产总量分别达到 872亿千瓦时、741 亿千瓦时。其中，2011 年新增风力发电装机总量达到 1800 万千瓦，超过美国、印度和欧盟，成为世界上风电设备制造大国和风电装机容量最多的国家。光伏产业发展很快，太阳能电池市场份额占全球 1/3，是世界最大的太阳能电池生产国。2012 年年底光纤宽带网络和 3G 网络已覆盖全国所有城镇，行政村通宽带比例达到 87.9%；2013 年 6 月底，互联网普及率达 44.1%。TD-LTE技术标准和研发产业化取得不断进展，IPv6 小规模商用试点稳步推进。三网融合试点范围不断扩大，覆盖到 31 个省（区、市）的 54 个地区（城市）。截至 2013

年6月份，我国电子商务整体市场规模达到5万亿元，电信基础设施投资1297亿元，TD-LTE规模技术试验城市扩大到15个，产业链薄弱环节取得突破，LTE终端质量达到国际先进水平。物联网已开始在智能物流、交通、智能电网、安防、环境监测等领域应用，初步形成了完整的产业链。2004~2009年医药制造业近五年平均增速约为23.8%，远远超过美国、日本、欧盟增长水平。全球首个KUBio模块化生物制药工厂落户武汉，工厂将成为全球领先的生物抗体生产基地。生物农药、生物肥料、燃料乙醇、生物柴油、生物基材料等许多新产品、新行业快速发展。高端装备制造业已经建立了比较完善的产业体系，初步形成了相对完整的产业链和一定的产业规模，综合国际竞争力日益提高，形成了产业发展的良好基础。

（二）技术创新能力不断增强

从战略性新兴产业科研成果和技术进步来看，技术创新能力得到进一步提高。以企业为主体，市场为导向，产学研相结合的技术创新体系正逐步形成，产业在工业领域产学研活动中的主导作用日益增强，围绕产业链部署创新链条，涵盖全产业链的开放性技术创新平台陆续建立，企业、高等院校、科研院所的研发创新积极性很高，一大批重大自主创新成果实现了历史性突破。在节能环保领域，产业技术创新和科技成果集成、转化能力大幅提高，膜技术和膜生物反应器应用方面取得了重要进展；能源高效和分质梯级利用、污染物防治和安全处置、资源回收和循环利用等关键核心技术研发取得重点突破，烟气脱硫和除尘的技术应用及设备制造接近国际先进水平。在新一代信息技术方面，产业技术水平显著提升。超高速光纤与无线通信、物联网、云计算、数字虚拟、先进半导体和新型显示等新一代信息技术取得重大突破。信息技术创新、新兴应用拓展和网络建设的不断互动融合，如龙芯、飞腾、申威等国产CPU已成功用于"星云"、"天河一号"、"神威蓝光"等国产千万亿次高性能计算机中，国产操作系统服务器已基本满足行业应用要求。在新能源产业方面，新型太阳能发电、智能电网、下一代生物燃料技术研究与利用取得重要进展，积极开展大型风电机组系统集成及零部件、新一代核电装备等设计试验平台，大力实施新能源集成利用示范重大工程。在新汽车方面，我国在动力性铁电池技术研究、成果转化应用领域已经达到国际领先水平。在高端装备制造领域，重大技术装备自主创新能力不断提升，装备制造业信息化应用水平显著增强，装备制造业标准化与质量控制提升得到很大进展。如我国自主研发的新一代重型军用运输机运-20实现首飞，自主设计、建造的第六代深水半潜式钻井平台"981"号在南海正式开钻。在新材料产业方面,纳米、超导、智能等共性基础材料研究和产业化能力逐步增加,超大规模基础电路关键配套材料、钛合金、大截面预拉伸铝合金、磁致伸缩材料、高性能纤维等生产技术进入国际领先行列。我国建成首条 T800 碳纤维生产线,在国内高性能碳纤维产业化方面实现零的突破,并打破了国外厂商的技术垄断。新材料产业认定和统计体系也得到加快发展。

（三）企业综合能力明显增强

从战略性新兴产业各大领域企业综合实力来看,竞争能力也明显增强。在政府政策有力支持下,许多大中型企业纷纷转型加快发展战略性新兴产业,成为产业发展的骨干力量,为新兴产业发展带来了巨大的示范作用。部分龙头企业、技术平台和产业基地在商业模式创新、行业关键技术突破等领域取得了突出的成效。例如,在节能环保产业,形成了一批具有国际竞争力的大型脱硫公司。在新材料领域,科锐近期宣布开发出光效大 276lm/W 的白光功率型 LED,再度刷新新材料行业纪录;康宁公司推出一种柳木玻璃,以配合柔性 OLED 的出现;光启公司建设了全球第一条超材料生产线,该公司已在世界范围内申请了 2210 件超材料领域核心技术专利,占该领域专利申请总量的 85%,占据了国际竞争的制高点。在新能源行业,一大批优秀的主导企业相继成立,像风电领域的华锐风电、金凤科技、南高齿、中复联众以及惠腾等,光伏领域的有进入全球太阳能电池产能前十名的尚德、英利、晶澳等大型企业。

（四）战略性新兴产业成为经济增长重要亮点

目前,社会各界推动战略性新兴产业发展的共识已经形成,战略性新兴产业保持了较快的发展速度。从带动国民经济发展情况来看,战略性新兴产业成为国民经济发展的重要引导力量,为保持经济平稳增长提供了重要的新增长点,为促进经济结构调整提供了新动力。尤其是,2012 年以来国内外经济形势复杂多变的情况下,战略性新兴产业总体实现逆势增长,在国民经济中的主导地位和作用日益凸显,成为稳增长、调结构的重要力量。2013 年 1~5 月份,医疗器械制造业、医药制造业、通信设备制造、软件产业等战略性新兴产业的主营业务收入分别比去年同期增长了 21.3%、19.8%、27.59%、24.2%,快于国民经济增长速度 10 多个百分点。从全国地方战略新兴产业的发展情况来看,全国各地战略新兴产业发展速度较快,继续领跑当地经济增长,有些经济发达地区战略性新兴产业已经成为本地区经济发展的支柱主导产业。譬如，在江苏、上海和广东等经济发达地区，战略性新兴产业的规模占本地区规模以上工业企业比重分别达到了38.4%、23.7%、19.8%。

第三节 面临的问题与挑战

当前世界经济格局、我国经济结构正面临深刻调整，我国工业发展的内涵和条件已经发生深刻变化。同时，第三次工业革命渐行渐近，为我国经济实现赶超提供了难得的历史机遇，这为战略性新兴产业的发展提供了有利条件。同时，战略性新兴产业发展也存在一些问题和挑战。

一、战略性新兴产业重大关键核心技术创新突破能力不足

目前，我国战略性新兴产业前沿核心技术掌握的仍然比较少，自主研发真正属于自己的关键技术较少。关键核心技术对外依存高，不少关键技术、核心技术受制于人。一些成套设备、关键零部件、元器件、关键材料只能依赖进口。如大规模集成电路、高端芯片、航空航海发动机、高铁机车轮匣轴承、高端数控机车、特殊型号钢材等，还不得不依赖进口。这导致我国的战略性新兴产业创新能力不强，缺乏核心竞争能力。新兴产业企业研发投入力度不够，试验设计能力较欠缺、技术集成能力薄弱，很多企业没有建立技术研发机构，较多地集中于产业链的某个环节甚至是低端环节上相互竞争。企业研究与试验发展经费支出占GDP比重远远低于发达国家的水平。发明专利数量少，拥有的专利特别是发明专利低于发达国家水平，有核心竞争力的发明专利数量更少。

二、战略性新兴产业的投融资体系还有待进一步改善

培育发展战略性新兴产业需要完备高效的投融资体系。但目前总体上我国金融体系对战略性新兴产业发展的支持还处在探索阶段，面临较多障碍。一是金融资源对战略性新兴产业的市场配置不足。目前，战略性新兴产业大多处于初期发展阶段，其在金融界的形象和信誉还未建立起来，市场失灵使得新兴企业与金融资本不能实现有效结合。受历史传统、自身经营理念等影响，金融机构在自然演进过程中可能对新兴企业和中小企业实施歧视性政策，不能有效满足其融资需求。

利率市场化改革尤其是贷款利率市场化定价机制改革滞后，使银行发展新兴企业信贷缺乏定价空间，导致银行服务的利益动机不足。作为新兴和风险较高的投资领域，新兴产业很容易造成金融主体与企业主体信息不对称，金融机构工作成本高，影响金融主体与战略性新兴产业的结合。创业板市场规模较小，创业板、中小板以及主板之间的转换通道尚未形成。二是金融结构与战略性新兴产业发展的主体特征不匹配。在我国以银行金融机构为主的间接金融占绝对主导地位（2001年以来占比基本在70%以上），国有商业银行在银行体系中又占主导地位，作为多层次资本市场底部的场外交易市场建设非常缓慢。这些不合理的金融结构，与新兴产业领域大量科技型中小企业构成主体不匹配。在大型国有银行主导型结构下，信贷资金过多地投放于大型企业，而新兴产业领域的科技型中小企业很难获得融资支持。现有股票市场在筛选上市企业时依然存在"重大轻小"和"重公轻私"的歧视。对中小企业上市发行要求高于大多数海外创业板市场的门槛。三是与战略性新兴产业契合的风险投资功能发生偏离。与其它金融业务相比，以风险投资为主的股权投资期限相对较长，注重被投企业的成长性和创新性，较多活跃在产业前沿，热衷于投资高成长的新兴产业领域。但由于我国风险投资多为政府机构附属型组织形式，造成产权缺失、人才缺乏、社会信用秩序混乱、有效退出及运营机制和渠道不畅等影响，我国风险投资短视行为较为普遍，投资阶段明显偏向扩张期和成熟期，造成后端投资过度"拥挤"，而前端投资则出现严重的"贫血"。这种逆向选择使得我国风险投资趋向于一般性的商业投资，弱化了其对新兴产业进行筛选培育、长期投资的经典功能。

三、战略性新兴产业科技成果转化能力和产业化水平相对较低

与发达工业化国家相比，我国科技成果转化率和产业率比较低，尤其战略新兴产业的科技成果产业率更是低。根据世界银行研究报告显示，目前我国战略性新兴产业的科技成果转化率平均在25%左右，与发达国家80%的平均水平存在明显差距。世界新兴产业发展报告指出，目前我国高技术成果的商品化率只有25%，真正实现产业化经营的还低于5%。导致大量科研成果根本得不到转化，丰富的科研资源并没有转化成产业竞争优势，科技资源供给与工业发展需求严重脱节，科技成果转化形成现实生产力能力太弱。在战略性新兴产业的某些领域，应用型科研还没有建立起市场导向的创新体系，科研立项、技术创新、成果转化

和市场开发相互分割，对彼此的定位和分工认识不清，脱节现象比较严重，尚未建立起共享共建的联动机制。

四、战略性新兴产业缺乏高素质人才有力支撑

战略性新兴产业既是一种新兴业态，也是高新技术产业，人才对外建设不够，缺乏创新人才和国际人才，智力支撑力度不够。尤其是缺乏那些掌握世界最新技术、当代产业结构动向以及战略性新兴产业运作基本规律和惯例的高素质复合型人才。紧缺和急需人才的培养引进制度跟不上发展要求，针对战略性新兴产业人力资本培育和发展的相关税收激励政策也显不足。应促进创新型、应用型和复合型人才的培养，支持战略新兴产业企业人才对外建设，完善高校和科研机构科技人员发明创造的激励机制，突破战略性新兴产业发展关键时期的人才瓶颈，使之转化为科技创新、市场开拓和产业壮大的持续动力。

第十一章　工业设计

工业设计是综合运用先进科学技术、工艺，融入文化意涵，赋予工业产品优良的性能、质量、结构、外观和品牌形象，使用户获得良好感受与认知的创新性活动。加强工业设计，对于提升产品附加值，增强企业竞争力具有十分重要的作用。德国、美国、日本、韩国等发达国家都将发展工业设计上升到国家战略予以重点扶持。以宝马、奔驰、苹果、索尼、三星为代表的世界知名企业及其主要产品更是工业设计的典范为世人著称。加快推进工业设计发展，是打造著名品牌、增强我国工业综合竞争力的重要途径；是提升企业自主创新能力、加速工业调整振兴的关键环节；是优化产业结构、推动经济发展方式转变的重要支撑；是实现"中国制造"向"中国创造"跃升的迫切要求。

第一节　2013年工业设计产业发展政策解析

作为生产性服务业的重要组成部分和新兴业态，工业设计对工业制造业发展意义重大，长期以来受到各级政府部门的关注和高度重视。近年来，各级政府相继出台了一系列政策措施促进工业设计产业的快速发展，并在多个领域取得积极进展，对提升制造业水平、促进我国工业转型升级起到了重要作用。2012年以来各级政府部门更是通过相关政策以及评奖和认定工作，大力推动我国工业设计的发展。

一、政策基本情况

（一）国家促进工业设计发展的相关政策情况

改革开放以来，国家高度重视发展工业设计，相继出台了一系列政策措施，为推动工业设计加快发展创造了良好的政策环境。2006年，国家《国民经济和社会发展第十一个五年规划纲要》中明确提出，要"发展专业化的工业设计"。2007年，时任国务院总理温家宝作出"要高度重视工业设计"的重要批示。同年，国务院印发的《国务院关于加快发展服务业的若干意见》也提出，要"大力发展面向生产的服务业，建设一批工业设计、研发服务中心，不断形成带动能力强、辐射范围广的新增长极"。2011年，国家《国民经济和社会发展第十二个五年规划纲要》又提出"促进工业设计从外观设计向高端综合设计服务转变"的发展要求。2011年12月，国务院颁布的《工业转型升级规划（2011—2015年）》中将工业设计作为促进工业转型升级的重要手段，提出要"大力发展以功能设计、结构设计、形态及包装设计等为主要内容的工业设计产业"，并提出工业设计及研发服务发展专项予以重点扶持。

随着我国工业化进程的不断推进，工业设计已经进入快速发展期，国家制订促进工业设计发展的指导意见，对于引导行业健康发展具有十分重要的意义。工业和信息化部成立之初就高度重视工业设计行业的发展。为加快推动工业设计发展，2010年，工业和信息化部、教育部、科技部等11个部门联合印发了《关于促进工业设计发展的若干指导意见》，第一次在国家层面出台专门针对工业设计发展的政策文件。

表11-1　国家促进工业设计发展的有关政策文件

出台年份	文件名称
2006	《国民经济和社会发展第十一个五年规划纲要》
2007	《国务院关于加快发展服务业的若干意见》（国发〔2007〕7号）
2008	《国务院办公厅关于加快发展服务业若干政策措施的实施意见》（国办发〔2008〕11号）
2010	《政府工作报告》
	《关于促进工业设计发展的若干指导意见》（工信部联产业〔2010〕390号）

（续表）

出台年份	文件名称
2011	《国民经济和社会发展第十二个五年规划纲要》
	《国务院关于落实〈中华人民共和国国民经济和社会发展第十二个五年规划纲要〉主要目标和任务工作分工的通知》（国发〔2011〕34号）
	《中国与德国首轮中德政府磋商联合新闻公报》
	《国务院办公厅关于加快发展高技术服务业的指导意见》（国办发〔2011〕58号）
	《工业转型升级规划（2011—2015年）》（国发〔2011〕47号）
2012	《工业和信息化部关于印发〈国家级工业设计中心认定管理办法（试行）〉的通知》（工信部产业〔2012〕422号）

数据来源：赛迪智库根据中国政府网、工业和信息化部网等网站资料整理，2013年8月。

在政策实施方面，近年来国家围绕工业设计陆续开展了一些重点工作。根据我国工业设计发展现状，借鉴发达国家发展工业设计经验，《关于促进工业设计发展的若干指导意见》提出要建立优秀工业设计评奖制度，鼓励工业设计创新。为做好中国优秀工业设计评奖立项工作，按照中央政府要求，2011年6月，工业和信息化部向国务院报送了《工业和信息化部关于设立中国优秀工业设计评奖项目的请示》。2011年8月28日，全国评比达标表彰工作协调小组以《关于工业和信息化部申报项目的复函》（国评组函〔2011〕35号）正式批复。首个国家级别的工业设计奖项正式开始实施。

为引导工业企业重视设计创新，《指导意见》提出："鼓励企业建立工业设计中心。国家对符合条件的企业设计中心予以认定"；"培育和认定一批国家级工业设计示范园区，发挥辐射和带动作用"。据此，在充分调研基础上，结合我国工业设计发展实际，2012年9月，工业和信息化部印发《国家级工业设计中心认定管理办法（试行）》，"遵循企业自愿、择优确定和公开、公平、公正的原则"，对于"工业设计创新能力强、特色鲜明、管理规范、业绩突出，发展水平居全国先进地位的企业工业设计中心或工业设计企业"给予国家级工业设计中心的认定，以进一步推动企业工业设计中心和工业设计企业的建设，促进工业设计产业发展。

（二）各地促进工业设计发展的相关政策情况

近年来，各级地方政府也十分重视工业设计产业的发展，并将发展工业设计作为推动本地区制造业做大做强，加快工业转型升级、提升区域竞争力的重要抓手，认真贯彻落实国家有关政策，结合本地实际，相继制定了一系列支持和促进产业发展的政策措施。自2012年以来，全国部分省（区、市）及地级市政府又出台了多部促进工业设计发展的政策文件。

表11-2　部分地方政府2012年以来促进工业设计发展的有关文件

地方	文件名	出台年份
深圳市	《深圳市人民政府印发关于加快工业设计业发展若干措施的通知》	2012
杭州市	《杭州市人民政府关于推进特色工业设计基地建设加快工业经济转型升级的若干意见》	2012
无锡市	《中共无锡市委无锡市人民政府关于加快产业转型升级促进经济又好又快发展的政策意见》	2012
四川省	《四川省工业设计发展专项资金项目申报指南（2013年）》	2012
江苏省	《江苏省工业设计中心和工业设计示范园、示范企业认定管理办法》	
北京市	《北京市设计创新中心认定管理办法》	2013
福建省	《2013年—2015年福建省工业设计发展行动方案》	2013
浙江省	《关于加强特色工业设计基地知识产权工作的意见》	2013

数据来源：赛迪智库根据各地政府及经信委网站资料汇总，2013年8月。

二、政策重点分析

（一）政策重点

1.提高自主创新能力

加强工业设计基础工作。《关于促进工业设计发展的若干指导意见》中提出，要"鼓励科研机构、设计单位、高等学校开展基础性、通用性、前瞻性的工业设计研究"，"提高工业设计的信息化水平，支持工业设计相关软件等信息技术产品的研究开发和推广应用。"《工业转型升级规划（2011—2015年）》中也提出，要"支持发展面向生产过程的分析、测试、计量、检测等服务，鼓励发展检索、分析、咨询、数据加工等知识产权服务"。

推动工业设计创新成果产业化。《关于促进工业设计发展的若干指导意见》中提出，要"重点支持促进产业升级、推进节能减排、完善公共服务、保障安全生产等重点领域拥有自主知识产权的工业设计成果产业化"。《工业转型升级规划（2011—2015 年）》中也提出，要"扶持一批专业化的技术成果转化服务企业，构建多领域、网络化的技术成果转化服务体系"。

完善工业设计创新体系。提高工业设计创新能力是工业设计产业加快发展的基础。《关于促进工业设计发展的若干指导意见》提出，积极"鼓励工业企业、工业设计企业、高等学校、科研机构建立合作机制，促进形成以企业为主体、市场为导向、产学研相结合的工业设计创新体系"。同时完善相应的配套政策措施，"引导工业企业重视设计创新，鼓励企业建立工业设计中心"，"国家对符合条件的企业设计中心予以认定"。

2. 营造良好市场环境

提高全社会的工业设计意识。工业设计意识的强弱决定着工业设计产业发展的后劲和持续性。《关于促进工业设计发展的若干指导意见》中指出，"加强政策引导和舆论宣传，在全国开展工业设计宣传、展览、交流等活动，普及工业设计理念。鼓励地区之间开展多种形式的工业设计交流与合作。引导企业，特别是中小企业广泛重视和应用工业设计，提高新产品开发能力。"同时要充分利用好媒体中介，"鼓励创办高水准的工业设计报刊、杂志和网站"。

加强和改善行业管理。《关于促进工业设计发展的若干指导意见》中指出，"加强市场监管，推动诚信建设，规范工业设计企业经营行为，维护公平有序的市场竞争秩序"，"充分发挥行业协会等中介组织作用，加强行业自律，为产业发展提供积极有效的服务"。《工业转型升级规划（2011–2015 年）》中也提出，要"制定重点行业生产经营规范条件，严格实施重点行业准入条件，加强重点行业的准入与退出管理"。

加强知识产权应用和保护。工业设计是提升企业竞争力的有效途径，但是仅有这一点是不够的，还必须借助知识产权的有效保护。《关于促进工业设计发展的若干指导意见》中指出，"鼓励企业和个人就工业设计申请专利和进行著作权登记。建立工业设计知识产权信用公示制度和预警机制，加大对侵犯知识产权行为的惩处力度。建立完善工业设计知识产权交易平台和中介服务机构，促进知识产权的合理有效流通。鼓励和支持公民及法人以工业设计知识产权作价出资创办企业"，"鼓励权利人充分利用知识产权维护自身的合法权益"。

建立工业设计评价与奖励制度。《工业转型升级规划（2011—2015 年）》和《关于促进工业设计发展的若干指导意见》中都提出，要"研究建立工业设计专业技术人员职业资格制度"，"建立工业设计企业资质评价制度"，"建立国家工业设计奖励制度"。

3. 增强产业发展能力

引导企业专业化发展。企业乃至行业发展实力的壮大必然要走专业化发展之路。《关于促进工业设计发展的若干指导意见》中指出，要"鼓励工业设计企业加强研发和服务能力建设，创新服务模式，提高专业化服务水平"。《工业转型升级规划（2011—2015年）》也提出，要"引导企业加大设计创新投入，鼓励加强设计研发服务能力建设，创新服务模式，重点培育一批工业设计和研发服务骨干企业"。

推动产业集聚发展。《关于促进工业设计发展的若干指导意见》中指出，要"鼓励各地根据区域经济发展实际和产业、资源比较优势，建立工业设计产业园区。加强公共服务平台建设，吸引工业设计企业、人才、资金等要素向园区集聚"。《工业转型升级规划（2011—2015年）》提出，要"培育一批辐射能力强、带动效应显著的国家级工业设计及研发服务示范区"。

4. 努力培育高端人才

人才是工业设计产业取得创新和赖以发展壮大的最核心要素，因此要围绕人才培养做多方面工作。《关于促进工业设计发展的若干指导意见》中提出，要"完善工业设计教育体系。探索建立有利于工业设计人才成长的教育体系和人才培养模式，培养适应工业发展需求的工业设计复合型人才"，"建立健全工业设计人才培训机制"，"鼓励行业协会、高等学校、科研机构和企业联合开展工业设计培训"，"积极引进优秀工业设计人才"。《工业转型升级规划（2011—2015年）》中提出，"鼓励有条件的企业创建工业设计实训基地"，"鼓励海外优秀工业设计人才回国创业和从事工业设计研究教学工作"。《国务院办公厅关于加快发展高技术服务业的指导意见》中强调，鼓励采用合作办学、定向培养、继续教育等多种形式，完善学科设置，创新服务业人才培养模式。鼓励企业加大职工培训投入力度，提高职工培训费用计入企业成本的比例。

5. 推动对外交流合作

鼓励国际工业设计企业和跨国公司进入中国市场，设立设计中心和分支机构。鼓励国内企业引入国际先进技术和管理经验，提升设计能力和水平。鼓励工业设计企业参加高水平的国际交流活动，支持工业设计企业将优秀作品参评国际奖项，提升中国工业设计的国际知名度，加强国内国际工业设计企业间多种形式的合作与互动。《关于促进工业设计发展的若干指导意见》中提出，要"鼓励国内工业企业、工业设计企业与境外设计机构建立多种形式的合作关系"，"健全政策支持和服务体系，大力发展工业设计服务贸易，不断提高规模、层次和水平。积极承接国际工业设计服务外包业务，推动工业设计服务出口。支持企业"走出去"，鼓励有条件的工业企业、工业设计企业在境外建立设计研发中心"。

（二）政策特征

1. 坚持设计创新与技术创新相结合

作为产业价值链前段的工业设计，以需求为导向，整合科技、文化与艺术等现代技术手段和多学科知识，服务于企业原始创新、集成创新和引进消化吸收再创新的全过程，是工业化、信息化时代系统性、集成性、创造性的设计活动。坚持设计创新与技术创新相结合，对于建设创新型国家，提升生产性服务业整体实力，强化科技支撑引领服务业发展将发挥极其重要的作用。《关于促进工业设计发展的若干指导意见》中提出，要"坚持设计创新和技术创新相结合，提高工业设计自主创新能力"。

2. 坚持专业化发展和在工业企业内发展相结合

坚持工业设计与现代制造业深度融合发展既是工业设计产业发展的客观要求，对推动制造业健康发展、促进工业转型升级无疑也具有重要意义。一方面，工业设计在提升自主创新能力、提高产品附加值方面具有重要作用，大力发展工业设计有助于提升我国制造业发展水平，促进制造业健康发展；要鼓励支持专业型的工业设计人才和工业设计企业朝着专业化的方向发展，形成工业设计产业链，力求打造高端的现代生产性服务业。另一方面，制造业的发展，新技术的诞生，又有助于催生新的工业设计方式方法，反向推动工业设计发展。工业设计的发展终究是为制造业服务，工业设计的推陈出新既来源于制造型企业，也要回归于工业企业本身。二者是相互促进、融合发展的关系。因此在坚持工业设计专业化发展的同时也应重视工业企业内工业设计的发展，将二者有力结合，共同开启我国高端制造业的新局面。

3. 坚持政府引导和市场调节相结合

《工业转型升级规划（2011—2015年）》、《关于促进工业设计发展的若干指导意见》等文件都强调了发挥市场主体重要性的特征，同时绝不能忽视政府的宏观引导和调控作用。《关于促进工业设计发展的若干指导意见》中指出，"发挥企业市场主体作用，政府积极扶持引导"。

4.坚持政策措施与各地实际相结合

各级地方政府在贯彻落实《国务院关于加快发展服务业的若干意见》、《工业转型升级规划（2011—2015年）》、《关于促进工业设计发展的若干指导意见》等文件精神，大力推动工业设计产业加快发展的实际工作中，结合本地产业发展情况，坚持因地制宜的方针，创造性地开展工作。如山东省以产品为基础、以平台为支撑、以基地为依托，实施了工业设计"三个一"工程，即研发一批具有自主知识产权的工业设计创新成果，培育一批具有国际国内领先水平的工业设计中心，打造一批具有国际竞争力的工业设计示范基地；浙江省通过建设特色工业设计示范基地，推动工业设计发展；四川省通过完善工业设计产业体系，通过鼓励行业组织和中介机构的发展来加速工业设计产业发展，等等。实践证明，各地开创性的工作对促进工业设计产业发展起到了重要作用。

第二节　2013年工业设计产业发展情况

近年来，我国工业设计产业快速发展，特别是在《关于促进工业设计发展的若干指导意见》出台后，各级地方政府积极响应政策号召，大力扶持本地区工业设计产业的发展。2012年后，我国工业设计的发展进入了快车道。

一、产业规模不断扩大，产业格局日趋优化

工业设计产业规模进一步扩大。受市场需求和政府重视的双重驱动，去年我国工业设计产业快速发展，在经济发达地区已初具规模。目前，北京市拥有各类设计院所和设计公司约2万家，从业人员25万人，设计产业总产值已超过千亿元[1]。广东省有专业工业设计机构数千家，创意设计产业园上百个，工业设计从业人员10万余人。深圳市设计产业从业人员超过6万人，通过工业设计带来的产业附加值超过千亿[2]。

---

[1] 数据来源：北京市工业设计促进中心，统计范围包括工业设计、文化艺术设计等相关设计产业。
[2] 数据来源：中国机械工程学会工业设计分会，统计范围包括工业设计、文化艺术设计等相关设计产业。

工业设计的产业布局日趋合理。目前，环渤海、长三角、珠三角等地区依托其雄厚的经济实力推动当地工业设计产业集群带的形成与发展，建设了北京、上海、广州、深圳等一批示范性城市，形成了一批以北京顺义区工业设计促进中心、深圳中国设计之都创意产业园、顺德国家工业设计与创意产业基地等为代表的新型的工业设计产业园区和示范基地，有力推动了面向纺织服装、轻工、电子信息制造、机械及装备制造等领域的工业设计产业的发展，汇聚了一批工业设计的领军人物。

表 11-3　部分省、区、市工业设计园区

省（市）	园区名称
北京	顺义区工业设计促进中心
上海	上海国际工业设计中心
深圳	中国（深圳）设计之都创意产业园
无锡	无锡工业设计园
南京	江苏工业设计园
顺德	国家工业设计与创意产业（顺德）基地

数据来源：赛迪智库产业政策研究所，2013 年 8 月。

二、服务领域逐步拓展，组织形式更趋多元

经过近些年的发展，我国工业设计的服务范围和领域不断得到拓展，服务模式及质量进一步提升。目前，工业设计已从初期的产品外观设计，发展到产品研发设计、企业形象设计等全方位的设计策划服务，在企业技术创新、产品研发和市场战略等方面的作用日益凸现。腾讯、小米等一批新兴的企业及设计公司正在运用当今信息化浪潮加速自身产品与高端设计的融合，以工业设计推动产品获得市场的认可，正在成为不容忽视的中坚力量。产业组织形式更趋多元化，企业工业设计中心、专业工业设计机构蓬勃发展。2013 年，我国工业设计机构进一步发展壮大，涌现出如青岛海高设计制造有限公司、北京宇朔创意工业设计有限责任公司、杭州瑞德设计有限公司等一批规模较大的专业化工业设计企业，一些大企业集团如海尔集团公司、飞亚达（集团）股份有限公司，其内部的工业设计中心也加快发展，企业组织效率、经营效益不断提高。

表 11-4 2012 年度"中国工业设计十佳"机构 [1]

2012年度中国工业设计十佳创新型企业	2012年度中国工业设计十佳设计公司
海尔集团公司	深圳市浪尖设计有限公司
腾讯科技（深圳）有限公司	浩汉工业产品设计（上海）有限公司
上海家化联合股份有限公司	青岛海高设计制造有限公司
北京小米科技有限责任公司	北京长城华冠汽车技术开发有限公司
飞亚达（集团）股份有限公司	上海木马工业产品设计有限公司
广州毅昌科技股份有限公司	北京宇朔创意工业设计有限责任公司
北京汉仪科印信息技术有限公司	深圳心雷工业设计有限公司
深圳创维–RGB电子有限公司	杭州瑞德设计有限公司
深圳市嘉兰图设计有限公司	佛山六维空间设计咨询有限公司
北京前门文化有限公司	灏域联华科技（北京）有限公司

资料来源：中国工业设计协会，2013 年 8 月。

三、市场运行有所规范，中介平台不断涌现

行业组织与管理不断加强。2013 年,中央及地方各级政府不断完善政策文件,同时不断完善促进产业发展的管理机构运行体系，更多的侧重于发挥行业协会的桥梁作用，共同促进了行业的规范运行和健康发展。工业设计产业的产业集中度也在日益提高，以园区和公共技术平台为载体的产业集群集聚步伐有所加快，一些工业设计产业基地、技术服务联盟相继成立，中介服务机构和平台不断涌现。

表 11-5 部分工业设计服务平台情况

名称	主要功能
中国设计交易市场	提供设计对接中介、设计合同登记、知识产权保护、法律援助、金融投资等服务
上海市创意产业展示与服务平台	提供展览展示、人才培训、活动宣传、信息服务、产权保护和交易等服务

---

[1] 2012年度"中国工业设计十佳"机构是行业协会（中国工业设计协会）自发组织评选的协会奖项。

（续表）

名称	主要功能
中国创意工业设计公共服务平台	为工业设计行业及其上下游产业链提供设计资讯、设计资源共享、设计产品交易、行业黄页服务、工业设计培训认证、设计师交流等服务
江西工业设计服务平台	为江西设计工业及制造业提供人才技术培训、工作坊、研讨会等服务
杭州市工业创新服务平台	为杭州市提供工业设计、公共技术服务、高端设计人才培训等服务

资料来源：赛迪智库产业政策研究所，2013 年 8 月。

四、重点行业发展迅速，部分领域日趋成熟

随着我国制造业的不断加速发展、工业设计的市场需求日益增加，工业设计的应用领域和范围不断扩大，已从消费品领域产品的外观设计，不断延伸到工程机械、汽车、船舶等领域的造型结构设计、功能整合设计，并在轻工、纺织、家电等领域的应用日趋成熟，用户体验满意度亦不断提升。如 2012 年评选出的中国优秀工业设计奖就充分展示了近些年的工业设计发展成就，得到了社会各界的广泛关注。

表 11-6　2012 年中国优秀工业设计奖产品设计金奖

单位	设计作品
北京华心意创工业设计有限公司	防灾减灾无人驾驶飞机（2010 款）
海尔集团公司	海尔水晶滚筒洗衣机（XQG80-HBD1626）
山东鲁能智能技术有限公司	变电站智能巡检机器人（第四代产品）
江南大学设计学院	飞毛腿磁动车（TDR1301Z）
好孩子儿童用品有限公司	A2009 婴儿车
湖南山河科技股份有限公司	Aurora（阿若拉）SA60L 轻型运动飞机
天津九安医疗电子股份有限公司	iHealthBP3 电子血压计（KD-931）
广东凌丰集团股份有限公司	自动旋压式倒水锅（Lift&Pour）
江西省贵竹发展有限公司	竹琴（GZ/ZQ 02-1209）

资料来源：工业和信息化部官方网站 ，2012 年 12 月。

第三节 面临的问题与挑战

虽然近几年我国工业设计产业的发展有了显著的进步，但是与发达国家相比尚处于起步阶段，整体发展水平较为滞后，主要表现在以下几个方面：

一、自主创新能力薄弱，社会认识有待提高

我国企业工业设计产品自主创新能力依然较为缺乏，产品设计的抄袭模仿严重，设计创新动力不足。国内多数制造企业仍然沿用市场换技术的经营模式，仍旧没有摆脱"引进—复制—落后—再引进"的恶性循环，对设计创新的重视程度不够，资金、人才投入不足，设计创新能力不强，山寨货和仿制品横行，通过低端价格竞争获取市场的行为不断涌现。

社会和企业对工业设计价值的认识不足或存在偏差。企业品牌意识不强和研发设计投入不足严重制约着工业设计发展步伐，使其仅停留在表面层次，缺乏对产品功能及核心价值的提升。相当多的企业将工业设计简单地理解为产品的外观设计，没意识到工业设计对品牌塑造、价值提升和竞争力提高的重要作用，运用工业设计的自觉性不足。此外，社会对于工业设计的认同度不高使得工业设计的发展难以找到有效的突破点。

二、市场氛围不够活跃，支撑体系有待完善

市场供需难以对接，有效设计需求难以通过市场释放。一是工业企业对其产品工业设计的需求不够明确，难以提出与产品深度结合的工业设计要求和方案。专业化的设计企业所属领域往往相对分散，缺乏工业设计相关的知识储备和案例积累，对工业产业专业领域的了解不够。二是工业设计市场缺乏引导和规范，一些好的设计创意难以产业化，缺乏有效的市场载体进行培育和拓展，工业设计相关法规也不够不完善。诸如，《专利法》对外观设计的保护力度和范围不够，存在"申请易，维权难"和"申诉易、举证难"的问题。

工业设计产业支撑和服务有待完善。一是在工业设计面向的具体行业细则、工业设计产业的区域布局等方面有待进一步深化，地方政府相关政策配套也需要进一步落实。二是管理服务支撑不足，产业支撑体系亟待完善。针对工业设计产业，除了政策层面的支撑，在行业管理和服务层面也需要相关配套措施，共同形

成较为健全的工业设计产业发展支撑体系。例如发展相关的产业发展基金、知识产权管理和交易服务等。三是工业设计产业发展载体需要进一步拓展，产业集聚效应难以发挥。全国范围内与工业设计和文化创意相关的产业示范园区众多，但普遍缺乏特色，除少数园区外，尚未形成品牌，缺乏影响力。

三、人才结构不相匹配，区域发展差距较大

工业设计中高端人才匮乏。当前，中国尚未形成完善的针对工业设计人才的培养体系，造成熟悉现代服务业特点，了解工业行业基础知识并掌握工业设计技能的专业设计师和中高端人才严重短缺。工业设计普及教育不够，高等教育重艺术轻理论，没有形成工业设计专门人才的全方位培养。尽管各类高等院校中已有一千多家开设了与工业设计相关专业系科，但多数院校只停留在对产品形式美学和造型能力的教学，工业设计与产品深度融合的理论基础知识没有涉及，未能把握工业设计高等教育的真正内涵，学科发展不能满足市场需求。二是工业设计师职业发展体系有待完善。工业设计人才职业化发展缓慢，资质认证制度亟待建立。但目前中国还没有专门的工业设计师职称认证体系，仅有工程师、建筑师、工艺美术师等职称系列，不能满足工业设计人才的职业发展需求。三是工业设计师实训交流缺乏，不利于快速成长。工业设计师参与特定领域众多具体项目的实操和积累是重要的成长方式，但中国目前工业设计师职业体系中，缺乏园区基地、职业联盟等相应的人才培养媒介和项目平台，设计师往往仅依托单个工业设计企业的业务成长和发展。另外，针对设计师的交流、研讨等活动仍然较少，这些都不利于工业设计师的快速成长。

四、产业实践重"下"轻"上"，产业推力有待挖掘

在实际推动"工业设计"和将具体工作落实到实践中时，表现出只注重产业链"下游"，即重视生产技术、材料技术和加工工艺等环节与设计之间的联系，而严重忽视产业链的"上游"，即设计与社会文化、与人们的生活形态、与企业的品牌建设、产品战略等领域的有机联系和系统整合。从几个国内"工业设计"开展得十分兴旺的地区来看，"工业设计"对于企业的作用，更容易凝结在生产的下游，即，更多地发挥在了产品本身的改型换代和技术创新上。从整个产业链的角度上看，极度地偏离在了"产品"之上，而在产业的上游，即，产品的设计

研究，则几乎是"空白"。也就是说，"工业设计"对产品的发展过程创新所起到的拓展、研发和整合等作用没有得到发挥。

行业篇

第十二章　钢铁工业结构调整

钢铁是国民经济发展的重要基础原材料，其产品主要用于基础设施、交通运输（汽车、铁路等）、石油、轻工等行业，因此钢铁工业被认为是发展国民经济与国防建设的物质基础，在我国工业化进程中尤其是基础设施建设领域中发挥着不可替代的作用。

第一节　钢铁工业结构调整的主要政策

2012年至今，受全球经济增速放缓、美国经济复苏迟缓、欧债危机持续蔓延等的扩散和蔓延，钢铁行业供需矛盾加剧恶化，尤其是部分行业用钢量负增长、钢铁价格急剧下跌、企业经营环境日益严峻、全行业亏损局面难以遏制等现象严重困扰钢铁产业，其稳定发展面临着前所未有的挑战。因此，国家出台法律、法规、政策等稳定钢铁行业的运行，保证了国家的节能减排、淘汰落后、兼并重组等目标的实现。

一、政策基本情况

钢铁行业是国民经济的基础性产业，也是我国工业主导产业之一，对未来我国城镇化的快速发展有着极为重要的支撑作用。自20世纪90年代以来，国家就一直高度重视钢铁产业的发展，出台了一系列产业政策指引、规范、推动钢铁工业的发展，为钢铁行业持续、稳定、健康的发展做出了重要贡献。2011年11月，为解决钢铁行业产能增长过快、淘汰落后进展缓慢、产业集中度低、布局不合理等问题,工业和信息化部印发《钢铁行业"十二五"规划》,从品种质量、节能减排、资源保障、技术创新、产业布局以及产业集中度六个方面明确了"十二五"期间钢铁行业的发展目标和战略方向,部署了钢铁工业转型升级路径,并且将其作为"十二五"期间钢铁工业发展的指导性文件。

2012年以来,为进一步落实上述规划,工信部、发改委、科技部等各部委以及各级地方政府从产品、企业以及行业等多角度出发,陆续出台多项政策来规范和指引钢铁行业发展,如《新材料产业"十二五"发展规划》《工业节能"十二五"规划》、《关于加快推进重点行业企业兼并重组的指导意见》等,基本上形成了由抑制过剩产能、淘汰落后产能、加快兼并重组、规范行业准入、推进技术改造作为主要内容的钢铁行业结构调整政策体系(表11-1、表11-2)。

表 12-1 2012—2013 年(中央)钢铁行业相关产业政策汇总

颁布日期	颁布部门	政策名称
2012.01.04	住房和城乡建设部、工业和信息化部	《关于加快应用高强钢筋的指导意见》
2012.02.22	工业和信息化部	《新材料产业"十二五"发展规划》
2012.02.27	工业和信息化部	《工业节能"十二五"规划》
2012.02.29	国务院	《环境空气质量标准》
2012.03.02	工业和信息化部	《工业清洁生产推行"十二五"规划》
2012.05.	国务院	《钢铁产业生产力布局和调整规划》
2012.06.15	工业和信息化部	《钢铁行业生产经营规范条件》
2012.07.29	工业和信息化部	《废钢铁加工行业准入条件》
2012.08.03	工业和信息化部	《产业转移指导目录(2012年本)》
2012.08.06	国务院	《节能减排"十二五"规划》
2012.08.10	国家发展与改革委员会	《钒钛资源综合利用和产业发展"十二五"规划》
2012.08.24	科技部	《高品质特殊钢科技发展"十二五"专项规划》
2012.10.29	环保部、国家发展与改革委员会、财政部	《重点区域大气污染"十二五"规划》
2012.10.29	工业和信息化部	《废钢铁加工行业准入公告管理暂行办法》

（续表）

颁布日期	颁布部门	政策名称
2012.11.17	国务院	《中原经济区规划》
2012.12.20	国家发展与改革委员会	《特殊和稀缺煤类开发利用管理暂行规定》
2012.01.04	住房和城乡建设部、工业和信息化部	《关于加快应用高强钢筋的指导意见》
2013.01.09	工业和信息化部、国家发展与改革委员会、科技部、财政部	《工业领域应对气候变化行动方案（2012—2020年）》
2013.01.22	工业和信息化部、国家发展与改革委员会、财政部等	《关于加快推进重点行业企业兼并重组的指导意见》
2013.02.04	国务院办公厅	《关于强化企业技术创新主体地位全面提升企业创新能力的意见》
2013.09.12	国务院	《大气污染防治行动计划》
2013.10.15	国务院	《国务院关于化解产能严重过剩矛盾的指导意见》

资料来源：赛迪智库整理。

表 12-2　2012—2013 年（地方）钢铁行业相关产业政策汇总

颁布日期	颁布部门	政策名称
2012.01.21	山东省银监局、人行济南分行	《关于金融促进山东省钢铁产业结构调整的指导意见》
2012.10.12	山东省人民政府	《山东省钢铁产业淘汰压缩落后产能实施方案》
2012.11.01	山东省人民政府	《山东钢铁企业兼并重组方案》
2012.05.14	江西省工业和信息化委员会	《江西省钢铁产业"十二五"发展规划》
2012.07.10	上海市经济和信息化委员会	《上海市钢铁产业"十二五"发展规划》

资料来源：赛迪智库整理。

二、现阶段政策重点分析

2012 年以来，国家与地方颁布的与钢铁行业相关的政策中，主要集中在加快兼并重组进程、推进节能减排措施执行与加强行业规范管理三方面。从各项产业政策的出台对钢铁行业的影响来看：节能减排，淘汰落后产能的政策力度不断加大，2012年来的政策也主要集中在这方面，钢铁企业作为耗能大户，环保压力逐渐加大；推进钢铁行业兼并重组，既是淘汰落后产能的需要，也是钢铁企业做大做强，增加行业集中度的需要，特别是山东省作为全国试点省份，针对兼并重组政策的出台，将有利于钢铁企业加快兼并重组进程，加快产业结构调整。

（一）推进行业兼并重组

2012年，我国粗钢产量排名前10名的钢铁企业产量之和占全国比重仅为45.9%，由此可以看出，目前我国钢铁行业企业集中度尚处于较低水平，钢铁企业布局分散，而众多企业盲目地进行扩产导致了如今钢铁产能过剩的局面。为使行业保持健康发展并实现转型升级，钢铁企业的兼并重组就成为未来发展的重要环节，由大型钢铁企业对中、小型钢铁企业进行整合，一方面可以有效地淘汰落后产能，缓解钢铁业供给过剩的状态，另一方面，大型钢铁企业一般拥有较为先进的生产技术，通过整合能够使行业技术更加集中，有利于促进行业整体竞争力的提升。在这样的背景下，为促进行业兼并重组和淘汰落后产能，相关部委以及各地方政府出台了一系列促进行业兼并重组的政策法规。

1.《关于加快推进重点行业企业兼并重组的指导意见》

为贯彻落实《国务院关于企业兼并重组的意见》中的部署要求，加快推进钢铁、水泥、汽车、船舶等行业企业的兼并重组，实现工业转型升级与发展方式转变，提高资源配置效率与优化产业结构，培育发展具有国际竞争力的大型企业集团。2013年1月22日，工信部、发改委、财政部等12个部门联合发布了《关于加快推进重点行业企业兼并重组的指导意见》（以下简称《意见》），从企业发展方向、兼并重组路径以及产业链延伸三个角度对我国钢铁行业未来的兼并重组工作做出了安排：

一是培育发展大型化、区域化的钢铁企业（集团）。目前我国钢铁企业的布局相对分散、行业集中度较低、众多中小型钢铁企业盲目投资，导致钢铁产能过剩情况不断恶化。因此，《意见》中要求整合中小型钢铁企业，减少小型钢铁企业数量，从而提升整个行业的集中度，推动行业健康发展。按照《意见》要求，到2015年，我国钢铁行业兼并重组要实现如下目标：国内前10家钢铁企业集团产业集中度要达到60%左右，形成3~5家具有核心竞争力和较强国际影响力的企业集团，6~7家具有较强区域市场竞争力的企业。

二是大力推动钢铁企业跨区域兼并重组。目前国内钢铁行业跨区域重组成功案例较少，究其原因主要是政府GDP考核机制和财税体制的不合理。为此，《意见》提出要在坚持市场化运作的基础之上，清理各地不利于企业跨区域兼并重组的政策文件，积极探索建立跨地区企业兼并重组利益共享机制。具体表现为：一方面鼓励大型钢铁企业集团开展跨地区、跨所有制兼并重组，支持区域优势钢铁企业兼并重组，如《意见》中提出在不违背国家有关政策规定的前提下，地区间可根据企业资产规模和盈利能力，签订企业兼并重组后的财税利益分成协议，妥善解决企业兼并重组后增加值等统计数据的归属问题，实现企业兼并重组成果共享；另一方面鼓励国内钢铁企业参与国外钢铁企业的兼并重组，通过海外兼并重组为实现吸引先进企业管理方法与生产技术、占领海外市场并走向世界等目标奠定良好基础。

三是鼓励钢铁企业不断延伸产业链。《意见》中不仅鼓励钢铁企业之间的横向整合，还重点支持钢铁企业参与国内现有矿山资源、焦化企业的纵向整合。通过纵向兼并重组，让钢铁企业参与经营上游原材料企业，加强对钢铁生产过程中的成本控制，从而实现降低成本保存利润的目的，这将对钢铁行业的健康发展起到有利的促进作用。

表12-3 《关于加快推进重点行业企业兼并重组的指导意见》的内容

《关于加快推进重点行业企业兼并重组的指导意见》	
制定日期	2013.01.22
制定单位	工信部、发改委、财政部等
目标	推动工业转型升级，加快转变发展方式，提高资源配置效率，调整优化产业结构，培育发展具有国际竞争力的大企业大集团。
重点	到2015年，前10家钢铁企业集团产业集中度达到60%左右，形成3～5家具有核心竞争力和较强国际影响力的企业集团，6~7家具有较强区域市场竞争力的企业集团； 重点支持大型钢铁企业集团开展跨地区、跨所有制兼并重组。积极支持区域优势钢铁企业兼并重组。大幅减少企业数量，提高钢铁产业集中度。支持重组后的钢铁企业开展技术改造、淘汰落后产能、优化区域布局，提高市场竞争力。鼓励钢铁企业参与国外钢铁企业的兼并重组； 鼓励钢铁企业延伸产业链。重点支持钢铁企业参与国内现有矿山资源、焦化企业的整合，鼓励钢铁企业重组符合环保要求的国内废钢加工配送企业。

（续表）

《关于加快推进重点行业企业兼并重组的指导意见》	
影响	《意见》有利于扫除钢铁企业重组障碍，推动行业加速兼并重组步伐，提高产业集中度，进而有利于提高行业对上游和下游的议价能力，推动行业健康发展。

资料来源：赛迪智库整理。

2.《山东钢铁企业兼并重组方案》

2011 年 10 月，国务院同意将山东省作为我国钢铁产业结构调整的试点地区，并提出到 2015 年前，山东省钢铁总产能由目前的 6307 万吨减量调整到 5000 万吨，钢铁企业由现在的 21 家重组为 6 大钢铁集团，沿海钢铁比重提高到 43%。为落实上述安排，山东省于 2012 年 11 月 1 日出台《山东钢铁企业兼并重组方案》，明确钢铁企业兼并重组的目标与重点，这将对山东钢铁产业结构的调整优化起到极大地推动作用。

一是打造大型钢铁企业集团。2012 年，山东省具有冶炼能力的钢铁企业共计 21 家，但是这些企业中大型骨干企业的规模较小、企业集中度较低、辐射带动能力较差、缺少能够引领全省钢铁产业转型发展的特大型钢铁企业等问题突出。为此，《方案》要求山东钢铁集团在现有济钢、莱钢及其他所属企业的基础上，兼并青钢、日钢、石横特钢、齐鲁特钢、山东闽源等企业，最终将山东钢铁集团打造为省级特大型钢铁集团。

二是组建区域性钢铁企业集团。根据《方案》的部署，山东省除着力打造大型钢铁企业集团外，还将组建淄博、潍坊、莱芜、临沂、滨州 5 个区域性钢铁企业集团。其中，淄博市将组建以南金兆集团、傅山集团、山东北金集团为主体的淄博齐鑫钢铁集团有限公司；潍坊市将组建以潍坊特钢集团、山东寿光巨能集团、山东鲁丽钢铁为主体的潍坊钢铁集团；莱芜市将组建以山东泰山钢铁集团、山东富伦钢铁为主体的鲁中钢铁集团有限公司；临沂市将组建以临沂江鑫钢铁、临沂三德特钢为主体的临沂钢铁联合有限公司；滨州市将组建以西王集团、山东广富集团、山东传洋集团为主体的邹平钢铁集团有限公司。

表 12-4 《山东钢铁企业兼并重组方案》的内容

《山东钢铁企业兼并重组方案》	
制定日期	2012.11.01
制定单位	山东省人民政府
目标	加快兼并重组步伐，调整钢铁产业结构，到2015年前，山东省钢铁企业由现在的21家重组为6大钢铁集团，钢铁总产能由目前6307万吨减量调整到5000万吨，沿海钢铁比重提高43%。
重点	山东钢铁集团在现有济钢、莱钢及其他所属企业的基础上，将兼并青钢、日钢、石横特钢、齐鲁特钢、山东闽源等企业，建设日照钢铁精品基地。山东钢铁集团占全省的钢铁比重由目前的42%提高到76%； 淄博市将以南金兆集团、傅山集团、山东北金集团为主体，组建淄博齐鑫钢铁集团有限公司； 潍坊市将以潍坊特钢集团、山东寿光巨能集团、山东鲁丽钢铁为主体，组建潍坊钢铁集团（控股）有限公司； 莱芜市将以山东泰山钢铁集团、山东富伦钢铁为主体，组建鲁中钢铁集团有限公司； 临沂市将以临沂江鑫钢铁、临沂三德特钢为主体，组建临沂钢铁联合有限公司； 滨州市将以西王集团、山东广富集团、山东传洋集团为主体，组建邹平钢铁集团有限公司。
影响	《方案》为山东省钢铁企业兼并重组指引了方向，有利于优化山东省钢铁产业结构。同时，山东在这方面的尝试关乎我国钢铁能否成功转型升级和健康发展的"蝶变"。

资料来源：赛迪智库整理。

（二）推进企业节能减排

为了将工业节能减排工作落到实处，督促企业开展节能减排，提高工业经济增长质量和效益，环境保护部和工业与信息化部分别牵头起草了《钢铁工业污染防治技术政策》和《工业节能"十二五"规划》。

1.《钢铁工业污染防治技术政策》

目前，钢铁行业除产能过剩问题外，其对环境的污染问题也日益严重。根据环保部的最新资料显示，2013年1~5月份期间，我国大气污染最严重的20个城市中，17个城市分布有钢铁企业。因此，为规范和指导钢铁企业的生产活动，促进钢铁企业从技术层面根本改善污染排放状况，使钢铁工业产业结构得以调整和优化升级，环保部制订了指导性文件《钢铁工业污染防治技术政策》，并于2013年5月24日开始实施。

一是提出钢铁工业污染防治可采取的技术路线和技术方法。《政策》从清洁生产、大气污染防治、水污染防治、固体废物处置及综合利用、噪声污染防治、二次污染防治等 6 个方面出发，鼓励企业根据自身情况采用相关技术路线和技术方法，达到降低污染物排放的目标，并逐步消除钢铁行业对环境带来的负面影响。如：为防治大气污染，鼓励采用干法净化技术、烟气循环技术、余热综合回收利用、低氮燃烧技术等。

二是鼓励钢铁企业研发和应用新技术处理生产中的污染物。《政策》除鼓励钢铁企业采用的相关工艺设备符合国家政策或相关标准外，更重要的是鼓励钢铁企业加强对降污减排技术的研发和应用。如：在减排新技术方面，鼓励企业研发和应用烧结烟气循环技术、二噁英和重金属联合减排技术及电路烟气二噁英联合减排技术等。

三是强调钢铁企业应当加强环保意识。《政策》在注重从源头削减污染的基础之上，还提出要对钢铁企业的生产经营过程进行控制，从而加强企业进行环保的自觉性。如：企业需要按照相关规定，安装化学需氧量、颗粒物等主要污染在线监测和传输设置，企业需要加强对原料场和各生产工序无组织排放的控制等。

表 12-5 《钢铁工业污染防治技术政策》的内容

分类	具体内容
清洁生产	鼓励烧结选用低硫、低氯和低杂质含量的配料
	鼓励充分利用钢铁生产过程中的余热余能，最大限度回收利用高炉、转炉和铁合金电炉的煤气等的余热
	烧结生产鼓励采用低温烧结、小球烧结、厚料层烧结、热风烧结等技术，减少设备漏风率
	高炉炼铁生产鼓励采用提高球团配比、富氧喷煤等技术
	转炉炼钢生产鼓励采用铁水一包到底、"负能炼钢"等技术
	热轧生产鼓励采用铸坯热送热装、一火成材、直接轧制、在线退火、氧化铁皮控制、汽化冷却和烟气余热回收等技术
	鼓励采用节水工艺及大型设备，实现源头用水减量化；鼓励收集雨水及利用城市中水

（续表）

分类	具体内容
大气污染防治	鼓励以干法净化技术替代湿法净化技术，优先采用高效袋式除尘器
	烧结烟气应全面实施脱硫
	鼓励高炉煤气干法除尘
	鼓励转炉煤气干法除尘
	鼓励轧钢工业炉窑采用低硫燃料、蓄热式燃烧和低氮燃烧技术
水污染防治	各类生产性废水优先在本生产单元内循环使用，排出废水（烟气脱硫废水除外）送原料场、高炉冲渣等串级使用
	热轧废水处理后应循环和串级使用
	铁合金煤气洗涤废水和含铬、钒废水应单独处理，可采用硫酸亚铁、亚硫酸钠、焦亚硫酸钠等还原处理后循环使用
	鼓励对循环水系统的排污水及其他外排废水，统筹建设全系统综合废水处理站，有效处理并回用
固体废物处置及综合利用	鼓励各类固体废物优先选用高附加值利用方式或返回原系统利用
	鼓励烧结（球团）、炼铁、炼钢工序收集的含铁尘泥造球后返回烧结（球团）工序，锌及碱金属含量较高时应先脱除处理后再利用
	高炉渣应全部综合利用，水渣优先生产矿渣微粉，干渣优先生产矿渣棉、保温材料等
	钢渣应采用滚筒法、热闷法、浅盘热泼法、水淬法等工艺处理，处理后的钢渣宜用于生产钢渣微粉（水泥）或替代石灰（石灰石）熔剂用于烧结等
	连铸、热轧氧化铁皮、含铁尘泥、废酸再生回收的金属氧化物，宜优先作为原料生产高附加值产品
	轧钢废酸、废电镀液和废油优先处理后回用，活性炭类废吸附剂宜优先用于高炉喷煤或其他方式安全利用
	使用废旧钢材时，应采取必要的监测措施，防止放射性物质熔入钢铁产品
噪声污染防治	应通过合理的生产布局减少对厂界外噪声敏感目标的影响
	噪声较大的各类风机、空压机、放散阀等应安装消音器，必要时应采取隔声措施

（续表）

分类	具体内容
二次污染防治	生产及废水处理过程产生的废油、废酸、废碱、废电镀液、含铬（镍）污泥以及含铅、铬、锌等重金属的废渣（尘泥）等，应妥善贮存、回收利用或安全处置
	脱硫副产物应合理处置和安全利用，严格预防和控制二次污染的产生
鼓励开发应用的新技术	鼓励研发和应用烧结烟气循环技术、二噁英和重金属联合减排技术
	鼓励研发和应用电炉烟气二噁英联合减排技术
	鼓励研发和应用烧结烟气脱硝技术和工业炉窑低氮燃烧技术
	鼓励研发和应用减排挥发性有机物的水基涂镀技术
	鼓励研发和应用基于废水回用的深度处理技术
	鼓励研发和应用基于冶金渣显热回收利用的工艺技术
	鼓励研发和应用烧结脱硫副产物的安全利用技术，高锌含铁尘泥脱锌技术及不锈钢钢渣、特种钢钢渣和酸洗污泥的资源化安全利用技术

资料来源：赛迪智库整理。

2.《工业节能"十二五"规划》

"十一五"以来，我国工业能源消耗总量逐年增加，占全社会能源消耗超过70%；而钢铁、有色金属、建材、石化、化工和电力六大行业的能源消耗比重也持续上升，占工业总耗能比重达到77%左右。"十二五"时期是我国经济社会发展的重要战略期，也是加快建设资源节约型和环境友好型工业体系的关键时期，要实现经济社会的可持续发展，工业生产的节能工作是重中之重。国务院《"十二五"节能减排综合性工作方案》要求各地区、各部门和中央企业制定具体实施方案，明确责任目标，确保实现"十二五"节能减排目标。为落实上述安排，工业和信息化部于2012年2月27日发布《工业节能"十二五"规划》指导工业领域节能工作，其中针对钢铁行业的指导如下：

一是明确钢铁行业"十二五"期间节能目标。《规划》要求到"十二五"末期，钢铁业单位工业增加值能耗较2010年下降18%，吨钢综合能耗由2010年的605千克标准煤/吨，降至2015年的580千克标准煤/吨，降幅为4.1%。与此同时，《规划》中对钢铁行业主要工序能耗及能源利用效率目标也进行了明确，到2015

年，烧结、高炉的能耗达到国家单位产品能耗限额标准先进值的企业数量占比达15%，焦化达60%，电炉达65%，大中型钢铁企业余热余压利用率达到50%以上，利用副产二次能源的自发电比例达到全部用电量的50%以上。

二是明确钢铁行业节能措施与途径。《规划》中要求钢铁行业通过加大节能技术的研发和推广力度、提高行业节能管理水平、加强中低温余热资源利用、构建行业之间能源循环利用等实现钢铁行业节能减排目标。如："十二五"期间，钢铁行业应该大力推广焦炉干熄焦、转炉煤气干法除尘等成熟的、适用的节能技术，完善和推广上升管余热回收利用、脱湿鼓风等尚未完全普及但技术相对成熟的节能技术，研究和开发高温钢渣铁渣显热回收利用等前沿技术。

表 12-6　钢铁行业节能途径与措施

序号	内容
1	以工序优化和二次能源回收为重点，提高物料、燃料的品质，提高高炉喷煤比和球团矿使用比例，加大废钢回收和综合利用，降低铁钢比。
2	大力发展绿色钢材产品，有效控制钢铁产量增长，淘汰90平方米以下烧结机、400立方米及以下高炉、30吨及以下转炉和电炉、炭化室高度小于4.3米，捣固焦炉3.8米，常规机焦炉、6300千伏安及以下铁合金矿热电炉、3000千伏安以下铁合金半封闭直流电炉和精炼电炉。
3	加大能源高效回收、转换和利用的技术改造力度，提高二次能源综合利用水平。
4	全面推广焦炉干熄焦、转炉煤气干法除尘、高炉煤气干法除尘、煤调湿、连铸坯热装热送、转炉负能炼钢等技术。
5	重点推广烧结球团低温废气余热利用、钢材在线热处理等技术。
6	示范推广上升管余热回收利用、脱湿鼓风、利用焦炉消纳废弃塑料和废轮胎等技术。
7	研发推广高温钢渣铁渣显热回收利用技术、直接还原铁生产工艺等。
8	加快电机系统节电技术、节能变压器的应用。

表 12-7　钢铁行业主要工序能耗及能源利用效率目标

工序	目标
焦化	到2015年，能耗达到国家单位产品能耗限额标准先进值的企业数量占比达60%。
烧结	到2015年，能耗达到国家单位产品能耗限额标准先进值的企业数量占比达15%。

（续表）

工序	目标
高炉	到2015年，能耗达到国家单位产品能耗限额标准先进值的企业数量占比达15%。
电炉	到2015年，能耗达到国家单位产品能耗限额标准先进值的企业数量占比达65%。
二次能源综合利用	大中型钢铁企业余热余压利用率达到50%以上，利用副产二次能源的自发电比例达到全部用电量的50%以上。

资料来源：赛迪智库整理。

（三）加强行业规范管理

为了进一步加强行业指导，规范某些过剩产能行业的经营行为，尤其是在产能过剩较为严重的钢铁行业形成市场化的行业退出机制，工业和信息化部牵头制定了《钢铁行业生产经营规范条件》和《废钢铁加工行业准入条件》。

1.《钢铁行业生产经营规范条件》

2010年6月4日国务院办公厅出台《国务院办公厅关于进一步加大节能减排力度加快钢铁工业结构调整的若干意见》（国办发〔2010〕34号）中，明确要求工业和信息化部牵头制定《钢铁行业生产经营规范条件》，为有关部门和金融机构做好促进钢铁企业兼并重组、淘汰落后产能和扶持优势企业发展等工作提供重要依据。为此，2010年6月工业和信息化部印发了《钢铁行业生产经营条件》。近两年，钢铁行业发展形势变化较大，同时《钢铁工业"十二五"发展规划》和相关产品新标准、环保新标准陆续出台，因此，为适应钢铁行业发展，工业和信息化部修订了《钢铁行业生产经营规范条件》，并于2012年6月15日公布了修订后的《钢铁行业生产经营规范条件（2012年修订）》，从产品质量、环境保护、能源消耗和资源综合利用、工艺与装备、生产规模、安全、卫生和社会责任等方面对现有钢铁企业生产经营活动实行全口径的行业管理。

一是《规范条件》对推动钢铁企业的绿色环保、节能减排等具有积极作用。《条件》调整了钢铁企业在能耗、污染物排放、资源综合利用等方面的指标，实行更加严格的能耗环保管理标准。在环境保护方面，要求吨钢烟（粉）尘排放量不超过1.19千克，吨钢二氧化硫排放量不超过1.63千克；在能源消耗与资源综合利用方面，要求吨钢新水消耗提高到不超过4.1立方米，固体废弃物综合利用率不低于94%，并且新增烧结、炼铁等工序的排放标准。

二是《规范条件》为国家在金融、贸易、生产许可等方面管理钢铁行业提供了有利依据。当前我国钢铁企业已经具有相当的竞争力，部分企业进入世界500强，成为推动工业化和城镇化以及经济增长的重要支撑。但是，由于部分企业缺乏行业管理基础，使得国家难以在资源配置、生产许可、环境保护、金融、贸易等方面规范管理。《规范条件》的实施，通过对现有钢铁企业生产经营进行规范审查，公布符合条件的企业，将使各部门在管理工作中有据可查，有利于各部门对已有钢铁企业实施行业基础管理。

三是《规范条件》将助推钢铁企业兼并重组或者退出钢铁行业。《规范条件》中提出：对符合生产经营规范并予以公告的企业，将加强政策引导和支持，反之，对于不符合生产经营规范条件的企业，将不再给予相关政策支持，而且对于不合格的企业要求其逐步退出钢铁行业。此要求的实施对于具有优势的企业而言，将有助于其加快结构调整和实现转型升级；而对于规模小、能耗高、污染重的小企业而言，将推动这些企业的兼并重组或退出，最终实现钢铁行业的健康发展。

表 12-8 《钢铁行业生产经营规范条件》的内容

类别	内容
产品质量	钢铁企业须具备完备的产品质量管理体系，保持良好的产品质量信用记录，近两年内未发生重大产品质量问题； 钢铁企业产品质量须符合国家和行业有关标准，严禁生产Ⅰ级螺纹钢筋、Ⅱ级螺纹钢筋（2013年后）、热轧硅钢片等需淘汰的钢材产品。
环境保护	企业须具备健全的环境保护管理体系，配套完备的污染物排放监测和治理设施，按照规定安装自动监控系统并与当地环保部门联网，近两年内未发生重大环境污染事故或重大生态破坏事件； 钢铁企业排污须持有排污许可证，达标排放，其中水和大气污染物排放须符合《钢铁工业水污染物排放标准》《钢铁工业大气污染物排放标准》等国家和地方标准； 钢铁企业吨钢烟（粉）尘排放量不超过1.19千克，吨钢二氧化硫排放量不超过1.63千克。企业污染物排放总量不超过环保部门核定的总量控制指标。有单向污染物减排任务的企业，须落实减排措施，满足减排指标要求。

（续表）

类别	内容
能源消耗和资源综合利用	钢铁企业须具备健全的能源管理体系，配备必要的能源（水）计量器具。有条件的企业应建立能源管理中心； 钢铁企业主要生产工序能源消耗指标须符合《粗钢生产主要工序单位产品能源消耗限额》和《焦炭单位产品能源消耗限额》等国家和地方标准，其中焦化工序不超过155千克标煤、烧结工序不超过56千克标煤、高炉工序不超过446千克标煤、转炉工序实现负能炼钢、普钢电炉工序不超过92千克标煤、特钢电路工序不超过171千克标煤； 钢铁企业须注重资源综合利用，提高各种资源的循环利用率。吨钢新水消耗不超过4.1立方米，固体废弃物综合利用率不低于94%。
工艺与装备	高炉有效容积400立方米以上，转炉公称容量30吨以上，电炉公称容量30吨以上，高合金钢电炉公称容量10吨以上，球团竖炉8平方米以上，烧结机有效烧结面积90平方米以上，常规机焦炉炭化室高度4.3米及以上，以及不属于《部分工业行业淘汰落后生产工艺装备和产品指导目录（2010年本）》中需淘汰的落后工艺装备。 钢铁企业主体工序须配备节能减排设备，其中高炉应配套煤粉喷吹和余压发电装置，高炉、转炉应配套煤气回收装置。焦炉应配套除尘、脱硫、污水生化处理、煤气回收利用以及干熄焦装置。烧结机应配套烟气余热回收及脱硫装置。 钢铁企业须按照适时修订的《部分工业行业淘汰落后生产工艺装备和产品指导目录》以及其他法律法规的要求，在规定的时限内淘汰落后的工艺装备。有淘汰落后产能任务的企业，须完成国家下达的年度淘汰落后产能目标任务。
生产规模	2010年普钢企业粗钢年产量100万吨及以上，特钢企业30万吨及以上，且合金钢比大于60%（不含合金钢比100%的高速钢、工模具钢等专业化企业）。
安全、卫生和社会责任	钢铁企业须具备健全的安全生产和职业卫生管理体系，焦化、氧气及相关气体制备、煤气生产（不包括回收）等危险化学品生产单位须取得危险化学品生产企业安全生产许可证，近两年内未发生重大安全责任事故。 钢铁企业须依法依规缴纳税收，不得拖欠职工工资，并须按国家有关规定交纳各项社会保险费。

资料来源：赛迪智库整理。

2.《废钢铁加工行业准入条件》

伴随废钢铁供应量、电炉钢产量的不断增加，废钢铁行业市场规模日渐扩大，钢铁企业生产过程也将逐渐大量循环使用废钢铁。据相关数据显示，全国年加工配送能力达到10万~100万吨的专业化废钢铁加工配送企业占社会回收废钢总量的35%以上，废钢铁市场规模近年内有望达到6亿吨/年，废钢铁加工配送行业的集中化过程才刚刚起步。因此，为推动废钢资源综合利用、加强废钢加工行业管理、规范废钢铁加工行业生产经营行为、推进废钢铁供需衔接、提高废钢铁集约化加工经营水平和加工质量，工业和信息化部于 2012 年 7 月 27 日出台了《废钢铁加工行业准入条件》。

一是《准入条件》提高了废钢铁加工行业的准入门槛。《准入条件》对废钢铁加工企业的布局和建设，规模、工艺和装备，产品质量，能源消耗和资源综合利用，环境保护等均提出了细致要求，大幅度提高了废钢铁加工行业的准入门槛。其中，对于新建和改扩建的废钢铁加工配送企业而言，《准入条件》在加工能力、厂区面积（作业场地）、加工生产系统综合耗电与耗水等方面均做出了最低要求，如：新建废钢铁加工配送企业年废钢铁加工能力必须在 15 万吨以上，厂区面积不小于 3 万平方米（作业场地不小于 1.5 万平方米），综合耗电应低于 30 万千瓦时 / 吨废钢铁，新水消耗应低于 0.2 吨 / 吨废钢铁。

二是《准入条件》要求废钢企业的生产经营符合国家法律、法规及政策。近年来，我国废钢铁加工企业"小、散、乱"的现象依旧存在，其不仅扰乱了废钢铁回收加工体系，而且严重影响了废钢的产品质量和市场价格。《准入条件》要求废钢铁加工企业必须按照国家法律、法规、规章或者相关规划等文件的要求，企业不得设立在自然保护区、风景名胜区等区域内，产品必须达到国家废钢铁标准，人员必须具备质量管理资格，这将使废钢铁产品质量得到极大提升，并且对清理目前废钢产业中存在的各种乱象具有重要意义。

三是《准入条件》的实施将有助于提升废钢加工企业的生产能力。目前，我国废钢消耗量逐年加大，而国内废钢供应量的增长率仍然无法满足年均 8000 万吨的需求量。同时，我国目前的废钢加工能力仅占社会回收废钢总量的 35% 左右，还有巨大的发展空间。《准入条件》的颁布实施，通过依法搬迁、转产或退出、兼并重组、联合等方式对不符合条件的实施整改，一方面可以提高产业集中度、扩大产能规模，满足现有的社会需求，另一方面也能够增强企业的核心竞争力，为未来的市场竞争奠定良好的基础。

表 12-9 《废钢铁加工行业准入条件》的内容

《废钢铁加工行业准入条件》	
制定日期	2012.07.27
制定单位	工信部

（续表）

《废钢铁加工行业准入条件》	
目标	推动废钢铁资源综合利用工作深入开展，加强废钢铁加工行业管理，规范废钢铁加工行业生产经营行为，积极推进废钢铁供需衔接，提高集约化加工经营水平和废钢铁加工质量。
重点	在政府规定的自然保护区、风景名胜区、饮用水源保护区、基本农田保护区和其他需要特别保护的区域内，居民集聚区和其他严防污染的企业周边1公里内，不得新建废钢铁加工配送企业，已在上述区域投产运营的废钢铁加工配送企业需在一定期限内逐步退出； 新建废钢铁加工配送企业年废钢铁加工能力须在15万吨以上；到2014年年底，改造、扩建废钢铁加工配送企业年废钢铁加工能力应达到10万吨以上； 新建及改扩建废钢铁加工配送企业加工生产系统综合电耗应低于30千瓦时/吨废钢铁，新水消耗应低于0.2吨/吨废钢铁，并避免二次污染。
影响	《准入条件》全面提高了废钢铁加工行业的准入门槛，有利于加强废钢铁产业规模化、现代化，优化资源配置，实现精料入炉，促进废钢铁加工行业科学健康可持续发展。 相关措施也将改善大型钢铁企业在废钢资源上长期"吃不饱"的局面，对其提高盈利能力有积极作用，有利于钢铁企业的发展。

资料来源：赛迪智库整理。

第二节　2013年钢铁工业结构调整的主要情况

近年来，受国内外经济增速放缓、产能过剩加剧等因素影响，我国钢铁企业的生产经营再次陷入低迷，钢铁工业的转型升级进入"阵痛期"。2013年，随着世界经济的缓慢复苏、国内"稳增长、调结构、促改革"的推进以及国家加大对钢铁行业的调整力度，相关政策措施的效果逐步显现，钢铁工业结构调整取得一定进展与成效：

一、投资增速有所下降

为化解钢铁行业产能过剩现象，国家严格控制钢铁行业新建项目，同时受市场需求放缓等因素的影响，2012年、2013年间行业内的投资增速有所下降，钢铁行业占全国固定资产投资的比重逐步下降。中国钢铁工业协会相关数据显示：2012年全国钢铁行业固定资产投资额为6584亿元，同比增长2.97%，但是增幅相较于2011年回落12.54个百分点；2013年全年钢铁行业固定资产投资6726亿元，增幅较 2012 年回落 3.7 个百分点。与此同时，在 2013 年上半年新增的 3790 万吨粗钢产能中，投至西北地区的新增产能近 2000 万吨，其余地区产能增速仅为 2% 左右，从而使得东部地区的产能压力有所缓解。整体来看，虽然钢铁行业投资增速有所趋缓，但是投资总额依旧庞大，新增产能必然会对当前产能过剩的化解造成一定的压力。

二、产业集中度稳步提高

一般来说，在行业景气度低的时候，大多数企业会采取抱团取暖的方式，但对钢铁业来说却步履维艰，尤其是 2012 年、2013 年。考虑到全行业利润微薄的实际情况，需求的增长继续放缓，钢铁业并购风险较大，大部分并购步伐都已放缓，导致这两年钢铁业并购重组案例大幅缩减。2012 年 11 月 1 日正式出台了《山东省钢铁产业结构调整试点方案》，为一直处于博弈状态的山东钢铁和日照钢铁的兼并重组提供了较好的支持，但年内依然未取得实质性进展；2012 年末达成的方大特钢正式收购萍钢协议，为 2013 年钢铁业并购重组提供了一个较好案例。然而，2012 年的并购运势却并未延续至 2013 年，全国 1000 多家钢铁企业中，粗钢前十家钢铁企业集团集中度为 39.4%，比 2010 年下降 9.2 个百分点，比 2012 年下降 6.5 个百分点，钢铁行业集中度出现不升反降的怪异局面 [1]。同时，美国、日本、欧盟 CR4 高达 60% 以上的集中度来说，我国钢铁产业集中度依然偏低，要达到"十二五"规划的目标仍有不小的差距。虽然这两年钢铁产业集中度出现了较大幅度的波动，但从全局看，钢铁产业集中度较之多年前相比已发生了巨大的变化，基本呈上升态势，如 2005~2011 年间，钢铁行业前十家企业产业集中度由 35% 提高到 2011 年的 49%。

三、技术水平明显提升

我国钢铁行业在科技工作方面取得了重大进步，新的工艺技术、新品种、新材料、新装备和信息化的研究开发，以及节能减排和环保技术的研究开发等都取得了显著成果。一是在产品品种、质量、工艺技术及推广应用方面取得重大进步，更好地满足了各有关行业生产和发展的需要。如在电工钢技术上，宝钢的《低温高磁感取向硅钢制造技术的开发与产业化》项目获得了 2012 年冶金科技奖的特

[1] 《2013年产业集中度不升反降，国际鼓励兼并重组》，中网资讯。

等奖，展示了我国取向硅钢生产工艺取得的突破性进展，打破了我国超高压大容量电力变压器铁芯所需要的高磁感取向硅钢长期以来进口的局面。二是在炼钢、炼铁、采矿等方面新技术成果显著。如山钢集团莱钢、北科大《120立方米高炉科研解剖研究》项目通过解剖高炉，揭示了我国原燃料条件下布料和侵蚀的特点，为我国炼铁理论的提高和充实提供依据；中冶焦耐工程技术公司《炭化室高6.25m捣固焦炉炼焦技术》项目实现了捣固焦炉大型化、发展捣固焦工作的新突破，在当前炼焦资源紧张的情况下具有重要意义。三是在信息化、能源管理领域取得重要进展。2012年，我国钢铁流程综合自动化应用技术、冶金装备技术、特色冶金施工技术、在线检测技术取得重大进步。一些项目达到国际先进水平，并取得较好的经济效益，应在行业中推广应用。例如，宝钢完成的《铸轧产线生产组织优化系统研发及应用》，鞍钢完成的《自主创新建设钢铁产品全制程的质量管控信息系统》等项目，推动了钢铁流程综合自动化应用技术的发展；重钢的《创新科学钢铁制造流程技术研发》等项目，提高了冶金工厂装备系统化和智能化的创新水平[1]。

四、节能减排效果显著

要做好节能减排工作，除了淘汰落后产能外，还要在全行业大力推进节能减排技术的应用，缩小在能耗、水耗、污染物排放等方面与国际先进水平的差距。2005年《钢铁产业发展政策》提出，钢铁企业要加大节能减排力度，实施余热余能回收和重大环保工程；2013年《大气污染防治行动计划》明确空气质量改善重点任务，进一步落实地方政府环境任务。随着这些政策的密集出台，2013年我国钢铁企业节能减排工作再次迈上新台阶。一是吨钢指标持续改善。钢铁企业的吨钢综合能耗、可比能耗、钢耗电、主要工序能耗、耗新水等指标均呈下降趋势，如综合能耗同比减少11.77千克标煤/吨，下降1.95%；耗电同比减少9.38千瓦时/吨，下降1.98%。二是污染物排放总量和吨钢排放量继续降低。钢铁企业废水中化学需氧量、氨氮、挥发酚、氰化物、石油类、悬浮物等主要污染物排放量均较上年同期有较大幅度下降，如悬浮物排放量、化学需氧量排放量、氨氮排放量、石油类排放量等均下降10%以上。三是冶金废物综合利用率进一步提高。高炉煤气和转炉煤气利用率等较上年同期进一步提高，如钢渣利用率同比提

---

[1] 段治：《2012年钢铁行业科技创新结硕果》，《中国冶金报》2013年2月5日。

高 1.50 个百分点，环比提高 0.78 个百分点 [1]。

第三节　面临的问题与挑战

钢铁行业面临的挑战主要来自于钢铁行业内外两个方面的因素影响，其中外在因素包括国际贸易保护主义加剧、资源保障程度较低、节能减排压力加大等，内在因素包括产能过剩问题突出、产业集中度较低、创新能力不强等。

一、国际贸易保护主义加剧

伴随全球性金融危机影响的逐步消除，美国、欧洲、日本等发达国家和某些新兴经济体国家的经济发展水平逐步好转，但由于全球经济复苏的不确定性和不可持续性，使得全球经济增长水平短期内难以恢复到危机前的水平，我国可能面临较长时期的出口低速增长甚至负增长的局面，这将对国内出口产业包括钢铁及下游行业产生明显的影响。同时，其他国家和地区为保护本国的国内企业，开始对我国出口的无缝钢管、不锈钢圆形焊管和有机涂层板等钢材产品发起反倾销、反补贴等调查，加剧了我国钢铁产品的出口困难。自 2012 年一季度以来，不仅有来自欧盟、巴西、墨西哥等国家的贸易救济调查，而且印度尼西亚、印度、俄罗斯等新兴国家市场对我国钢铁产品发起的贸易救济调查也呈现增长态势。

二、资源保障程度较低

新世纪以来，我国钢铁产量占全球比例不断攀升，但是对于原材料铁矿石却一直没有掌握定价的话语权，使得钢铁行业的发展不断受到进口铁矿石提价的困扰。自 1981 年开始，我国进口矿产生铁占全国生铁的比重直线上升，由 10% 不到迅速提高到现在的 70% 以上，如此高的依存度必将严重影响我国钢铁工业发展的安全。尤其是最近几年间，国外铁矿石价格上涨过快，使得我国不得不接受涨价要求，从而不仅大幅增加了我国初级钢铁产品的成本，而且也导致下游用户企业的经营困难和利润空间压缩以及行业性涨价，给国家宏观经济平稳运行带来严重影响和干扰，这必将成为钢铁企业可持续发展过程中难以承担的重负之一。

---

[1] 李宝军：《钢铁行业节能减排再上新台阶——2013年重点统计钢铁企业节能减排情况分析》，《中国冶金报》2014年2月25日。

三、节能减排压力加大

目前，虽然我国钢铁工业的节能减排工作已取得一定成效，但是钢铁工业节能减排过程中仍然存在一些问题，尤其是伴随国际国内环境的变化更是加剧了钢铁工业的节能减排压力。在国际方面，我国于 1998 年 5 月 29 日签署了《〈联合国气候变化框架公约〉京都议定书》，承担着二氧化碳排放的国际义务，而我国钢铁工业的快速发展却带来了二氧化碳排放量的高速增长，这严重影响着我国对国际义务的履行，对我国国际信誉也将产生不利影响；在国内方面，2013 年 1 月中央政府提出 2015 年要把能源消费总量控制在 40 亿吨标准煤，然而我国能源消耗在 2012 年就已经达到 36.2 亿吨标准煤，比预期消费高出 0.8 亿吨左右，这意味着未来的几年内节能减排压力必将加大，尤其是对作为高耗能行业之一的钢铁业来说，节能减排压力会更大，同时近年来的雾霾天气等也引起政府部门加强了对钢铁企业的监管，其发展环境的约束必将日益硬化。

四、结构性矛盾（产能过剩）突出

近年来，随着市场需求的逐步放缓与新建产能的不断释放，使得 2012 年国内钢铁行业运行呈现"高成本、高产能、生产增值低增长、回报低效益"的态势，尤其是钢铁工业产能过剩问题非常突出。2006~2012 年期间，新增钢铁产能高达 4.4 亿吨，而减少的粗钢产能仅有 7600 万吨，钢铁产能"不降反增"现象显著。截至 2013 年年底，全国粗钢产能达到 10.4 亿吨，产能利用里仅为 72%，明显低于正常水平；钢材社会库存量达到 1300 多万吨，比去年同期增加 9.06%；钢铁企业平均销售利润率只有 0.62 元。除此之外，由于低水平、落后产能以及盲目重复建设等问题的存在，导致钢铁行业产品结构亦发生巨大变化，中低端产品产能过剩逐步向高端产品产能过剩蔓延，宽厚板、不锈钢、冷轧薄板、重轨、热轧和电工钢等出现明显过剩。其中热轧产能在 2012 年就已超过 2.2 亿吨，冷轧产能已超过 1.2 亿吨，电工钢产能将超过 1530 万吨，产能利用率均处于历史较低水平。

五、产业集中度依旧较低

一直以来，我国钢铁企业中小高炉的数量较多，钢铁产业集中度较低，而且这一状况并未得到根本改变。从国际范围看，2003 年全球年产钢 500 万吨以上企业有 47 家，日本、韩国各有 2 家，其钢铁产量占到本国钢铁总产量的 74.29%

和 79.80%，反观我国却有着 13 家大型钢铁企业，但是其产量仅占全国钢铁产量的 44.48%；从国内情况看，虽然"十二五"规划要求大幅减少钢铁企业数量，国内前 10 位钢铁企业的钢铁产量要占全国的 60% 左右，但是近年来钢铁企业的兼并重组步履维艰，产业集中度不升反降。2013 年粗钢产量前十名的钢铁企业集团产量占全国总量的比重为 45.9%，相较于 2011 年降低 2.5 个百分点；2013 年为 39.4%，同比下降了 6.5 个百分点。卓创研究统计，我国宝钢仅占全球钢铁份额的 7% 左右，无法与全球其他几大钢铁企业竞争抗衡。因此，总体来看我国钢铁产业集中度依旧过低，国际竞争能力仍有待提升。

第十三章　有色金属工业结构调整

有色金属工业是国民经济重要的基础原材料产业，产品种类多、应用范围广、产业关联度高，在经济、社会、国防建设等方面发挥着重要作用。常用的有色金属有铜、铝、铅、锌、镍、镁、钛、锡、锑、汞等十种。近年来，我国有色金属工业规模巨大，已经形成了从常用有色金属到稀有金属，品种比较齐全，工艺比较完善的生产体系。

第一节　有色金属工业结构调整的主要政策

目前，我国有色金属工业发展中面临着冶炼行业产能严重过剩、企业成本高企、出口结构性矛盾突出、环境污染严重等问题，已经到了转型调整的关键时期。围绕化解产能严重过剩矛盾、提高产业集中度、促进绿色发展等目标，2011~2013 年国家先后出台了一系列文件和具体政策措施，推进有色金属行业持续健康发展。

一、政策基本情况

近年来，为推进有色金属工业结构调整，国家出台了一系列文件，既有总体发展规划，也有专项发展规划，还有各种指导意见，形成了全方位多层次的政策支持体系，政策内容涉及市场准入、淘汰落后、节能减排、兼并重组、产业转移等多个方面，政策手段涵盖产业、财税、金融、科技、环保等多种形式。

表 13-1 2011—2013 年有色金属工业结构调整相关文件

发布时间	发布部门	文件名称
2011.12	工业和信息化部	《有色金属工业"十二五"发展规划》
2011.12	工业和信息化部	《铝工业"十二五"发展专项规划》
2012.2	工业和信息化部	《新材料产业"十二五"发展规划》
2012.2	工业和信息化部	《工业节能"十二五"规划》
2012.3	工业和信息化部	《清洁生产"十二五"规划》
2012.7	工业和信息化部	《钼行业准入条件》（工业和信息化部公告2012年第30号）
2012.8	工业和信息化部	《产业转移指导目录（2012年本）》（工业和信息化部公告2012年第31号）
2012.9	国务院	《关于促进企业技术改造的指导意见》（国发〔2012〕44号）
2013.1	工业和信息化部	《工业领域应对气候变化行动方案（2012—2020年）》
2013.2	工业和信息化部	《关于有色金属工业节能减排的指导意见》（工信部节〔2013〕56号）
2013.1	工业和信息化部等12部委	《关于加快推进重点行业企业兼并重组的指导意见》（工信部联产业〔2013〕16号）
2013.6	工业和信息化部	《新材料产业标准化工作三年行动计划》（工信部原〔2013〕225号）
2013.7	工业和信息化部	《铝行业规范条件》（工业和信息化部公告2013年第36号）
2013.10	国务院	《国务院关于化解产能严重过剩矛盾的指导意见》（国发〔2013〕41号）

资料来源：赛迪智库整理。

首先，制定全方位的产业发展规划，对"十二五"时期有色金属工业发展进行总体部署。2011 年以来，涉及有色金属行业发展的规划主要有 2011 年 12 月工业和信息化部发布的《有色金属工业"十二五"发展规划》、《铝工业"十二五"发展专项规划》、《新材料产业"十二五"发展规划》、《工业节能"十二五"规划》和《清洁生产"十二五"规划》。其中，《有色金属工业"十二五"发展规划》，提出了"十二五"时期有色金属工业发展的主要目标、主要任务、重大专项和保障措施，为加快有色金属工业转型升级做出了具体部署。

其次，做好产业标准化工作，建立完善产业标准体系。2013年6月，工业和信息化部发布《新材料产业标准化工作三年行动计划》（工信部原〔2013〕225号），提出了加大特种金属功能材料、高端金属结构材料的标准修订力度（未来3年将完成60余项标准的修订，100余项标准的研制工作），积极开展稀有金属材料、稀土功能材料等领域的标准应用示范，加快推进新材料产业国际标准化工作等重点任务。

再次，出台一系列促进有色金属工业结构调整的具体政策。为规范行业投资行为，促进工业转型升级和持续健康发展，2012年7月，工业和信息化部制定了《钼行业准入条件》（工业和信息化部公告2012年第30号），从企业布局、生产规模和工艺装备、资源回收利用及能耗、环境保护、产品质量等方面对钼行业准入条件作出了规定；2013年7月，工业和信息化部制定了《铝行业规范条件》（工业和信息化部公告2013年第36号），对《铝行业准入条件（2007年）》进行了修订，规定了企业在布局与规模、产品质量、工艺与装备、能源消耗、资源综合利用、环境保护、安全生产和社会责任等方面应具备的基本条件，并实行企业公告管理制度。为优化产业布局结构，2012年8月，工业和信息化部发布了《产业转移指导目录（2012年本）》（工业和信息化部公告2012年第31号），引导能源短缺地区有色金属冶炼产能向能源资源丰富的西部地区有序转移，推动浙江等沿海临港地区有色金属加工产业集群发展升级。为推动有色金属工业提高能源资源利用效率、降低污染物产生和排放强度，实现绿色低碳循环发展，2013年2月，工业和信息化部印发了《关于有色金属工业节能减排的指导意见》（工信部节〔2013〕56号），提出了有色金属工业节能减排的主要目标、重点任务和政策措施。为提高产业集中度和资源配置效率，2013年1月，12部委联合发布了《关于加快推进重点行业企业兼并重组的指导意见》（工信部联产业〔2013〕16号），提出了推进重点行业企业兼并重组的基本要求、主要目标和重点任务，其中，电解铝行业企业兼并重组的目标是到2015年培育3~5家具有较强国际竞争力的大型企业集团，前10家企业的冶炼产量占全国的比例达到90%，政策支持的重点是优势企业强强联合和上下游企业联合重组。为积极稳妥化解部分行业产能严重过剩矛盾，2013年10月，国务院出台了《关于化解产能严重过剩矛盾的指导意见》（国发〔2013〕41号），提出了电解铝等产能严重过剩行业化解产能过剩矛盾的主要任务和配套政策措施。

二、现阶段重点政策分析

(一)《有色金属工业"十二五"发展规划》

为加快转变有色金属工业发展方式,增强有色金属工业核心竞争力和可持续发展能力,2011年12月工业和信息化部制定了《有色金属工业"十二五"发展规划》,它根据《国民经济和社会发展第十二个五年规划纲要》和《工业转型升级规划(2011~2015年)》编制,为加快推进有色金属产业转型升级做出了具体部署,是推动未来五年我国有色金属工业健康发展的指导性文件。该规划指出,"十二五"期间,有色金属工业发展应坚持结构调整、绿色发展、科技创新、国际合作、两化融合等基本原则,实现结构调整和产业转型升级取得明显进展的总体目标,并从产量、研发投入、产品品种和质量、生产技术和工艺、能耗、污染物排放等多个方面提出了产业发展的具体目标。

为保证产业发展目标的实现,《规划》提出了"十二五"时期有色金属工业发展的五大主要任务。一是通过调整优化产业布局、大力发展精深加工产品、积极推进企业重组、发展生产性服务业等重大举措,大力调整产业结构。二是通过加快资源基地建设、大力发展循环经济,提高资源保障能力。三是通过增强创新能力、加强技术改造、推进两化深度融合、加强标准化建设等手段,加快企业技术进步。四是坚持源头预防、过程阻断、清洁生产、末端治理的全过程综合防控原则,综合运用限制重金属污染排放项目,推广先进生产工艺、加强环境自动监测能力等措施,加大重金属污染防治力度。五是通过提高节能环保市场准入门槛,严格控制高耗能产业过快增长,综合运用多种手段加快淘汰落后产能,积极开展节能技术和项目示范工程,推进工业节能减排。

《规划》还提出了有色金属工业发展的5个重大专项,分别是资源开发专项、节能技术改造专项、精深加工产品专项、重金属污染防治专项、发展循环经济专项。资源开发专项要依托龙头骨干企业,在境外及资源能源丰富的中西部地区建设原材料生产加工基地,有效增加境外权益资源存量和国内资源储量。节能技术改造专项要通过采用先进适用技术、加强现有生产技术改造、加快淘汰落后产能、降低资源能源消耗等手段,使得铜冶炼、电解铝、铅冶炼等主要行业技术指标处于国际领先水平。精深加工产品专项要通过实施铝、镁、钛、铜等产品精深加工重点工程,实现关键新合金品种开发技术和重要功能材料方面的重大突破,基本满足大飞机、轨道交通等领域的需求。重金属污染防治专项要通过实施污染源综合治理、落后产能淘汰、民生应急保障、技术示范、清洁生产、基础能力建设等七类重点工程，大幅提升污染源综合防治水平，基本遏制突发性重金属污染事件高发态势，有效治理重点流域和区域重金属污染问题。发展循环经济专项要通过实施资源综合利用、高铝粉煤灰综合利用和再生金属回收利用工程，降低有色金属工业资源消耗和环境污染。

最后，《规划》提出了保障有色金属工业持续健康发展的几条措施，分别是强化规划指导、完善产业政策、加大科技投入、加强资源保护与储备、推进国际交流与合作、健全节能减排政策、完善行业管理等。

(二)《铝工业"十二五"发展专项规划》

铝是世界储量最丰富和最重要的有色金属之一，广泛应用于建筑、包装、交通运输、电力、航空航天等领域，是国民经济建设、新兴产业和国防工业发展不可或缺的重要基础原材料。近年来，我国铝行业技术进步和产业发展步伐加快，氧化铝和电解铝产量均居世界第一，结构调整、创新发展、节能减排等方面均取得了长足进步。然而，铝工业发展中还存在电解铝产能严重过剩、赤泥综合利用水平不高、高精尖铝材技术创新能力不足、煤（水）电铝一体化比例低等问题，铝工业结构调整任务仍然艰巨。为加快转变铝工业发展方式，引导铝工业健康持续发展，2011年12月工业和信息化部制定了《铝工业"十二五"发展专项规划》。该规划指出，"十二五"期间，铝工业发展要坚持总量控制的原则，以满足国内需求为主，不鼓励出口，并实现产业发展质量和效益明显改善的总体目标，主要体现在全部淘汰落后电解铝产能，技术创新能力显著增强，高端铝材品种和质量进一步提高，产业布局及组织结构得到优化等方面;《规划》还从工业增加值增速、高端铝材产品占比、企业研发强度、产业集中度、淘汰落后产能、单位能耗、污染物排放、综合利用率等方面提出铝工业发展的定量化目标，如到2015年增加值年均增长12%以上、高端铝材销售收入占比20%以上、规模以上企业研发强度1.5%以上、前10家产业集中度90%以上、氧化铝综合能耗每吨500千克标煤以下、赤泥综合利用率20%以上等。

为保证目标的实现，《规划》提出铝工业结构调整的重点任务：一是优化产品结构。鼓励发展质量、性能和技术含量及附加值高的精深加工产品，满足战略性新兴产业和国防科技工业的需求。二是优化产业布局结构。严格控制能源资源不具备条件地区的氧化铝和电解铝产能，积极引导能源短缺地区电解铝产能向能源资源丰富的西部地区有序转移。三是增强企业技术创新能力。围绕铝工业发展重点难点，在氧化铝节能减排技术、赤泥综合利用、新法铝冶炼技术、新材料开发、关键装备国产化、再生铝高效利用等方面，进一步发挥企业技术创新主体作用，大力支持产业技术创新战略联盟，提升铝工业整体技术创新能力，着力突破制约铝工业核心关键技术和共性基础技术，提高产业核心竞争能力。四是提高产业集中度。支持优势大型骨干企业开展跨地区、跨所有制联合重组，鼓励煤（水）电铝加工一体化，推动形成若干家具有核心竞争力和国际影响力的企业集团。五是大力发展循环经济。重点支持在有产业基础的地区建设若干赤泥综合利用示范工程，在高铝煤炭资源丰富地区，依托骨干企业建设高铝粉煤灰综合利用工程；在具备一定产业基础的区域，改扩建若干规模化再生铝示范工程。

为了实现上述重点任务，《规划》提出了几项保障措施：一是强化规划指导。各地工业主管部门要制定和调整本地区铝工业发展规划。二是严格行业准入。加快完善铝工业准入条件，提高行业准入门槛。依靠实行差别电价、税收优惠等经济杠杆，严格控制总量扩张和初级产品出口。三是加大财税政策支持。在研发创新、技术改造、高精尖铝材产业化、节能减排、废弃物综合利用等方面，给予财政政策支持和税收优惠。四是加强资源管理。规范开采行为，推进资源开发向大型矿山企业集中，保护并有序开发利用高铝煤炭资源。五是完善行业管理。加强产业政策、规划、标准的实施，规范和促进行业发展。建立健全运行监测网络和指标体系，强化信息统计和信息发布。积极发挥行业协会在信息交流、行业自律、企业维权等方面的作用。

（三）《铝行业规范条件》

为进一步加快铝行业结构调整，规范企业生产经营活动，2013年7月工业和信息化部对《铝行业准入条件（2007年）》进行了修订，制定了《铝行业规范条件》（工业和信息化部公告2013年第36号）。不同于以往对新建项目审批、核准或行政许可，《规范条件》突出结构调整，对企业在布局与规模、产品质量、工艺与装备、能源消耗、资源综合利用、环境保护、安全生产和社会责任等方面应具备的基本条件做出了明确规定（见下表）。

表 13-2　铝行业规范条件

项目		条件
企业布局		铝土矿开采、氧化铝、电解铝和再生铝项目必须符合国家产业政策和铝工业发展总体规划、土地利用总体规划、城镇规划、主体功能区规划。
生产规模及主要外部条件	铝土矿	依法取得采矿许可证，按照批准的开发利用方案进行开采。
	氧化铝	氧化铝项目建设规模必须在80万吨/年及以上，利用国内铝土矿的氧化铝项目，配套建设的铝土矿矿山比例应达到85%以上，资源保障年限应在30年以上；利用进口铝土矿的氧化铝项目，通过合资合作方式取得5年以上铝土矿长期合同的原料必须达到总需求的60%以上。利用高铝粉煤灰资源生产氧化铝项目必须接近粉煤灰产地，建设规模应达到年生产能力50万吨及以上，高铝粉煤灰资源保障服务年限应不得低于30年。
	电解铝	新增生产能力的电解铝项目，必须按照国家有关规定经有关部门核准，同时要有氧化铝原料供应保证，并落实电力供应、交通运输等内外部条件。鼓励电解铝企业通过重组实现水电铝、煤电铝或铝电一体化。电解铝项目最低资本金比例必须达到40%。
	再生铝	新建项目规模应在10万吨/年及以上；现有再生铝企业的生产规模不小于5万吨/年。
质量		铝土矿石产品质量必须符合GB/T24483-2009；氧化铝产品质量必须符合YS/T803-2012。 铝用预焙阳极产品质量必须符合YS/T285-2012；重熔用铝锭必须符合GB/T1196-2008。
工艺技术和装备	铝土矿	必须采用适合矿床开采技术条件的先进采矿方法，尽量采用大型设备，提高自动化水平，并依据铝土矿资源情况增设脱硫和除铁生产系统。
	氧化铝	根据铝土矿资源情况选择拜耳法、串联法等先进生产工艺及装备，并满足国家《节约能源法》、《清洁生产促进法》、《环境保护法》等法律法规的要求。
	电解铝	新建及改造电解铝项目，必须采用400KA及以上大型预焙槽工艺。现有电解铝生产线要达到160KA及以上预焙槽。 禁止采用湿法工艺生产铝用氟化盐；禁止建设15万吨/年以下的独立铝用炭阳极项目和2万吨/年以下的独立铝用炭阴极项目。
	再生铝	必须按照规模化、环保型的发展模式建设，采用先进熔炼炉型，并配套建设铝灰渣综合回收及二噁英防控能力的设备设施。 禁止利用直接燃煤反射炉和4吨以下其他反射炉生产再生铝，禁止采用坩埚炉熔炼再生铝合金。 现有再生铝生产系统，应采取有效措施去除原料中含氯物质及切削油等有机物。

（续表）

项目		条件
能源消耗	铝土矿	铝土矿地下开采原矿综合能耗要低于25千克标准煤/吨矿，露天开采原矿综合能耗要低于13千克标准煤/吨矿。
	氧化铝	新建拜耳法氧化铝生产系统综合能耗必须低于480千克标准煤/吨氧化铝（现有的必须低于500千克标准煤/吨氧化铝），新建利用高铝粉煤灰生产氧化铝系统综合能耗必须低于1900千克标准煤/吨氧化铝（含副产品），其他工艺氧化铝生产系统综合能耗必须低于750千克标准煤/吨氧化铝（现有的必须低于800千克标准煤/吨氧化铝）。
	电解铝	新建和改造的电解铝铝液电解交流电耗必须低于12750千瓦时/吨铝（现有的必须低于13350千瓦时/吨铝），铝锭综合交流电耗必须低于13200千瓦时/吨铝（现有的必须低于13800千瓦时/吨铝），电流效率原则上不应低于93%（现有的不应低于92%）。
	再生铝	新建及改造项目综合能耗应低于130（现有企业应低于150）千克标准煤/吨铝。
资源消耗及综合利用	铝土矿	铝土矿采矿损失率地下开采不超过12%、露天开采不超过8%；采矿贫化率地下开采不超过10%、露天开采不超过8%。禁止建设资源利用率低的铝土矿山及选矿厂。铝土矿的实际采矿损失率和选矿回收率分别不得超过和低于批准的矿产资源开发利用方案规定的指标及设计标准。
	氧化铝	采用不同工艺新建氧化铝生产系统的综合回收率、新水消耗、占地面积条件分别为： 铝土矿铝硅比大于7的新建拜耳法：≥80%；<3吨/吨氧化铝；<0.5平方米/吨氧化铝。 其他工艺：≥90%；<7吨/吨氧化铝；<1.2平方米/吨氧化铝。 高铝粉煤灰：≥85%；<10吨/吨氧化铝；<1.6平方米/吨氧化铝。 现有企业：使用矿石铝硅比5.5以上的，综合回收率应达到75%以上；使用矿石铝硅比5.5及以下的企业，应采用先进可靠技术对尾矿和赤泥进行综合利用，尽可能提高综合回收率，降低碱耗和水耗。
	电解铝	（1）不同电解铝系统的氧化铝单耗、原铝液消耗氟化盐、炭阳极净耗、新水消耗、占地面积条件原则上分别为： 新建和改造的：<1920千克/吨铝；<18千克/吨铝；<410千克/吨铝；<3吨/吨铝；<1.5平方米/吨铝。 现有企业：<1920千克/吨铝；<20千克/吨铝；<420千克/吨铝；<3吨/吨铝。 （2）现有企业要通过提高技术水平加强管理降低资源消耗，在"十二五"末达到新建企业标准。
	再生铝	新建、改扩建项目铝的总回收率应在95%以上，现有企业铝的回收率应在91%以上。废铝再生利用企业应配备热灰处理设备，废弃铝灰渣中铝含量3%以下，废水循环利用率98%以上。

（续表）

项目	条件
环境保护	（1）严格执行建设项目环境影响评价管理制度，污染物排放要符合国家《铝工业污染物排放标准》（GB25465-2010），所有新建项目和改造项目必须办理《排污许可证》（尚未实行排污许可证制度的地区除外）； （2）铝土矿矿山开发要严格执行矿山生态恢复治理保障金制度，编制矿山生态保护与治理恢复方案，并按照方案进行矿山生态、地质环境恢复治理和矿区土地复垦； （3）电解铝项目氟排放量必须低于0.6千克/吨铝，氧化铝厂、电解铝厂、铝用炭素厂应在烟尘净化系统烟囱尾气排放点安装污染物自动监控设施，定期向社会公告自行监测结果。
安全生产与职业病防治	（1）矿山、氧化铝、电解铝及再生铝建设项目必须符合《安全生产法》、《矿山安全法》、《职业病防治法》等法律法规规定；（2）矿山企业要依法取得安全生产许可证；（3）氧化铝企业赤泥堆场应符合国家有关尾矿库安全管理规定及技术规程。

资料来源：根据《铝行业规范条件》（工业和信息化部公告2013年第36号）整理。

（四）《关于有色金属工业节能减排的指导意见》

"十一五"期间，我国有色金属行业万元工业增加值能耗下降19.6%，部分产品综合能耗达到世界先进水平[1]，节能减排工作取得显著成效。但是，有色金属工业节能减排中还存在很多问题，如部分产品单耗与世界先进水平还存在一定差距、企业间能耗水平悬殊、重金属污染问题突出、落后产能比重高、固体废物综合利用水平偏低等。为推动有色金属工业提高能源资源利用效率、降低污染物产生和排放强度，实现绿色低碳循环发展，2013年2月，工业和信息化部印发了《关于有色金属工业节能减排的指导意见》（工信部节〔2013〕56号），提出了有色金属工业节能减排的主要目标、重点任务和政策措施。

《指导意见》指出，有色金属工业节能减排的主要目标是到2015年年底，万元工业增加值能耗比2010年下降18%左右，累计节约标煤750万吨，二氧化硫排放总量减少10%，污染物排放总量和排放浓度全面达到国家有关标准，全国有色金属冶炼的主要产品综合能耗指标达到世界先进水平。

为实现上述目标，《指导意见》明确了有色金属工业节能减排的几项重点任务。一是加快推动产业结构优化调整。坚决淘汰高能耗、高污染的落后生产能力，严格执行市场准入条件，引导有色金属冶炼企业向能源、资源富集地区转移，推动

---

[1] 数据来源：《关于有色金属工业节能减排的指导意见》（工信部节〔2013〕56号）。

企业兼并重组，鼓励延长产业链并形成新的经济增长点。二是加强节能减排与资源综合利用关键技术研发。开发锌冶炼清洁生产新工艺，研发赤泥大规模资源化利用技术，重点研究一批重大、关键、共性的节能减排技术。三是推动节能减排先进适用技术应用示范。重点推广新型铝电解节能技术、铜冶炼先进熔池熔炼技术等一批先进适用的节能减排技术，组织实施一批二氧化硫、重金属污染物、氨氮污染物防治工程。创建2至3个赤泥综合利用示范基地，形成多途径、高附加值赤泥综合利用发展格局。四是扎实推进有色金属再生循环利用。大幅提升有色金属再生产业技术装备水平，进一步优化产业布局和产品结构，培育形成若干再生有色金属产业集聚发展的重点地区。五是积极推行清洁生产。认真实施铜冶炼、铅锌冶炼清洁生产技术推行方案，组织编制和实施电解铝、氧化铝、稀土清洁生产推行方案和评价指标体系。五是加强重金属污染防治。坚持源头预防、清洁生产、末端治理的全过程综合防控原则，以重金属冶炼生产过程控制为重点，实施清洁生产技术改造，从源头消减汞、铅、镉、砷等污染物的产生量，降低末端治理难度和压力。

为保证有色金属工业节能减排取得显著成效，《指导意见》提出了五项政策措施。一是建立健全节能减排工作管理体系。二是加大行业准入管理和淘汰落后产能工作力度。严格执行铜、铝、铅锌、镁冶炼、再生铅等行业准入条件和相关有色金属产品能耗限额标准，加快研究制定有色金属工业改扩建项目节能评估审查办法，定期公告淘汰落后产能涉及企业名单，进一步完善落后产能退出的政策措施和长效机制。三是修订完善节能减排标准体系。四是强化财政税收政策支持引导作用。完善钨、锡、锑、钼、铟、稀土等优势战略金属资源税费政策，加强财税政策对关键和共性技术研发、再生有色金属产业发展和赤泥综合利用的支持。五是推动建设节能减排新机制。认定一批有色金属行业专业节能服务公司，探索建立有色金属企业节能减排自愿协议制度。

第二节　2013年有色工业结构调整的主要情况

"十一五"以来，是我国有色金属工业发展最快的时期，技术装备、品种质量、节能减排等方面均取得显著成绩，基本满足了国民经济和社会发展的需要，也为进一步转变产业发展方式、实现由大到强转变奠定了坚实基础。

一、产量继续增长，增速放缓

2013 年 1~11 月份，有色行业实现增加值同比增长 13.3%，增速回落 0.7 个百分点[1]。十种有色金属全年产量 4028.8 万吨，同比增长 9.9%，增幅提高 0.6 个百分点；其中，1~11 月，电解铜、电解铝产量分别增长 14.3% 和 9.6%。在工材加工领域，铜材和铝材产量增长较快，分别为 1498.6 万吨和 3962.5 万吨，同比增长分别为 25.2% 和 24.0%，增幅分别提高 14.2 和 8.1 个百分点。[2]

二、工艺技术及装备水平提高，节能降耗成效显著

"十一五"时期，我国自主开发的液态高铅渣直接还原、底吹炼铜、海绵钛大型还蒸炉等技术实现了产业化，新型阴极结构铝电解等技术居世界领先水平。2012 年，产业关键技术和新材料开发取得新成果，国内自主开发的超强化悬浮铜冶炼工艺，居世界领先地位。百万千瓦级核电用银合金控制棒研制成功，填补了国内空白，7000 系铝合金强韧化热处理创新技术研发成功，突破了航空用高性能铝合金制备的关键技术。目前，有色金属行业技术装备具有国际先进水平的铜、镍冶炼产能占 95%，大型预焙槽电解铝产能占 90% 以上，先进铅熔炼及锌冶炼产能分别占 50% 和 80%。多条具有国际先进水平的铜、铝加工生产线投入生产。总体来说，我国有色金属行业工艺技术水平总体上已经处于国际领先水平。

新技术、新工艺和新设备的广泛推广，有色金属行业节能减排成效明显。初步统计，2012 年，我国铝锭综合交流电耗下降到 13844 千瓦时 / 吨，同比下降58 千瓦时 / 吨，全年节电约 12 亿千瓦时；铜冶炼、电解锌综合能耗分别下降到325 千克标准煤 / 吨和 912 千克标准煤 / 吨，同比分别下降 11.9% 和 4.9%。[3]

三、产品结构有所改善

铜、铝、铅、锌、镍等 10 种产品的 64 个品牌已先后在伦敦金属交易所（LME）注册。通过引进技术及装备并经过消化吸收与再创新，铝板带箔、大型工业铝型材、精密铜管箔、钛棒、镁压铸件等产品实物质量接近或达到了国际先进水平，基本满足了电子信息、航空航天及国防科技工业等重点领域对高精尖产品的需要。

---

[1] 工业和信息化部：《2013年中国工业通信业运行报告》。
[2] 国家统计局。
[3] 工业和信息化部：《2012年有色金属工业运行情况分析及2013年展望》。

四、企业兼并重组加快，产业集中度明显提高

2013年1月22日，工业和信息化部、国家发展和改革委员会、财政部等12个部委联合发布《关于加快推进重点行业企业兼并重组的指导意见》，提出汽车、钢铁、水泥、船舶、电解铝、稀土、电子信息、医药等8大行业企业兼并重组的主要目标，明确了重点行业和农业产业化龙头企业兼并重组的重点任务，以及政府在积极引导企业稳妥开展兼并重组方面的主要职责。有色金属行业企业兼并重组步伐加快。2013年3月，南方稀土整合取得重大进展，赣州稀土集团正式运营，大大提高了南方稀土产业集中度，作为我国目前最大的中重稀土资源产地和冶炼加工集聚区，与北方稀土主产区的包钢稀土集团共同形成我国稀土产业南北双雄的局面。

五、产业转移持续推进，产业布局进一步优化

有色金属冶炼产能已开始逐步向资源能源丰富的地区转移。精炼铜生产主要分布在铜矿资源较丰富的江西、安徽、甘肃、云南和山东。2012年，五省区的精炼铜产量为383.8万吨，占全国产量的65.9%，同比增长1.2个百分点。电解铝主要分布在资源、能源富集的河南、内蒙古、甘肃、青海和山东。2012年，五省区电解铝产量为1144.1万吨，占全国总产量的56.4%。同时，新疆电解铝产量继续大幅增长，达到93.2万吨，增幅达到216.9%。锌冶炼主要集中在资源条件较好的湖南、云南、陕西、广西和内蒙古。2012年，五省区的锌冶炼产品产量为332万吨，占全国总产量的68.8%。

第三节　面临的问题与挑战

2012年~2013年上半年，在国家政策的支持下，有色金属行业在严峻的国内外经济形势下，基本保持了平稳运行态势，产品结构、技术装备水平、行业集中度、产业布局、进出口结构均有所改善，发展方式不断转变，但也存在一些突出矛盾和问题。

一、部分子行业产能过剩问题严重

2013年1~6月份，有色金属采矿业投资加速，冶炼投资增速放缓，由于下

游需求回升动力不足，产量回升缓慢。十种有色金属产量累计达到 1947 万吨，同比增长 10.05%，增幅较上年同期提高 3.3 个百分点。大部分有色金属行业冶炼产能过剩，其中电解铝产能过剩问题最为突出，2012 年末电解铝产能为 2765 万吨，产能利用率仅为 71.9%。同时，西部地区仍有一批违规新建的电解铝项目，全国总在建电解铝产能约为 1000 万吨。在严控高耗能、高污染行业新增产能，淘汰落后产能等系列政策引导下，我国电解铝产能增速呈放缓态势。1~6 月，电解铝产量达到 1058.04 万吨，同比增长 7.94%，增速较上年同期下降 1.83 个百分点，较 2013 年第一季度下降 2.76 个百分点。另据有关统计，2013 年 7 月底，国内电解铝厂的减产浪潮已持续大半年，相继减产的产能规模已超过百万吨。但是，电解铝整体供应规模仍然保持在高位，受电价上涨、价格下跌等因素影响，产能过剩后果显现，行业亏损依然严重。2013 年上半年，电解铝行业亏损 6.7 亿元，同比减亏 57%。亏损的产能占全国总产能的比重近四成，主要分布在河南、山东、新疆及西南地区。

二、产业结构不尽合理

我国有色金属工业总体处于国际产业链分工的中低端，高端产品开发能力弱。企业研发经费支出占主营业务收入的 0.65%，低于国内平均水平。自主开发的新材料少，新合金开发方面基本是跟踪仿制国外，关键有色金属新材料开发滞后于战略性新兴产业发展需求，高附加值的加工产品短缺，尤其是高精尖铝材技术创新能力不足，难以满足高端装备制造业的需要。航空航天用铝厚板、集成电路用高纯金属仍主要依靠进口。铜、镍等资源对外依存度高。行业自主创新能力及高端产品开发能力亟待提高。

三、资源环境矛盾突出

一是环境污染问题突出。长期的矿产资源开采、冶炼生产累积的重金属污染问题开始逐渐显露，污染事件时有发生，尤其是近年来发生的重金属环境污染事件以及血铅污染事件，对生态环境和人民健康构成了严重威胁。二是节能减排任务繁重。2010 年，有色金属行业能耗占全国能源消耗的 2.8%，但工业增加值只占全国的 1.99%；国内电解铝平均吨铝直流电耗 13084 千瓦时，距国内先进水平 12100~12500 千瓦时水平仍有一定差距；吨海绵钛电耗比国外先进水平高约 0.7~1

万千瓦时。三是淘汰落后产能任务艰巨。2013年，有色金属行业需淘汰电解铝27.3万吨，铜冶炼66.5万吨，铅冶炼87.9万吨，锌冶炼14.3万吨，铅蓄电池极板1420万千伏安时、组装1067万千伏安时。同时，2013年10月国务院颁布的《关于化解产能严重过剩矛盾的指导意见》（国发〔2013〕41号）明确要求在2015年年底前淘汰16万安培以下预焙槽的电解铝产能。

第十四章　建材工业结构调整

建材工业是我国重要的基础原材料工业。目前，我国已成为世界最大的建筑材料生产和消费国。其中，水泥、平板玻璃、石材、墙体材料等建材产品产量多年在世界排名首位。同时，建材工业也是我国的传统工业，整体生产技术水平与国外相比仍然偏低，水泥、平板玻璃等领域还存在较多落后产能且行业集中度较低，经常会出现产能过剩的问题，因而自20世纪90年代我国提出调整工业结构以来，建材工业一直是国家重点调结构的工业之一。特别是最近两年，建材工业中水泥和平板玻璃两大行业出现了严重的产能过剩问题，围绕化解建材工业产能过剩矛盾，2012~2013年国家制定出台了一系列政策，在推进建材工业结构调整中发挥了一定积极作用。

第一节　建材工业结构调整的主要政策

我国重视通过政策、规划引导工业健康发展。对于需要调结构的重点工业之一——建材工业，我国有关部门曾制定实施了多项政策推进该工业结构调整。2012年以来，建材工业部分行业出现了产能严重过剩问题，导致行业发展质量效益下降。国务院、工业和信息化部、发展改革委等部门围绕建材工业出现的问题，制定实施了针对性政策，进一步推动了建材工业的结构调整。

一、政策基本情况

作为我国重要的传统工业之一，建材工业经历了主要以小作坊企业生产为主向大企业占主导的生产模式的转变；生产工艺、设备主要由落后的立窑、小平拉等向新型干法、优质浮法转变，企业的竞争能力不断增强，工业结构不断优化。在此过程中，我国原来的发展改革、科技、财政、经贸委及当期的工信部、发展改革委等部门制定出台了一系列促进建材工业结构优化调整的政策。如原国家经贸委上世纪 90 年代制定，国务院转发的《国家经贸委〈关于清理整顿小玻璃厂小水泥厂意见〉的通知》（国办发〔1999〕49 号）；2006 年原国家发展改革委发布的《水泥工业产业发展政策》（中华人民共和国国家发展和改革委员会令 50 号），《关于加快水泥工业结构调整的若干意见》（发改运行〔2006〕609 号）和《关于促进平板玻璃工业结构调整的若干意见》（发改运行〔2006〕2691 号），2007 年发布的《平板玻璃行业准入条件》（中华人民共和国国家发展和改革委员会公告2007 年第 52 号）；2009 年工业和信息化部制定发布的《关于抑制产能过剩和重复建设引导水泥产业健康发展的意见》（工信部原〔2009〕575 号）和《关于抑制产能过剩和重复建设引导平板玻璃行业健康发展的意见》（工信部原〔2009〕591 号）等。形成了由淘汰落后、行业准入、抑制产能过剩、兼并重组、技术改造为主要内容的促进建材工业结构调整的政策体系。对建材工业结构优化调整做出了重要贡献。

2012 年以来，建材工业的水泥、平板玻璃等行业出现了较为严重的产能过剩问题，影响了行业健康发展。另外，建材行业总体属于高能耗、高污染工业，降低能源资源消耗、减少环境污染一直是建材工业结构调整的主要目的。因此，围绕建材工业部分行业产能严重过剩等问题及《建材工业"十二五"规划》中坚持结构调整的发展要求，国家有关部门制定实施了一批针对性政策，并在节能减排、推进清洁生产、促进企业技术改造、推进重点行业兼并重组、引导产业有序转移等方面的规划和政策中，对建材工业节能降耗、减少污染、技术改造、兼并重组、产业转移等提出了具体要求。这些政策在建材工业结构优化调整方面发挥了重要的促进作用。

（一）与建材工业结构调整有关的规划

2012 年，工业和信息化部、发展改革委、科技部等部门制定并组织实施了一系列引导行业健康发展的规划。其中，涉及建材工业结构调整的规划主要包括2012 年 2~3 月工业和信息化部制定发布的《新材料产业"十二五"发展规划》《工业节能"十二五"规划》和《清洁生产"十二五"规划》。其中，《新材料产业

"十二五"发展规划》提出要加快推广新型墙体材料和无机防火保温材料，壮大新型建筑材料产业的规模，并提出实施新型节能环保建材示范应用专项工程。《工业节能"十二五"规划》对建材行业提出要以水泥、平板玻璃和新型墙体材料为重点大力发展先进建材产品，同时淘汰立窑、平拉工艺等落后产能，支持、推广实现资源综合利用的先进产能。《清洁生产"十二五"规划》提出在水泥行业推广中低温催化还原氮氧化物减排技术、高温低成本非催化还原氮氧化物减排等技术；在平板玻璃行业推广零号喷枪的全氧助燃技术，逐步扩大富氧、全氧燃烧技术的应用范围等。

（二）与建材工业结构调整有关的政策

2012~2013 年国务院、工业和信息化部、国知局等部门制定发布了一批直接针对建材工业的政策及对建材工业结构调整有明显推动作用的综合性政策。直接政策主要是 2013 年工业和信息化部为规范建材工业部分行业市场的秩序而发布的《建筑防水卷材行业准入条件》（中华人民共和国工业和信息化部 2013 年第 3 号公告）及相应的公告管理暂行办法。综合性政策方面。一是引导建材工业有序转移的政策，主要是 2012 年工业和信息化部发布的《产业转移指导目录（2012 年本）》，该目录对各地建材工业承接产业转移的内容提出了详细要求。二是促进建材工业技术升级的政策，主要包括，2012 年国务院发布的《关于促进企业技术改造的指导意见》（国发〔2012〕44 号），2013 年国办发布的《关于强化企业技术创新主体地位全面提升企业创新能力的意见》（国办发〔2013〕8 号），以及国知局发布的《关于加强陶瓷产业知识产权保护工作的意见》（国知发协字〔2013〕26 号）。三是推进建材工业兼并重组的政策，主要是 2013 年工业和信息化部发布的《关于加快推进重点行业企业兼并重组的指导意见》（工信部联产业〔2013〕16 号）。四是促进建材工业落后产能退出、鼓励发展先进产能的政策，主要是 2013 年工业和信息化部等部门联合发布的《工业领域应对气候变化行动方案（2012—2020 年）》。

表 14-1　2012—2013 年上半年与建材工业结构调整相关的规划和政策

发布时间	发布部门	政策名称
2012年2月22日	工信部	《新材料产业"十二五"发展规划》
2012年2月27日	工信部	《工业节能"十二五"规划》

（续表）

发布时间	发布部门	政策名称
2012年3月2日	工信部	《清洁生产"十二五"规划》
2012年8月3日	工信部	《产业转移指导目录（2012年本）》
2012年9月1日	国务院	《关于促进企业技术改造的指导意见》（国发〔2012〕44号）
2013年1月9日	工信部	《工业领域应对气候变化行动方案（2012—2020年）》
2013年1月15日	工信部	《建筑防水卷材行业准入条件》（中华人民共和国工业和信息化部2013年第3号公告）
2013年1月15日	工信部	《关于印发建筑防水卷材行业准入公告管理暂行办法的通知》（工信部原〔2013〕19号）
2013年1月22日	工信部	《关于加快推进重点行业企业兼并重组的指导意见》（工信部联产业〔2013〕16号）
2013年1月28日	国务院办公厅	《关于强化企业技术创新主体地位全面提升企业创新能力的意见》（国办发〔2013〕8号）
2013年3月26日	国知局	《关于加强陶瓷产业知识产权保护工作的意见》（国知发协字〔2013〕26号）

数据来源：赛迪智库整理。

二、现阶段重点政策分析

（一）促进建材产品结构优化调整的政策

促进建材产品结构优化调整是2012年以来我国推动建材工业结构调整的主要手段之一，2012~2013年上半年国家发布多项政策都涉及建材产品结构优化调整的内容。2012年，工业和信息化部发布《新材料产业"十二五"发展规划》，提出要加快发展新型建材，即"加快推广新型墙体材料、无机防火保温材料，壮大新型建筑材料产业规模"。并制定了新型节能环保建材示范应用专项工程。提出到2015年高强度钢筋使用比例达到80%、建筑节能玻璃比例达到50%、新型墙体材料比例达到80%的新型建材发展目标。《工业节能"十二五"规划》要求建材行业以水泥、平板玻璃和新型墙体材料为重点，大力发展预拌混凝土、预拌砂浆、混凝土制品等水泥基材料制品和中空玻璃、夹层玻璃等节能型建材产品以及高性能防火保温材料、烧结空心制品和粉煤灰蒸压加气混凝土等轻质隔热墙体材料。《工业领域应对气候变化行动方案（2012—2020年）》则提出要"推广利用电石渣、造纸污泥、脱硫石膏、粉煤灰、矿渣等固体工业废渣和火山灰等非碳酸盐原料生产水泥，加快发展新型低碳水泥"。这些措施的落实将有助于建材产品向绿色化、低碳化、高端化发展，新型建材产品、绿色建材产品的比重将进一步提升，建材产品结构将更加优化。

（二）抑制建材工业产能过剩的政策

2012年以来，我国建材工业中水泥、平板玻璃等行业出现了严重的、全局性的产能过剩问题，对行业的健康发展形成了一定障碍。2012年中央经济会议明确提出要以"尊重规律、分业施策、多管齐下、标本兼治"为原则，按照"消化一批、转移一批、整合一批、淘汰一批"的治理要求，化解产能过剩矛盾。鉴于水泥、平板玻璃等产能过剩行业目前仍存在违规建设的项目，国家发展改革委、工业和信息化部联合发文叫停水泥、平板玻璃等产能过剩行业所有违规在建项目，从而严格遏制过剩行业产能快速增长的势头。此外，工业和信息化部按照"淘汰一批"的要求，继续推进水泥、平板玻璃等行业淘汰落后产能工作。在工信部发布的《工业节能"十二五"规划》中，明确提出"要淘汰直径3.0米及以下的水泥机械化立窑和直径3.0米以下球磨机、平拉工艺平板玻璃生产线等落后工艺设备，对综合能耗不达标的水泥熟料生产线、水泥粉磨站以及普通浮法玻璃生产线进行技术改造，对技术改造仍不能达标的，限期关停"。这表明，工业和信息化部未来将继续加大淘汰落后产能工作的力度，加速推进水泥、平板玻璃等行业落后产能的退出。

（三）促进建材工业技术改造升级的政策

2012~2013年上半年，国务院及国办制定发布了多项促进企业技术改造、提升企业技术创新能力的政策，为深入推进建材工业技术改造升级工作指明了方向。同期，工业和信息化部及有关部门发布《工业节能"十二五"规划》、《清洁生产"十二五"规划》和《工业领域应对气候变化行动方案（2012—2020年）》，对建材及钢铁、有色等工业提出了具体的技术改造要求。其中，国务院发布的《关于促进企业技术改造的指导意见》（国发〔2012〕44号）指出，各行业应按照绿色发展的要求，实施提升工业能效、清洁生产、资源综合利用等技术改造，提高成熟适用清洁生产技术普及率，成为建材工业技术改造升级的重要方向。国办发布的《关于强化企业技术创新主体地位全面提升企业创新能力的意见》（国办发〔2013〕8号）中提出要"依托转制院所和行业领军企业构建产业共性技术研发基地"。特别指出，针对重点行业和技术领域特点和需求，在建材及钢铁、有色、装备制造、纺织、煤炭、电力等产业，依托骨干转制院所、行业特色高等学校和行业领军企业，推动建设一批产业共性技术研发基地。这一方面将提升建材等行业关键技术、共性技术的研发能力，为建材工业技术升级提供保障；另一方面将加强建材工业共性技术成果的推广和扩散，为建材工业技术升级提供支撑。

《工业节能"十二五"规划》提出建材工业领域要重点推广"玻璃窑余热综合利用、全氧燃烧、配合料高温预分解等技术，以及陶瓷干法制粉、一次烧成等工艺；水泥纯低温余热发电、立磨、辊压机、变频调速及可燃废弃物利用等技术和设备。《清洁生产"十二五"规划》提出水泥、玻璃、陶瓷等行业工业要积极研发"清洁原燃料、可替代原燃料、低硫燃烧、多种污染物联合去除等清洁生产技术、工艺和装备"。特别指出水泥行业要推广中低温催化还原氮氧化物减排技术、高温低成本非催化还原氮氧化物减排等技术；平板玻璃行业要推广零号喷枪的全氧助燃技术。《工业领域应对气候变化行动方案（2012—2020年）》则提出要加快工业低碳技术开发和推广应用，鼓励重点行业推广应用低碳技术。这些规划从节能减排、推行清洁生产及应对气候变化的视角出发，提出水泥、平板玻璃等建材行业具体、详细的技术改造及技术发展的要求和任务。这些内容的落实不仅有助于建材工业整体技术水平的提升，更将推动建材工业实现绿色发展。

（四）规范建材工业部分行业市场秩序的政策

2013年，针对建材工业部分行业的市场秩序规范问题，工业和信息化部制定发布了《建筑防水卷材行业准入条件》（中华人民共和国工业和信息化部2013年第3号公告）及相应公告管理办法。《准入条件》从建筑防水卷材行业企业建设条件与生产布局、生产规模、工艺与装备、能源消耗、环境保护、产品质量、安全生产、职业卫生和社会责任，以及相关管理部门的监督管理等方面设定了规范条件。特别对建筑防水卷材企业新上的工艺和准备进行了限定，即要求新建改性沥青类防水卷材项目单线产能规模不低于1000万平方米/年；新建高分子防水卷材项目单线产能规模不低于300万平方米/年。公告管理办法则要求各级有关部门要对照准入条件，明确生产线在建设条件、生产布局、生产规模、工艺与装备、环境保护、产品质量、能源消耗、安全生产、职业卫生以及社会责任等方面是否符合要求，不符合要求的生产线一律不能通过审批。建筑防水卷材行业准入规定的发布和落实，一方面将有效防止新增落后产能，另一方面将促进企业提升装备工艺水平、提高产品质量。同时，加强对建筑防水卷材行业的准入管理有助于该行业市场秩序的进一步规范。

（五）推进建材工业部分行业兼并重组的政策

2012~2013 年上半年国家未针对建材工业单独制定出台兼并重组政策，但是在工业和信息化部 2013 年发布的《关于加快推进重点行业企业兼并重组的指导意见》（工信部联产业〔2013〕16 号）中对水泥行业的兼并重组提出了明确的要求和工作重点，为水泥行业兼并重组指明了方向。该《指导意见》提出，"到 2015 年，前 10 家水泥企业产业集中度达到 35%，形成 3~4 家熟料产能 1 亿吨以上、前矿山、骨料、商品混凝土、水泥基材料制品等产业链完整，核心竞争力和国际影响力强的建材企业集团"。该目标的实现将在一定程度上缓解我国水泥行业企业规模小而分散、缺少竞争实力强的龙头水泥企业的问题。《指导意见》鼓励水泥企业延伸产业链，兼并重组上下游关联企业。这项政策有助于水泥企业通过兼并重组实现产业链的企业内部整合，降低企业成本，带动提升企业的综合竞争实力。《指导意见》特别提出，"鼓励具有科技研发优势的建材企业集团，以并购、产业联盟等多种方式整合资源，融合咨询、测试、科研、技术开发、工程设计、安装调试、工程承包等业务"。这项政策有助于发挥研发能力强的建材企业集团科研优势，带动提高水泥行业的整体技术水平，促进水泥行业运营服务及生产一体化发展。此外，《指导意见》提出的加强风险防控、加强重组后整合、加强组织协调、做好管理服务、营造良好环境等措施将为水泥企业兼并重组提供较好的体制机制和环境保障。

第二节　2013 年建材工业结构调整的主要情况

在化解建材工业产能过剩、促进建材工业企业兼并重组、加快建材工业企业技术改造等政策的大力支持下，我国建材工业各项工作进展顺利，行业运行质量得到逐步改善，结构调整也取得了喜人的成效。

一、建材工业结构调整取得的进展

（一）淘汰落后工作稳步推进

淘汰落后产能是去产能、调结构最直接、最有效的手段，也是工业和信息化部等部门为调整建材工业结构开展的各项工作中进展最为顺利的工作。2013年，工业和信息化部新下达了19个行业淘汰落后产能的目标任务，其中，水泥（熟料及磨机）7345万吨，平板玻璃2250万重量箱。分两批公告了2013年工业行业淘汰落后产能企业名单，其中水泥企业527个、平板玻璃企业14个。同时，工业和信息化部、国家能源局、质检局、安监局等部门有关工作人员组成的淘汰落后产能考核组于2013年4月中下旬赴全国31个省（区、市）对2012年各省（区、市）淘汰落后产能工作实际完成情况进行考核。根据考核组初步反映的情况，绝大部分地区按照要求和既定目标完成了2012年淘汰落后目标任务，个别地区虽然存在未完全拆除建材生产设备的现象，但目前已经停产并有望在2013年年底前拆除。

（二）各级单位积极落实建材工业兼并重组工作

自2013年1月工业和信息化部等12个部委联合发布《关于加快推进重点行业企业兼并重组的指导意见》以来，各级政府部门积极落实中央政策，纷纷根据本地相关重点行业发展要求，制定实施本地推动重点行业兼并重组的政策，行业集中度较低的水泥等行业无疑是各地主抓的重点，如福建、青海、贵州、新疆等省（区、市）都出台了相应的政策推进水泥、平板玻璃等行业兼并重组。此外，建材工业相关协会也积极响应中央政策，制定实施相应方案推动建材工业兼并重组。如2013年8月，中国建筑材料联合会印发了《建材行业遏制新建产能化解产能过剩工作实施方案》，要求各地方建材行业协会和会员单位要贯彻落实十二部委文件精神，加速水泥、平板玻璃等产业的兼并重组。一方面中国建筑材料联合会研究出台《水泥行业兼并重组实施方案》，由水泥协会负责推进，并向十二部委推荐"平板玻璃行业重点支持培育大企业集团"，推动玻璃行业的兼并重组，由玻璃工业协会负责推进。另一方面要充分发挥联合会、各专业协会在资源、信息、专业性等方面优势，牵线搭桥，正面协调解决兼并重组中遇到的问题、障碍，加速兼并重组进程。在各地政府部门及行业协会的鼎力支持下，建材工业兼并重组目标任务有望顺利完成。

（三）新型生产技术推动建材工业产业技术升级进入新阶段

技术改造升级是工业结构优化调整的重要环节，而先进的技术则是行业技术改造升级的前提和基础。国家不仅在"十二五"开局阶段制定发布了一系列专项规划加快行业技术研发和推广应用，更在节能减排、化解产能过剩、促进企业技术改造、防治大气污染等多项政策中提出要加快包括建材工业在内的重点行业技术研发，推动重点行业技术升级。水泥、平板玻璃等传统行业的行业协会、专业研发机构等部门积极落实中央政策，大力开发新的生产技术和设备，为进一步提升我国建材工业技术水平提供保障。其中，最值得关注的是在中国建材联合会的组织和推动下，我国开启了第二代新型干法水泥和浮法玻璃生产技术的研发工作。经过近一年的准备和论证，2013 年 6 月 27 日，中国建材联合会召开了"第二代新型干法水泥技术装备"和"第二代中国浮法玻璃技术装备"研发领导小组扩大会议，着手实施"第二代新型干法水泥技术装备研发方案"和"第二代中国浮法玻璃技术装备创新实施方案"。同年 8 月，中国建材联合会会同水泥协会等部门共同发起"遏制水泥新增产能，加快第二代新型干法水泥技术装备研发"万里行活动，支持新型干法水泥技术的研发和推广。第二代新型干法水泥和浮法玻璃技术的创新与研发标志着我国建材工业将由追赶世界先进水平逐步向超越世界水平迈进，未来我国建材工业有望开启引领世界的新时代。

二、建材工业结构调整取得的成效

（一）建材工业投资增速放缓，投资结构不断优化

国家 2012 年以来发布的抑制水泥、平板玻璃等部分重点行业产能过剩的政策在控制建材工业过度投资、调整建材工业投资结构方面发挥了显著作用，不仅有效遏制了水泥、平板玻璃等传统建材行业的过度投资，同时促进了绿色建材产品的发展。2013 年上半年，建材工业完成固定资产投资 5422 亿元，同比增长 13.9%，增速较去年同期回落 5.5 个百分点，且低于上半年工业投资增速 2.3 个百分点 [1]。从建材工业各子行业固定资产投资增速变化情况看，建材工业结构调整步伐加快趋势明显。截至 9 月底，产能过剩明显的水泥熟料、平板玻璃新增产能为去年全年新增产能的 43% 和 45%，目前在建的水泥、平板玻璃项目有一半以上不同程度地放缓了进度或停止了建设 [2]。而能耗低、污染物排放少、附加值相对较高的石材开采加工、轻质建材、技术玻璃、玻纤及制品、玻纤增强复合材料等行业投资增长较快，增速分别为 23.6%、27.8%、35.3%、27.1%、43.7% [3]，均高于建材工业投资增速。

---

[1] 工业和信息化部 2013 年上半年建材工业经济运行情况。
[2] 《2013 年中国工业通信业运行报告》。
[3] 工业和信息化部 2013 年上半年建材工业经济运行情况。

（二）建材工业运行质量逐步改善，行业利润逐步恢复

在抑制产能过剩、兼并重组、技术改造、淘汰落后等促进建材工业结构调整政策的推动下，建材工业结构趋于优化，新型建材产品和先进生产工艺、设备、技术的比重不断提高，进而带动建材工业运行质量不断改善，行业利润也逐步恢复。一是建材工业延续增长态势，增加值占全国比重有所提升。2013年1~6月，建材工业完成主营业务收入28186亿元，同比增长16.7%，增速提高2.8个百分点，规模以上建材工业增加值占全国的6.61%，提高0.3个百分点[1]。二是建材工业平均利润率稳中有升，企业亏损面有所缩窄。2013年1~10月，建材行业实现利润增长21.3%（去年同期为下降5.2%），增速比上半年加快3.1个百分点。主营业务收入利润率为6.47%，同比提高0.28个百分点；企业亏损面为12.47%，同比收窄0.18个百分点[2]。三是建材工业利润增长点呈多元化趋势。2013年1~6月，水泥行业实现利润总额223.6亿元，同比增长1%[3]。平板玻璃行业扭转2012年亏损态势，实现利润总额13亿元；建筑陶瓷行业实现利润总额112亿元，增长29.2%；石材开采加工业实现利润总额102.9亿元，增长25%[4]。

第三节　面临的问题与挑战

虽然在国家有关部委、各级相关政府部门及建材各相关协会的协力推动下，建材工业结构调整近年来取得一定进展。但是，由于受水泥、平板玻璃产能过剩等问题的影响，建材企业还未走出困境。特别是日益强化的环境约束和外需持续低迷成为建材工业必须要应对的挑战，建材工业重塑辉煌还尚待时日。

一、主要问题

（一）部分行业产能严重过剩影响建材工业健康发展

受水泥、平板玻璃等传统建材行业产能过剩、需求不足，生产增长回落的影响，虽然建材工业2013年上半年依然保持增长，但增速却未能够进一步加快。

---

[1] 工业和信息化部2013年上半年建材工业经济运行情况。
[2] 《2013年中国工业通信业运行报告》。
[3] 工业和信息化部2013年上半年建材工业经济运行情况。
[4] 工业和信息化部2013年上半年建材工业经济运行情况。

2013 年上半年，建材工业增加值增长 12.1%[1]，增速仅与去年同期持平。受投资带动效应的影响，建材工业是我国最易出现产能过剩问题的工业之一。从历史看，一旦我国加大基础建设的投资，必将带动建材需求的迅猛提升，刺激水泥、平板玻璃等产能快速扩张，投资期过后，需求下降，但产能已形成，从而出现产能过剩。而投资仍是我国推动经济增长的主要手段，因此建材工业产能过剩现象不仅会再次出现，而且有愈演愈烈的趋势。2013 年国家提出要治理产能过剩问题的 5 重点行业中，建材工业行业占 40%。其中，水泥的产能利用率为 73.7%，平板玻璃为 73.1%，均低于国际通常水平。作为建材工业主营业务收入和利润总额贡献最大的子行业，水泥、平板玻璃产能过剩、利润下降会导致企业负债率增加、经营压力增大，产能过剩问题长期得不到有效治理就会使企业生存环境继续恶化，造成企业破产、行业经济不景气，从而拖累整个建材工业的健康发展。如根据工业和信息化部 2013 年上半年建材工业经济运行情况报告数据，上半年水泥行业负债率 61%，同比提高 0.7 个百分点。水泥行业协会重点跟踪的水泥企业库存量 2775 万吨，同比增加 0.28%，经营压力进一步增大。

（二）行业集中度偏低，企业竞争实力弱

我国建材工业各行业的集中度偏低。从国内排名前十的平板玻璃企业的产能看，根据工业和信息化部 2009 年发布的《抑制平板玻璃行业产能过剩和重复建设的意见》中提出的争取在未来三年内前 10 位的大平板玻璃生产企业产业集中度达到 70% 的兼并重组目标，在我国，平板玻璃行业集中度已经达到较高的水平。但是从尚普咨询建材行业分析师给出的国际上排名前 4 位的玻璃巨头占据了全球（不包括中国）65% 以上玻璃产能的判断看，我国平板玻璃的行业集中度与发达国家相比仍存在一定差距。与平板玻璃行业相比，水泥行业的集中度更低。2013 年中国国际水泥峰会上，中国水泥协会常务副会长、秘书长孔祥忠在提到水泥行业 2012 年兼并重组工作取得的进展时，曾表示到 2012 年年底，我国前 10 家大型水泥集团水泥产量占全国 31%，比"十一五"时期 20% 左右的水平有了明显的进步，但与国际相比仍有巨大差距。中国建材集团董事长宋志平曾给出一个数据，"目前国际上前 10 家企业占全球产量的 60%~70%"，超过我国近一倍。水泥行业本身是污染大、能耗高的行业，行业集中度低，上千家中小水泥企业生产会对环境造成很大影响，治理也十分困难，且中小企业对资源的利用效率也不如大

---

[1] 工业和信息化部2013年上半年建材工业经济运行情况。

企业高，能源资源消耗也十分严重。这些企业过量存在会造成大量的能源资源浪费和环境破坏。因此，需要通过兼并重组来提高行业集中度。而兼并重组又将加速行业内部洗牌，部分中小企业可能被淘汰出局，这些淘汰企业遗留的职工安置和债务等问题如得不到妥善处理，也将阻碍水泥行业结构的进一步优化调整。

（三）节能环保的绿色建材产品发展仍然滞后

与国际先进的绿色建材产品相比，我国节能环保的建材产品发展仍显滞后。发展绿色建材产品是绿色建筑发展的前提和基础，符合建设生态文明的要求，是建材工业转型升级的方向之一。但是，由于我国相关标准规范的滞后，对建材产品污染和质量情况的检测不够，特别是对绿色建材产品的开发和应用推广力度不足，导致生产过程中环境污染严重、能源资源消耗大及质量低下、污染环境但价格低廉的建材产品充斥市场，先进技术生产的建材产品和节能环保的绿色建材产品的生存空间受到挤压，发展受到限制。如立窑、小平拉法等落后生产技术生产的水泥、平板玻璃由于其成本低，仍然可以在市场很好地存活，防护板、内墙涂料、人造板等很多建材产品、室内装修产品中的甲醛等有害物质释放量较高的建材产品仍能在各大建材市场热卖。

二、面临的挑战

（一）产能过剩矛盾难以在短期内化解

虽然，水泥、平板玻璃等行业产能过剩问题已十分严重，但是依然存在较多在建产能，而现有化解产能过剩矛盾的手段可发挥作用的空间已经十分有限，因此产能过剩问题难以在2014年甚至是2015年得到缓解，这将对建材工业的结构调整形成严重阻碍。一方面，作为去产能的主要手段——淘汰落后产能，由于该项工作进展顺利，水泥和平板玻璃每年任务目标顺利完成甚至超额完成，因而按照《产业结构调整目录》淘汰落后的标准，水泥和平板玻璃行业大部分落后产能已经淘汰完毕，可淘汰的空间明显减小。根据建材工业协会预测，到2014年，全国机立窑等落后熟料产能将不足1亿吨；小平拉等平板玻璃落后产能约0.5亿重量箱，如果2013年工业和信息化部下达2250万重量箱的淘汰目标任务能顺利完成，未来两年可以淘汰的产能不足0.3亿重量箱。目前过剩产能中，不在淘汰落后范畴的新型干法水泥、浮法玻璃占有较高比重，去这类产能，需要创新工作手段。另一方面，由于基础建设的投资热度未消，水泥、平板玻璃等行业产能过剩问题存在进一步加剧的可能。为保证经济平稳增长，国家在未来几年内依然计划通过基础建设的投资来拉动经济增长。各地在"四化同步"发展方针的指引下，纷纷制定了城市发展规划，开始轰轰烈烈地建设新城，这些都将扩大对水泥、平板玻璃等建材产品的需求，从而刺激水泥、平板玻璃产能进一步扩张。建材工业协会跟踪监测情况显示，目前水泥有6亿吨左右在建产能，平板玻璃有3亿吨左右在建产能。2013年上半年新投产水泥熟料生产线32条，新增熟料产能3800万吨。

（二）日益强化的环境约束将加大企业运营成本，阻碍企业转型提升

长期以来，粗放的工业发展方式使我国积累了严重的环境污染、生态破坏问题，而发展方式转变、工业结构调整都需要有一个过程。在这过程中，工业污染使生态环境进一步恶化，环境对工业发展约束日益强化，企业转型升级底气不足，建材工业表现尤为明显。建材工业是典型的高能源资源消耗、高污染工业，水泥、平板玻璃、建筑卫生陶瓷等行业是重要的大气污染源。2012年年底我国东部地区接连出现的雾霾天气使国家加大了大气污染问题的治理力度。2013年，国务院部署了大气污染防治十条措施，环保部专门制定发布了《水泥工业污染防治技术政策》，要求水泥、平板玻璃、建筑卫生陶瓷等行业必须加大环境治理投入，削减排放总量。例如，《水泥工业污染防治技术政策》要求水泥企业要安装工艺自动控制系统，建立企业能效管理系统，以减少生产过程中的污染物排放、降低能源资源消耗。这些要求虽然有利于大气污染的治理，但会增加企业的运营成本。在产能过剩、市场需求不足、行业利润下降的不利局面下，企业进一步加大环境治理的投入会使之面临更严峻的生存挑战，而难以有足够的资金来转型升级。

（三）建材产品出口依然面临较大压力

出口是拉动我国经济的三驾马车之一，因此，外需是保证我国经济增长的重要因素。而受2008年国际金融危机的影响，欧美国家经济萎靡不振，导致外需下降，虽然近两年部分国家经济开始复苏，但完全走出国际金融危机阴影还有待时日。这也造成了包括建材产品在内的我国诸多工业产品出口依然面临较大的竞争压力，出口难以为我国建材工业经济增长做出更大的贡献。一方面，部分建材产品出口价格降低，为企业创造利润能力下降。根据工业和信息化部2013年一季度建材行业出口情况数据，耐火粘土、石墨出口离岸均价分别降低15.2%和25%，碳化硅出口离岸均价降低37.9%，而水泥及水泥熟料出口金额的增速低于出口数量增速近10个百分点。另一方面，资源型、高能耗、高排放的建材产品

依然保持较高的增长速度,高技术含量、高附加值的建材产品出口形势仍不容乐观。如出口量增速较高的耐火粘土和石墨属于资源型建材产品,碳化硅属于高耗能高排放建材产品。另外,从建材工业2013年来的增长趋势看,出口增速呈现回落态势。根据工业和信息化部数据,2013年1月份增长50.5%、2月份增长19%、3月份增长5.5%,增速下降明显。这说明建材工业出口面临的不稳定、不确定因素依然较多,在未来一段时间内仍要承受较大压力。

第十五章　汽车工业结构调整

　　汽车工业是国民经济的支柱产业，在制造业领域中占有重要地位，对相关产业具有很强的带动作用。经过几十年的发展，我国汽车工业逐步强大，2010年汽车产销量双超1800万辆，位居世界第一。至此，我国已成为名副其实的汽车制造大国。但是，大而不强的现实制约着汽车工业的持续、健康发展。唯有把握时机，通过调整和优化结构，依靠自主创新突破核心关键技术和关键环节，把握国际市场和产业未来发展趋势，才能切实提高在国际市场上的竞争力，由汽车工业大国向强国转变。

第一节　汽车工业结构调整的主要政策

　　2013年，汽车工业领域出台了进一步推动结构调整的政策措施，涉及企业组织结构、产品结构和布局结构调整等，主要政策有：工业和信息化部等12个部委联合发布的《关于加快推进重点行业企业兼并重组的指导意见》、国家发展改革委发布的《战略性新兴产业重点产品和服务指导目录》、财政部《关于继续开展新能源汽车推广应用工作的通知》、国家发展改革委、商务部联合发布的《中西部地区外商投资优势产业目录（2013年修订）》。

一、政策基本情况

　　2013年发布的上述政策措施把调控重点放在推动企业组织结构、产品结构以及产业布局的调整上。具体来看，《关于加快推进重点行业企业兼并重组的指导意见》中进一步将汽车、钢铁等八大行业为重点，推进企业兼并重组，调整组织结构。《关于继续开展新能源汽车推广应用工作的通知》则致力于调整产品结构，继续加大对新能源汽车的支持力度，以节约能源和减少环境污染，适应未来汽车工业的发展需求。《战略性新兴产业重点产品和服务指导目录》中涉及的节能与新能源汽车，也将对汽车工业产品结构调整产生重要影响。《中西部地区外商投资优势产业目录（2013年修订）》则是适应国家中西部发展战略的需要，促进区域间经济平衡发展，而汽车工业作为鼓励外商投资的领域将对我国汽车工业本身产生深远影响。

（一）《关于加快推进重点行业企业兼并重组的指导意见》

2013年1月22日，工业和信息化部等12个部委联合对外发布了《关于加快推进重点行业企业兼并重组的指导意见》（工信部联产业〔2013〕16号，以下简称《指导意见》），根据《国民经济和社会发展第十二个五年规划纲要》、《国务院关于促进企业兼并重组的意见》（国发〔2010〕27号）、《工业转型升级规划（2011—2015年）》（国发〔2011〕47号）的精神和要求，以汽车、钢铁、水泥、船舶、电解铝、稀土、电子信息、医药等行业为重点，落实推进企业兼并重组的具体要求。其中，汽车行业是重要的组成部分。

《指导意见》对市场集中度和大企业作了明确规定，即"到2015年，前10家整车企业产业集中度达到90%，形成3~5家具有核心竞争力的大型汽车企业集团"。在推动兼并重组的具体举措方面，主要有四个方面：一是推动整车企业横向兼并重组。希望通过兼并重组，培育出一部分实力强的整车企业。具体内容来看，提出"鼓励汽车企业通过兼并重组方式整合要素资源，优化产品系列，降低经营成本，提高产能利用率，大力推动自主品牌发展，培育企业核心竞争力，实现规模化、集约化发展"。二是推动零部件企业兼并重组。汽车行业中零部件对产业的发展意义显著，培养一批技术先进、实力较强的汽车零部件企业，加强配套、协调发展，尤其是发动机、中控系统、汽车电子等零部件的发展，将为整个汽车行业带来动力。具体政策措施是"支持零部件骨干企业通过兼并重组扩大规模，与整车生产企业建立长期战略合作关系，发展战略联盟，实现专业化分工和协作化生产"。三是支持大型汽车企业通过兼并重组向服务领域延伸。完善汽车行业服务体系，以品牌营销为主体，大力发展研发、采购、现代物流、汽车金融、信息服务和商务服务，实现服务业与制造业融合发展。四是支持参与全球资源整合与经营。鼓励汽车企业"走出去"，把握时机开展跨国并购，在全球范围内优化资源配置，发展并完善全球生产和服务网络，提升国际化经营能力，增强国际竞争力。

（二）《战略性新兴产业重点产品和服务指导目录》

为进一步贯彻落实《国务院关于加快培育和发展战略性新兴产业的决定》，加快培育和发展战略性新兴产业步伐，2013 年 2 月 22 日，国家发展改革委印发了《战略性新兴产业重点产品和服务指导目录》（国家发展改革委公告 2013 年第 16 号，以下简称《指导目录》）。《指导目录》围绕节能环保、新一代信息技术、生物产业、高端装备制造、新能源、新材料、新能源汽车等七个产业、24 个发展方向，进一步细化到近 3100 项细分的产品和服务，细化战略性新兴产业的具体内涵，引导社会资源进入这些领域。其中新能源汽车产业约 60 项。

《指导目录》中对新能源汽车的纯电动汽车和插电式混合动力汽车领域做出了具体细化，包括新能源汽车产品、新能源汽车关键总成、储能系统、驱动电机系统、电控系统、新能源汽车电动附件、新能源汽车配套装置、新能源汽车试验检测装置、新能源汽车动力电池回收及再制造技术装备等方面。

（三）《关于继续开展新能源汽车推广应用工作的通知》

2013 年 9 月 13 日，为推动新能源汽车产业加快发展和应用推广，财政部、科技部、工业和信息化部、发展改革委联合印发了《关于继续开展新能源汽车推广应用工作的通知》（财建〔2013〕551 号，以下简称《通知》），明确 2013 年至 2015 年继续加大财政补贴，开展新能源汽车推广应用工作，并对示范城市、消费者购买新能源汽车给予补贴的具体条件及实施进行了规定。

《通知》中明确，2013 年至 2015 年继续依托城市，特别是京津冀、长三角、珠三角等细颗粒物治理任务较重的区域或城市推广应用新能源汽车，示范城市和区域需要满足限定条件，即："一是 2013~2015 年，特大型城市或重点区域新能源汽车累计推广量不低于 10000 辆，其他城市或区域累计推广量不低于 5000 辆；二是推广应用的车辆中外地品牌数量不得低于 30%。不得设置或变相设置障碍限制采购外地品牌车辆；三是政府机关、公共机构等领域车辆采购要向新能源汽车倾斜，新增或更新的公交、公务、物流、环卫车辆中新能源汽车比例不低于 30%；四是地方政府对新能源汽车车辆购置、公交车运营、配套设施建设等方面已出台具体明确的政策措施；五是相关城市须接受年度考核评估，未能完成年度推广目标的将予以淘汰。"对于满足条件的城市应编制推广方案上报至财政部等四部门，由四部门择优确定示范城市。

《通知》还对对消费者购买新能源汽车给予补贴的范围和方式进行了规定。补贴的范围为"纳入中央财政补贴范围的新能源汽车车型应是符合要求的纯电动汽车、插电式混合动力汽车和燃料电池汽车"；补贴程序为"中央财政将补贴资金拨付给新能源汽车生产企业，实行按季预拨，年度清算"。同时，《通知》还明确要对示范城市充电设施建设给予财政奖励。

（四）《中西部地区外商投资优势产业目录》（2013 年修订）

为促进中西部地区加快发展，进一步优化产业布局，2013 年 5 月 9 日，国家发展改革委、商务部联合印发了《中西部地区外商投资优势产业目录（2013 年修订）》（国家发展改革委、商务部令第 1 号），将汽车整车制造、汽车零部件制造列入其中，享受鼓励类外商投资项目优惠政策。内蒙古、广西、重庆等 11 地区将汽车整车制造作为鼓励类项目，辽宁、吉林、黑龙江等 11 地区将汽车零部件制造列入鼓励类，积极鼓励和引导外商投资向中西部地区转移。

表 15-1　2012—2013 年汽车行业部分产业政策

产业项目	省份
汽车整车制造（外资比例不高于 50%），专用汽车（不包括普通半挂车、自卸车、罐式车、厢式车和仓栅式汽车）制造（外资比例不高于 50%）	内蒙古、广西、重庆、四川、贵州、云南、陕西、甘肃、宁夏、青海、新疆
汽车零部件制造（六档以上自动变速箱、商用车用高功率密度驱动桥、随动前照灯系统、LED 前照灯、轻量化材料应用（高强钢、铝镁合金、复合塑料、粉末冶金、高强度复合纤维等）、离合器、液压减震器、中控盘总成、座椅）	辽宁、吉林、黑龙江、安徽、江西、河南、湖北、广西、重庆、四川、贵州

资料来源：赛迪智库产业政策研究所根据《中西部地区外商投资优势产业目录》（2013 年修订）整理。

二、重点政策分析

从上述出台的政策来看，在政策制定时既考虑到当前产业发展面临的挑战，又注重有利于产业长远持续发展。如《关于加快推进重点行业企业兼并重组的指导意见》、《战略性新兴产业重点产品和服务指导目录》、《关于继续开展新能源汽车推广应用工作的通知》等产业政策，既着眼于当前汽车工业本身的产业集中、结构优化，拉动内需，又着眼于汽车工业长远可持续发展，提升科研水平和竞争力；又如《中西部地区外商投资优势产业目录》（2013 年修订），不仅考虑到优化汽车工业布局，更是从制造业乃至经济全局平衡发展的角度来促进东中西部地区平衡发展。

（一）推进企业兼并重组

针对我国一些行业，尤其是汽车等行业产业集中度低、自主创新能力不强、市场竞争力较弱、行业重复建设严重等问题，2010 年 8 月 28 日国务院印发了《关于促进企业兼并重组的意见》（国发〔2010〕27 号），进一步加快调整优化产业结构、促进企业兼并重组，并提出，要"以汽车、钢铁、水泥、机械制造、电解铝、稀土等行业为重点，推动优势企业实施强强联合、跨地区兼并重组、境外并购和投资合作，提高产业集中度，促进规模化、集约化经营，加快发展具有自主知识产权和知名品牌的骨干企业"。为进一步贯彻落实《关于促进企业兼并重组的意见》等文件，加快推进重点行业兼并重组，在此背景下，工业和信息化部等部门印发了《关于加快推进重点行业企业兼并重组的指导意见》，提出了促进汽车等行业兼并重组的目标和具体措施，并明确要坚持市场化运作，发挥企业主体作用，营造良好环境，做好管理服务，积极引导企业稳妥开展兼并重组，培育一批具有国际竞争力的大型企业集团，推动产业结构优化升级。文件的出台为推动汽车工业兼并重组指出了方向，对推动行业产业集中度提升具有重要意义。

（二）提升科研水平优化产业结构

提升科技研发水平、优化汽车产品结构一直是我国汽车工业产业政策的重点。近年来，在促进技术创新、优化产品结构方面，国家根据汽车工业未来发展方向，就节能与新能源汽车方面出台了促进政策。2012 年 6 月 28 日，国务院印发了《节能与新能源汽车产业发展规划（2012—2020 年）》（国发〔2012〕22 号）提出了节能与新能源汽车产业发展的技术路线，即："以纯电驱动为新能源汽车发展和汽车工业转型的主要战略取向，当前重点推进纯电动汽车和插电式混合动力汽车产业化，推广普及非插电式混合动力汽车、节能内燃机汽车，提升我国汽车产业整体技术水平。"2013 年国家发展改革委出台了《战略性新兴产业重点产品和服务指导目录》，明确了新能源汽车重点扶持和发展的导向，对进一步提高汽车工业，特别是新能源汽车产业科技研发水平，优化产业结构具有重要促进意义。

（三）推广新能源汽车应用

近年来，为大力推广新能源汽车的应用，促进汽车工业结构调整和健康发展，国家先后出台了系列扶持政策，推动节能和新能源汽车的应用。国务院印发的《节能与新能源汽车产业发展规划（2012—2020年）》提出要加快节能与新能源汽车推广应用和试点示范。为贯彻落实国务院相关文件，推动新能源汽车推广应用，促进汽车消费升级，财政部等部门印发了《关于继续开展新能源汽车推广应用工作的通知》，积极引导社会对新能源汽车的消费，从而促进新能源汽车产业加快发展。

（四）促进产业合理布局

为推动我国汽车工业的发展，汽车整车制造和汽车零部件制造一直是我国鼓励发展的产业。随着我国汽车工业的发展，国家对汽车工业的鼓励发展方向也不断调整。为优化产业结构，避免产能过剩，2011年《外商投资产业指导目录》（2011年修订）已不再将汽车整车制造作为外商投资鼓励发展的对象，结束了对汽车制造的优惠政策。为了优化汽车工业产业布局，促进中西部地区汽车制造业发展，2013年修订的《中西部地区外商投资优势产业目录》（2013年修订）将汽车制造列入部分中西部省份鼓励发展的产业项目，鼓励外商投资向中西部地区转移。此外，近年修订的《中西部地区外商投资优势产业目录》还对汽车零部件制造相关产业条目内容进行了优化调整，提高了相应标准。例如《中西部地区外商投资优势产业目录》（2008年修订）中汽车零部件制造的具体内容为"汽车变速箱，汽车发动机曲轴、连杆、缸体、缸盖，发动机电子喷射系统，汽车减振器，离合器，发动机正时链，汽车车灯，汽车仪表"，2013年调整为"六档以上自动变速箱、商用车用高功率密度驱动桥、随动前照灯系统、LED前照灯、轻量化材料应用（高强钢、铝镁合金、复合塑料、粉末冶金、高强度复合纤维等）、离合器、液压减震器、中控盘总成、座椅"，以符合产业升级的要求。

第二节　2013年汽车工业结构调整的主要情况

2013年以来，在国家政策的引导和扶持下，我国汽车工业平稳增长，产业集中度进一步提高，节能与新能源汽车快速发展，出口增长较快，自主创新能力不断增强，行业结构调整取得积极成效。

一、行业集中度进一步提高

市场竞争加剧，市场份额进一步向大企业集团集中，行业集中度不断提高。据工业和信息化部网站发布的"2013年1~12月汽车工业经济运行情况"数据显示，2013年，6家汽车生产企业（集团）产销规模超过100万，其中上汽销量突破500万辆，达到507.33万辆，东风、一汽、长安、北汽和广汽分别达到353.49万辆、290.84万辆、220.33万辆、211.11万辆和100.42万辆。前5家企业（集团）2013年共销售汽车1583.11万辆，占汽车销售总量的72.0%，汽车产业集中度同比增长0.4%。我国汽车销量前十名的企业集团共销售汽车1943.06万辆，占汽车销售总量的88.4%，汽车产业集中度同比增长1.4%。[1] 在行业集中度不断提高的同时，大企业的竞争实力进一步显现。

2013年汽车市场发生了几起有影响的兼并重组事件。1月份，国内汽车零部件龙头企业万向集团收购美国为电动汽车生产锂电池的A123系统公司资产的请求获得美国政府批准，交易额约为2.6亿美元。5月份，东风汽车公司与福建省人民政府签署战略合作协议，该公司将以增资方式受让福建省国资委持有的福建省汽车工业集团有限公司的45%股权，同时与福建省汽车工业集团有限公司以组建投资公司控股东南（福建）汽车工业有限公司50%股权。8月份，广州汽车集团乘用车有限公司与中兴汽车宜昌分公司共同投资设立合资公司，开展汽车零部件领域合作。

二、产品结构进一步优化

2013年上半年，在国家产业政策的引导下，我国汽车市场产品结构进一步优化，节能与新能源汽车产销量进一步提高，市场占有率不断上升。据工业和信息化部网站发布的"2013年1~12月汽车工业经济运行情况"数据显示，2013年，1.6升及以下排量乘用车市场占有率略有回落，小排量汽车市场占有率逐步回升。2013年，1.6升及以下排量乘用车全年共销售1192.37万辆，同比增长14.73%；占乘用车销售市场的66.51%，较2012年下降0.69个百分点；占汽车销售市场的54.21%，较2012年增长0.31个百分点。[2] 另据中国汽车工业协会不完全统计，

---

[1] 数据来源：工业和信息化部网站，http://www.miit.gov.cn/n11293472/n11293832/n11294132/n12858417/n12858612/15849151.html。
[2] 数据来源：工业和信息化部网站，http://www.miit.gov.cn/n11293472/n11293832/n11294132/n12858417/n12858612/15849151.html。

2013年上半年，我国汽车市场新能源汽车产销比上年同期有较快增长，新能源汽车生产5885辆，同比增长56.3%；新能源汽车销售5889辆，同比增长42.7%。上半年普通混合动力汽车生产9388辆，销售10048辆，同比分别增长1.6倍和1.7倍；天然气汽车生产43898辆，销售43562辆，同比分别增长1.1倍和1倍。[1]但是，全年来看新能源汽车发生了一些变化。根据中国汽车工业协会提供的相关数据，2013年中国新能源汽车产量1.75万辆，同比增长了39.7%，其中纯电动14243辆，插电式混合动力3290辆；新能源汽车销售1.76万辆，同比增长了37.9%，其中纯电动销售14604辆，插电式混合动力销售3038辆。比较来看，混合动力和纯电动汽车的数字有所减少，主要是受国家政策对于混合动力的影响所致。因为新的节能新能源汽车补贴的政策出台之后，对于混合动力公交车特别是商用车的补贴迟迟还没有明确，直接影响了混合动力的产销。

三、区域布局更加合理

近年来，随着东部汽车市场逐渐饱和及国家产业政策的引导，汽车工业逐渐向中西部地区转移，区域布局更加趋于合理。从销售情况看，东部汽车市场趋于饱和，许多城市汽车保有量超过了城市所能承受的数量，北京、上海、广州等地纷纷出台限制购车政策，汽车销量增速明显下降。汽车销售企业逐渐向中西部地区及二、三线城市转移，中西部地区销售增速及市场份额不断上升。从投资情况看，随着汽车消费市场逐渐向中西部地区转移，以及国家产业政策的引导，汽车行业投资向中西部地区转移明显加快。据不完全统计，从2012年4月到2013年5月，至少有6个汽车投资项目敲定西部地区，总投资超过360亿。[2]

第三节　面临的问题与挑战

近年来，在国家政策的扶持下，经各方面共同努力，我国汽车工业有了长足发展，已成为汽车工业大国。但与发达国家相比，我国还不是汽车工业强国，企业技术创新能力意识不强、自主品牌市场竞争力弱、产业结构还需进一步优化等严重阻碍了汽车工业的发展，汽车工业持续健康快速发展还面临着许多问题

---

[1] 数据来源：中国汽车工业协会网站，http://www.caam.org.cn/xiehuidongtai/20130710/1605095450.html。
[2] 资料来源：新浪财经网站，http://finance.sina.com.cn/stock/t/20130902/050516631765.shtml。

和挑战。

一、企业技术创新能力有待进一步提升

通过多年的努力，我国汽车技术创新能力不断增强，在一些领域也取得一些成绩，但总体来看，我国汽车工业领域企业技术创新能力与发达国家相比差距较大，尤其是在一些关键技术领域缺乏自主知识产权，企业研发投入、技术人才储备不足，在生产销售经营管理等软实力方面存在相当大的差距。在关键核心技术创新方面，我国基本上还处在追赶阶段，前瞻性基础研究能力薄弱，大部分企业仍以委托研发、联合研发为主，企业自主技术研发创新能力与发达国家相比落后数年。在研发费用投入方面，我国企业研发费用投入与发达国家相比严重不足，近年来，我国汽车整车企业 R&D 投入占销售收入的比例始终徘徊在 1.4%—2.1% 之间，和全球主要汽车企业集团 4%~5% 的平均值依然存在较大差距。[1] 此外，研发费用在投入结构上也不合理，长期重视汽车整车开发而轻视零部件研发，重视技术引进而忽视消化吸收再创新。在人才储备方面，国内汽车企业高级研发人员严重不足，高级技术人员占企业员工比重较低。全球主要汽车企业集团的中高级技工占工人总数的 40% 以上，而我国仅占 4.3%。[2] 在企业生产销售经营管理方面，企业内高学历人员较少，缺乏高级经营管理人才，企业软实力与全球主要汽车企业集团还有明显差距。

二、自主品牌市场竞争力不强

近年来，在各方面的努力下，我国自主品牌汽车有了较快发展，市场份额不断提高，但与此同时也存在着企业规模小、利润低、缺乏技术创新、品牌形象差等问题，严重阻碍了自主品牌市场的发展。一是企业规模小，利润低，企业市场竞争力弱。尽管近年来我国自主品牌汽车的市场占有率不断提高，但自主品牌车企规模普遍较小，企业的市场竞争力较弱，无力与大企业集团抗衡，企业利润较低，与所占市场数量份额严重不符。二是技术研发能力差，产品档次偏低，质量问题突出。自主品牌汽车多数采用联合研发、委托研发的方式，自主研发能力较弱，且又缺乏技术积累，所以产品质量问题突出，单品类型单一。目前自主品牌

[1] 石耀东、宋紫峰：《我国汽车产业自主创新面临的突出问题》，《中国经济时报》2013年4月1日。
[2] 石耀东、宋紫峰：《我国汽车产业自主创新面临的突出问题》，《中国经济时报》2013年4月1日。

汽车主要集中在中低档次领域，向高端汽车市场迈进的步伐较慢。三是品牌形象差，营销服务难以满足社会需求。国内大多自主品牌车企品牌定位不明确，管理理念落后。在营销方式上，由于市场竞争激烈常采取过度营销的方式，过多承诺但却无法兑现，售后服务与市场需求有较大差距。由于自主品牌汽车多数处在中低档市场，给人留下"价廉物差"的印象。总体上，自主品牌缺乏知名度和美誉度，忠诚度较差，品牌形象仍需继续改善。

三、节能与新能源汽车亟待大力推进

随着资源环境约束不断强化，环境保护压力不断加大，我国节能与新能源汽车发展也越来越受到重视，发展速度不断加快，但与市场需求还有较大差距，节能型小排放量汽车市场占有份额较低，新能源汽车发展困难重重，亟需进一步加大推进力度。在节能汽车销售方面，我国排量在1.6升以下的乘用车销量占市场份额近年来虽不断提升，但相较一些发达国家仍然较低，大排放量豪华型、运动型车型仍受到许多购车者的青睐。此外，在当前市场上销售的乘用车型中达到国家第三阶段油耗限制标准的较少，汽车行业节能降耗压力较大。在新能源汽车发展方面，随着国家补贴力度的加强，新能源汽车销量也飞速增长，但新能源汽车在关键技术和后续应用服务方面还面临一系列问题。新能源汽车动力电池、电机等关键零部件的性能及安全性仍然不能满足整车配套需求，一些关键技术研发方面还需要突破。新能源汽车配套服务设施建设相对滞后，在一定程度上也影响着新能源汽车的推广应用。新能源汽车运行成本较高，在销售价格方面即使政府补贴后与传统汽车相比仍无明显的竞争优势，同时在后续运用和保养方面仍存在许多不便。这些问题严重制约了新能源汽车的发展，需得到重视并加以推动解决。

四、结构调整还应不断深化

从当前我国汽车产业结构主要存在的问题来看，一是产业集中度和规模经济效益有待提高。目前我国汽车整车生产企业数量仍然较多，按企业集团统计约80多家，受现实条件因素影响，企业跨地区、跨部门、跨所有制的兼并重组难度较大，产业组织结构调整速度较慢。二是长期重整车轻零部件，整车与零部件没有同步发展，国内整车生产能力发展较快但零部件企业生产配套能力较差，影响了产业协调发展。三是"重新车销售市场、轻二手车交易市场及后续服务发展"，

二手车市场、汽车消费信贷等服务市场透明度较低，信誉度较差，评估检测体系不健全。并且农村市场销售服务远远落后于城市，农村市场销售及售后服务落后。四是汽车整车及零部件企业多布局在东部发达地区，中西部地区较少。随着东部地区市场逐渐饱和一些城市开始限售，产能向中西部地区转移势在必行。

第十六章 船舶工业结构调整

针对船舶工业经济运行的具体情况，政府出台的船舶行业政策主要集中于调整行业结构方面，力促行业转型升级。如《船舶工业"十二五"发展规划》提出要坚持把推进转型升级作为中心任务，并明确了产业结构优化升级的具体目标；《国务院关于印发船舶工业加快结构调整促进转型升级实施方案（2013—2015年）的通知》（国发〔2013〕29号），将调整产品结构和优化产能结构列为基本原则，同时指明了产能总量、产业集中度、产业布局等的发展目标。

第一节 船舶工业结构调整的主要政策

一、政策基本情况

2012~2013年我国船舶工业领域重大政策情况简介如下：

2012年3月，为进一步促进船舶工业持续健康发展，工业和信息化部印发了《船舶工业"十二五"发展规划》。《规划》坚持推进转型升级、技术进步和创新、提高质量和效益等基本原则，分别提出了船舶制造和修理业、船舶配套业、海洋工程装备制造业的重点发展领域，明确了推动技术进步和创新、加快产业组织结构调整、实施品牌和质量提升战略等主要任务。《规划》勾画了我国船舶工业的发展远景，即到2015年成长为世界造船强国。

2012年3月，为进一步促进我国海洋工程装备制造业持续健康发展，工业和信息化部会同发展改革委、科技部、国资委、国家海洋局制定了《海洋工程装备制造业中长期发展规划》。《规划》明确指出未来几年我国海工装备制造业的主要任务集中在提升产业规模、加强产业技术创新、提高关键系统和设备配套能力、构筑海工装备现代制造体系、提升对外开放水平、实施重大创新工程等六个方面，并提出了完善财税、金融等支持性政策措施。

2012年5月，为促进我国船舶工业技术进步，工业和信息化部和国家标准委组织编制了《船舶工业标准体系（2012年版）》。《船舶工业标准体系》力求从顶层上解决我国船舶标准化工作不集中、不合理的问题，适用于船舶工业标准的制定和管理，是指导相关产品设计、制造、试验、修理、管理和工程建设的依据[1]。

2012年8月，为加快贯彻落实《"十二五"国家战略性新兴产业发展规划》、《高端装备制造业"十二五"发展规划》和《海洋工程装备制造业中长期发展规划》，工业和信息化部发布《海洋工程装备科研项目指南（2012年）》，以引导企业加强深海资源开发所需装备的研制，加快提升我国开发深海资源装备的设计建造能力[2]。

2012年8月，为贯彻落实《工业转型升级规划（2011—2015）》和《船舶工业"十二五"发展规划》，促进船舶工业科技发展，全面提升自主创新能力，推动产业转型升级，工业和信息化部发布了《高技术船舶科研计划2012年度指南》。《指南》着眼于船舶科技在节能、环保、安全、高效等方面的市场需求和发展趋势，以突破船舶及船舶配套领域核心关键技术为重点，同时注重全面夯实创新基础，建立健全船舶工业标准体系。《指南》按照总体关键技术、配套关键技术、基础共性技术和技术标准等四个方面，提出了2012年船舶科研重点方向[3]。

2012年11月，为贯彻落实《船舶工业"十二五"发展规划》，加快推进船舶工业产业转型升级，工信部发布了《关于进一步推进建立现代造船模式工作的指导意见》。《意见》要求，进一步提升造船总装化、管理精细化、信息集成化水平，提高企业生产效率和效益，加快产业转型升级，促进船舶工业实现由大变强；在新形势下，船舶行业及企业必须将建模作为转变行业发展方式的突破口，推进建模工作在深度、广度和精度三方面进入全面提升的新阶段。《意见》提出了2015年的建模工作目标。总体要求是以"精益造船"为导向，打造高效船舶制造体系；

[1] 资料来源：工业和信息化部，http://www.miit.gov.cn/n11293472/n11293832/n11293907/n11368223/14606864.html。
[2] 资料来源：工业和信息化部，http://www.miit.gov.cn/n11293472/n11293832/n11293907/n11368223/14778701.html。
[3] 资料来源：工业和信息化部，http://www.miit.gov.cn/n11293472/n11293832/n11293907/n11368223/14778666.html。

以"绿色造船"为目标，促进企业持续健康发展；以"两化融合"为手段，全面提升造船管理效率，并确定了"十二五"时期建模工作七个方面的重点任务[1]。

2013年1月，国务院下发《国务院关于印发全国海洋经济发展"十二五"规划的通知》（国发〔2012〕50号），《规划》对海洋船舶工业有明确定位，一是建立适应国际造船标准规范的现代造船模式，开发设计绿色船舶，加强高端船舶和特种船舶研究设计，推进产品结构调整；二是提高船舶配套设备的自主研发能力，大力发展船舶配套产业[2]。

2013年5月，为贯彻落实《工业转型升级规划（2011—2015）》和《船舶工业"十二五"发展规划》，促进船舶工业科技发展，提升自主创新能力，推动产业转型升级，提高国际市场竞争力，按照《船舶工业"十二五"科技重点发展方向与重点》的任务部署，工业和信息化部发布了《高技术船舶科研项目指南（2013年版）》。《指南》共分工程与专项、关键配套设备、基础共性技术与标准、国际新公约新规范前期研究四大部分。立足于"十二五"后三年船舶工业结构调整与升级和国内外市场需求的基础上，《指南》提出了超级节能环保示范工程与清洁能源发动机、高技术特种船三个重大工程与专项。在关键配套设备的研发方面，《指南》重点提出了3兆瓦级吊舱式电力推进系统开发及关键设备研制、新型船用生活污水处理装置开发、远洋深水拖网渔船高效捕捞甲板绞车系统开发、高性能导航雷达系统研发、新型船用罗经开发等五大领域。针对基础共性技术与标准、国际新公约新规范前期研究等方面，《指南》提出了十三个重点研究方向，以引导企业、高校和科研院所集中力量突破一些具有战略引领作用的关键技术，探索一批未来发展的前瞻及应用基础技术[3]。

2013年5月，为进一步落实《"十二五"国家战略性新兴产业发展规划》和《海洋工程装备制造业中长期发展规划》，加快提升我国海洋工程装备制造业创新能力，提升行业技术水平，工业和信息化部编制发布了《海洋工程装备科研项目指南（2013年版）》。《指南》包括工程与专项、关键系统和设备、共性技术与标准三大部分。在工程与专项方面，《指南》提出了深远海浮式基地、深海天然气浮式装备、水下油气生产系统三个重要领域共30个重点研究方向。针对我国海洋工程装备制造业较为薄弱的关键系统和设备、共性技术和标准研究，《指南》有

---

[1] 资料来源：工业和信息化部，http://www.miit.gov.cn/n11293472/n11293832/n12843926/n13917042/15007744.html。
[2] 资料来源：中央政府门户网站，http://www.gov.cn/zwgk/2013-01/17/content_2314162.htm。
[3] 资料来源：工业和信息化部，http://www.miit.gov.cn/n11293472/n11293832/n12843926/n13917042/15399682.html。

针对性地给予了重点引导，将海洋平台及 FPSO 用大容量发电模块研制、浮式钻井补偿系统研制等十大系统和设备，海洋工程涡激振动和涡激运动专用工程计算软件开发、海洋工程数据库研究开发等四项共性技术和标准，列为重点研究方向。《指南》提出了"十二五"后三年海洋工程装备制造业的 40 余个重点科研方向，旨在通过这些项目的实施，大幅提升我国海洋工程装备制造业的创新能力[1]。

2013 年 8 月，为化解产能过剩严重问题，促进行业尽快走出低迷困境，按照稳增长、调结构、促转型的工作要求，国务院印发了《船舶工业加快结构调整促进转型升级实施方案（2013—2015 年）》（国发〔2013〕29 号）。《方案》为"十二五"时期后三年的船舶工业发展提出明确目标，既包括实现行业平稳健康发展，增强创新发展能力，也包括提高产业发展质量，改善海洋开发装备，另外还明确了化解过剩产能取得进展的具体目标，以遏制产能盲目扩张，同时不断提高产业集中度，合理布局产业[2]。

2013 年 11 月，为进一步加强船舶行业管理，引导船舶工业持续健康发展，工业和信息化部正式印发《船舶行业规范条件》。《条件》在生产设施、设备和计量检测、建造技术能力、技术创新和产品、安全生产、节能环保等多方面进行了明确要求，同时，更加注重市场配置资源的作用，以推动淘汰落后产能的开展，从而达到化解产能过剩矛盾的目的，也指出了船舶企业发展的政策方向[3]。

表 16-1　船舶工业主要政策一览

发布时间	政策名称	发布机构
2012年3月	《船舶工业"十二五"发展规划》	工信部
2012年3月	《海洋工程装备制造业中长期发展规划》	工信部、发改委、科技部、国资委、国家海洋局
2012年5月	《船舶工业标准体系（2012年版）》	工信部、国家标准委
2012年8月	《海洋工程装备科研项目指南（2012年）》	工信部
2012年8月	《高技术船舶科研计划2012年度指南》	工信部
2012年11月	《关于进一步推进建立现代造船模式工作的指导意见》	工信部

[1]　资料来源：工业和信息化部，http://www.miit.gov.cn/n11293472/n11293832/n12843926/n13917042/15407574.html。
[2]　资料来源：中央政府门户网站，http://www.gov.cn/zwgk/2013-08/04/content_2460962.htm。
[3]　资料来源：工业和信息化部，http://www.miit.gov.cn/n11293472/n11293832/n12843926/n13917042/15697207.html。

（续表）

发布时间	政策名称	发布机构
2013年1月	《国务院关于印发全国海洋经济发展"十二五"规划的通知》（国发〔2012〕50号）	国务院
2013年5月	《高技术船舶科研项目指南（2013年版）》	工信部
2013年5月	《海洋工程装备科研项目指南（2013年版）》	工信部
2013年8月	《船舶工业加快结构调整促进转型升级实施方案（2013—2015年）》（国发〔2013〕29号）	国务院
2013年11月	《船舶行业规范条件》	工信部

数据来源：赛迪智库根据国务院、工信部、发改委等网站资料整理，2013年11月。

二、现阶段政策重点分析

总的来看，促进企业兼并重组、淘汰落后产能、抑制产能过剩，是近年来我国船舶工业领域的政策重点。《船舶工业加快结构调整促进转型升级实施方案（2013—2015年）》（国发〔2013〕29号）的发布，是中央稳增长、调结构、促改革，化解船舶工业产能过剩、推进船舶经济转型升级的重要举措，这也是今后一段时间指导船舶工业结构调整的重要文件。

（一）优化布局生产，严格控制产能

《方案》提出"严把市场准入关口，严格控制新增造船、修船、海洋工程装备基础设施（船台、船坞、舾装码头），坚决遏制盲目投资加剧产能过剩矛盾"。[1]这是从准入角度对船舶行业产能扩张进行严格控制。同时，《方案》鼓励发挥市场力量，推进企业兼并重组，引导优势企业发展，促进船舶企业做大做强。对于中小企业，《方案》要求通过调整其业务结构，开拓非船产品市场，并淘汰一批落后产能。另外，《方案》还对我国船舶行业格局进行设计，指出要依托环渤海湾、长江口和珠江口地区三大造船基地，重点发展海洋工程装备专用系统和设备，促进造船、海洋工程装备、配套设备协调发展。

（二）瞄准高端市场，改善需求结构

《方案》从需求端提出了改善船舶产品结构的指导意见。一方面要加快淘汰

---

[1] 资料来源：中央人民政府网，http://www.gov.cn/zwgk/2013-08/04/content_2460962.htm。

老旧船舶产品，包括加快淘汰更新老旧远洋渔船、沿海运输船舶和对老、旧、木质渔船进行逐步淘汰。另一方面要向高端船舶市场迈进，包括发展节能安全环保船舶，发展钻井平台、作业平台等海洋工程装备，发展选择性好、高效节能的捕捞渔船，开拓大型液化天然气船、邮轮、豪华游艇等高技术船舶市场，建造一批大型救助、打捞船舶和资源勘察、环境监测、科学考察船舶。

（三）提升造船技术，促进产业创新

针对我国船舶工业创新能力不强的问题，《方案》特别提出了要"加快科技创新，实施创新驱动"，且对船舶建造技术有详细的论述，包括："开展船舶和海洋工程装备关键技术攻关，开展液化天然气存储技术研究，开展深海浮式结构物水动力性能、疲劳强度分析等关键共性技术攻关，突破磷虾捕捞加工船、大型拖网加工船等大型远洋渔船设计建造技术，提高行政执法和公务船舶设计制造水平"[1]。根据《方案》设定的目标要求，预计到"十二五"时期末，我国船舶工业的创新能力将显著增强，新建散货船、油船、集装箱船三大主流船型将全面满足国际新规范、新公约、新标准的要求，船用设备装船率将进一步提高。

（四）拓展国际市场，鼓励船企走出去

《方案》指出要加强对国际市场的开拓，积极拓展对外发展空间，稳定和逐渐扩大国际市场份额。未来三年，我国高技术船舶国际市场占有率将达到25%以上，海洋工程装备主要产品达20%以上。对于有条件的企业，《方案》提出支持其通过自建、并购、合资、合作等多种方式设立海外研发中心，鼓励其加快走出去，开展海外产业重组；在技术领域，鼓励、引导企业逐渐掌握海洋工程装备、高技术船舶、配套设备等的先进技术。对于大型船舶和配套企业，《方案》支持其在全球进行产业布局，鼓励在海外设立营销网络与维修服务基地。

第二节　2013年船舶工业结构调整的主要情况

一、船舶工业结构调整取得的进展

（一）新船承接量有所上升

2013年，我国造船三大指标中的承接新船订单指标有所增长，达到6984万

---

[1] 资料来源：中央人民政府网，http://www.gov.cn/zwgk/2013-08/04/content_2460962.htm。

载重吨，同比增长242%，占世界新接订单量的40.9%，分别比韩国、日本高7.9、26.1个百分点。到12月底，手持订单达到13010万载重吨，占世界手持订单量的38.5%，分别比韩国、日本高出7.7、23.1个百分点[1]。船舶制造行业整体实现企稳态势。

（二）融资中心服务行业发展

近年来，国际航运市场持续走低，行业持续低迷，我国航企经营效益出现明显下滑，造船企业新增订单量呈现萧条状态，企业面临"交单难、接单难"的发展困境。为了进一步加大支持航运业、造船业发展力度，2012年11月29日，国家开发银行在大连正式成立船舶融资中心[2]。该中心的建立，将便于国开行利用中长期投融资手段来配合国家产业政策，对提升航运业、造船业应对金融危机的能力有较强的助力。

（三）造船企业开始兼并整合

受全球经济低迷的影响，世界船舶行业连续几年遭受重创，我国船舶行业的萧条趋势也难以逆转。在造船业不景气的大背景下，船企接单难的问题日益严峻。特别是广大中小型造船企业，面临国外订单萎缩、劳动力成本上升、银行大幅减少信贷等的严重打击，经营效益指标全线下挫，徘徊在破产倒闭边缘。资料显示，2010年我国前十家造船厂占据不到50%的国内市场份额，而船舶工业"十二五"发展规划预估，到2015年，前十家造船企业将达到70%以上的国内市场份额，造船企业将面临一轮巨大的破产浪潮。根据资料预测，在行业洗牌中，可能只有中国国船舶重工、中国熔盛重工和扬子江船业等大型造船企业能够存活下来[3]。

（四）行业迈向高端领域发展

近年来，虽然传统造船行业受全球航运市场持续走低的影响景气度持续下滑，但海工装备制造业却逆势上扬呈现迅速发展态势，这从钻井平台订单数量上可见一斑。2013年3月初，中国重工旗下大船重工与Seadrill公司签订金额近9亿美元的四座高规格自升式钻井平台建造合同。2013年3月25日，熔盛重工旗下熔盛海事获得总额逾3.6亿美元的大型自升式钻井平台合同。有资料预测，我国船

[1]　资料来源：中国船舶工业协会，《2013年1~7月船舶工业经济运行情况》，http://www.cansi.org.cn/cansi_jjyx/272462.htm。

[2]　资料来源：中国海事网，《2012年中国船舶行业大事件盘点》，http://www.cnss.com.cn/html/2013/domestic_industry_0108/89658.html。

[3]　资料来源：中国海事网，《2012年中国船舶行业大事件盘点》，http://www.cnss.com.cn/html/2013/domestic_industry_0108/89658.html。

舶企业在海洋钻井船和海洋钻井设备等项目上的接单量出现明显的增长，其中，不仅浅水海域自升式钻井平台订单增加，深水钻井船、搬迁式钻井平台的接单量也在逐步增多。中国重工对外披露的信息显示，2012 年 11 月底至 2013 年 3 月 6 日，公司所接海工装备新订单的总金额已达 82.8 亿元 [1]。海工装备制造业的迅速发展与油价的持续走高密不可分，预计未来高企的国际油价会给船舶企业带来更大规模的钻井平台订单量。

二、船舶工业结构调整取得的成效

在世界经济复苏缓慢、市场运力过剩、技术发展创新驱动等因素的综合作用下，船舶经济围绕市场、产品、技术等的全方位竞争日益激烈，全球船舶行业已经进入新一轮调整期。顺应全球船舶工业深刻调整的潮流，我国船舶工业主动抓住机遇，加快调整产业结构，促进产业转型升级，在提升技术、改善产品、调整布局、化解过剩产能方面取得重大进展。

（一）结构调整步伐加快

我国船舶工业在主流船型方面逐步形成自有品牌，目前已经具备散货船、油船、集装箱船等三大主流船型的开发能力；在高技术、高附加值船舶和海洋工程装备的研发和制造领域也已取得了积极进展，部分大型造船企业生产周期和质量管理已赶上世界先进水平，船用配套能力显著增强。2013 年，骨干船舶企业加强市场需求引导，加快高技术船舶、特种船舶和海洋工程装备的研发，在接单方面有结构性突破。据中国船舶工业协会统计，2013 年全年共推出 100 多型绿色环保船型，自主设计或联合设计多型自升式钻井平台、1500 米半潜式钻井平台和深水高性能物探船、5 万吨半潜驳、海洋居住船等一大批海洋工程船，大型液化天然气船、超大型系列集装箱船、大型液化气船、海洋执法船等高技术船舶的接单量有新的增长 [2]。

（二）产业布局得到优化

《船舶工业加快结构调整促进转型升级实施方案（2013—2015 年）》中调整优化船舶产业生产力布局是未来我国船舶工业转型升级的一项重要任务。近年来，

---

[1] 资料来源：中国海事服务网，《中国将新投入3000亿资金或要催热海工设备》，http://www.cnss.com.cn/html/2013/hg_0416/99513_2.html。

[2] 资料来源：中国船舶工业协会，《2013年船舶工业经济运行分析》，http://www.cansi.org.cn/cansi_jjyx/286691.htm。

我国船舶产业发展质量已有较大改善，三大造船基地正逐步形成规模。如舟山新港工业园区已经形成了高端船舶与船配功能产业园，中盛船舶、中船重工船业等一大批重点企业在此聚集。整个园区船舶制造业产值已占其工业总产值的52%[1]。

（三）产品加快高端发展

我国船舶企业正在从传统的船舶修造向新兴海工装备等高端领域转型，力争提升产品档次和市场竞争力。2013年，我国船企的海工装备接单量有新的增长。根据船舶工业协会披露的数据，国内骨干企业新接各类海洋工程平台订单61座和钻井船1艘，其中自升式钻井平台共49座，已经占到世界总量的一半以上。承接各类海洋工程装备订单超过180亿美元，占世界市场份额比重达到29.5%，与2012年相比提高16个百分点，并且已经超过新加坡，位居世界第二位[2]。随着海工装备市场的繁荣、活跃，我国海工装备制造领域的骨干企业将逐步成长起来。

第三节　面临的问题与挑战

进入新世纪，国际船舶市场呈现空前繁荣，我国船舶企业紧紧抓住机遇，一大批企业纷纷涌入市场，船舶产能迅速扩张，船舶工业进入发展最快的时期，三大造船指标曾一度问鼎世界之最。但是，2008年国际金融危机爆发后，国际船舶市场遭受重挫，连续几年呈现低迷状态。我国船舶工业发展因金融危机的深层次影响而面临着比较严峻的形势。目前，我国船舶产业运行中的问题与挑战主要表现在以下几方面：

一是市场需求增长动力不足。2013年，国际船舶市场延续了成交较为活跃的态势，我国船舶生产企业新接订单同比也有明显增长，但是造船完工量指标却呈现同比下降态势。根据中国船舶工业协会披露的数据，我国80家船舶重点监测企业的工业总产值有所下降，船舶出口出现下滑，经济效益降幅较大，船企的生产经营形势非常严峻[3]。短期来看，主流船东与传统航运公司新增大量订单的可能性不大；同时，市场的持续低迷也将导致撤单、弃船情况有所增加[4]。市场的有

---

[1] 资料来源：中国船舶新闻网，《浙江：加快转型促船舶产业升级》，http://www.chinashipnews.com.cn/show.php?contentid=3608。

[2] 资料来源：中国船舶工业协会，《2013年船舶工业经济运行分析》，http://www.cansi.org.cn/cansi_jjyx/286691.htm。

[3] 资料来源：中国产业安全指南，《我国船舶行业市场需求不足产能过剩 亟待提高竞争力》，http://wuliu.acs.gov.cn/sites/aqzn/aqjxnr.jsp?contentId=2746464410122。

[4] 资料来源：中国工业新闻网，《有效需求不足 船舶业复苏面临产能过剩考验》，http://www.cinn.cn/xw/ztzl/hm2009/197993.shtml。

效需求不足，对产业走出低谷的带动作用十分有限。

二是产能过剩依然严峻。世纪初国际船舶市场的空前繁荣带动了我国船舶工业的造船热潮。得益于实体经济的快速发展、对外进出口贸易的增长和全球船舶需求的强劲，国内造船业的产业规模大幅度扩张。数据显示，2001~2006年，我国的造船产量年均增长速度达到30%以上[1]。到2009年和2010年，我国连续问鼎世界第一造船大国宝座。在这批造船热潮中，大部分船企投资较少，数量众多且分布广泛。其中不乏造船技术先进的大型企业，但更多的是管理较为粗放、技术水平落后的中小企业。但是，随着金融危机的全球蔓延，国际航运业遭受重创，市场需求严重不足加上行业前期的大规模投资，导致我国船舶产能过剩的压力激增，产能利用率不断下降。目前，我国船舶工业全年产能利用率仅为50%左右[2]，远远低于世界平均水平。船舶工业产能过剩已非正常市场竞争下的过剩[3]。

三是企业成本快速上涨。2013年以来，船舶市场新船价格一直在低位徘徊，同时，船舶企业经营又面临成本快速上升的困境，利润空间被大幅挤压。根据统计，现阶段我国劳动力成本处于持续攀升阶段，船舶制造的原材料价格大幅增长，再加上企业融资成本一直偏高，导致我国船舶生产企业的成本费用快速上涨。数据显示，2013年1~11月，我国船舶行业利润同比降低了13.1%，财务费用同比上涨了12.8%。船企盈利困难，亏损企业数量增加46家[4]。

四是产业总体处于价值链中低端。船舶制造业具有资本密集型、技术密集型和劳动密集型的特点，上下游产业链极长，是体现一国制造实力的关键工业领域。目前，我国船舶工业虽然已具备散货船、油船、集装箱船等三大主流船型开发能力，但是主要船型却集中在价格低、技术落后的散装船型，与日本、韩国等造船强国相比，"高附加值船型开发、超大型船舶设计和船舶性能、建造工艺、关键配套设备制造能力仍然存在差距，综合水平处于世界第三"[5]。同时，我国船舶业规模的扩张一部分原因是凭借低人力成本的比较优势实现的，但是由于管理效率低下，市场竞争力依然不高。

[1] 资料来源：前瞻网，《中国船舶业如何破解产能过剩困局？》，http://www.qianzhan.com/industry/detail/174/120823-fddff4d1.html。
[2] 资料来源：财政部，《2013年上半年产业经济运行分析》。
[3] 资料来源：中金在线，《苗圩：钢铁船舶等行业产能过剩已非正常市场竞争》，http://news.cnfol.com/130331/101,1596,14751957,00.shtml。
[4] 资料来源：中国船舶工业协会，《2013年船舶工业经济运行分析》。
[5] 资料来源：欧浦钢网，《船舶行业：追梦造船强国正当时》，http://www.opsteel.cn/news/2013-09/E55EA95DC3EA2626E040080A7DC92008.html。

第十七章 电子信息行业结构调整

我国电子信息行业在近几年取得了较快的发展，同时该行业的结构调整也一直贯穿始终，我国政府相继出台了电信体制改革、鼓励软件和集成电路发展、鼓励信息消费、宽带中国战略等重大战略方针、政策及措施，电子信息产业实力不断增强，产业结构趋于合理，产品结构多样化满足多层次市场需求，电子信息行业深入向其他行业渗透，在我国传统产业升级、转变发展方式中起到了举足轻重的作用。

第一节 电子信息行业结构调整的主要政策

一、政策基本情况

近两年，尤其是在 2013 年下半年，我国政府陆续出台了多项政策鼓励和支持电子信息产业的发展，对我国电子信息产业的发展进行了重大的战略部署，推行扩大内需促进信息消费政策，引导产业高端布局，带动传统产业转型升级。同时进一步加强行业规范，维护信息安全，促进电子信息行业的良性发展。

（一）将宽带建设提升为国家战略

2013 年 8 月 12 日，国务院印发了《“宽带中国”战略及实施方案》（国发〔2013〕31 号），加强对我国宽带建设的战略性引导和系统布局。“宽带中国”战略方案细化了我国宽带网络 2013~2020 年的时间表：从 2013 年 8 月至 2013 年年底是全面提速阶段，重点加强光纤网络和 3G 网络建设，提高宽带网络接入速率，改善和提升用户上网体验；2014~2015 年是推广普及阶段，重点在继续推进宽带网络提速的同时，加快扩大宽带网络覆盖范围和规模，深化应用普及；2016~2020年是优化升级阶段，重点推进宽带网络优化和技术演进升级，宽带网络服务质量、应用水平和宽带产业支撑能力达到世界先进水平。同时开展多项专项行动，大力贯彻落实光纤到户两项国家标准，建立全国宽带网速监测分析机制，开展宽带城市评定等工作，促进我国宽带发展水平再上新台阶。而在2013年4月份，工信部、发改委等八部门联合发布了《关于实施宽带中国2013专项行动的意见》，此《意见》成为"宽带中国"战略的初步规划，明确了2013年的目标包括网络覆盖能力持续增强、惠民普及规模不断扩大、宽带接入水平有效提升，以及城市宽带发展初显成效，并提出了具体的量化指标。

（二）扩大信息消费，推进物联网建设

2013年7月12日召开的国务院常务会议中，研究部署促进信息消费，拉动国内有效需求，推动经济转型升级。会议提出实施"宽带中国"战略，加快网络、通信基础设施建设和升级，加快实施"信息惠民"工程，丰富信息产品和信息消费内容构建安全可信的信息消费环境等重要政策措施。8月14日，国务院正式发布了《国务院关于促进信息消费扩大内需的若干意见》（国发〔2013〕32号），该意见提出促进信息消费的主要五大任务：加快信息基础设施演进升级、增强信息产品供给能力、培育信息消费需求、提升公共服务信息化水平以及加强信息消费环境建设。《意见》也明确了促进信息消费的支持政策：一要深化行政审批制度改革，消除障碍、降低门槛；二要加大财税、金融政策支持，改善企业融资环境；三要改进和完善电信服务，引导公平竞争；四要加强法律法规、标准体系建设和信息消费统计监测。该《意见》的发布不但顺应了快速发展的信息消费需求，提升我国消费结构，同时引导着电子信息行业的投资方向，引领电子信息产品和服务的升级，随着电子信息产业向生产、生活领域的深度渗透，将促进我国传统产业的改造提升。国务院于2013年2月17日发布了《关于推进物联网有序健康发展的指导意见》（国发〔2013〕7号），指出发展的总体目标是：实现物联网在经济社会各领域的广泛应用，掌握物联网关键核心技术，基本形成安全可控、具有国际竞争力的物联网产业体系，成为推动经济社会智能化和可持续发展的重要力量。物联网是新一代信息技术的高度集成，推进物联网的有序健康发展将大大提高我国信息化水平，促进生产生活和社会管理方式向智能化、精细化、网络化方向转变。

（三）完善行业规范，强化信息安全

随着互联网及电子信息技术的发展，网络攻击、信息窃取、网络谣言等安全事件和违法犯罪活动频繁发生，危害网络安全和破坏网络环境的问题非常突出。我国政府采取了多项政策措施，加强我国的信息安全工作和网络环境的治理，促进我国电子信息产业的高效良性发展。

2012年6月28日，国务院发布了《关于大力推进信息化发展和切实保障信息安全的若干意见》，提出健全安全防护和管理，保障重点领域信息安全，包括确保重要信息系统和基础信息网络安全、加强政府和涉密信息系统安全管理、保障工业控制系统安全，以及强化信息资源和个人信息保护。2013年8月27日，国务院又针对政府系统的信息安全发布了《政府机关使用正版软件管理办法》（国办发〔2013〕88号），要求各级政府机关的计算机办公设备及系统必须使用正版软件，禁止使用未经授权和未经软件产业主管部门登记备案的软件，软件类型包括计算机操作系统软件、办公软件和杀毒软件三类通用软件。2013年7月16日，工信部针对电信和互联网用户的信息安全发布了《电信和互联网用户个人信息保护规定》（工信部第24号），分总则、信息收集和使用规范、安全保障措施、监督检查、法律责任、附则6章25条并自2013年9月1日起实施，该规定进一步完善了电信和互联网行业的个人用户信息保护制度。针对享受税收优惠的软件企业的认定，工业和信息化部联合发改委、财政部及国家税务总局于2013年2月6日共同发布了工信部联《软件企业认定管理办法》（工信部联软〔2013〕64号），已于2013年4月1日起实施，此办法对原《软件企业认定管理办法》做了较大的修改，最主要的变化是，对软件企业认定门槛适当抬高，要求加大研究开发投入，提高软件产品自主开发销售（营业）收入的比例，加强知识产权创造、运用、保护和管理。

（四）各地方加大电子信息行业结构调整

从全国范围来看，电子信息行业形成较为明显的聚集效应，主要分布在四大集聚区：以北京、天津、青岛、大连为代表的环渤海地区；以上海、南京、苏州等为代表的长三角地区；以深圳、广州、东莞等为代表的珠三角地区；以成都、重庆、西安等为代表的中西部地区。2012年7月《"十二五"国家战略性新兴产业发展规划》正式发布，明确了在"十二五"期间，我国新一代信息技术产业作为国家战略性新兴产业的发展路线、重大行动计划及重要的扶持性政策。在国家的战略部署下，北京、上海、广东、江苏、重庆等省市纷纷出台政策规划，大力推动集成电路、通信网络、新型显示等产业的高端发展，积极布局云计算、物联网以及现代信息服务业等新一代信息技术产业，抢占信息技术的制高点，促进电子信息产业结构调整与转型升级。

表 17-1　我国部分地区电子信息产业"十二五"发展规划

地区	政策	主要内容
北京	北京市"十二五"时期电子信息产业发展规划	调整结构，推动优势产业转型升级：（一）强化移动通信产业核心竞争力；（二）推动数字电视全产业链集聚发展；（三）加快完善集成电路产业链；（四）拓展延伸计算机产业价值链；（五）持续壮大半导体照明产业。 融合发展，培育新兴产业高端发展：（一）引领云计算产业跨越发展；（二）推进三网融合取得实质性发展；（三）促进物联网产业特色发展；（四）培育新一代空间信息产业集群发展；（五）推动汽车电子产业快速发展。
上海	上海市战略性新兴产业发展"十二五"规划	一是重点发展集成电路、通信和网络、新型显示、汽车电子、软件和信息服务业，争取形成较为完整的产业链，不断提升产业规模和能级。二是依托国家重大科技专项，突破核心电子器件、高端芯片、基础软件、装备、工艺、材料等制约瓶颈，努力提高产业技术创新能力。三是聚焦物联网、云计算、半导体照明等新一代信息技术，通过示范应用牵引，推进商业模式创新。四是加快实施12英寸芯片生产线、新型显示生产线等重大项目，推动电子信息产业企业整合重组，培育一批龙头骨干企业。
广东	广东省高端新型电子信息产业发展"十二五"规划	到2015年，全省高端新型电子信息产业总产值达1.22万亿元，年均增长率达20%，占全省战略性新兴产业总产值的比重接近50%。重点发展的产业有：新型显示、新一代信息通信、物联网、云计算、三网融合及网络增值服务、下一代互联网、地理空间信息系统、软件与集成电路设计、数字家庭、高端消费电子产品、关键元器件等。
江苏	江苏省电子信息产业"十二五"发展规划	到2015年，全省电子信息产业实现主营业务收入3.7万亿元，年均增长15%左右，继续保持全国领先。推动集成电路、新型显示器件、新型电子元器件等重点产业高端发展，规模稳居全国前列。船舶电子、医疗电子、汽车电子和电子信息装备业得到快速发展。到2015年，产品内销比重超过50%，新一代信息技术产业占全行业的比重达35%以上。
重庆	重庆市电子信息产业三年振兴规划（2013—2015）	围绕做大做强计算机产业、创新云计算发展模式、开拓物联网应用市场，建设3个千亿级产业集群。通过壮大家用电子、突破基础电子、扶持应用电子，打造6个百亿级产业集群。

资料来源：中国电子信息产业发展研究院 产业政策研究所整理，2013年9月。

二、现阶段政策重点分析

国家2013年对我国电子信息产业的发展进行了重大的战略部署，推行扩大内需促进信息消费和"宽带"中国战略等政策，将更多资源向电子信息产业倾斜，引导我国产业高端布局，带动传统产业转型升级。

（一）《关于促进信息消费扩大内需的若干意见》

2013年8月14日，国务院正式发布了《国务院关于促进信息消费扩大内需的若干意见》（以下简称《意见》），该《意见》提出促进信息消费的主要五大任务：加快信息基础设施演进升级、增强信息产品供给能力、培育信息消费需求、提升公共服务信息化水平以及加强信息消费环境建设。通过多种促进信息消费扶持政策，建立信息消费持续增长的长效机制，为促进我国消费升级，引领信息产品和服务升级，促进我国传统产业转变发展方式、升级改造具有重大意义。

1. 顺应快速发展的信息消费需求，促进我国消费升级

在目前国际经济形势不稳定，我国出口低迷的情况下，促进信息消费能够进一步扩大内需、发掘和释放消费潜力，从而促进我国的消费升级。随着我国电子信息产业的快速发展，信息消费需求大幅度增长，信息也成为居民生产生活中不可或缺的重要组成部分。《意见》制定的主要思路是围绕激发消费需求、增强供给能力、提升公共服务水平和夯实信息基础设施、改善信息消费环境等方面制订了保障措施，以建立促进信息消费持续稳定增长的长效机制。

2. 鼓励技术研发与新业态培育，引领信息产品和服务升级

《意见》提出完善宽带基础设施建设，统筹云计算互联网数据中心布局，扩大3G网络覆盖，推动4G牌照发放以及新一代通信网络建设，完善三网融合技术创新体系，鼓励智能终端以及新兴信息服务业态的创新发展。通过一系列的发展方向的引导，将优化信息消费的土壤，激发市场活力，提升信息产品、服务、内容的有效供给水平，引领信息产品和服务的升级。

3. 加大电子信息产业向生产生活领域渗透，促进传统产业升级

信息消费的扩大将深刻影响着人们生产与生活的方式，加快智慧城市建设、信息技术的创新与广泛普及，将更加有利于资源的优化配置，加速信息化与工业化的深度融合，加快传统产业的升级改造。信息消费也催生新的产业模式，不断满足消费者多层次需求，通过知识型、绿色化、资金密集型产业比重的提升，促

进我国整体产业结构的升级，加速构建现代信息技术产业体系。

（二）《"宽带中国"战略及实施方案》

2013 年 8 月 12 日,国务院印发《"宽带中国"战略及实施方案》(以下简称《方案》)，对我国宽带建设加强战略性引导，并为基础设施建设进行系统布局，也标志着"宽带战略"上升为"国家战略"，将加速我国的网络基础设施建设。

1.政府全力支持宽带基础设施建设

通信网络建设具有战略性、公共性、基础设施性，需要政府的大力推动。从全球来看，世界各国，尤其是发达国家，纷纷布局宽带网络战略，从政府的角度加大顶层设计与政策扶持，在新一轮的信息浪潮中占领制高点。我国将"宽带战略"上升为"国家战略"，正是对电子信息发展的高端部署，《方案》出台后，将会有力推动宽带网络的建设、产业链的发展、技术和应用创新、服务水平以及整个宽带产业生态化建设与发展。

2.《方案》明确了我国宽带网络建设的时间表

《方案》将我国宽带建设划分为三个阶段，每个阶段都有相应的任务与目标。到 2013 年年底，固定宽带用户超过 2.1 亿户，城市和农村家庭固定宽带普及率分别达到 55% 和 20%。到 2015 年，固定宽带用户超过 2.7 亿户，城市和农村家庭固定宽带普及率分别达到 65% 和 30%，到 2020 年，固定宽带用户达到 4 亿户，家庭普及率达到 70%，光纤网络覆盖城市家庭。通过提速、普及和优化等一系列的工作，我国宽带数量和质量将处于世界各国的前列，为人民的生产和生活提供有力支撑。

3.改善中西部地区宽带网络建设不平衡难题

《方案》在重点任务中提出推进区域宽带网络协调发展，并实施"宽带乡村"工程。从国家层面的扶持来看，国家层面的扶持资金目前只针对农村和中西部等落后地区，在宽带战略中，农村及中西部地区要充分利用中央的各类专项资金，在宽带项目建设和运营中享受政策红利。通过对农村和中西部地区宽带网络建设的大力扶持，能够进一步改善宽带网络城乡区域发展不平衡的问题，同时进一步激活农村宽带市场。

第二节　2013年电子信息行业结构调整的主要情况

一、电子信息行业结构调整取得的进展

2013年，全国电信业实现电信业务总量13954亿元，同比增长7.5%，比上年回落3.2个百分点；实现电信业务收入11689.1亿元，同比增长8.7%。电话用户总数净增10579万户，达到14.96亿户。其中，移动电话用户净增11695.8万户，总数达12.29亿户，移动电话用户普及率达90.8部/百人，比上年提高8.3部/百人。随着移动终端的大幅度普及，移动互联网普及加快，数据流量消费保持50%以上的高速增长。新增3G移动电话用户1.69亿户，总规模突破4亿户，在移动用户中的渗透率达到32.7%，同比提高11.8个百分点，3G用户的流量消费特点更加突出[1]。

电信基础设施能力不断提升，扎实推进宽带中国2013年专项行动。2013年上半年，基础电信企业累计投入3G网络建设296.6亿元，新建成3G基站13.5万个，总数达到95.2万个，占移动电话基站总数的比重由去年同期的37.6%提升至42.8%。宽带接入用户呈现"家庭客户为主、企业机构为辅"的特点，上半年家庭宽带接入用户净增812.9万户，达到1.51亿户，宽带用户总数的比重达到83.5%。光缆线路长度新增115.0万公里，达到1595.6万公里[2]。

（一）软件与信息服务业稳步发展，北斗导航系统取重大进展

2013年1~11月，我国软件与信息服务业总体保持较好的发展态势，平均每月增速在25%左右。在软件行业收入分类中，软件产品与信息系统集成的收入分别占据了整个行业收入的30%和20%左右。到2013年11月，数据处理和存储服务成为增速最快的领域，同比增长26.5%。其次发展较快的为系统集成、嵌入式产品和信息技术咨询服务，同比增长25.5%、24.8%和23.7%。[3]

目前，北斗系统成功发射16颗卫星，已经形成了覆盖亚太大部分地区的服务能力。卫星导航促进了传统运输方式实现升级与转型，实现交通智能化。目前系统运行稳定，并逐步扩展到了交通运输、气象、渔业、林业、水利、测绘及应急救灾等应用领域，产生了显著的经济和社会效应。未来"北斗卫星导航系统"

---

[1]　资料来源：工业和信息化部 运行监测协调局。
[2]　资料来源：工业和信息化部 运行监测协调局。
[3]　资料来源：工业和信息化部网站统计信息

也将在移动通信、移动互联网位置服务、软件服务及电子信息终端产品等方面得到更广泛的应用，也是信息化基础设施建设和新一代信息技术的关键要素。

（二）新型显示产业链进一步完善，实现产业协调发展

近年来，我国新型显示产业取得了突破性发展，2011 年投产的京东方北京 8.5 代生产线、深圳华星光电 8.5 代生产线，标志着我国在高世代液晶面板生产技术上实现了突破，OLED 产业研发和布局加速推进。2012 年，我国液晶面板全球市场占有率超过 10%，国内电视面板供应自给率突破 20%，国内面板骨干企业采购国产材料的金额比例超过 25%[1]，新型显示产业链各环节在向国内回归。2013 年 2 月 28 日，总投资 8 亿美元的康宁显示科技（中国）有限公司二期项目在北京经济技术开发区顺利建成投产，这是中国大陆首个拥有 8.5 代玻璃的熔融、成型和后段加工全工艺流程的生产线，为 TFT-LCD 面板提供关键材料，标志着北京打造"从沙子到电视机"的全产业链配套的数字电视产业体系基本建成。

（三）云计算、物联网等新一代信息技术加速普及

我国政府多次将云计算与物联网等新一代信息技术作为重点战略性新兴产业进行优先发展，各地方也纷纷积极加快云计算与物联网产业的布局，并取得了产业的快速推进，并在能源、电力、医药、教育、金融、电子政务及智能家居等领域得到了进一步应用。三大电信运营商在全国 300 多城市和当地城市开展合作建设智慧城市，并在重点行业和民生领域开展物联网应用示范。2013 年 1—7 月，物联网终端用户累计净增 573.3 万户，达到 2818.4 万户[2]。国内华为、神州数码、浙大网新、中软国际等软件与通信技术企业已较早开展了云计算与物联网的创新布局，并在政策的鼓励下积极开展核心技术与重大关键技术的研究与突破。

住房和城乡建设部 2013 年 8 月 1 日公布了 2013 年度国家智慧城市试点名单，北京经济开发区、天津武清区和河西区、重庆市永川区和江北区等 103 个城市（区、县、镇）为该年度国家智慧城市试点，加上首批 90 个试点城市，目前国家智慧城市试点共有 193 个，并且北京、上海、广州、深圳、杭州等地方已经制定并实施了智慧城市发展的专项规划。"智慧城市"的发展将加深信息通信技术与城市的深度融合，拉动全国对信息通信产业的多方面、多层次需求，促进云计算、物联网等新一代信息技术的研发与产业化，也将在城市建设中发挥越来越重要的

[1] 资料来源：2012年电子信息产业统计公报。
[2] 资料来源：工业和信息化部网站统计信息。

作用。

（四）信息消费对我国经济的拉动作用增强

2013年上半年，我国信息消费规模达到2.02万亿元，同比增长20.7%。信息消费涵盖了信息终端、互联网相关服务和信息通道消费等三个方向。其中，信息终端消费6168亿元，同比增长28.7%。彩色电视机、计算机及移动通信设备等智能终端产品的内销量高速增长，成为扩大信息消费的重要基础。受节能惠民政策2013年5月31日到期的影响，上半年家用视听行业保持较快增长，实现销售产值3072亿元，增长15.2%，高出2012年同期10.8个百分点。截至2013年12月底，全国电话用户达到14.96亿户，其中固定电话与移动电话用户分别为2.67亿和12.29亿，3G移动电话用户突破4亿[1]。信息消费的扩大直接带动了我国电子信息制造业、电子商务、信息服务等行业的快速发展，同时也带动了电信行业投资，对我国经济有较强的带动作用。

二、电子信息行业结构调整取得的成效

在政府政策扶持力度增加与产业政策效应逐渐显现的情况下，我国电子信息行业表现出了较快的持续增长态势。随着我国消费结构升级、产业转移加速、科研投入的增加、企业创新能力提升以及新业态和新商业模式的形成，有力推动了我国电子信息行业的产业结构优化与转型升级。

（一）产品结构优化

2012年，我国规模以上电子信息制造业实现销售收入8.5万亿元，同比增长13.0%，实现软件业务收入2.5万亿元，同比增长28.5%，增速高于电子信息制造业15.5个百分点[2]；软件产业占整个电子信息产业收入比重达到22.8%，比2011年提高2.7个百分点。2013年上半年，我国电子信息制造与软件产业分别实现收入4.35万亿元和1.39万亿元，分别占整体收入比重为75.8%与24.2%[3]，软件产业在整个电子信息产业中的比重一直呈现上升的趋势，软硬件比例日趋合理。从细分产业看，电子信息制造业方面：受信息消费政策以及移动互联网发展迅速因素的影响，通信设备行业保持较为领先的发展优势，我国家用视听行业保持着较

---

[1] 资料来源：《工业和信息化部 运行监测协调局》。
[2] 资料来源：《2012年电子信息产业统计公报》。
[3] 资料来源：工业和信息化部统计信息。

高的市场份额；而传统的计算机行业的产量增速小于行业的平均水平。软件及信息服务行业方面：软件产品（包括嵌入式软件）、信息系统集成以及数据处理与存储服务的发展较为迅速。

（二）区域布局趋于合理

随着产业转移步伐的加快，中西部地区电子信息产业相比东部地区发展更为迅速。2012 年，我国中部和西部地区的规模以上电子信息制造业销售产值比 2011 年分别增长了 40.9% 和 39.4%，高出全国平均水平 28.3 和 26.8 个百分点，中西部地区销售产值比重合计达到 16.2%，比 2011 年提高 3.2 个百分点[1]。2013 年我国电子信息产业发展增长虽然呈现稳中趋缓，但中西部地区在软件和硬件方面都高于全国平均水平。2013 年上半年，硬件方面，中部和西部地区电子信息制造业销售产值分别增长 35.8% 和 28.6%，分别高出全国平均水平 23.4 和 16.2 个百分点，共实现销售产值 7630 亿元，占全国比重 17.6%，比同期提高 2.7 个百分点。软件方面，西部地区完成软件业务收入 1533 亿元，同比增长 27.9%，高出全国平均增速 3.4 个百分点，特别是重庆、陕西均在 30% 以上增长。中部地区完成软件业务收入 501 亿元，同比增长 24%，增速比去年同期提高 9.8 个百分点。而东部地区完成软件业务收入 10575 亿元，同比增长 23.9%，增速低于去年同期 2.1 个百分点[2]。

（三）产业组织结构实现优化

随着全球电子信息产业兼并重组步伐的加快，我国大型企业纷纷实行国内外并购战略，并积极推进自身业务的开拓与升级，我国电子信息行业产业集聚效应日益明显，大型企业在促进行业发展中的作用日益突出。2013 年 7 月发布的第 27 届中国电子信息百强企业名单，华为、联想和中国电子信息产业集团分列前三甲。本届百强企业主营业务收入 19565 元，比上届增长 11.1%，占行业总量接近四分之一，其中前十家销售收入占据百强收入的一半以上。收入规模超过 100 亿元的企业有 36 家，比上届增加 2 家，超过 200 亿元的企业有 16 家，超过 1000 亿元的企业有 4 家。百强企业以不到全行业 0.5% 的数量比重，创造了全行业 1/4 的销售收入、近 1/3 的利润和 1/2 以上的税收。优势企业的做大做强为周边经济发展带来辐射效应，并积极向中西部地区加大布局，设立研发中心和生产

---

[1] 资料来源：《2012年电子信息产业统计公报》。
[2] 资料来源：工业和信息化部统计数据。

基地，促进了各地电子信息产业的发展和经济结构的改善。

（四）科技创新能力进一步提升

近几年，我国电子信息产业的科技创新能力取得了明显的增强，多项核心关键技术取得了突破，并且很多科研成果实现了产业化。我国自主开发的8GbDDRII存储器芯片出货量超过430万片，自主研发的智能手机浏览器用户超过3亿，国产智能终端芯片销售超过4千万颗[1]，我国神威蓝光千万亿次计算机采用了由我国自主研发的处理器和软件，该项计算机技术处于国际先进水平。云计算、大数据的发展促进了信息技术服务的新模式、新业态的创新，并且带动了软件及信息技术服务业的升级调整。从2013年的电子信息企业百强名单来看，我国企业的科研投入和拥有专利数量持续增加，本届百强企业研发投入比重达5.1%，比上届增长14.5%，拥有专利总量13.3万件，比上届增加3.3万件，发明专利数量达到6.8万件，占比超过50%，其中中兴以3906项专利申请在世界知识产权组织公布的2012年全球PCT申请排行中再次位居榜首。科技创新能力的进一步提升，引领我国电子信息的产业升级与产业链优化。

第三节　面临的问题与挑战

2013年，我国电子信息产业面临着巨大的机遇与挑战，关键技术突破依旧是我国面临的重大难题，随着信息消费需求的持续扩大，也暴露出我国基础设施支撑不足，信息安全与网络环境优化问题等问题亟待解决。同时，国外安全审查引发贸易摩擦加剧，国内面临成本上升、经济发展不平衡等诸多不利因素。随着移动互联网的崛起和云计算等新一代信息技术的发展，我国电子信息行业面临着深刻的变革。

一、面临的主要问题

从我国电子信息行业目前的发展情况看，仍然普遍存在着产业链不完善、关键技术难以突破以及基础设施支撑能力不足等诸多问题，这些问题严重制约着我国电子信息产业的高端发展和产业升级。

---

[1] 资料来源：《2012年电子信息产业统计公报》。

（一）产业结构普遍处于价值链的低端

在全球化的背景下，电子信息产业的价值链分布在不同的区域，并形成了协同发展的全球价值网络。目前，美国、欧洲和日本等巨头依旧处于价值链的高端，普遍控制着核心产品和技术，掌握品牌所有权，进行产品的研发与设计。韩国、中国台湾及新加坡等地区处于价值链的中高端，基于其长期积累的技术，发展成具有关键元器件生产能力的基地。我国的电子信息产业在研发设计及关键零部件产品上处于相对的弱势，较多依靠劳动成本优势及规模效应从事大量的元器件生产和整机组装及测试，处于价值链的低端。形成关键零部件靠进口，软件及产品设计受制于人，产品市场靠出口的"两头在外"的发展局面，长期被锁定在全球分工体系的低端环节。

（二）关键技术领域突破困难，核心竞争力不足

我国目前已成为电子信息产品制造大国，但自主创新能力与先进国家相比还存在差距，核心技术和关键设备受制于人的局面没有根本突破，集成电路、核心器件等核心技术的基础较差，国内基础操作系统市场基本被国外企业掌握。在全球经济周期性放缓与各国纷纷部署加快技术升级的形势下，我国薄弱的产业基础将无法形成应对危机的能力。与国企行业巨头相比，我国企业的创新能力明显不足，大企业不强，小企业不精，缺乏创新精神。随着新一代信息技术的发展，我国要抓住机遇，在移动通信、下一代互联网及数字化技术等领域实现核心技术的突破，形成新的增长点，带动我国电子信息产业的转型升级。

（三）基础设施支撑能力不足

我国宽带网络建设相对落后，宽带接入普及率大幅度低于其他发达国家，东中西部地区之间以及城乡之间的差距仍然较为显著。新建网络基础设施不足，存量的宽带服务不能满足需求。随着工业和信息化部4G牌照的发放，4G网络和设备的需求将会大幅度提升，但目前4G的基站建设及终端产品的开发成为制约发展的短板。随着我国信息消费需求的增长，对我国基础网络设施的要求将会进一步提高，基础设施建设需要大量的资金投入与技术支持，行业也将面临着新的技术标准。

二、面临的挑战

从我国电子信息产业发展的全球背景来看，随着移动互联网的崛起和云计算等新一代信息技术的发展，全球电子信息产业正面临着深刻的变革。同时，国外安全审查引发贸易摩擦加剧，发达国家纷纷抢占信息技术的制高点，而我国面临着国内成本上升、经济发展不平衡诸多不利因素，也将为我国电子信息行业的发展带来巨大挑战。

（一）国际经济形势复杂，贸易保护主义日益增多

目前国际市场尚未完全复苏，经济形势低迷导致我国出口的压力增大，尤其是对制造型企业来讲形势更加严峻。随着国外市场的萎缩，各国的贸易保护主义有所抬头，造成我国企业的国际市场拓展难度加大。

（二）发达国家抢占制高点，产业竞争更加激烈

近年来，世界各国纷纷将电子信息产业作为科技立国的发展方向，不仅美国、日本、欧盟等主要发达国家和地区出台多项刺激政策，重点发展核心关键领域，加速推进新科技的产业化应用，抢占未来技术与产业竞争的制高点。同时，巴西、俄罗斯、印度等国也着力发展电子信息产业，增长尤为迅速，竞争在全球范围内更加激烈。

（三）发展中国家成本优势凸显，对我国产业构成威胁

一直以来，我国的产业受到人口红利的影响得以迅速发展，但随着我国人民币升值压力增大，生产成本持续上升及人口老龄化，在生产制造环节的廉价劳动力比较优势将逐渐丧失，而被印度、马来西亚等其它发展中国家所取代，全球产业甚至是我国的电子信息产业均很可能产生向其他发展中国家转移的趋势，周边国家和地区同质竞争也将日益激烈。

展望篇

第十八章 2014年工业结构调整趋势及政策建议

2013 年，国际局势的短暂缓和以及我国经济的缓慢复苏，为我国工业结构实现战略性调整创造了条件，我国工业结构调整和产业转移取得了一定的成效，工业发展总体上呈企稳回升的势头，工业在国民经济中的比重仍然不断上升。但是产业转移和结构调整仍然面临着一系列问题。为此，本章将对当前的工业结构调整的趋势进行分析，并提出我国工业结构调整的对策建议。

第一节 工业结构调整的趋势

改革开放以来，我国工业经济保持了持续快速的增长态势，尤其是近十年来，工业经济增长速度都在 10% 以上，工业产品竞争力不断加强，为实现中华民族伟大复兴的中国梦奠定了强有力的工业经济基础。但是，近两年来，随着我国工业转型升级的不断推进，我国工业结构调整面临着新的形势，具体表现为工业经济增长出现了拐点，工业产品出口压力加大，产能过剩问题日益严重，主要市场逐渐由外转内。

一、工业经济增长速度将放缓

改革开放来，我国工业经济保持了持续、快速的增长势头，工业增长速度都保持在 10% 以上，尤其是 2007 年工业增加值的增长速度曾经一度高达 14.9%，工业成为带动我国国民经济持续、快速、健康发展的重要力量。

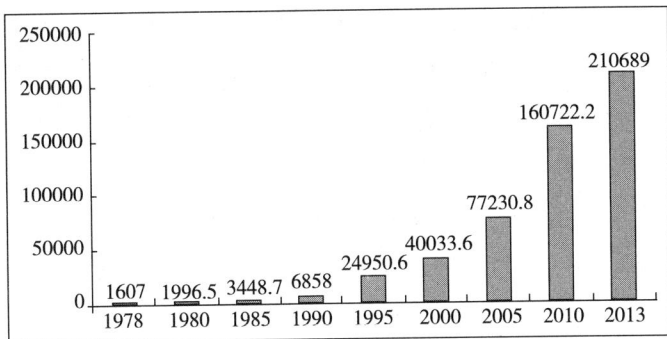

图18-1　主要年份工业增加值　　　　单位：亿元

资料来源：《中国统计年鉴（2013）》。

工业生产的长期快速发展固然促进了国民经济的发展，但同时也使得企业产生了路径依赖，失去了调整产品结构和进行技术创新的动力，工业的边际增长速度逐步下降。进入2012年以来，随着我国工业生产要素结构和要素成本发生变化，工业比较优势逐步下降，全年工业增加值为19.97万亿元，工业增加值增长率下降到5.94%，成为近十年来的最低点。2013年，我国工业经济总量突破了20万亿大关，达到了21.07万亿，同比增长了7.6%，工业经济增长速度有所回升。由此可以判断，未来几年，我国工业经济增长速度将维持在7%上下的中高速增长的势头。

二、工业产品出口增速将放缓

当前，国际国内经济形势都发生着深刻的变化，从国际来看，近几年来国际经济的持续动荡在很大程度上将会对我国工业发展产生一定的负面影响。一方面，为了摆脱经济危机的困扰，美国、欧洲等发达国家和地区纷纷提出了"再工业化"战略，鼓励高端制造业回归，重塑制造业竞争优势，这些政策对我国工业投资和产品出口带来了巨大的竞争压力。另一方面，金融危机发生以来，美国经济延续缓慢复苏、欧盟经济持续下滑以及第三世界经济体增长速度放缓都对我国的工业产品以及产品出口产生了重要影响。

从国内来看，随着人口结构的调整、要素比较优势的变化和资源环境约束的加强，将进一步推高工业生产成本，降低我国工业生产的比较优势和竞争力。首先，人口红利的消失，使得我国失去了丰富廉价劳动力的成本优势，进而导致制造业成本上升，工业产品的竞争优势逐渐下降。其次，能源、资源的稀缺，使得我国每年需要进口大量的铁矿石和原油等资源，这在一定程度上推高了我国石油化工、钢铁等工业产品的价格。最后，资源环境约束的加强，也将增加资源开发和环境污染的成本，进而降低我国工业产品的比较竞争优势。

从国际国内两方面来看，2014年我国工业产品出口将面临巨大的压力，传统的比较优势也将消失，进而使我国工业产品增长速度将会有所放缓。

三、产能过剩问题仍将延续

当前，我国钢铁、水泥、造船、电解铝、煤炭、化工等六大行业的产能已经严重过剩，根据国际货币基金组织的测算，我国制造业平均有近28%的产能闲置，35.5%的制造业企业产能利用率仅在75%或以下。钢铁方面，目前我国钢铁行业产能约为9.5亿吨，但是产能利用率大约仅为72%；水泥方面，目前我国水泥产能接近30亿吨，已经超过2015年25亿吨的需求预期目标，熟料和水泥平均产能利用率大约只有75%。此外，平板玻璃、煤化工、多晶硅、风电设备等行业的产能也出现严重过剩。

工业产能释放一般会有2~3年的滞后期，随着水泥、煤化工等在建产能的逐渐释放，这些产业的产能将迅速扩张，使得企业将面临着更大的竞争压力。在水泥方面，目前仍然有150余条新型干法水泥生产线项目在建，预计熟料产能将超过2亿吨，最终熟料产能可达到19亿吨；煤化工方面，在建和拟建的煤化工项目多达104个，一旦在建的乙二醇、二甲醚等项目投产，产能将会成倍上升。可以预见，未来几年，产能过剩仍将是我国工业经济发展面临的主要矛盾。

四、主要市场逐渐由外转内

2013年，我国的人均GDP超过6000美元，按照西方发达国家的经验，我国正处于温饱型向消费型社会转变的重要转折期。然而，由于我国的教育、医疗、养老等领域的改革不彻底，广大农村地区还没有建立较为完善、覆盖面广的社会保障体系，导致我国总体消费水平较低。2013年，我国社会消费品零售总额23.78万亿，同比增长13.1%，其中城镇消费品零售额20.59万亿元，增长12.9%，乡村消费品零售额3.20万亿元，增长14.6%。由此可见，农村地区的消费所占比重较低，占总人口的46.27%的农村地区仅占消费总额的13.44%，广大农村地区的消费潜力并没有得到释放。

未来相当长一段时期内，随着城镇化建设和产业转移的深入推进，广大中西部地区经济将得到迅速发展，农村地区的居民收入将会迅速增长。同时，随着教育、医疗、养老等领域改革的深入推进，社会保障覆盖面将逐步扩大，我国将由储蓄型社会向消费型社会转变，消费在居民收入中所占的比重将逐渐上升，广大农村地区也将释放出巨大的消费潜力。由此可以判断，未来几年将是我国消费市场由外转内的重要转折期，这将对我国工业结构调整和工业转型升级产生重要影响。

第二节　政策措施建议

当前，落后产能、过剩产能以及技术水平较低的传统产业比重较高，掌握核心技术和知识产权的新兴产业发展缓慢，导致了我国工业整体竞争力不强。因此，未来我国工业结构调整应当加快落后产能、过剩产能的淘汰力度，运用现代信息技术改造提升传统产业，加快战略性新兴产业发展，积极开拓新兴工业品市场。

一、加大落后产能和过剩产能淘汰力度

近年来，我国的国有企业、民营企业和地方政府在工业投资过程中缺乏前期论证和分析，存在较为普遍的盲目现象，造成大量的重复投资和恶性竞争，成为造成我国产能过剩的重要原因。许多地方政府也不顾自身资源条件和市场需求，盲目追求经济增长速度，加大项目投资的政策优惠力度，未批先建、甚至违规上一些工业项目，从而迅速导致了钢铁、水泥、电解铝、平板玻璃等高污染高能耗的产业生产能力严重过剩。未来，应当进一步加大过剩产能和落后产能淘汰力度，一方面，通过环境、安全、能耗等相关法律手段和技术指标对一些企业的产能进行限制，化解低端、过剩的产能，另一方面，通过技术改造、节能补贴、科技创新等方式给予企业适当的补偿，引导企业转产或者停产，从而淘汰各种过剩产能和落后产能，推动工业结构整体水平的提升。

二、应用现代信息技术改造提升传统产业

信息化是当前工业发展的重要推动力，是推动传统工业生产方式向现代生产

模式转变的重要手段，更是我国工业结构调整和工业转型升级的必然选择。党的十八大以及十八届三中全会都提出了"工业化和信息化深度融合"的目标和路径，通过运用现代信息技术改造提升传统产业。首先，要加强信息基础设施建设，加快推进"宽带中国"战略，加快4G网络建设和产业发展，提升互联网的普及率，为两化融合奠定基础。其次，加快重点领域装备智能化，推进生产过程和制造工艺智能化，推动智能制造生产模式集成应用，提升制造业与服务业的融合水平。促进物联网、云计算、大数据等信息技术在工业领域的应用。最后，积极培育和扩大信息消费，贯彻落实国务院《关于促进信息消费扩大内需的若干意见》，努力消除扩大信息消费中存在的瓶颈制约，扩大信息消费规模。通过信息化与工业化的深度融合，改造传统落后行业，最终提升我国的工业产业结构水平。

三、加快发展战略性新兴产业

战略性新兴产业是国民经济中的先导性产业，具有技术水平高、带动作用强、辐射面广的特点，对于国民经济发展具有重要的引领带动作用。推动新能源、新材料、新一代信息技术、新能源汽车、高端装备、生物、节能环保等七大战略性新兴产业发展，对于推动我国产业转型和升级、工业结构优化都具有十分重要的现实意义。一方面，应当加强战略性新兴产业关键领域的科技研发投入，争取在制约战略性新兴产业发展的技术瓶颈取得技术突破，从而掌握一些核心和关键技术，为未来战略性新兴产业发展和工业结构调整奠定坚实的技术基础。另一方面，强化企业在战略性新兴产业发展中的主体作用。随着市场化改革的推进，我国应当加快建立公平、高效的市场机制，让市场在资源配置中发挥决定性作用。要围绕战略性新兴产业等领域，引导创新主体建立产业技术创新联盟，提升企业的创新能力和产业化水平，进而推动工业结构的优化。

四、积极开拓新兴市场

美国、欧盟等西方发达国家实施的"再工业化"战略以及东南亚、南美等新兴经济体的崛起，使得我国工业产品的出口将面临着很大的竞争压力。未来我国应当加快工业结构调整步伐，重点突破农村市场、开发西部市场以及开拓发展中国家的新兴市场，从而为工业转型升级和持续发展创造条件。一方面，积极开拓国内市场。针对我国广大的农村市场和西部市场的需求特点，加强技术研发和产品设计投入，开发出质量可靠、功能完善、物美价廉、针对性强的工业产品，提升我国工业设计和技术创新能力，化解国内过剩产能。另一方面，强化国际市场开发力度。当前我国工业品在欧美等发达国家的市场已经接近饱和，而在亚洲、南美洲、非洲、中亚、中东等广大发展中国家仍然拥有较大的市场份额，而且具有较快的增长潜力。应当加强国际市场开发投入，针对这些发展中国家的市场需求特点和民族文化特征开发出相应的工业产品，从而确保我国工业持续快速增长。通过积极开发新兴市场，化解过剩产能矛盾和淘汰落后产能，从而不断推动我国工业结构的优化和升级。

第十九章　2014年企业兼并重组展望及政策建议

目前，我国已出台了一系列的促进企业兼并重组政策文件，无论是中央政府还是地方政府都在积极采取措施促进企业兼并重组。2014年，现有的各项政策措施将会进一步得到贯彻落实，在此基础上，我国企业兼并重组将迈上一个新的台阶，取得突破性的进展。但是，我国企业兼并重组仍面临着诸多的问题与挑战，为此，应进一步完善相应的措施，促进企业的兼并重组。

第一节　企业兼并重组的趋势

一、企业的兼并重组将更为活跃

展望2014年，从总体上来看，我国企业兼并重组的数量和交易金额将进一步增加，有望超过2013年。

企业兼并重组政策体系将进一步完善。目前我国企业兼并重组仍存在诸多障碍，如税收负担较重、融资难等，国家和地方将根据企业实际需求对现有的政策做进一步的修正和完善，或出台新的政策，这将使我国企业兼并重组政策体系进一步完善。

组织协调机制将更加完善。对于各级政府而言，在企业兼并重组中发挥的作用应是切实加强服务，形成中央和地方联动、跨部门协调配合的工作机制。2014年，企业兼并重组的协调机制将更加健全。企业兼并重组部际协调小组将加大组织协调力度，进一步完善协调解决问题的机制，将进一步建立健全协调小组议事制度，协调小组会议和办公室联络员会议制度将得到进一步完善，部际协调机制作用将得到充分发挥，许多突出问题有望迎刃而解。中央政府将加强与地方政府、企业的沟通，建立起与地方政府和企业沟通的长效机制。各地区将陆续建立和完善本地区企业兼并重组协调机制，加强各部门之间的协调配合，致力于解决本地区企业兼并重组过程中出现的问题。

在这些因素的促进下，我国企业兼并重组将更加活跃，并购的行业将呈多元化趋势。当前我国正处于工业结构调整和产业升级的关键时期，淘汰落后产能、产能过剩等问题给兼并重组创造了机会。一是跨区域、跨所有制兼并重组有望取得实质性的突破。政府目前致力于清除各种体制机制方面的阻碍，为企业创造更加公平的环境。在未来的一年内，各种不合理的规定将逐步减少，不同区域、不同所有制企业之间的兼并重组数量将增加。在整合大潮中，各行业的骨干企业或龙头企业将发挥重要引领作用。二是民营企业的兼并重组将提速。2005 年，国家出台了"非公 36 条"，5 年之后又发布了"新 36 条"。之后，为落实"新 36 条"，各相关部委陆续出台了一系列促进民营资本投资的具体措施，这必将推动民营企业更加积极地参与并购活动。三是我国将进一步加快走出去进行海外并购的步伐。世界经济发展仍比较缓慢，我国企业将抓住这一有利时机，加快走出去的步伐。

二、重点行业兼并重组细则有望出台，兼并重组将取得突破性进展

展望 2014 年，各重点行业的兼并重组进程将加快。

从目前国家层面的政策体系来看，针对重点行业已发布的政策主要有钢铁行业、煤炭行业、医药行业等，国家将针对其他重点行业进一步促进企业并购的政策，如婴幼儿配方乳粉行业、光伏企业兼并重组方案即将出台。从地方层面的政策来看，地方政府根据本地区的实际情况，出台了本地区重点行业的并购政策，如山东、青海等地出台了钢铁行业兼并重组政策，山西、河南、四川等地出台了煤炭行业兼并重组政策等。在未来的一年内，各地区将针对重点行业继续发布行业层面的兼并重组政策。在这些政策的推动下，重点行业的兼并重组进程将加快。

从各重点行业来看，其兼并重组的趋势将呈现出不同的特点。而将取得重大进展的行业有乳粉业、互联网、光伏等行业。就乳粉业来看，我国乳粉业近年来屡遭信任危机，尤其是 2013 年的"香港奶粉限购事件"也从侧面反映出人们对国产奶粉的不信任。目前，工业和信息化部已编制完成《推动婴幼儿配方乳粉行业企业兼并重组工作方案》。这一政策的着力点是培育具有国际竞争力的大型企

业集团，提高婴幼儿配方乳粉质量。规模较小、管理水平较差和不符合国家产业政策的企业将被淘汰。行业内规模、技术、产能、品牌、奶源等排名靠前的大型骨干企业将发挥引领带动作用。从整合趋势来看，主要将是强强联合、大吃小，上下游产业链整合也将出现。

三、融资难问题有望得到一定缓解

企业兼并重组融资难问题一直困扰着许多企业。而这一问题在 2014 年有望得到一定程度的缓解。

企业的兼并重组融资将获得实质性政策支持。随着兼并重组政策的不断推进，并购配套融资制度和并购工具不断推陈出新。正在进行的股票发行体制改革、转融通及融资融券标的范围扩容、创业板退市制度、主板退市制度改革等，将改变股票发行价格严重偏高的现象。未来很可能推出用于兼并重组的高收益债券。兼并重组将得到越来越多的金融机构的支持，如，2013 年 8 月，民生银行牵头联合中投证券、中金公司、华泰联合、安永、中证报、21 世纪经济报道等 24 家机构共同组建了中国并购合作联盟，为企业并购提供一站式服务，这一联盟的成立将起到一定的示范作用。

私募股权基金一直以来都是众多中小企业融资的重要渠道之一，将继续推动我国并购市场的发展。虽然，我国私募股权基金仍处于起步阶段，存在着企业规模相对较小，运作不规范等问题。但在未来的一年内，私募股权基金发展的配套政策将进一步完善，资金来源继续呈多元化发展，运作模式将进一步完善，更加符合我国的国情。所以，私募股权基金对我国企业兼并重组的支持力度将加大。

四、海外并购将恢复稳固增长态势

从总体上看，2014 年我国企业的海外并购将逆势而上，出现恢复稳固增长的态势。

虽然 2002~2012 年我国海外并购规模呈不断增长趋势，但目前处于低谷水平，普华永道的数据显示，2013 年上半年中国大陆企业海外并购数量仅为 78 起，达到了 2010 年以来并购数量最低点。2014 年，我国海外投资的政策环境将不断完善。既有金融、财税支持政策，也有服务政策。展望世界经济发展形式，未来一年形势仍不容乐观。虽然 2013 年全球经济在调整中发生了积极变化，但未来一年世界经济发展仍充满不确定性，复苏缓慢且不稳固，金融市场缺乏实体经济的有力支撑，部分国家经济下行压力大，这仍会给我国企业带来许多机会。

2014年，我国企业海外并购的目的地仍将以发达国家为主；我国企业以往进行并购的区域主要集中于亚洲和拉美地区，但近年来，我国企业的海外并购目的地逐步转向了欧洲和北美。我国海外并购最为关注的领域仍将是能源及矿产，如石油、天然气、矿产等，而高端制造业、服务业、新兴能源等具有高科技和高附加值的行业会将成为我国企业较为关注的领域。

民营企业"走出去"步伐将加快。鼓励民营企业海外投资的政策越来越明确，相关措施的支持力度不断加大，目前并购的主体虽仍以中央企业为主，但民营企业作为并购主体将异军崛起，不过在能源领域仍将以国有企业为主。

企业将更加注重前期尽职调查。与国内的并购相比，海外并购中，企业面临着政治、法律、运营、财务、市场、劳工等诸多方面的风险，而中国企业在这些方面往往缺乏足够的调研和风险防控能力，结果除可能出现无法控制目标公司、贬值及亏损外，还可能陷入纠纷及巨额赔偿。例如，2010年，光明集团收购英国联合饼干时，因为前期未对当地法律和政策进行充分调查，后来发现无法承受英国的养老金制度，结果光明集团退出该收购。所以，我国企业应在进行海外并购之前做充分的尽职调查。此外，企业将更加注重后期整合。

第二节　政策措施建议

一、落实企业市场主体地位

我国企业在兼并重组过程中，地方政府之间的竞争往往导致地方政府利用行政手段强力推进重组，往往导致企业最终整而不合，而且许多国有企业承担了过多的社会责任，导致负担加重。兼并重组是企业自身发展的一种需求，所以，在兼并重组过程中，要坚持市场化运作，以企业为主体，充分尊重企业的意愿，防止政府"拉郎配"，政府要创造公平的环境和提供良好的服务。

一是充分发挥市场配置资源的基础作用。在推进企业兼并重组过程中，应确立市场经济思想，尊重市场经济规律，坚持市场定位的原则，利用市场规律平衡企业整合中的各方利益。所以，一定要明确兼并重组是"市场化"行为，应建立统一开放的市场，打破地区利益、部门利益的约束，尊重企业的权益，保护企业的经营自主权；用市场标准来检验重组的成功与否。二是充分发挥企业的主体作用。企业不仅是重组行为主体还是利益主体，政府通过完善各项政策支持，引导和激励企业自愿、自主地参与并购重组。而政府则通过发挥引导、协调的作用，保障兼并重组的顺利进行。

二、进一步加大财税支持力度

各相关部门将继续探索地区间的利益分成机制，为促进企业兼并重组成果的共享，在不违背相关法规的前提下，地区间可根据企业的盈利能力、资产等，签订企业兼并重组后的财税分成协议。进一步完善中央国有资本经营预算企业兼并重组专项资金的支持政策。落实和完善税收优惠政策，对企业兼并重组涉及的税收优惠，具体按照财政部、税务总局《关于企业兼并重组业务企业所得税处理若干问题的通知》（财税〔2009〕59号）等规定执行，对现行政策不合理之处进一步进行修订，降低企业享受税收优惠的门槛，扩大享受税收优惠的企业的范围；进一步完善企业兼并重组的土地增值税等税收政策；针对不同行业的不同特点可制定不同的税收优惠政策。

三、拓宽企业融资渠道

可以鼓励商业银行扩大并购贷款规模；充分发挥多层次资本市场作用，充分发挥证券市场、产权市场等的作用，完善各交易中心的融资和价值发现功能；支持证券公司、股权投资基金等向企业提供直接投资、过桥贷款、委托贷款等融资支持；支持符合条件的企业通过发行股票、债券、可转换债等方式，为兼并重组融资；积极拓展包括并购基金和多元化债券产品（如高收益债券、定向可转债等），发挥并购基金在拓宽兼并重组融资渠道、提供咨询、组织社会资金进行并购投资等方面的作用[1]。

四、完善海外并购政策体系

支持鼓励引导我国企业充分利用两种资源和两个市场，提高我国企业在全球范围内配置资源的能力。继续完善海外并购的法律法规支持体系，形成一套较为

---

[1] 《上海多项措施促进企业兼并重组》，人民网，http://finance.people.com.cn/stock/h/2011/0928/c226333-2467165344.html。

完善的支持并购的法律法规体系，规范海外投资中的监管、保险、争议等问题；加大对海外投资的财税和金融支持；建立和健全海外投资风险防范体系，充分发挥政府、行业协会的作用，对海外投资风险进行检测和预警，完善海外投资保险制度，同时建立海外投资协调机制，加强与其他国家和地区的双边或多边合作，积极签订投资保护协定和避免双重征税的协定，降低对外投资的风险；提高海外并购的审批效率，优化审批流程，将串行审批改为并行审批；应大力支持民营企业的海外并购。

五、推进重点行业的企业兼并重组

2010年的《国务院关于促进企业兼并重组的意见》（国发〔2010〕27号）提出以汽车、钢铁、水泥、机械制造、电解铝、稀土等行业为重点，《"十二五"工业转型升级规划》提出以汽车、钢铁、水泥、船舶、机械、电子信息、电解铝、稀土、食品、医药、化妆品等行业为重点推进企业兼并重组，《指导意见》作为具体性的落实文件出台，提出重点推进汽车、钢铁、水泥、船舶、电解铝、稀土、电子信息、医药和农业产业化共九大行业和领域兼并重组。应针对不同的行业出台不同的兼并重组指导意见，细化重点领域企业兼并重组的支持措施，结合行业实际推动重点行业企业兼并重组。

六、消除跨区域企业兼并重组的制度障碍

逐步取消地方保护性和限制性政策措施，清除跨地区企业兼并重组中的区域壁垒，为企业兼并重组营造宽松的政策环境。

具体来看，应从以下几个方面着手。一是建立科学的考核制度。对于地方政府而言，GDP是考核地方政府官员政绩的主要指标，为了追求本地区GDP的增长，难免会干预本地区企业兼并重组或限制跨区域的兼并重组。所以应在考虑产业结构调整、经济发展方式转变等因素的基础上建立科学的政绩考核体系。二是理顺利益分配关系。对于并购后企业的税收及统计数据归属等问题，地区间可根据企业资产规模和盈利能力等因素，签订企业兼并重组后企业的财税利益分成协议。三是认真落实相关政策。我国已经出台了一系列的支持企业兼并重组的政策措施，包括财税、金融、土地等政策，各地方政府应认真落实这些政策，并结合本地实际，出台相应的具体的措施，并将兼并重组与企业的技术改造、管理创新、

淘汰落后产能结合在一起。

七、进一步建立健全兼并重组服务体系

政府应做好对企业兼并重组的指导和服务，落实完善政策措施，指导企业制定方案、防范风险和重组整合。一是政府要继续清除限制企业跨地区制度障碍和跨行业兼并重组的隐性门槛，清除兼并重组中给予国有企业、本地企业的"优惠政策"和"特殊待遇"，努力营造公平的市场准入环境。二是进一步拓宽企业兼并重组信息交流渠道。继续完善企业兼并重组公共信息服务平台，充分发挥其信息交流桥梁的作用；不断为企业提供市场信息、战略咨询、行业发展状况、资产评估等信息的咨询服务。三是加强风险的防范。企业兼并重组操作应公开、透明，督促企业严格执行兼并重组的有关法律法规和产业政策，规范操作程序，防止内幕交易的发生；政府应对企业兼并重组可能出现的问题进行深入研究，加强风险评估，建立较为完善的风险防范体系；应完善对重大兼并重组项目的管理，健全协调机制。四是积极推动中介机构专业化、规范化发展。为中介服务机构的发展创造良好的外部环境；进一步加强中介机构的准入管理，注重建立开放、公平的参与机制，促进中介机构健康发展；积极引进人才，并加强对中介服务人员的培训，提高专业服务水平。

第二十章　2014年行业准入管理展望及政策建议

过去几年，工业行业准入管理工作深入推进，在行业管理中发挥了重要作用，在调整和优化产业结构、引导行业健康发展等方面的作用十分显著。但是，由于缺乏统一的规范管理办法，行业准入管理工作出现的泛化趋势，已经引起了有关部门的高度重视。据赛迪智库产业政策研究所统计，截至目前工业领域已制定发布 46 个行业准入条件，配套发布 29 个行业制定了公告管理办法。涉及行业众多，辐射面较广。据了解，还有一些工业领域正在积极推动准入条件的出台。如不能及时加以统一规范，可能对这一制度应有的价值和实施效果产生较大冲击。工业领域亟得出台统一的规范管理办法，以确保这一制度有效运行，推动工业领域健康发展。行业准入管理实践中出现的一些问题，将随着管理办法的不断完善而得到逐步解决。

第一节　行业准入管理的趋势

从近几年的实施效果来看，行业准入管理在政府行业管理中发挥的作用日趋显著，社会影响越来越大。近期，国务院有关部门正在依照依法行政、建立法治政府的要求，加快推动行政审批制度改革，减少和下放审批事项，以释放市场活力，推进经济发展。行业准入管理虽然并不涉及行政审批，但作为一种政府管理手段，必然要依照国务院有关精神要求，规范行业准入管理，明确相关法律依据及程序，更好地实现对行业的管理。2014 年，工业和信息化部行业准入管理将朝着更加规范、便民的方向发展，将由重事先审查向重事中监督、动态管理转变，

273

更加注重实际管理效果。

一、部分领域可能通过行业准入管理的方式强化行业管理

通过发布准入条件并对公告企业的名单进行动态管理，行业准入条件的政策逐步发挥导向作用，一些"两高一资"行业的低水平重复建设、资源环境破坏严重的问题在今后一段时期内有望得到一定程度的遏制。近些年以来，行业准入管理这种管理方式也越来越得到相关部门以及国务院的重视。环保、质检等部门以及地方政府开始重视行业准入条件在推进产业结构调整中的作用。国务院近期制定的规范和发布的文件中，已经开始有意识地要求通过"加强行业准入管理"的方式实现政策目标。如大气污染防治、光伏产业发展等等。

二、统一规范工业行业准入的管理办法有望出台

针对工业行业发布的行业准入条件及公告管理暂行办法，有关政府部门和研究机构已经提出了一些质疑的声音，对行业准入管理的性质及其管理的合法性提出异议。随着通过行业准入方式管理的行业越来越多，公告涉及的企业数量越来越大，由于缺乏统一的制度规范，因操作不当可能引发的法律风险逐步增大。近期，工业管理部门正在组织力量，积极探索规范行业准入管理的具体措施，程序性规定有望得到统一。

统一规范行业准入的管理办法正在积极制定中，拟对行业准入条件的设定依据、遵循的原则、程序和主要内容作出规定，进一步统一程序性规范，严格管理。同时，工业行业准入管理的实施效果评价机制也正在积极探索研究中，期待行业准入管理与其他相关制度及政府管理工作之间形成有效衔接，以便发挥政策合力，更好发挥这一制度的积极作用。

三、行业准入管理将更加规范、便民，有利于社会监督

目前，行业准入管理还未能发挥其应有的作用。在国务院有关要求的统一指导下，部门间配合的强化将有助于行业准入管理朝着更加规范的方向发展。由于纳入公告管理的行政相对人越来越多，所涉行业覆盖的范围也愈加广泛。因此，按照行政法律规范对行政机关的要求，任何形式的行政行为，都应当本着便民的原则，最大限度地为公众利益服务。就现阶段的实际运作情况来看，符合行业准

入条件的公告企业名单的公示、公告，同其它公告一起置于工业和信息化部公告栏目里，且呈现形式多样，有的通过附件文档、EXCEL 表格或 PDF 的形式呈现。而且个别公告置于业务司局的子站，在网站首页公告栏中却无法找到，十分不便于检索，更不利于监督。通过建立统一的数据库，以更加直观的方式呈现，将更好地发挥公告名单的信息服务功能，也便于社会监督。

四、行业准入管理实施效果评价机制有望成为一大特色亮点制度

近几年，行政体制改革的一个重点是，由事前审批向事中、事后管理转变。行业准入管理也理应顺应这种趋势，除了在是否符合准入条件问题上加强公平、公正的核实工作外，更强化事中管理和事后监督，切实做到动态管理。同时，随着市场和行业本身的情况变化，哪些行业适合通过行业准入的方式管理，哪些需要强化，哪些需要退出，都需要建立科学的制度。这就需要建立一套科学的行业准入管理实施效果评估评价机制。通过定期评估和评价，能够为行业准入管理找到合适的逻辑进路，既能有效发挥这项制度的积极作用，同时也能节约行政资源，而且还能建立起一套相互配合、协调的行政管理体制。

五、部分行业准入管理将在行业健康发展中起到重要作用

当前，一部分行业准入管理工作得到了环保、质检等部门的大力配合，加上地方政府在其投资审批权限内，将新投资项目是否符合相关行业准入条件作为是否准予投资的重要参考因素，因此能够预见，如果管理规范，势必会对工业领域长远发展起到积极作用，也能够为国家产业结构调整、转变经济发展方式贡献力量。行业准入条件通过发挥其标准的示范作用，也能引导企业积极加强技术改造和产业升级，提高技术标准和产品质量，更好地适应市场的需求。

第二节　政策措施建议

工业行业准入管理虽然不是行政审批，但作为一种政府管理措施，也应当遵循依法行政的要求，明确行业准入的制定依据、适用范围、应当遵循的原则和法定程序，完善实施效果评价机制，确保行业准入管理工作"有进有退"，有效发挥作用。调整和完善管理措施，推动行业准入管理由重条件审核，进一步向重事中、

事后管理方向转变，强化企业自我约束，加强日常监督检查。在符合行业准入条件的企业公告方面，应当建立统一的专区，完善数据库建设，更好提供公共服务。

一、明确行业准入条件的制定依据和程序

严格按照国务院关于转变政府职能和减少审批事项的有关要求，进一步规范工业和信息化部行业准入管理行为，避免与国务院有关要求发生抵触。严格明确工业和信息化部行业准入条件设定的依据，行业准入条件及行业准入管理暂行办法中，不得出现违反法律、法规有关规定的内容，做到行业准入管理有明确依据，且不违反有关禁止性法律规范。制定准入条件，还应当按照依法行政的要求，遵循有关程序性的要求，比如行业准入相关条件的制定要依照公开、透明的程序进行，听取专家及相关组织的意见，必要时应当向社会征求意见，确保程序合法。

二、合理控制工业行业准入条件的数量

目前来看，工业行业准入管理涉及范围越来越广，已出现泛化倾向，有必要根据行业准入管理的目标和标准进行规范管理。应当对已出台的行业准入条件进行摸底，评估其实施效果，根据具体情况对行业准入条件进行修改或清理。严格控制新设行业准入条件。设立行业准入条件，要有严格的法律和政策依据，要对准入条件的必要性进行充分论证。确有必要通过行业准入进行管理的，设定准入条件时应当坚持科学、合理原则，组织专家对具体准入条件应该进行必要的科学性和合理性论证，确保条件设定符合当前发展现状，同时代表未来一段时期的发展趋势，能够起到合理引导企业及行业发展的目的。逐步建立起完善的行业准入管理体系，确保行业准入管理工作规范、有效。

三、尽快出台规范工业行业准入管理办法

尽快制定统一的行业准入管理程序性规范，出台工业和信息化部规范行业准入管理办法。明确上述行业准入管理的依据、设立原则、必要性等，明确有关程序性要求。结合工业和信息化部已经颁布的行业准入管理暂行办法，根据行业准入管理实践中的有关情况，制定统一的行业准入管理办法。在统一管理办法的基础上，各业务司局可以根据行业特殊性，对有关行业准入的管理进行一定程度的补充、细化。今后，各业务司局只负责草拟行业准入条件，不再单独发布管理暂

行办法。各业务司局按照规范行业准入管理的有关要求实施行业准入管理工作。在统一管理办法的基础上，确有必要进一步补充规定的，可以通过"通知"的形式发布。

四、设立行业准入公示公告专区统一管理

在工业主管部门网页设立行业准入管理专区，设置专门、统一的公示、公告栏，既便于统一规范管理，也方便社会公众监督。要求地方工业和信息化主管部门建立相应专区，打通公示公告专区之间的联系。建立符合准入条件的公告企业（或者生产线）数据库，按行业分门别类进行管理，设置检索关键词，既方便统一管理，也方便检索、查阅，突出工业行业准入公告管理这一工作的公共服务特征，更好为社会提供服务。同时，鼓励社会公众对公告企业的准入条件保持情况进行监督，发挥公众监督的积极作用，扩大工业行业准入管理工作的积极影响力。

五、尽快建立行业准入管理实施效果评估评价机制

尽快建立行业准入管理实施效果评估评价制度。应当根据行业准入管理的有关情况，对行业准入条件及其实施效果进行评估，以便及时对行业准入条件相关标准进行调整和优化。通过评估，认为需要强化管理的，根据其直接涉及公共安全、人身健康和生命财产、稀缺资源保护等特征，向国务院有关部门提出纳入行政许可进行管理的建议，打通行业准入管理与行政许可之间的通道，增强行业准入管理工作的公信力和实施效果。经评估后认为不宜通过行业准入进行管理，市场机制已经能够自发调节或者通过其他方式更好实现管理的，应当及时取消。评估后认为通过行业准入管理无法达到预期效果，也应当建立行业准入管理的退出机制，确保这一制度切实有效。评估工作可以借助有关行业协会的力量，建立评估体系，更好推进工业和信息化部行业准入管理工作。通过完善的制度，规范的管理，保护工业和信息化部行业管理创新工作的成果，为推进转变政府职能，建立服务型政府作出有益尝试。

第二十一章　2014年化解产能过剩矛盾展望及政策建议

　　展望 2014 年，在国务院和相关部门一系列化解产能过剩矛盾政策的作用下，产能过剩行业投资过快增长的局面将在一定程度上得到抑制，但要建立防范和化解产能过剩矛盾的长效机制，除了要落实相关政策外，关键是从深化体制机制改革和转变政府职能入手，从根本上抑制地方政府的投资冲动，完善公平竞争的市场规则和优胜劣汰的退出机制。

第一节　化解产能过剩矛盾的主要趋势

一、产能过剩行业投资过快增长的局面将得到一定程度的抑制

　　2013 年以来，国家采取了一些列政策措施化解产能过剩矛盾，5 月 10 日，国家发改委、工业和信息化部联合发布了《关于坚决遏制产能过剩行业盲目扩张的通知》（发改产业〔2013〕892 号），对钢铁、水泥、电解铝、平板玻璃等产能过剩行业新增投资叫停，上述行业投资过热的情况有所抑制，固定资产投资增幅明显回落，产能扩张速度逐步放缓。2013 年 10 月 6 日，国务院发布《关于化解产能严重过剩矛盾的指导意见》（国发〔2013〕41 号）对化解产能过剩矛盾做出系统全面部署。从 2013 年前三季度黑色金属冶炼和压延加工业固定资产投资增速，以及有色金属冶炼和压延加工业固定资产投资增速来看，已经呈现趋缓态势，供求关系的变化使市场投资趋于更加理性。预计 2014 年随着《关于化解产能严重过剩矛盾的指导意见》（国发〔2013〕41 号）的进一步贯彻落实，产能过剩行业投资过快增长的局面将得到一定程度的抑制。

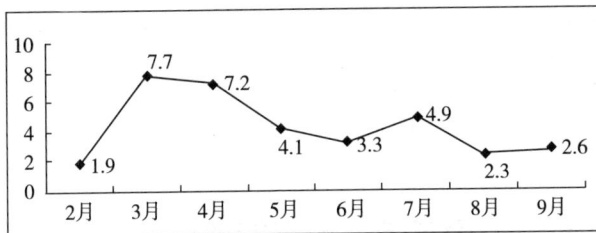

图21-1　2013年前三季度黑色金属冶炼和压延加工业固定资产投资增速（％）

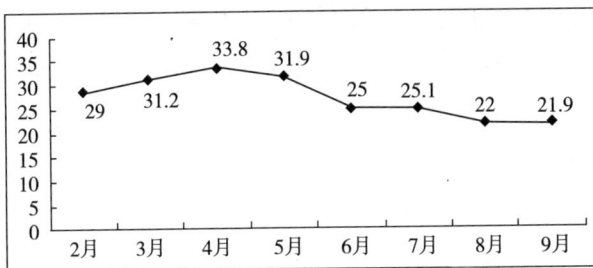

图21-2　2013年前三季度有色金属冶炼和压延加工业固定资产投资增速（％）

资料来源：赛迪智库整理。

二、防范和化解产能过剩矛盾的政策和制度环境将逐步健全

国务院发布的《关于化解产能严重过剩矛盾的指导意见》（国发〔2013〕41号）提出"尊重规律、分业施策、多管齐下、标本兼治"的化解产能过剩总体原则，对各部门在化解产能过剩中的任务分工进行了明确，并从强化行业准入管理、加强能耗、环保、土地、安全、质量监管等方面部署了化解产能过剩矛盾的具体措施。指导意见发布后，各部门、各地方已经积极行动起来，着手研究制定本部门（地区）化解产能过剩矛盾的实施意见。如，银监会就表示对产能过剩行业新增产能实施严格的信贷控制，禁止任何形式的变相融资，同时在银行系统内积极推行所谓绿色信贷，促进工业节能减排和限制"两高一资"行业发展。国土资源部也制定下发了《国土资源部关于认真落实党中央国务院部署积极做好化解产能过剩相关工作的通知》，从严格把关产能过剩行业新增项目建设用地闸门，清理违规建设项目用地，加强国土资源监督执法等角度落实国务院化解产能过剩矛盾的总体分工。十八届三中全会发布的《中共中央关于全面深化改革若干问题的决定》，从建立公平开放透明的市场竞争规则、完善市场决定价格的机制、深化投

资管理体制改革、完善政府绩效考核评价体系、深化财税体制改革等方面，提出了深化改革的重点任务，2014年，随着这些改革措施的推进落实，将有利于从根本上建立健全防范和化解产能过剩的长效机制。

第二节　政策措施建议

从产能过剩形成的原因出发，要从根本上化解产能过剩，关键是调整不合理的产业结构，加快形成内生增长、创新驱动，质量型、效益型的经济发展方式，同时建立防范和化解产能过剩矛盾的长效机制。后者要从落实十八届三中全会的决定，从全面深化体制机制改革上下功夫。通过转变政府职能和政绩考核导向，抑制地方政府的投资冲动，通过深化经济体制改革真正发挥市场在优化资源配置中的基础性作用，形成市场优胜劣汰、自动调节过剩产能的有效机制。

一、加强产业政策对产能过剩行业的调控和引导

在现有体制机制环境下，短期内抑制过剩产能的蔓延，可采用必要的宏观调控手段，通过总量调控、严格禁止新增过剩产能，以及新上项目等（减）量置换等方式，抑制重复投资。要对在建和拟建项目进行严格的审查，对不符合安全、环保、能耗水耗等市场准入条件，或不符合供地政策、产业政策的项目依法停止建设。同时，采取有效措施引导产能过剩行业结构调整。一是加快淘汰落后产能，对企业职工安置、转产等给予资金和政策支持；二是鼓励企业以资本为纽带，进行强强联合、横向并购或产业链上下游整合，支持企业做大做强；三是借鉴上世纪80年代的日本，以及90年代亚洲"四小龙"等国家和地区产业升级的做法和经验，对大多已进入产业发展成熟阶段、存在产能过剩和过度竞争的传统制造领域或产品，通过联合建立境外工业园区、开拓国际市场空间等方式，向海外进行产业转移，消化过剩产能，带动产业升级。

二、改革投资管理体制，完善政绩考核机制

着眼于研究解决和消除导致粗放型发展的体制因素，进一步深化行政管理体制和投资体制改革，处理好市场机制和宏观调控的关系，将政府职能由直接干预和参与经济发展向创造公平的市场竞争环境为主转变。规范地方政府的投资行为，

禁止用低地价、低环保标准、税收减免等方式直接参与项目决策的激励。严格控制土地开发总量，增强土地供给的透明度。取消不必要的项目审批，真正做到政企分开，企业自主决策、自担风险。着力完善地方官员政绩考核机制，将创新、绿色、可持续发展以及社会效果指标等纳入地方政府考核指标体系。

三、进一步深化财税等经济体制改革

把财税体制改革作为抑制地方政府投资冲动的突破口，理顺中央和地方政府间财权和事权划分，重新构建和完善中央和地方税制体系。减少专项转移支付资金使用中地方配套部分，减轻地方财政支出压力。深化资源性产品价格改革，建立和完善能真实反映市场供求状况、资源稀缺程度和生态补偿的价格形成机制。全面推进资源税改革，扩大资源税征收范围，探索不同能耗产品的差别征税。实施有利于结构调整的税收政策，将目前尚未纳入消费税征收范围、不符合节能技术标准的高能耗产品、资源消耗品纳入消费税征税范围，适当调整一些现行应税消费品的税率水平。

四、健全和完善促进市场主体优胜劣汰、自动退出的机制

市场经济的竞争机制，本身就有淘汰落后产能的条件和动力。要从根本上化解产能过剩就是要让市场机制更多地发挥作用，促进充分竞争，形成预防产能过剩的体制基础。一是进一步严格市场准入管理，重点强化"两高一资"行业能耗、水耗、环保、土地、安全等硬约束指标和专项监督检查，从源头上防止落后产能。二是加强产业政策与信贷、土地、财税、价格等多种政策的协调配合，把有限的要素资源引导和集中配置到先进产能的发展上，并通过配套的财税、价格改革，更多发挥市场机制的作用，形成落后产能和落后企业退出的倒逼机制。三是健全和完善企业退出的机制和政策体系，包括发挥资本市场的作用帮助企业有序退出，从低附加值领域向高附加值领域转型，从传统加工制造业向新兴领域拓展；采取措施化解企业兼并重组遇到的政策和制度难题；通过深化改革促使国有企业从过剩行业退出并向优势领域和新兴产业集中等。对企业退出过程中遇到的下岗职工安置及债务风险等也要通过援助性政策措施给予妥善解决。

第二十二章　2014年淘汰落后产能展望及政策建议

国发〔2010〕7号文印发以来，淘汰落后产能工作取得了实质性的进展。三年累计淘汰炼铁落后产能8300万吨、炼钢4800万吨、焦炭6700万吨、水泥5.7亿吨（其中熟料2.5亿吨）、平板玻璃9600万重量箱，缓解了产能过剩矛盾，优化了产业结构，促进了节能减排，为各地发展腾出了宝贵的土地、能源、资源、市场空间和环境容量。2013年以来，国内外政治经济形势均发生了重大变化，节能减排、大气污染防治、化解产能过剩和政府转变职能均对淘汰落后产能工作提出了新的要求，淘汰落后产能工作任务和难度进一步增大。

第一节　淘汰落后产能主要趋势

一、"十二五"淘汰落后产能计划有望提前一年完成

从全国来看，截至2012年年底，炼钢、铁合金、电石行业"十二五"淘汰落后产能计划已完成过半，炼铁、平板玻璃、印染行业已完成计划的85%。根据2011年和2012年淘汰落后产能任务完成情况，以及2013年下达的目标任务，到2013年底，19个行业"十二五"目标完成率预计分别达到[1]：炼铁92%、炼钢90%、焦炭122%、铁合金97%、电石94%、电解铝131%、铜冶炼256%、铅冶炼214%、锌冶炼127%、水泥（熟料及磨机）123%、平板玻璃112%、造纸182%、酒精143%、味精281%、柠檬酸306%、制革198%、印染132%、化纤154%、铅蓄电池655%。即除炼铁、炼钢、铁合金、电石四个行业距离完成"十二五"

---

[1] 按照考核2013年淘汰落后产能工作计划安排，考核结果将于2014年12月底公布，故本章用2013年初下达的目标任务估算2013年年底"十二五"目标任务完成情况。下同。

目标任务尚有一定距离外，到 2013 年年底，其它 15 个行业都将提前且超额完成任务。可预计，"十二五"淘汰落后产能任务有望提前一年完成，部分行业将超额完成任务。

二、淘汰落后产能任务和难度进一步加大

淘汰落后产能任务进一步增加。"十二五"期间我国仍处于工业化加速发展阶段，转型升级和节能减排任务十分繁重。2013 年 9 月，国务院印发的《大气污染防治行动计划》（国发〔2013〕37 号）和 10 月发布的《关于化解产能严重过剩矛盾的指导意见》（国发〔2013〕41 号），均对淘汰落后产能工作提出了新的要求。明确提出按照《部分工业行业淘汰落后生产工艺装备和产品指导目录（2010 年本）》《产业结构调整指导目录（2011 年本）（修正）》的要求，采取经济、技术、法律和必要的行政手段，提前一年完成钢铁、水泥、电解铝、平板玻璃等重点行业"十二五"落后产能淘汰任务，并争取多淘汰一批落后产能。在此基础上，通过提高财政奖励标准，落实等量或减量置换方案等措施，鼓励地方提高淘汰落后产能标准，2015 年年底前再淘汰炼铁 1500 万吨、炼钢 1500 万吨、水泥（熟料及粉磨能力）1 亿吨、平板玻璃 2000 万重量箱。"十三五"期间，结合产业发展实际和环境承载力，通过提高能源消耗、污染物排放标准，严格执行特别排放限值要求，加大执法处罚力度，加快淘汰一批落后产能。

部分地区和产能严重过剩行业淘汰落后产能难度加大。《国务院关于化解产能严重过剩矛盾的指导意见》（国发〔2013〕41 号）明确提出对产能严重过剩行业，根据行业特点，开展有选择、有侧重、有针对性的化解工作。钢铁，重点推动山东、河北、辽宁、江苏、山西、江西等地区钢铁产业结构调整，整合分散钢铁产能，推动城市钢厂搬迁，优化产业布局，压缩钢铁产能总量 8000 万吨以上；水泥，加快制修订水泥、混凝土产品标准和相关设计规范，推广使用高标号水泥和高性能混凝土，尽快取消 32.5 复合水泥产品标准，逐步降低 32.5 复合水泥使用比重。强化氮氧化物等主要污染物排放和能源、资源单耗指标约束，对整改不达标的生产线依法予以淘汰。电解铝，2015 年年底前淘汰 16 万安培以下预焙槽。

三、产能等量或减量机制有望逐步建立和完善

处理好淘汰与发展之间的关系是淘汰落后产能工作顺利开展的一个关键问

题。这点在处于工业化发展初期的中西部地区，特别是欠发达地区尤为明显。部分欠发达地区被列为淘汰的落后产能可能是该地区的主要经济支柱，财政收入来源，因而地方政府存在抵触情绪。在《国务院关于印发国家环境保护"十二五"规划的通知》（国发〔2011〕42号）明确提出落实产能等量或减量置换制度的基础上，2013年10月6日，国务院发布《关于化解产能严重过剩矛盾的指导意见》（国发〔2013〕41号）明确要求产能严重过剩行业项目建设须制定产能置换方案，实施等量或减量置换，在京津冀、长三角、珠三角等环境敏感区域，实施减量置换。项目所在地省级人民政府须制定产能等量或减量置换方案并向社会公示，行业主管部门对产能置换方案予以确认并公告，同时将置换产能列入淘汰名单，监督落实。鼓励各地积极探索政府引导、企业自愿、市场化运作的产能置换指标交易，形成淘汰落后与发展先进的良性互动机制。支持跨地区产能置换，引导国内有效产能向优势企业和更具比较优势的地区集中，推动形成分工合理、优势互补、各具特色的区域经济和产业发展格局。

为贯彻国发〔2013〕41号文件的精神，2013年11月7日，工业和信息化部产业政策司在重庆组织部分省（区、市）就严重过剩行业落实产能等量或减量置换召开研讨会，推进建立落后产能等（减）量置换工作机制。落后产能等量或减量机制有望在2014年逐步建立和完善，中西部地区，尤其是欠发达地区的淘汰与发展的关系将进一步得到理顺，淘汰落后产能工作将进入一个崭新的阶段。

第二节　政策措施建议

一、继续坚持和完善的现行淘汰落后产能政策

（一）继续坚持淘汰落后产能"三层次、五机制"工作推进机制

从三年多的实践来看，中央、地方政府和微观主体三层次，组织协调、监督、检查考核、激励支持、限制约束五大机制，"三层次、五机制"联动的工作体系能有效推动淘汰落后产能工作，取得了较为明显的成效。虽然目前我国在落后产能退出过程中更多的是依靠行政手段，但从国外的做法和经验看，一定的行政手段不仅是必需的，也是在我国现阶段法律体系不完善、市场机制不健全等条件下的客观选择，应该得到肯定和坚持。但是，在今后应逐步弱化行政手段，逐步往以市场为主导的淘汰落后产能工作新模式和新机制过渡。

（二）完善准入的管理体系，力促多部门管理合力有效发挥

加强环境、安全、土地、金融等政策部门的协调配合，形成合力，提高准入与产业政策配合、衔接，提高政策的执行效力。对不符合市场准入条件的项目或企业，一律不予受理用地审批，环保和安监部门不予办理相关手续。探索建立行业准入第三方评审机制，以行业准入公告形式，引导那些高能耗、高污染、技术工艺落后的产能自动退出。

（三）妥善安置淘汰企业职工

职工安置事关社会稳定大局，直接影响淘汰落后产能工作的顺利开展。一是要按照《关于做好淘汰落后产能和兼并重组企业职工安置工作的意见》（人社部发〔2011〕50号）的要求，继续安排财政资金，加大支持力度，发挥中央财政奖励资金的重要作用，支持经济欠发达地区淘汰落后产能工作。二是指导各地从实际出发，进一步完善本地区淘汰落后产能职工安置办法措施，切实维护职工合法权益，做好安置工作。

（四）完善差别电价和惩罚性电价

充分利用价格杠杆约束企业的不合理耗能行为，继续查处擅自实行优惠电价的行为，制止地方自行出台的各种优惠电价措施，研究差别电价和惩罚性电价收费使用管理办法，支持淘汰落后产能工作。

（五）发挥舆论导向作用，强化行业自律与社会监督

充分利用好政府和社会监督力量，有效保障政策实施效果。在现有产业政策和行政调控手段基础上，注重调动发挥各方力量的积极性，形成政府监管、企业自律、中介机构和社会公众广泛参与的监督新格局，充分发挥舆论导向和行业自律的作用，保障政策实施效果。

二、创新加快淘汰落后产能的新措施

（一）强化准入管理，严格控制新增落后产能

细化市场准入，遏制新增落后产能。强化安全、环保、能耗、物耗、质量等衡量企业内在竞争力指标的约束作用，制定和完善相关行业准入条件、环境保护标准、产品质量标准、能耗限额标准、安全生产标准等，切实严格贯彻相关标准，提高准入门槛。充分发挥法律法规的约束作用和国家强制性技术标准的门槛作用，

对于能耗高、污染重、违反强制性标准的行业，强化准入管理，从项目源头上控制形成新的落后产能。

（二）强化法律法规的约束作用，加强环保和节能执法

1.修订环保、节能等法律法规，加大违法处罚力度，强化法律法规的约束作用

现行与落后产能有关的环境、污染防治、节能、安全等法律法规对一般性破坏环境、过度消耗能源资源的惩罚力度较弱、罚款数额较低，难以起到警示和约束作用。因此，要加快修订现行大气、水、固体废物、节能等法律法规，提高一般性破坏环境、过度消耗能源资源行为的罚款金额，罚款金额应远高于企业违法收益，使落后、低效企业一旦违法就必须退出市场。

2.严格能耗、环境、质量、安全执法

加强行政执法监督是落后产能退出的重要保障。相关职能部门要加强执法力度，共同营造有利于落后产能退出的法律环境和公平竞争的市场环境。一要加大环境保护、质量、安全、土地、能耗限额监督执法力度，强化差别电价和惩罚电价政策执行，努力形成环境成本显性化、外部成本内生化、隐性成本显性化的政策环境。重点加强对能耗高、污染重、安全条件差、技术水平低、生产工艺和设备落后的企业的监督检查。二要进一步加大执法监督和处罚的力度，对违反相关规定的企业，依法追究相关人员的责任，并依照有关法律法规，通过对落后产能停止换发生产许可证、吊销排污许可证和安全生产许可证等方式，推动落后产能退出市场。

（三）妥善处理淘汰与发展的关系

1.落实产能等量或减量置换

根据《国务院关于进一步加强淘汰落后产能工作的通知》（国发〔2010〕7号）和《国务院关于印发国家环境保护"十二五"规划的通知》（国发〔2011〕42号），落实产能等量或减量置换的要求，推动落实产能等量或减量置换制度，形成新增产能与淘汰退出产能相衔接的机制，将产能置换确认与项目核准、环评、用地预审等环节紧密衔接，实现淘汰与发展有机结合，加快淘汰落后产能，遏制产能无序扩张。同时，积极探索被淘汰的指标交易制度，使新上项目必须具备相应的被淘汰产能指标，否则不予立项，所得资金用于补偿淘汰落后产能的成本。

实行技术改造项目、中小企业项目等国家重点项目与淘汰落后产能相结合，淘汰落后和转型升级相结合的政策，提高地方和企业淘汰落后产能的积极性。

2. 支持兼并重组淘汰落后产能

鼓励地方政府通过财政贴息、风险奖补、设立并购基金等方式，引导和支持金融机构在完善制度、风险可控的前提下开展并购贷款，支持优势企业通过兼并、收购、重组落后产能企业，淘汰落后产能。引导各地政府建立产业园区，将分散的小企业往园区集聚，支持小企业联合，集中多家企业的优势资源，实现集聚发展，做优做强，实现产业提升和布局优化。

（四）完善财税政策，支持企业淘汰落后产能

1. 探索激励和惩罚并举的双重税制

一是进一步明晰中央地方事权和支出责任，稳步扩大"营改增"试点范围，构建以房地产税和资源税为主的地方税体系，使地方政府拥有稳定的支柱财源，降低地方政府为保证或增加财政收入而降低淘汰落后产能的积极性。二是合理调整消费税征收范围和税率结构，将部分高污染、高能耗、资源消耗大的产品等纳入消费税征收范围，增加消费税应税品目，充分发挥税收淘汰落后产能，促进产业结构优化的作用。三是通过政府投资、政府采购和财政贴息等财政政策，引导企业使用先进技术，降低能耗和污染排放，自主淘汰落后产能。

2. 探索以赎买等援助方式支持企业转产转型

借鉴美国、德国、英国等发达国家经验，加大对先进技术创新成果产业化的支持力度，通过试点示范及加大新技术、新设备的推广力度，鼓励企业应用新设备和新工艺，实现转型转产。对于亏损比较严重，社会负担大的老企业，借鉴英国政府购买再转让的方式，由国家先买下，经过重组、转型转产再卖出的办法，实现转型过渡。借鉴美国模式，大力发展高新技术产业、战略性新兴产业和现代服务业，引导钢铁、水泥、平板玻璃、电解铝等行业企业从传统领域逐步退出，投资新兴产业和现代服务业。

（五）完善差别化价格，探索资源性产品价格的形成机制

充分利用差别化的电价、水价、环保收费、资源性产品价格和税收的杠杆作用，落实和完善资源及环境保护税费制度，通过限制和激励两措并举，内化企业外部成本，促使企业自动淘汰落后产能。

1. 实施差别化的水价和环保收费政策

继续实施并完善非居民用水超定额加价政策，实施有差别的排污费政策。对钢铁、水泥、电解铝、平板玻璃、造纸、制革等高能耗、高污染行业，企业在水耗方面不达标的，实施惩罚性的水价。

2. 探索资源性产品价格的形成机制

继续推进完善资源环境价格改革，逐步建立起反映市场供求关系、资源稀缺程度、体现生态价值和代际补偿的价格形成机制。着力理顺比价关系，建立健全阶梯价格制度，利用价格杠杆充分调动市场主体节约资源、保护环境的积极性，为提高经济增长的质量和效益，促进经济社会持续健康发展创造良好的条件。通过建立和完善资源性价格形成机制，营造公平市场竞争环境，加快淘汰落后产能。

第二十三章　2014年产业转移趋势展望及政策建议

近年来，一方面，由于国内外劳动力价格、交易成本、资源承载能力等因素的变化，已经使得我国区域产业结构和参与国际分工水平发生了较大的变化，进而对我国的产业空间分布产生了深刻的影响。另一方面，近年来，我国出台了一系列鼓励产业转移的政策措施，加大了对我国经济结构调整和产业政策引导的力度，也在客观上促进了我国产业空间分布的变化。市场驱动和政府推动两方面的因素共同作用使得我国的经济增长方式和产业转移的动力都逐渐发生变化，由过去的要素驱动向需求推动、粗放增长向集约增长、投资驱动向消费驱动转变，最终实现产业转移由政府推动向企业主动寻求发展机遇转变。

第一节　2014 年产业转移的趋势展望

2014 年，随着国际国内市场环境的变化以及《国务院关于中西部地区承接产业转移的指导意见》和《产业转移指导目录（2012 年版）》的深入实施，东部沿海地区承接国际产业转移以及中西部地区承接东部地区和海外产业转移的趋势将变得更为明显。

一、由要素驱动型向需求推动型转变

改革开放以来，我国实行了非均衡的发展战略，让"一部分地区、一部分人先富起来"，使得我国东部沿海地区的工业化、城镇化、信息化和农业现代化得到了快速发展。2012 年 11 月召开的中国共产党第十八次全国代表大会做出了"四

化"同步发展的战略部署，"四化"同步发展战略将在很大程度上推动我国中西部地区的城镇化、信息化、工业化和农业现代化发展，推动我国经济发展的重心由东部沿海地区逐渐西移，使中西部地区成为我国经济增长的引擎，从而使得我国的产业转移由过去企业追求中西部地区的较为廉价的劳动、土地、能源、环境等要素向开发中西部地区巨大的市场潜力转变，即实现我国产业转移由要素驱动型向需求推动型转变。

（一）城镇化将推动产业向中西部地区转移

2012年11月，党的第十八次全国代表大会提出了"坚持走中国特色新型工业化、信息化、城镇化、农业现代化道路，推动信息化和工业化深度融合、工业化和城镇化良性互动、城镇化和农业现代化相互协调，促进工业化、信息化、城镇化、农业现代化同步发展"的战略部署，由此将进一步加大农村地区的基础设施建设投入。我国东部地区的经济条件较好，城市基础设施较完善，城镇化率较高，城镇化发展的增长空间不大，因此这一轮城镇化建设浪潮的重点应该在农业人口比重较高的中西部地区。

城镇化建设的推进，将在很大程度上促进我国中西部地区相关产业的发展和市场需求的增长。一方面，当前的城镇化建设将成为上世纪末"西部大开发"和2009年"四万亿"投资计划之后拉动中西部农村地区的基础设施建设需求。由于基础设施建设所需要的原材料运输成本较高，一般运输半径都比较小，属于属地采购，因此中西部地区的城镇化发展将带动广大中西部地区原材料的消费需求，从而推动中西部地区钢铁、水泥等建材工业的发展。另一方面，将增强广大农村居民的消费能力，释放巨大的农村消费市场需求，进而促进中西部地区消费品工业的发展。

（二）信息化将带动电子信息产业的转移和聚集

为了顺应居民消费结构升级的趋势，配合"四化同步"的战略部署，推进"信息化与工业化的深度融合"，2013年8月14日，国务院发布《关于促进信息消费扩大内需的若干意见》（国发〔2013〕32号），提出要加强信息基础设施建设，加快信息产业优化升级，促进信息消费，催生新的经济增长点。信息基础设施的建设和信息化的推进将在很大程度上带动计算机、网络、软件、移动信息终端等相关信息产品和服务需求的增长，从而促进信息产业的发展和推进信息化进程。

当前，我国各地的信息化水平差异较大，东部沿海地区的信息化水平较高，中部地区相对落后，西部地区信息化建设严重滞后，通过加强信息基础设施建设和推进信息化工作，一方面，将在市场需求的拉动下吸引广大信息服务企业开拓中西部地区的信息消费市场，从而促进信息服务业重心向中西部地区转移，另一方面，由于电子信息产业是技术密集型产业，中西部地区信息化的发展将带动电子信息产业向武汉、郑州、成都、重庆、西安等高校林立、科技和人才资源较为集中的城市转移和聚集。

（三）工业化将吸引配套企业向中西部地区转移

近三十年来，我国通过财政转移支付不断加大中西部地区的基础设施建设，为广大中西部地区承接国内外产业转移和推进工业化进程奠定了基础。20世纪末，为了应对东南亚金融危机的冲击，党中央和国务院审时度势，结合国际发展环境和国内发展现状，提出了"西部大开发"的战略部署，加快西部地区交通、水利、能源、环境等基础设施建设，为扩大西部地区的工业产品需求和推进工业化进程奠定了基础。2008年，为进一步刺激经济增长，摆脱国际金融危机的影响，我国政府再一次推出了"四万亿"投资刺激计划，进一步完善了中西部地区的铁路、公路、机场、电力、能源等基础设施建设，为中西部地区承接国际和东部沿海地区的产业转移创造了条件。

当前，我国在区域经济方面的差距主要表现在工业化水平方面，东部地区由于在区位、交通、市场、信息等方面具有天然的优势，工业发展起步较早，工业化水平较高，使得广大中西部地区的劳动力、能源资源、资金等生产要素流向东部沿海地区。"四化"同步发展战略的提出，将推进西部地区的新型工业化进程，进而以丰富的劳动力、廉价的资源和广阔的市场吸引东部沿海地区甚至国外的机械、电子、建材、能源、化工、节能环保等企业及其相关配套企业向中西部地区转移，引导高端人才、高新技术、资金、先进管理经验等优质生产要素向中西部地区转移，从而推动中西部地区的产业发展。

（四）农业现代化发展将带动农业相关产业向农产品产地转移

由于历史原因，我国工业主要集中在东北和一些偏远的山区，而改革开放使得东部沿海地区的外资企业和民营企业得到迅速发展，而广大中西部地区农业人口所占比重较高，工业所占的份额较低。改革开放以来，广大中西部地区年轻劳动力纷纷离开农村赴沿海地区和城市打工，根据国家统计局的统计，2012年我国有超过2.5亿的农民工。其中65%的中西部地区的农民在东部沿海地区打工。

农民工作为我国经济转型期的一个重要群体，他们在增长农民见识和增加农民收入的同时，客观上也推动了中西部地区城镇化和农业现代化的发展，进而推动了农村土地规模化、机械化和现代化经营。

一直以来，我国中西部地区都面临着农村人口比重较高、农业发展水平较低、农民收入增长缓慢等一系列问题。"四化"同步战略的提出，将进一步促进中西部地区农业现代化的发展，农业现代化、信息化水平将得到提升，进而使得农村将进入大规模使用先进的农业机械、种植技术、农产品加工工艺、信息技术等现代农业生产技术的阶段，这在一定程度上将会带动中西部地区农业装备制造、农产品加工、农业生产服务、农村金融服务等产业的发展，使这些产业逐渐向中西部地区转移。

由此可见，随着"四化"同步发展战略的实施和西部地区城镇化、信息化、工业化和农业现代化的发展，中西部地区居民的收入水平将会迅速提升，进而使得中西部地区的消费市场逐渐扩大，这将改变中西部地区长期以来以要素投入为主的经济增长方式，实现中西部地区的发展由要素投入型向需求推动、市场拉动型转变，进而引导符合市场规律的产业实现向中西部地区的合理、有序转移。

二、由粗放增长型向集约增长型转变

一直以来，我国的经济增长都是依靠要素投入的粗放型增长模式，极大的推进了工业化进程，促进了经济持续快速增长和居民收入的提升。然而，正如叶飞文[1] 在《要素投入与中国经济增长》一书中所提出的，要素投入的增加固然可带来经济增长，但生产要素资源是有限的，单纯依靠要素投入很难实现经济的持续增长。党的十六大报告中提出，要走出一条"科技含量高、经济效益好、资源消耗低、环境污染少、人力资源能够得到充分发挥的新型工业化道路"，党中央和国务院又提出了要深入贯彻落实科学发展观等一系列政策措施，使得我国高污染、高能耗的经济增长模式逐渐发生了改变，开始由粗放型的增长向集约型的增长转变。

（一）宏观经济将难以保持高速增长

过去三十年来，出口贸易和投资驱动两驾马车使我国经济实现了持续、快速、稳定增长的势头，1978~2010 年间我国经济的平均增长率达到了 9.83%，成为引

---

[1]　叶飞文：《要素投入与中国经济增长》，北京大学出版社2004年版。

领世界经济增长的重要引擎。为此，提出"金砖国家"这一概念的吉姆·奥尼尔在 2013 年 8 月曾坦言"中国是目前唯一称得上是金砖的国家"。然而，从近两年的发展趋势来看，国际经济增长速度放缓似乎已经难以改变，即使是中国，未来的经济也面临很大的下行风险。一方面，金融危机给西方发达国家的经济增长带来了重创，居民购买力受到限制，进而使得我国工业产品的出口受阻，我国工业经济增长的动力有所减弱。另一方面，我国长期以来一直实施投资驱动型的增长模式也是强弩之末，要素投入对经济增长的边际作用逐渐降低，很难再以持续较快的速度推动中国经济的增长。在这种情况下，出口和投资两方面都遇到了困难使得经济难以再保持过去的 8%、甚至 10% 以上的增长速度。

未来相当长一段时期内，经济增长将面临着出口受阻和投资放缓的双重压力，而广大农村居民的教育、医疗、养老、住房等社会保障体系并没有建立起来，农村居民的消费潜力在短时间内还难以发挥。这些因素将使得未来的消费、投资和出口难以支撑我国经济的持续、快速增长，从而导致宏观经济下行成为经济增长过程中的必然趋势。为此，中央政府和许多地方政府都调低了经济增长的预期，强调要转变经济发展方式，加大科技研发投入力度，鼓励自主创新，提高经济增长核心竞争力。在这种背景下，各级政府都在积极培育和发展新能源、新材料、新一代信息技术、节能环保、生物科技、高端装备制造等战略性新兴产业，提高经济增长的质量和效益，加大生态环境保护力度和民生建设投入，实现经济增长由粗放型增长向集约型增长转变。

（二）资源环境约束将进一步加强

长期以来，盲目追求经济的快速增长，使得许多地方政府忽视了自然资源的保护而热衷于发展一些高污染、高能耗的重化工项目，给自然资源和生态环境造成了巨大的破坏。据不完全调查，目前全国受污染的耕地约有 1.5 亿亩，污水灌溉污染耕地 3250 万亩，固体废弃物堆存占地和毁田 200 万亩，合计约占耕地总面积的 1/10 以上。我国江河湖泊普遍遭受污染，全国 75% 的湖泊出现了不同程度的富营养化，90% 的城市水域污染严重，南方城市总缺水量的 60%~70% 是由于污染造成的。而对我国 118 个大中城市的地下水调查显示，有 115 个城市地下水受到污染，其中重度污染约占 40%。

面对严重的环境污染和资源环境约束的进一步加强，使得地方政府在招商引资和承接产业转移过程中面临着较大的环境压力。现在许多地方政府对于资金和项目的选择已经更为理性，根据当地的产业发展规划和环境承载状况制订相应的《招商引资项目指导目录》和《招商引资产业指导目录》等文件，在事前对落户企业进行严格筛选，重点引进期望发展的目标产业，在事后通过环境影响评价等规定对项目建设进行规范，从而使那些高污染、高能耗和不符合当地产业政策的企业将难以得到安身之所。

（三）干部考核将不再以 GDP 论英雄

"刺激经济"一直以来都是我国应对金融危机和促进宏观经济增长的重要政策手段，也是造就了诸如"假日经济"、"房地产经济"、"教育产业化"等一系列新名词的根源，更是近年来推动我国经济快速增长的重要原因，而这一经济发展思路当前正面临着全面调整。正如巴克莱中国首席经济学家黄益平所总结的"李克强经济学"概念的三个主要特征——"去杠杆化"、"结构性改革"和"避免大规模刺激计划"所描述的核心思想，新一届政府将不再推动大规模经济刺激计划，而避免使地方政府盲目刺激经济而上一些高污染、高能耗的重化工项目，转而调整经济结构，提升经济增长的质量和提高经济发展的可持续性。

为了与经济政策相适应，习近平总书记在 2013 年 6 月 28 日召开的"全国组织工作会议"上提出了要改进领导干部考核方法手段，把民生改善、社会进步、生态效益等指标和实绩作为重要考核内容，再也"不能简单以国内生产总值增长率来论英雄"。由此可见，未来我国的干部考核与干部选拔将摒弃过去一直采纳的"GDP 排名"，转而更加注重经济增长的持续性、居民生活水平的提升、自然环境的保护等民生指标。官员绩效考核标准的变化将改变政府的思维模式和行为方式，进而更加注重科学发展，实现由高污染、高能耗的粗放型经济增长模式向依靠科技进步和创新的集约型经济增长模式转变。

三、由投资驱动型向消费驱动型转变

一直以来，消费、投资和出口贸易都被主流经济学家认为是促进宏观经济增长最为重要的三驾马车。2013 年，我国的人均 GDP 水平超过 36000 美元，根据西方发达国家的经验，当前我国进入了中等收入阶段，是中等收入国家向中等发达国家迈进的重要战略机遇期，经济增长和社会结构处于转型的关键阶段。在这一时期，我国长期以来经济增长赖以依靠的出口和投资都将放缓，随着养老、医疗、教育、失业等社会保障体系的不断完善和城镇化进程的不断推进，广大居民的潜在购买力将得以释放，这将成为支撑我国经济增长的又一动力，我国经济增长也将由过去的投资驱动和出口拉动向消费带动转型。

（一）出口增长受阻

近十几年以来，西方国家爆发了两次大规模的金融危机和若干次局部性的经济危机，给西方世界的经济增长造成了巨大的影响。2012 年，号称世界第一大经济体的美国和第三大经济体日本的经济增长率也都下降到 2.2%，而欧洲的经济甚至出现了负增长，英国、欧盟等发达经济体的经济增长率下降为 –0.1% 和 –0.2%，西班牙和葡萄牙的经济增长率竟然下降到了 –1.5% 和 –3.0%。一方面，西方主要经济体的增长速度放缓甚至出现负增长，使得这些国家和地区居民的购买力水平下降，从而导致我国传统出口市场的出口受到一定的影响；另一方面，为了摆脱金融危机的困扰，刺激就业，美国、日本、欧盟等发达国家相继提出了"再工业化"战略，为吸引"制造业回归"、"购买国货"出台了一系列政策措施，给我国的工业产品出口带来了很大的竞争压力。

改革开放以来，我国宏观经济能够实现持续、快速的增长，在很大程度上是依赖出口增长来拉动的。根据林毅夫和李永军（2003）的研究，20 世纪 90 年代以来外贸出口每增长 10%，基本上能够推动 GDP 增长 1%，而王俊杰（2012）的研究认为 1980~2010 年间我国出口增长对经济增长的贡献达到了 1.8 个百分点。而当前我国出口面临着较大的压力，使得我国长期以来通过投资扩张型的经济增长模式也难以为继。由此可见，我国经济增长赖以生存的出口增长乏力，使得未来我国不得不转变经济发展方式。

（二）投资驱动乏力

改革开放以来，意识形态的转变和发展思维的解放使得我国转变了经济发展思路，改变了传统的依靠国家投资的单一投资来源，进而开始利用国际资本、民间资本和国有资本等多管齐下，迅速的扩大了我国的工业建设投资规模，完成了工业建设资金的积累，为推进我国工业化进程起到了积极作用。随着投资来源渠道的增加，我国的投资规模也有很大的提升，以外商直接投资为例，由 1983 年的 9 亿美元上升到 2011 年的 1160 亿美元，年均增长了 18.95%，为拉动我国宏观经济增长作出了巨大贡献。

但是，当前我国的投资环境仍然有待改善，尤其是民间投资环境总体欠佳，2013 年我国利用外资增长速度有所放缓，由 2011 年的 1160 亿美元下降到 1176

亿美元几乎持平。我国投资放缓主要面临着以下几方面困难，一是随着要素资源的稀缺，民营企业、外资企业所面临的"三难"——招工难、用电难、融资难等困难难以得到解决，制约了投资增长；二是部分行业被国有企业垄断，进入的门槛很高，"新36条"并没有完全消除"玻璃门"对民间投资的影响，制约了民间投资对某些竞争性领域的进入；三是当前实体经济的投资收益水平较低，大部分资金都进入了金融、地产等领域，导致实体经济投资下滑；四是随着我国投资力度的不断加大，投资对于拉动经济增长的边际效应不断下降，使得钢铁、水泥、电解铝、光伏等许多产业出现了严重的产能过剩，产业竞争压力较大。由此可见，当前我国投资增长速度也将放缓，仅依靠投资驱动已经难以维持经济的快速增长。

（三）消费增长迅速

经过改革开放三十多年的持续、快速增长，我国经济总量、人均收入水平和消费能力都达到了较高的水平。2013年，我国国内生产总值达到了56.88万亿（折合9.17万亿美元），成为世界第二大经济体。与此同时，人均GDP水平超过了6000美元，根据西方发达国家的经验，我国经济增长已经进入了工业化快速推进阶段。进入这个阶段之后，广大人民群众的消费能力将会持续增长，对汽车、住房、电子信息、食品医疗、卫生保健、教育培训等高端产品的消费将迅速增长，从而带动工业产品生产和消费结构由以生活必需品为主向更加倾向于高端消费转型，这将带动我国消费实现爆炸式增长。

由此可见，未来相当长一段时期内，我国出口增长将会放缓，投资规模也会有所下降，而与此同时我国的购买力和消费需求将会迅速增长，这将在很大程度上促进我国增长方式由传统的出口拉动和投资驱动型向消费、投资、出口三驾马车共同驱动转变，消费在促进我国经济中将发挥越来越重要的作用。

第二节　2014年产业转移面临的挑战

承接西方发达国家和港澳台地区的产业转移，是改革开放以来拉动我国经济增长的重要动力之一。而近年来，中西部也以更加丰富而便宜的劳动力成本、更加丰富的资源储备承接了东部地区甚至国外的大量劳动密集型制造业，促进了中西部地区的就业和区域经济增长。但是产业转移的逐步推进，广大中西部地区的资源承载力不断下降，从而使得我国产业转移也发生了一系列变化，如中西部地区的比较优势逐渐丧失，产业承接地对产业选择的限制条件不断增加等，这些都在很大程度上对我国产业转移带来了巨大的挑战。

一、中西部地区比较优势逐渐丧失

随着我国经济的持续、快速增长，劳动力、土地、能源等要素资源逐渐消耗，使得我国工业化过程中有限的要素投入与日益增长的需求之间存在巨大的矛盾，广大中西部地区承接产业转移的要素成本逐渐上升，使得中西部地区的比较优势逐渐丧失，给承接国外和东部沿海地区的产业转移造成了巨大的挑战。

（一）人口红利逐渐消失

丰富而廉价的劳动力资源是我国工业产品和服务在激烈的国际市场竞争中占据竞争优势的主要原因之一，也是我国能够从改革开放之初开始吸引海外投资，承接国际产业转移的重要原因。2013 年，我国农村人口总数为 62961 万人，占人口总数的 46.27%，其中农民工总数为 26261 万人，约占全部就业人口总数的三分之一。由此可见，农民工是我国工业制造业发展的重要力量，为我国工业制造业竞争优势的形成做出了巨大贡献，是支撑我国工业制造业持续快速发展的关键要素。但是，随着时间的推移，这种丰富而廉价的劳动力竞争优势正在逐渐消失。

改革开放以来，我国实施的计划生育政策使得当前我国的人口出生率逐渐下降，人口自然增长率由 2002 年的 6.5% 下降到 2013 年 4.92%，与此相对应的是，适龄就业人口的数量在逐渐下降。在这样的背景下，随着我国老一代产业工人逐渐退出历史舞台，以及我国城镇化进程的推进，我国也即将迎来经济学上的"刘易斯拐点"，长期以来所享受的"人口红利"也将逐渐消失，劳动力成本也将相应提高，这样的劳动力结构和劳动力供给状况将难以支撑我国当前产业发展模式对劳动力的需求，这就要求我国要保持产业竞争优势，就必须由劳动密集型的产业向资本和技术密集型产业转移。

（二）土地资源供给紧张

当前，我国工业用地受到总量控制和需求不断增长的双重压力，将对我国中西部地区承接产业转移产生很大的影响。一方面，我国耕地资源的红线约束制约了土地资源总量的扩张。据预计，我国将在本世纪中期人口数量达到顶峰，届时我国的人口数量将达到 18 亿人左右，根据人均用粮标准等一系列指标计算，为了保证国家粮食安全，国家提出至少要保证一人一亩地，强调要守住 18 亿亩耕地的红线。另一方面，开发区的建设和城镇化的推进占用了大量土地资源。1984年以来，为了更好的接纳国际资本和承接国际产业转移，吸引外资、引进先进的制造业，许多沿海地区政府开始探索建立开发区。到 1992 年，各地开发区建设的积极性较高，开发区数量和规模呈爆炸式的增长。以国家级开发区为例，截至 2013 年 8 月，全国共有国家级经济技术开发区 192 家，基本上每个省区都设有国家级开发区，其中江苏省最多，有 23 家，其次是浙江 17 家，山东 13 家。

近些年来，广大中西部地区之所以能够吸引东部沿海地区的企业入驻，很重要的原因就是通过优惠的土地价格，甚至对于许多引进的重大项目实行"零地价"，而且当地政府还要投入巨资进行土地平整。2014 年是我国实施"十二五"规划的第四年，各地将根据前三年的土地利用情况对未来两年的工业用地指标进行调整，因此会对工业化和城市化发展产生重要影响。在"十二五"规划的最后两年内，随着我国开发区的建设和城市化进程的推进，大量土地被用于房地产开发和工业园区建设，土地资源逐渐成为中西部地区的稀缺资源，工业用地的成本逐渐上涨，过去的"优惠地价"甚至"零地价"将成为历史，东西部地区之间的比较优势逐渐缩小，这在很大程度上将制约中西部地区承接产业转移。

（三）城市生活成本上涨

近年来，全国各地居民的衣食住行等生活成本都出现了不同程度的上涨，而且之前普遍认为生活成本相对较低的中西部和二三线城市生活成本的上涨幅度反而更大。根据《第一财经日报》对上海家乐福武宁路店和成都家乐福羊西店的调查，在出售的 20 种百姓生活必需品中，成都有一半商品的售价都高于上海。另外，根据国内有关人力资源调查机构发表的数据[1]，2013 年第一季度上海的平均工资水平为 7112 元，而成都的平均工资仅为 3916 元，前者是后者的 1.8 倍。因此，综合收入和生活支出两方面因素来看，成都的相对生活成本要明显高于上海。

不仅如此，近十年来，我国房地产泡沫已经由北京、上海、广州等一线城市向广大中西部和二三线城市蔓延，许多中西部城市的房价水平也已经达到了较高的水平。以我国最西边的省会城市乌鲁木齐为例，尽管受到"七五事件"的影响，

---

[1]　中国江苏网：http://sh.sina.com.cn/news/b/2013-05-30/113049213.html。

房价依然持续高涨，截至 2013 年 7 月，乌鲁木齐的商品房平均价格达到 7111 元/m²，而乌鲁木齐城镇居民人均工资标准仅为 2681 元。中西部地区房价的高企和城市生活成本的上涨，在一定程度上推动了劳动力成本的上升，从而削弱了广大中西部地区与东部沿海地区的比较优势，制约了我国东部沿海地区甚至国外产业向中西部地区转移。

（四）物流运输成本较高

东部沿海地区之所以能够比中西部地区发达，很大程度上是因为东部沿海地区具有优越的交通和区位条件。一方面，东部沿海地区，尤其是东南沿海地区，靠近香港和东南亚，能够很好地将内地廉价的劳动力资源和国际资金、技术、管理等优势相结合，在改革开放初期吸引了大量的"三来一补"加工企业向我国东南沿海地区的转移，进而往整个东部沿海地区扩散。另一方面，东部沿海地区靠近海洋，拥有丰富的港口资源，东部沿海地区可以利用便利、低成本的港口运输从而降低物流成本，对吸引国外纺织服装、机械电子等制造业在东部沿海地区的聚集起到了积极作用。

相对于东部沿海地区而言，广大中西部地区缺乏水运，所有的原材料和商品都是通过公路和铁路运输，这两种运输的成本远远高于海运，而且中西部地区的高速公路、高等级公路、高速铁路、货运铁路等其他基础设施建设较为滞后，冷链物流、集散基地、配送中心等物流基础设施不健全，直接导致了中西部地区的物流运输成本更高，而且效率低。2015 年，将是我国全面开放国内市场，履行WTO 承诺的最后期限，使得许多产业将在 2015 年之前完成整合和调整，这将对中西部地区的交通运输成本产生重要影响。交通运输成本过高，将降低中西部地区产品和服务的比较竞争优势，在一定程度上会阻碍东部沿海地区的产业向中西部地区的转移。

通过上面的分析可以看出，尽管中西部地区在经济发展、要素供给、市场空间等方面具备承接东部地区产业转移的条件，但是仍然面临着劳动力成本较高、土地资源稀缺、经营成本上升以及物流成本较高等一系列问题，从而使得广大中西部地区相对于东部沿海地区的比较优势逐步丧失。

二、承接地对产业选择的限制增加

当前，我国中西部地区在承接产业转移过程中面临着各方面的制约瓶颈，承接地区还未形成综合配套的能力优势和吸引力较强的招商引资环境。主要表现在承接地区的城市和园区基础设施还跟不上,环境、土地、用工、物流等要素瓶颈制约严重,技术、教育、卫生、法律、咨询、产销中介服务等不配套,消费、休闲、娱乐等宜居宜商生活设施和配套服务尚不完善,这些都在一定程度上影响了产业转移的进程。

(一)环境承载力下降

环境承载力,又称环境承受力或环境忍耐力,是指在某一时期和某种环境状态下,某一区域环境对人类社会、经济活动的支持能力的限度。环境承载力是可持续发展的重要内涵之一,也是生态学的基本规律之一。环境承载力的重要内涵就是保持经济社会的可持续发展,要求人类的发展应当以环境与自然资源为基础,同环境承载能力相协调。近十年来,随着工业化的推进,工业生产给自然环境带来了巨大的破坏,我国许多地区的地下水、空气、土地等自然资源都受到了不同程度的污染,2013年初以来我国华北平原、黄淮、江淮、江汉、江南、华南北部地区发生大范围持续雾霾天气,约占1/4的国土和约6亿人笼罩在雾霾天气之中。资源环境承载力和可持续发展能力不断下降,使得我国未来的产业发展面临着巨大的环境压力。

随着工业化进程的不断推进,我国自然环境承载力下降与经济总量不断扩大的矛盾日益突出,部分行业产能盲目扩张,进一步加剧和凸显了这种矛盾。国内稀土、煤炭等能源和重要矿产资源过度开采,有些已经达到极限,石油、铁矿石等重要资源对外依存度超过了50%,使我国产业发展越来越受制于国际市场。水资源、耕地、草地等主要农业资源日益减少,严重制约了农业综合生产能力的提高。目前,我国已成为世界上温室气体的最大排放国,成为国际气候谈判的焦点,备受国际舆论关注,节能减排面临着巨大压力。这使得我国在承接产业转移过程中将对目标产业进行筛选,制定严格的环境保护标准,杜绝高污染、高能耗的企业向我国、尤其是向中西部地区转移。

(二)主导产业选择更加明确

随着区域经济的发展,我国地方政府的招商引资也经历了由低到高的三个不同阶段,且每一个阶段招商引资活动的方向性和目标性都会更为明确。第一个阶段是"来者不拒"。凡是能够给地方政府带来GDP、增加财政收入、拉动就业的企业都大力鼓励引进,因此导致引进许多高污染、高能耗的企业。第二个阶段是

"污染控制阶段"。在招商引资过程中，明确拒绝那些污染程度大、资源消耗多的污染大户，重点引进清洁、绿色、低碳的现代化企业。第三个阶段是"产业链完善阶段"。重点针对当地目标产业发展过程中一些关键环节和关键技术，试图补齐整个产业链，实现区域经济间的竞争由产品的竞争向产业链竞争转变。目前，我国广大中西部地区还处于第二个阶段，开始摒弃过去"来者不拒"的招商思路和发展模式。

2007 年，国务院发布了《关于编制全国主体功能区规划的意见》（国发〔2007〕21 号）。2011 年 6 月初，正式发布了针对不同地区，不同区域的资源环境承载能力、现有开发密度和发展潜力，统筹谋划未来人口分布、经济布局、国土利用和城镇化格局的《全国主体功能区规划》。该规划将国土空间划分为优化开发、重点开发、限制开发和禁止开发四类，确定主体功能定位，明确开发方向，控制开发强度，规范开发秩序，完善开发政策，逐步形成人口、经济、资源环境相协调的空间开发格局。许多地方政府也开始依据该规划以及当地资源和环境情况制定详细的产业发展规划，以此来指导和规范招商引资活动，使得各地的产业发展目标和思路更为清晰、更加科学。产业发展规划的制定，在一定程度上提高了企业的准入门槛和标准，为杜绝盲目引起企业提供了政策依据，使得过去可以大力引进发展的企业和扶持培养的产业可能由于不符合环境限制、资源禀赋和支持政策而被"拒之门外"。

（三）对承接产业的选择更加严格

随着中西部地区产业的发展和规模的不断扩大，各个工业园区、开发区可利用资源逐渐减少，这就使得产业承接地的土地、能源等资源更加稀缺，这也使得地方政府的招商引资策略更加理性，因此在选择落地企业和产业的时候制定了更加严格的标准。如陕西省咸阳为更好的承接产业转移，实施了"招大引强"的工作策略，采取奖励政策来激励招商引资工作，但另一方面严格坚守引进项目的社会效益和环保效益，在招商引资中始终坚持科学、理性、绿色、效益的招商理念，杜绝高耗能、高污染项目进入咸阳。广西玉林市改变了以往"有资就引"、"来者不拒"等粗放型的招商方式，转而实行"精准招商"、"高起点招商"，实现了从"招商引资"到"择商选资"转变。在引进外来投资过程中，杜绝片面的追求 GDP 政绩或盲目追求市场利益的价值观，杜绝破坏生态、污染环境、浪费资源、损害群众利益的产业项目，特别是要杜绝继续引进"高成本、高污染、高能耗"的产业项目。可见，当前中西部地区的招商引资已经更趋于理性，注重引资与引智相结合，而不是单纯看重企业的资金投入，以招商引资为起点，以引资带动人才、技术、管理和品牌等优质资源向西部地区转移，将有限的资源用于技术研发和科技创新，建设研发中心和产品中试基地，打造中西部地区的产业技术创新基地。

通过上述的分析可以看出，当前我国产业转移既有寻求更廉价的资源要素和更广阔的市场空间的动力，也有产业承接地比较优势逐渐减弱、资源环境约束逐渐加大、产业选择更加严格的阻力，使得我国产业转移更加复杂化，给我国产业转移造成了巨大的挑战。面对这种形势和挑战，各地政府应当坚持深化改革和体制创新，准确把握产业发展规律和当地经济社会发展实际，科学合理的定位各地的产业发展目标，进而推进产业的合理、有序转移，实现东、中、西产业的互动发展。

第三节　2014年产业转移的政策建议

2013年11月十八届三中全会的召开，对我国经济体制改革做出了重大的战略部署，提出了坚持稳中求进的工作总基调，对经济增长提出了"着力稳增长、调结构、促改革"的思路，三中全会精神的贯彻落实必将对我国工业转型升级和发展方式转变起到重大的推动作用。2014年，既是落实十八大、十八届三中全会精神的第一年，也是我国完成"十二五"规划的攻坚之年，我国的产业转移将发生重大变化。为此，2014年我国的产业转移，不仅要求广大中西部地区从资源和要素配置方式以及优化投资环境方面考虑构建承接产业转移的竞争优势，而且要深入贯彻落实科学发展观，充分考虑国家产业政策，发挥市场对资源配置的决定性作用，深入落实《产业转移指导目录》，科学合理的选择和培育适合自身发展要求的产业，加快完善现代市场体系、宏观调控体系、开放型经济体系。

一、明确各地的产业发展定位

各省（自治区、直辖市）政府在招商引资、承接产业转移过程中要密切联系区域发展实际，通盘考虑产业转移的系统性、整体性、协同性，发挥市场对资源配置的决定性作用，把承接产业转移与产业结构调整、产业升级、战略性新兴产业发展等紧密地结合在一起，使招商引资工作做到有计划、有目标，引进的产业和项目能够适应市场发展的需要。东部地区应当实时把握国际科技发展和产业转移的最新动态，适时向中西部地区转移出不符合产业发展定位和产业政策的产业项目，培育技术创新能力，不断提高产业发展层次。中西部地区应当根据国内外产业发展趋势、自身的资源禀赋、区位交通优势以及当前的发展现状制定有针对性的产业发展规划，明确自身的功能定位和产业的主要方向、重点领域、产值规模，充分发挥当地的资源特色和竞争优势。

二、"量""质"并重提升产业综合竞争力

产业转移是一个持续、动态的过程，让一切劳动、知识、技术、管理、资本的活力竞相迸发，形成产业竞争优势才是产业转移的最终目标。在产业转移过程中，各地不仅应当充分发挥劳动力成本低、市场广阔、能源资源丰富的比较优势以及工业化水平相对落后的后发优势，吸纳长三角、珠三角、环渤海、港澳台以及国外等发达地区的资金、先进设备、管理方法、经营理念、高新技术和先进适用技术，扩大经济增长的总量，而且更应当紧紧围绕提升产业综合竞争力这一核心，推进技术创新、管理创新、体制创新，形成产业结构调整的新方法、新思路和新机制，以推动产业转型促进产业升级步伐，提升中西部地区产业发展的质量，进而不断提升我国的产业竞争力。

三、推行错位发展

中西部许多省区之间在资源禀赋、区位条件和发展阶段等方面具有一定的相似性，使得各省区的产业结构也具有很大的共性，导致产业转移过程中经常会出现重复建设和过度竞争的情况。中西部各地在承接产业转移过程中，不能只追求产业总体量的扩大，而不顾产业竞争力的提升，进而造成各地区的产业雷同和恶性竞争，应当积极寻找具有本地特点、区域特色和资源特征的发展方向，坚持发挥区域特色与形成产业竞争优势相统一，引导各个地区、不同产业之间实现差别化竞争。同时，利用各地资源、产业、区位之间的互补性，广泛开展交通、能源、经济、信息等方面的交流与合作，不断提升区域经济的融合发展水平。因此，承接地之间应当在竞争中合作，在合作中竞争，通过发挥自身的区位条件和资源优势，在不同地区和不同产业之间实现和谐、共赢发展的局面。

四、"筑巢引凤"，不断改善产业发展环境

改善投资环境和产业发展环境，既是改善经济环境的前提条件，也是促进经济增长的重要手段。首先，要不断提升政府的行政服务效率，取消一切制约经济发展的过度审批、重复审批和不必要审批等事项，逐步下放审批权限，提高行政服务的效率。其次，要继续推进基础设施建设。加强工业园区、开发区和产业集聚区的基础设施建设，为承接产业转移、加速产业集聚、培育产业集群奠定基础。再次，要建设良好的发展环境。建立公正的法律环境、公平的产权环境、诚信的金融环境和安全的生活环境，营造富商、安商的投资氛围。最后，要完善城市生活服务。要向东部沿海地区、发达国家看齐，营造能够提升城市品位的文化环境，为外来投资者创造宜居宜业的高品味生活环境。

五、大力支持职业技能培训的发展

当前，我国教育发展面临着高等教育比重过高与职业技术教育发展相对滞后的矛盾，使得人才供给结构与市场需求严重不匹配。随着我国人口结构出现了很大变化，就业方面存在大学毕业生面临"就业难"与制造企业面临"招工难"的矛盾，造成我国高端制造业的产业工人严重缺乏。随着产业转移的深入推进，应当根据我国产业发展的现状与趋势，加大职业技能教育投入力度，建立与产业转移和产业调整相适应的高端产业工人培育体系，一方面应当加强中西部地区的职业技能教育、继续教育和技术培育，为产业转移承接地培养大量合格的产业技术工人；另一方面要通过远程教育、职业教育、夜校等各种有效途径，弥补中西部地区职业技能教育的不足，加强对中西部偏远地区劳动者的职业技能培训，满足产业承接地落户企业的用工需求。

第二十四章 2014年产业技术升级展望及政策建议

2014 年将是落实 2012~2013 年国家促进产业技术升级政策并使其充分发挥效益的关键一年。国家治理产能过剩和环境污染问题力度的进一步加大及人力成本的不断提升等将倒逼产业技术升级步伐不断加速，信息基础设施水平的提高和战略性新兴产业新技术的不断涌现将为产业技术升级创造良好的条件。因此，更需要坚决落实好国家促进产业技术升级的各项政策，增强产业发展活力、提高产业发展质量，确保国民经济健康发展。

第一节 产业技术升级的趋势

2014 年，国家治理产能过剩和环境污染、提高信息基础设施建设水平、加快发展战略性新兴产业等政策措施将促进企业加快自主创新和技术改造升级。同时，劳动力成本及其他生产要素成本的不断提高，也将倒逼企业创新与转型升级。总之，在众多利好政策的推动及市场环境倒逼下，产业技术升级的步伐有望进一步加快。

一、国家对产能过剩、环境污染治理力度加大将加快产业技术升级的步伐

近两年，钢铁、水泥、船舶、平板玻璃等传统产业及太阳能光伏、风电设备等部分新兴产业出现的严重产能过剩问题，以及华北、华东地区出现的严重雾霾天气引起中央对产能过剩、空气污染的高度重视，因而进一步加大了对产能过剩和环境污染等问题的治理力度。一方面通过淘汰落后产能、严控新增落后产能、

鼓励先进产能的方式化解过剩产能。另一方面严格环境、生态破坏执法，关停严重污染环境、破坏生态的企业，同时向企业推广绿色节能技术、设备和工艺，鼓励企业绿色发展。这一方面将倒逼企业技术升级，从而避免设备被关停淘汰，丧失市场竞争力。另一方面将对企业应用先进的节能环保的生产技术、设备、工艺形成正向激励，在提高能效环保水平的同时，实现产业技术升级。国家这两大举措的深入及力度的不断加大，将对产能落后的企业造成巨大的压力，同时也将为想要技术升级的企业提供巨大的动力，这种压力和动力的作用在2014年会更加明显。如果2014年经济下行压力减小，企业生存环境转好，出于对未来可持续发展的考虑，会有更多企业抓住国家这一轮政策机遇，加速转型升级，从而使我国产业技术升级的步伐不断加快。

二、信息基础设施水平的提高将带动提升产业的网络化、数字化水平

2013年8月1日，国务院发布《"宽带中国"战略及实施方案》，将宽带建设上升为国家战略。其中，在"提高宽带网络应用水平"中首先提出宽带建设要促进"经济发展"，即"不断拓展和深化宽带在生产经营中的应用，加快企业宽带联网和基于网络的流程再造与业务创新，利用信息技术改造提升传统产业，实现网络化、智能化、集约化、绿色化发展，促进产业优化升级"[1]。"宽带中国"战略实施方案的顺利落实将大幅提升网络传输容量和传输速度，特别是中西部欠发达地区的宽带覆盖范围、网络传输速度和容量。这将为企业生产远程监测、控制、诊断、维护、管理及网上采购、交易、营销等创造条件，从而激励企业利用信息技术改进传统生产设备、生产流程和管理方式，实现生产管理的数字化。同时，更多利用网络传输快捷、实时、跨越空间限制等优势，发展远程控制、远程诊断、远程处理、远程维护、远程监测等远程生产模式，及网上视频管理、网上采购、网上交易、网上营销等网上经营管理模式，实现生产经营的网络化，提高生产和管理效能。根据"宽带中国"建设的时间表，2014~2015年属于推广普及阶段，2015年将是"宽带中国"建设效果的"期中考试"期，2020年才能迎来"期末考试"。所以对大多企业，特别是工业企业来讲2013、2014年更主要是蓄力和探索，逐步通过信息技术提升生产效率，距离真正达到远程生产经营还有很大差

---

[1] "宽带中国"战略及实施方案。

距。因此，从产业技术升级的角度来讲，信息网络基础设施水平的不断提高未来将在推动产业技术升级方面发挥巨大作用，从当前的情况看，一两年内其效果不会很突出。2016~2020年，宽带网络建设取得较明显的成效后，其推动产业技术升级的效果也将显现。

三、人力成本提高将倒逼提升工业生产自动化水平

为全面提高居民生活水平，促进发展成果全民共享，国家不断提高最低工资标准。同时，以80后、90后为主的劳动者面临较大的城市生活和赡养父母的家庭压力，不得不改变过去劳动者长期在一家单位工作的模式，而是为追求高薪酬待遇不断更换工作，导致低端劳动力成本不断提高的同时，大多数企业也很难招到能坚持在特定岗位长期工作的熟练员工。"招工难"问题在江浙一带有加重趋势。人力成本提高、招工难将迫使企业不得不放弃传统的劳力力密集型生产模式，更多通过自动化、半自动化设备进行生产，有条件的企业甚至会直接引进半自动化甚至全自动化的生产线，以降低对人力的需求。如富士康的郭台铭就表示在近年内将通过100万台工业机器人代替传统劳动力。生产自动化正是产业技术升级的方向。未来1~2年内，如果人力成本进一步提升，企业应用自动化生产设备的意愿将进一步加大，在资金条件允许的情况下，将有更多企业生产向半自动化、自动化转型，从而推进产业整体技术水平的提升。

四、战略性新兴产业领域一批新技术的研发成功将为产业技术升级提供有力支撑

2012~2013年科技部发布的一系列专项科技发展"十二五"规划中，战略性新兴产业领域的专项科技发展规划占据较大的比重。这些规划的实施，将提高战略性新兴产业发展的技术支撑能力，使战略性新兴产业突破技术的瓶颈，走向发展的快车道。同时，制约战略性新兴产业发展的技术实际上也是阻碍传统产业转型提升的共性技术、关键技术，一旦这些技术攻关成功并有效地转化为实际生产力，将使我国企业降低摆脱对国外技术的依赖，降低技术升级的成本，提高技术升级效益，增强企业技术升级的动力。如《智能制造科技发展"十二五"规划》提出要攻克"微纳制造技术、智能传感器与仪器仪表、嵌入式工业控制芯片、高速/高精制造工艺与技术、制造业信息化技术、制造过程安全与安防技术等"，

这些技术对于制造业自动化、智能化、网络化、绿色化发展具有重要作用。但是，这些技术的突破均不是短时期可以实现的，根据各个规划的目标，预计2014年会有部分领域有一定进展，全面突破的可能性不大，也难以对产业技术全面升级形成有力支撑。未来1~2年内，我国产业技术升级主要依赖引进国外技术的局面难以根本转变，随着科技发展规划目标的一一实现，具有自主知识产权的先进技术将为我国产业技术全面升级提供有力保障。

第二节　政策措施建议

根据产业技术升级的趋势、面临的困难及挑战，2014年推动产业技术升级要重点在发挥企业在技术创新中的主体性作用、营造激励企业创新和新技术推广应用的市场环境、建立促进企业科技投入的体制机制、加大力度推动科技成果转化、加大有助于带动提升产业技术水平的基础设施建设等方面下功夫。

一、进一步发挥企业作为技术创新主体的作用

第一，建立以企业为主体的科研项目组织实施机制。一是建立国家科技项目决策、组织实施、评审验收全过程企业参与机制。技术类项目评审验收时应有相关领域的企业参与，对于企业感兴趣的技术可直接协商技术成果转化事宜。二是技术类、工程类项目在安排上应优先考虑有实力的企业。三是在科技项目安排上给予科技型中小企业一定比例，支持科技型中小企业参与国家和地方科技项目。第二，以企业需求为导向，建立科技资源开放共享机制。国家投资建设的科研设施要向企业开放，财政资金支持的科研活动所获得的信息资料最大限度地向企业公开；国家重点建设的工程技术研究中心和实验室，优先在具备条件的行业骨干企业布局。第三，充分发挥企业在核心技术突破和工业强基工程建设中的作用。一方面针对重点行业和技术领域特点和需求，依托行业领军企业和转制院所构建产业共性技术研发机制。行业领军企业要在共性技术、核心技术研发及研发成果的推广扩散中发挥主导作用。另一方面探索以行业领军企业为主导的工业基础设施建设机制，对于企业投资建设工业基础设施的行为进行适当的财政补贴或税收减免。

二、营造激励企业利用新技术促进产业升级的政策和市场环境

一是切实落实好现有政府采购、科技投入、金融支持、税收激励、引进消化吸收再创新、创造和保护知识产权等方面的政策，解决政策之间的协调性问题，增强政策的针对性和实效性。二是完善产业技术政策，财政、金融等方面支持企业利用新技术、新工艺改造提升生产能力。三是建立完善最低工资增长机制、落后产能淘汰长效机制、能效标签机制等制度，提高污染物排放、行业准入及相关生态环保、产业技术标准，进而提高企业原有生产模式的生产成本，迫使企业进行技术研发和更新。四是营造公平开放的市场环境，加强知识产权保护，建设规范的知识产权市场。

三、建立促进企业科技投入和技术改造升级投入增长机制

一方面，建立和完善促进企业科技投入稳定增长机制。一是国家财政要进一步加大对企业科技投入的支持力度。根据 GDP 增速及通货膨胀率等指标设定财政对科技投入的最低年增长率，保证财政对科技的投入稳定增长。并且，将财政支持的科研项目经费的一定比例用于企业科技投入的奖励和支持科技型中小企业的 R&D 活动。二是鼓励和支持企业增加研发投入。对于企业的研发投入，国家给予财政补助、税收减免、贴息等方面的资金补偿。

另一方面，加大金融政策对企业技术改造升级投入的支持。一是支持行业主管部门与四大银行、金融机构合作，建立政府引导资金和社会资本共同支持企业技术改造升级的风险投资机制，引导投资机构为企业技术改造提供一定的资金支持，缓解经济下行压力较大的不利局面下的企业资金压力。二是探索企业技术改造贷款担保机制，支持金融机构向企业进行技术改造贷款，设计技术改造成果收益还款、新设备抵押还款等还款模式。

四、加大力度推动科技成果转化

一是在不涉及国家和企业秘密的情况下，可以考虑建立科技成果转让平台，在平台上公开科技成果，通过招标或其他形式吸引企业引进科技成果并尝试商品化、产业化。二是国家级实验室建立专业机构推进科技成果转化，并制定相应的考核制度。重点建立国家实验室与企业合作研发机制，鼓励国家实验室与工业界建立合作联盟，明确技术转移工作是所有国家实验室责任人的职责，并作为人事

绩效考核的重要指标。增加中小企业的优先条款，例如，技术转让申请人若为中小企业，且技术商业化能力不弱于其它企业者，国家实验室需优先将研发成果授权给中小企业。

五、依托"宽带中国"战略加快信息技术改造提升传统产业的步伐

一是加快传统行业企业光纤接入，推进宽带网络传统行业企业普及和升级提速，加快 IPv6 的商用部署，实现企业互联网设施的优化布局和网络升级。二是增强重要企业信息系统、基础信息网络的安全防御能力。要以企业信息网络安全审查和重点生产设备、生产线、监控系统的信息安全监测为抓手，加大自主知识产权工控系统的研发和产业化的支持力度，结合重大科技专项、电子发展基金、共性关键技术等专项的实施，重点支持国产芯片、操作系统、系统集成技术以及安全防护技术的发展和产业化，在提升信息安全水平的同时实现产业局部领域的突破。三是加快信息技术改造提升传统产业的步伐。抓住信息技术与其他领域技术融合所产生的突破和带动效应，推动信息技术从单项业务应用向多业务综合集成转变，从企业信息应用向业务流程优化再造转变，从单一企业应用向产业链上下游协同应用转变，积极培育"两化"融合催生的新的产业形态，发展服务外包、在线支持、电子商务等新业态，形成全行业覆盖、全流程渗透、全方位推进的"两化"融合发展新格局。

第二十五章　2014年战略性新兴产业发展展望及政策措施建议

第一节　战略性新兴产业发展展望

目前国外经济形势依然是复杂多变，不确定性、不稳定性因素不断增加，世界经济向适度平稳增长过渡。国内经济结构正面临深刻调整，我国工业发展的内涵和条件已经发生深刻变化，这给我国发展战略性新兴产业提出了挑战，离到2020年基本实现工业化的目标，还要付出巨大努力；同时也为我国抢占世界新兴产业发展制高点、实现经济赶超提供了难得的历史机遇。

一、战略新兴产业的发展趋势

（一）多领域技术交叉融合将加速新兴产业各领域技术创新

在战略性新兴产业各个领域，存在一定的技术交叉和共享，产业链上、中、下游相关领域技术创新存在重叠和互通，产业链技术协同共创日益增强。目前，战略性新兴产业七大领域技术的交叉融合不断加速，技术创新协作、共创趋势明显。尤其是新一代信息的推广应用，提高了制造业、节能环保、新能源、生物医药、新材料等技术与信息化技术的交叉融合，跨界融合成为本质特征，信息技术和制造技术有机融合，云计算、物联网、大数据和移动互联网成为越来越重要的商业基础设施，将进一步提高制造业的智能化、数字化、网络化、柔性化和服务化水平。材料技术、高性能碳纤材料、信息技术、高端装备技术等的深度融合，协同创新，将引发高端装备领域的革命性变革，有望在部分关键领域取得新突破。

（二）战略性新兴产业的推广有望加快

2014年我国战略性新兴产业的发展活力将进一步得到释放，推广应用提上日程。一方面，各地发展战略性新兴产业的热情高涨，明年我国战略性新兴产业的市场开发将提速，潜在的市场需求也将得到释放，双重力量共同加快新兴产品的推广应用。另一方面，在政策的激励下，各级地方政府积极制定规划、加强政策执行、推进先进制造业和战略性新兴产业发展，战略性新兴产业将面临更为优化的发展环境。我国制造业开始迈向"先进制造"的新征程，培育发展战略性新兴产业已进入全面推进落实的新阶段。国家扶持战略性新兴产业发展的政策效果将进一步显现，明年政策促进作用进一步放大。新一代信息技术、数字家庭、电子商务等领域的技术创新和广泛应用，将引发智能终端、数字内容、互联网等领域新一轮的投资和消费热潮，迎来快速增长期，成为促进工业经济增长的重要动力。受国家政策的大力扶持，风电、核电、太阳能发电，以及节能和新能源汽车行业有望实现快速增长，将进一步提升在全球市场中的比重。

（三）战略性新兴产业的集聚效应进一步强化

战略性新兴产业的空间布局与区域的传统产业基础和资源禀赋特征紧密相关，大多数情况下，战略性新兴产业围绕传统产业基础来发展产业布局，如果一旦形成集聚发展态势，产业规模将持续扩张，竞争力大大提高。产业基地和园区成为新兴产业集聚区发展的重要载体。目前，新材料产业正在逐步形成"东部沿海集聚，中西部特色发展"的空间布局。在新能源产业相关领域，长三角区域聚集了我国60%的光伏产业，环渤海地区集中了我国30%的风电装备制造企业，西部区域集中了我国90%的风电项目和太阳能光伏发电项目，西南地区逐渐成为全国有名的硅材料生产基地和核电装备基地。其它领域的战略性新兴产业也呈现出相同的发展态势，这意味着我国战略性新兴产业的空间发展格局已初步形成，在这个基础上产业发展将不断强化，空间发展格局难以在短期内改变。预计2014年，产业集聚发展的效应还会得到进一步显现。

二、加快战略性新兴产业发展的有力因素

（一）渐行渐近的新一轮工业革命将为我国加快战略性新兴产业发展带来难得机遇

目前新能源技术、节能减排技术、信息技术（如传感网、物联网、智慧地球、

云计算）、生物技术、新材料技术以及新能源汽车等若干重要领域，正在酝酿新的突破，新一轮科技与产业革命初见端倪。新的技术变革将改变已有的资源配置和竞争格局，改变国家间的技术、经济力量乃至综合实力对比。世界主要发达国家和新兴经济体纷纷加大了对科技创新的投入，加快了对新兴技术和产业发展的布局，力争抢占新一轮国际竞争的战略制高点。与历史上其他几次工业革命不同，此次工业革命是新兴国家与发达国家在技术上差距最小的一次。历史经验表明，先行国家在其工业化阶段，正是抓住几次重大技术革命的机遇而成为世界经济强国的。如英国工业化阶段以蒸汽机技术为代表，德国工业化阶段以先进石化技术为代表，而美国则抓住了几次技术革命机遇而成为全球经济领头羊。而后发工业化国家，多是以发挥后发优势、实现技术跟随为主。如日本和韩国工业化过程的技术跟随战略就非常典型。当前，我国正处在工业化快速发展阶段，恰逢全球新一轮工业革命方兴未艾，这为我国摆脱技术跟随发展模式、抢占产业结构调整先机和引领科技革命提供了千载难逢的历史机遇。如果能不失时机地抓住这一轮工业革命技术创新的机遇，充分利用各种有利条件，积极参与国际竞争，抓紧培育新的竞争优势，加快培育发展战略性新兴产业，就有可能缩小与发达国家的差距，在某些工业领域赢得领先地位，抢占全球科技和产业竞争的制高点。

（二）居民消费结构不断升级和城镇化进程加快为我国培育和发展战略性新兴产业提供了广阔空间

随着经济发展和收入增长，我国居民消费结构不断升级。信息消费迅速崛起，成为推动信息产业尤其是内容服务产业发展的动力。新型文化消费日益成为消费时尚，将推动创意文化产业快速发展。健康消费水平急剧上升，促使生物医药、保健产业快速发展。以汽车、住房、耐用品为主的热点消费需求不断提升，增强了相关产业的发展活力。内需主导、消费驱动、惠及民生的一系列政策措施将进一步引导居民消费预期，推动居民消费结构持续优化升级，为我国培育和发展战略性新兴产业提供了有力支撑。同时，近几年，我国城镇化水平快速提升。从2007年到2012年五年间，转移农村人口8463万人，城镇化率由45.89%提高到52.6%，城乡结构发生了历史性变化，城乡、区域发展的协调性明显增强。2020年我国基本实现工业化，城镇化率一般要达到70%以上，这还有很大的提升空间。城镇化是扩大内需的最大潜力所在，巨大的消费潜力将转化为拉动战略性新兴产业发展的强大动力。

（三）经济全球化日益深入为我国战略性新兴产业参与国际竞争合作创造了有利条件

进入新世纪以来，新技术革命促使各国经济相互依存、相互渗透日益加深，大大加快了经济全球化和区域经济一体化进程。国际产业转移趋势加快，推动了商品、资本、技术和人力资源在国际间的转移与流动。发达国家在努力保持本国高新技术优势地位的同时，不断以降低成本和提高竞争力为目标，在全球范围进行资源的优化配置，促使全球产业结构发展重大变化。与此同时，发展中国家纷纷借国际产业转移和产业链重新布局的机遇，加快本国产业结构调整和产业升级，以更充分发挥比较优势，形成新的竞争优势，在新一轮国际竞争中占据有利地位。经济全球化和区域经济一体化的浪潮，为我国战略性新兴产业整合国外资源，在境外设立研发机构、生产制造基地和市场营销网络，开展资源和价值链整合，带动上下游相关企业成链"走出去"，充分利用国际创新资源，积极参与国际兼并重组，加速承接国际产业转移，拓展外部发展空间创造了有利条件。

三、加快战略性新兴产业发展的不利因素

从国际方面来看，一方面，我国战略性新兴产业发展面临着来自发达国家"再工业化"和制造业回流的冲击。2008年国际金融危机后，以美国、欧盟为代表的西方发达国家重新重视国内产业尤其是制造业的发展，将其作为拉动经济复苏、重塑国家竞争优势的重要支撑，纷纷提出"再工业化"战略，推出了大力发展新兴产业、鼓励科技创新、支持中小企业发展等政策和措施。这对我国战略性新兴产业发展带来很大冲击和不利影响，制约着我国制造业向高端发展，增加了我国发展战略性新兴产业技术创新发展的难度。另一方面，印度、巴基斯坦、越南等发展中国家和地区，以低劳动力成本优势，承接产业转移，成为接纳工业发达国家产业转移的新阵地，对我国工业特别是制造业的低成本竞争优势造成很大冲击，不利于今后我国战略性新兴产业发展。

从国内方面来看，目前我国经济总体上处于战略性调整和加快转变发展方式的关键阶段，经济高速增长时代已经结束，未来一段时期，经济增速将保持在7%~8%的"中速增长区间"，这将在一定程度上影响工业增长速度，不利于战略性新兴产业的发育和成长。同时，国内劳动力、土地、能源和资源等要素成本快速上升，中国制造业的成本正在提高，低成本优势逐渐削弱。经济发展与能源资

源短缺、生态环境恶化之间的矛盾进一步加剧，资源能源环境约束趋紧，经济发展不可持续。由于长期粗放式发展，资源能源消耗大，能源利用效率低。这些都对战略性新兴产业的发展提出了更高的要求，加大了战略性新兴产业发展面临的挑战。

第二节　政策措施建议

抓住新一轮产业革命的机遇，加快培育和发展战略性新兴产业是抢占未来经济科技竞争的制高点、构建国际竞争新优势的重要战略，是推进产业结构升级、加快经济发展方式转变的必然选择，也是保证到 2020 年基本实现工业化、实现十八大提出的两个百年目标、全面打造中国工业经济升级版的客观要求。

一、加强统筹规划，引导区域特色优势产业发展

（一）加强国家宏观规划设计

促进特色鲜明、集聚度高、引领示范作用显著的战略性新兴产业集聚发展基地，集中资金，综合扶持，培育一批具有国际竞争力的产业集群。完善战略性新兴产业的政策体系，合理引导要素向区域特色产业集聚，围绕整机产品和核心技术，推进完整产业链建设，扩大产业规模。根据国家发展改革委、财政部《关于推进区域战略性新兴产业集聚发展试点工作的指导意见（试行）》（发改高技〔2012〕3438 号）的指导思想，深入推进江苏、深圳、广东等省市区域集聚试点工作，总结成效和推广经验。

（二）积极引导各省市形成特色优势

结合战略性新兴产业发展相关规划和重大专项工程的实施，从宏观层面加强对地方的引导，积极引导各地根据自己的区域资源禀赋、产业基础、开发潜力、环境容量和综合优势等条件，引导资源要素流向比较优势更突出的区域，选择最有优势的几个重点产业作为突破口，着力突破技术创新和产业化的瓶颈制约，不断完善产业配套条件，培育形成具有鲜明特色和较强优势的战略性新兴产业体系。完善与地方的互动合作机制，加强在重点方向、项目、产品上的有效对接，进行统筹安排和合理部署，推动战略性新兴产业有序发展。

二、整合要素资源，增强技术创新

（一）集中力量着力攻关突破国家科技前沿和产业高端

由国家组织关键性技术攻关，基于国家发展和产业创新的基础，瞄准世界科学技术发展前沿和产业高端，集中力量进行攻关突破，着力突破航空发动机、新能源汽车、高性能集成电路、OLED 新型显示等重大共性技术领域，推动产业链各环节联动发展，形成研发—制造—应用和产业上—中—下游良性互动。加强抢占战略性新兴产业竞争制高点，引领未来发展方向。

（二）加强战略性新兴产业技术创新平台建设

针对战略性新兴产业重点领域，结合行业或技术领域特点，整合产业链各环节的创新资源，搭建一批关键共性技术研发和工程化平台，支撑战略性新兴产业新技术和新产品开发应用。联合相关科研机构、企业及投资者，建立涵盖全产业链的开放性技术创新平台，加强重大共性关键技术研发及产业化。加强战略性新兴产业标准化建设，支撑以企业为核心的专利战略联盟和技术标准联盟建设，关注国际技术标准的制定进展，注重加强自身技术标准的研究制定，积极参与国际标准研发，掌握一批主导战略性新兴产业发展的知识产权和具有国际影响力的技术标准。

（三）推进战略性新兴产业创新成果应用推广

通过应用引导和技术研发的互动式发展，推动战略性新兴产业的新技术成果转化，不断提高技术成果转化率。大力实施节能环保、新一代信息技术、生物、高端装备制造、新能源、新材料、新能源汽车等领域创新成果应用示范工程，布局建设一批重大成果应用示范基地，支持商业模式创新，发展产业链创新集群。积极培育市场，加快推动重点领域技术和产品的市场化发展。鼓励创新资源密集区率先实现创新驱动发展。

三、优化布局结构，推进集聚发展

（一）引导形成高成长性龙头企业和产业联盟

选择技术路径清晰、产业发展方向明确、相关配套不完整或市场需求不足的产业或技术，统筹配置资源资金，重点扶持，推动创新要素向区域特色产业集聚，培育一批掌握核心关键技术、拥有自主品牌、具有国际竞争力的领军企业或核心企业，打造一批龙头企业主导、产学研用紧密结合的产业集群。

（二）推动区域产业结构优化升级

优化战略性新兴产业的空间布局，结合区域传统产业基础和资源禀赋，合理规划战略性新兴产业园区，推进与传统产业的结合发展，加强战略性新兴产业与通过产业配套衔接、上下游互动等模式，积极探索战略性新兴产业和传统产业发展的有效结合方式，引导传统企业主动寻求利用新产品、新技术改造升级传统产业，加快形成布局合理、特色突出、集约高效、绿色环保、质量和规模并重的产业链和产业集群，不断推动区域产业结构优化升级。

四、加大政策支持，进一步完善投融资体系

（一）扩大融资渠道服务新兴产业

不断扩大战略性新兴产业的融资服务渠道。鼓励、支持天使投资、创业风险投资（VC）和私募股权投资（PE）的创新发展，进一步拓展新兴产业企业的直接融资渠道。加快建立和完善多层次资本市场体系，加快发展场外交易市场（新三板），满足处于不同发展阶段创业企业的需求。进一步规划发展产权交易市场和技术交易市场，为处于不同发展阶段的科技创新性企业拓展融资来源。进一步优化主板、中小企业板、创业板市场的制度安排，完善不同层次市场之间的转板机制，逐步实现各层次市场有机衔接。切实落实好放宽创业板对创新型、成长型企业的财务准入标准。

（二）进一步发挥政府投资的引导和放大作用

一要积极发展公私合营的创业风险投资基金，引导民间资本投向新兴产业。二要注重发挥各级政府财政性资金和银行贷款资金的合力，尤其是对国家重大战略性新兴产业项目，在银行予以信贷资金支持的同时，财政性资金应通过贷款贴息、担保风险补偿等方式予以跟进支持。三要发挥政府新兴产业创业投资资金的引导作用，扩大资金规模，充分运用市场机制，带动社会资金投向处于创业早中期阶段的新兴产业创新型企业。

（三）积极探索新兴产业融资新模式新手段

探索组建"科技银行"。借鉴美国"硅谷银行"的经验推行具有中国特色的"科技银行"，对新兴产业发放贷款、股权投资或债券融资，同时提供全方位企业

发展战略规划、法人治理、资本结构、投融资方案、融资策略和财务管理等管理咨询服务。积极推动建立专业化的科技融资租赁公司，探索重大设备和关键技术的租赁模式，支持新兴产业重大关键技术突破和产业创新发展。

五、加强培育引导，营造良好的发展环境

积极培育战略性新兴产业的市场需求，拓展市场应用，优化战略性新兴产业市场发展环境。加大节能环保、新能源、新能源汽车等市场培育与政策引导力度，积极培育发展新的业态，构建良好的产业生态。建立健全战略性新兴产业各大领域相关标准规范及准入条件，合理引导要素流动，促进资源优化配置。深化战略性新兴产业开展国际合作，积极引进外资，拓宽外资投资渠道。鼓励我国企业和研发机构参与国际重点前沿技术的研究和开发，参与国际标准制定，推动我国自主技术成为国际标准，提高我国在国际标准制定中的影响力和话语权。加快国际化进程，支持企业走国际化品牌之路，加强品牌的国际化经营，构建与产品配套的国际销售和服务网络，进行有效的品牌国际推广。支持企业收购国外知名品牌，鼓励国内品牌在境外进行商标注册。促进国内企业的技术、质量和管理创新，重点培育一批具有国际竞争力的大企业大集团。支持企业利用好国内、国际两个市场、两种资源，积极拓展国外市场，加快实施"走出去"战略，参与高层次国际合作。支持实力强、资本雄厚的大企业开展跨国并购。在境外设立研发机构、生产制造基地和市场营销网络，开展资源和价值链整合，带动上下游相关企业成链"走出去"。

第二十六章 2014年工业设计产业发展趋势及政策建议

第一节 工业设计产业发展的趋势

一、产业与国民经济联系日趋紧密

随着我国社会主义市场经济的不断深化，国民经济体系也随之发生了重大变革。政企分离、企业高度市场化、国际经济一体化和经营全球化，以及正在持续蔓延的国际金融危机等因素，促使我们社会各界越来越重视"工业设计"在整个国民经济体系中所起的作用和地位。"工业设计"逐渐深入人心，与整个国民经济之间的联系日益紧密，在促使企业登上世界经济舞台，发挥在产品创新、品牌建设等领域影响上起着越来越重要的作用。

当今世界上许多发达国家和地区都认识到工业设计产业与国家竞争力的紧密联系，纷纷出台各种政策扶持工业设计产业的发展。改革开放以来，我国在加快工业化建设的同时，也越来越重视工业设计产业的发展。目前，国内有许多城市将发展设计产业作为"立市之本"，如北京提出"创意设计产业塑造活力北京"，深圳提出"建设中国设计之都"，无锡提出"创立亚洲设计中心"，天津、广州、成都、宁波等地也在积极推动工业设计产业的发展，着手建立一批具有开创意义的工业设计产业园区，并取得了明显成效。

二、区域发展不平衡状况仍将持续

我国中、西部地区，由于传统产业结构等原因，"工业设计"开展尚处于起步阶段，企业和地方政府基本还处于了解、观望的状态。"工业设计"只在若干大学院校或少数几个企业中得到关注与开展。从全国开展"工业设计"的情况和发展状况来看，其发展的水平又是极为不平衡的。这种情况依然将在很长的一段时期内持续。

环渤海经济圈，除首都北京将"工业设计"作为"文化创意产业"的一个重要组成部分而得到政府大力推进之外，其它城市尚未能与其经济发展举措高度结合在一起，"工业设计"与当地经济增长的紧密联系较为薄弱。

然而，在"长三角经济区"和"珠三角经济区"，"工业设计"却已经成为上至政府、下到企业都开始高度重视的一项重要事业，并正在如火如荼地开展之中。各种设计园区、工业设计竞赛、工业设计研讨会、展览会等频繁举办。"工业设计"成为提高本地区、本单位经济增长能力和产品竞争力的重要举措。

三、综合性的工业设计公共服务平台的建设日益得到重视

以北京暨首都经济圈、上海暨长三角经济区和香港暨珠三角经济区为核心的三个地区，其工业设计行业协会的作用十分显著。成为各地"工业设计"事业发展和推动的关键力量。所以，急需依托地方特色，建立综合性的"工业设计公共服务平台"，为当地开展"工业设计"研究和实验等提供帮助，为设计企业或企业的工业设计活动提供更为科学的基础性支持。经济发达地区的工业设计活动日益高涨，但是，设计的技术含量和科学依据均十分低下。为设计提供强大的信息咨询和试验、实验服务的专业公共平台几乎为零。这就大大遏制了工业设计的专业发展空间，减低了设计提案在分析、决策等系统中的话语权。使设计的科学性、客观性难以得到保障和提升。这样的公共服务平台，正受到越来越多的设计企业和设计院校的支持和好评。它有力地促进了工业设计行业的良性发展，为设计企业或企业的工业设计活动提供了更为科学的基础性支持。

四、工业设计逐渐融入企业的发展战略

目前国内的大型企业，一般都建有一定规模的"产品设计中心"，其运营均已超过了5年以上。具有行业领头地位的大型企业，表现出十分强势的"工业设计"发展势头。"工业设计"已展现融入企业发展战略，部门的作用与地位得到提升。

随着企业不断依赖具有独立知识产权品牌和自主研发能力展开激烈的市场竞争，设计部门在企业内部的"话语权"正发生着微妙而重大的改变。长期基于生产下位，为产品改良和递进充当"改换衣装"的设计部，随着企业日益需要依靠

战略上就体现和完成产品设计定位等要求，从而逐步提升了设计部门在企业组织结构中的核心地位。这样的要求表明，"工业设计"将率先在中国大型企业中成为决策企业战略、提升企业整体竞争能力和塑造品牌文化的最重要力量。

企业内部设计部门从原来的单一的产品造型设计工作，转向具有系统整合能力的，融设计战略、设计研究，以及设计管理等领域一体的综合性职能部门。各大品牌公司无一例外均将设计作为核心竞争力之一。设计在企业内部早从"以造型为目的"发展至"以造型为手段，以企业、消费者、环境达成多赢为目的"的职能转变。在实际工作中，设计部门也参与到企业的诸多战略讨论中，为有效整合信息，向消费者传递精确的品牌讯息起到重要的推动作用。北京的"联想"、"李宁"、广州的"毅昌"、"东菱"，深圳的"TCL"、"康佳"等企业，本质上都以设计为中心引领企业的发展。

五、工业设计公司的发展日益成熟

服务领域的专业性更强，同时兼具多元化发展趋势。工业设计公司业务增长平稳，服务的内容和领域正在向着多层次、多元化、专业性的方向发展，设计公司的经营模式也从原来的单一性产品外观形态、形象设计，向设计战略咨询、设计研究咨询转型。以上海"龙域"设计公司为例，该公司在有效面对市场的同时，改变其设计成果输出方式，彻底打破传统设计公司以产品为中心的经营模式，以更为完整的系统解决方案作为工作目标提供给委托单位。如其为中国移动奥运工程设计的"短信许愿树"就以一套跨越展示与产品的综合服务赢得了市场。

经营策略向更具自主性转变。设计公司的经营性质当前正发生着深刻的转变，正由原来的设计服务型向自主研发产品，经营并销售产品的"全程自主型"企业行为转变。北京的"洛可可"、广州的"极致"，深圳的"嘉兰图"等企业，实质上都已转变了经营策略，将设计自主研发和市场推广作为企业的核心能力来牵动企业的发展。

针对创新的服务平台和保护政策更加完善。目前十分活跃的设计公司所表现出来的经济模式，主要围绕着设计的知识产权而展开。无论是自主设计创新，还是转化社会上的知识产权，都需要一个完备、快速和公正的，融保护、交易和法理于一体的"平台"。当前，由于设计公司在该领域的事务增长迅速，且设计公司在操作这些事项时所使用的方法和程序是十分简易和缺乏规范的。如何保障他们的权益和体现他们的责任，就成为一个需要十分重视和大力发展的趋势，专门针对设计创新的知识产权保护政策和知识产权交易平台亟待建立和完善。

六、对工业设计人才的需求不断增多

工业设计在中国仅有三十年的时间，尚处于探索、认知与初步应用阶段。由于当前人才不足，设计教育观念相对落后，造成了设计创新在制造业中和设计服务企业提供的服务上，与生产实践相距较远。这已经成为工业设计进一步发展的瓶颈。政府在政策扶持与引导上，关注工业设计人才培养，关注设计教育水平的提升至关重要。具有综合能力的设计专业人才成为未来设计行业的从业主体，目前联想、洛可可等众多工业设计用人单位，在其人才结构和对人才需求上都表现出"工业设计人才"更为复合型，专业方向丰富的特点与要求。

第二节　政策措施建议

一、进一步优化市场环境

进一步提升社会对工业设计的认知程度。通过组织开展中国优秀工业设计评奖活动，国家级工业设计中心认定，举办各类培训班、大讲台等形式，充分发挥各类机构组织的作用，利用各种媒体加强对工业设计的宣传，向社会公众普及工业设计知识，提高社会对工业设计的认知程度，引导企业重视和运用工业设计，激活相关研究机构的研发和创新能力。

加快工业设计信息化平台及两化融合项目建设。相关部门应研究工业设计信息化发展的通用工具平台建设方案，确保实用性和有效性，对工业设计信息化起到带动和示范作用，保障平台建设资金的落实和正常高效运转。建设符合工业设计特点的两化融合项目，开展信息化协同设计平台建设、工业设计相关软件和系统集成工程建设，推动工业设计信息产品的研发和升级。强化知识产权保护工作。严格的知识产权保护制度，是保护设计企业利益、提高企业加大投入动力的重要因素。探讨建立专门的设计产权局，形成对工业设计产权专管；建立工业设计知识产权信用的公示和预警制度，加大惩处侵权力度，加强知识产权保护工作；适当延长对工业设计专利的保护期，审定针对局部设计的专利保护，提升知识产权专利申请产品的创造性要求，加快外观设计专利申请审批流程，促进知识产权交

易，加大对专利权人的权益维护。

二、完善工业设计基础研究工作

做好工业设计产业的调查统计和分析研究工作，统筹工业设计产业总体规划。制定科学合理的产业发展规划并认真组织实施，是推动工业设计产业健康快速发展的有效途径。因此，要逐步完善工业设计产业统计调查制度，建立科学、完整、全面的信息评估体系。在此基础上，以科学发展观为指导，按照工业设计产业的发展趋势，从战略的高度认真把握工业设计发展的定位，制定科学合理的工业设计规划并组织实施。

三、继续完善和加大政策扶持力度

加大国家政策对工业设计产业的扶持力度，有助于提高社会资本投资动力，促进工业设计产业加快发展。目前，我国出台的多数财税、金融优惠政策只是停留在文件层面，缺乏可操作性的细节。要继续加大对工业设计产业的政策扶持力度，深入细化政策措施，出台实施细则。要进一步拓宽企业融资渠道。通过多种形式引导和鼓励全社会共同构筑针对工业设计的多元化投融资体制，为工业设计企业提供必要的信贷支持，发挥信用担保机构的作用，解决中小型工业设计企业融资信贷困难；设立产业发展基金，以无偿资助、贷款贴息、配套资金、资本金投入等方式，形成多层次的面向工业设计产业重点项目的支持基金，明确基金的使用方向和支持重点，对工业设计研发创新、企业发展、人才培养等活动给予支持，吸引和带动社会资本、民间资本助力工业设计发展。

四、进一步优化产业布局结构

发挥设计园区的聚集效应，对于促进工业设计发展，辐射带动周边地区具有重要作用。为此，要继续开展国家级工业设计示范园区认定工作，创建特色优势产业创新基地，促进工业设计集聚发展。出台针对工业设计基地和园区发展的相关优惠和扶持政策，鼓励基地和园区明确定位、合理规划，制定发展战略，实现品牌化和专业化发展，引导工业设计企业集聚发展，提升产业链服务能力。同时，加强园区基础设施建设，完善配套设施，提高信息化服务质量，为入园企业登记注册、生活环境、举办展览、开展业务交流等提供便利，不断吸引设计公司安家落户；不断完善政府服务职能，提高服务效率，降低入园企业的服务成本；严格设计企业入园标准，调高入园企业设计专业化程度，使园区真正成为设计服务企业聚集度高、质量好，产业带动能力强的产业示范区。

五、加大高素质人才的培养力度

进一步加快高等教育工业设计及相关学科建设步伐。提升学科的专业门类层次，推动该学科领域内多种教育性质、多种教学层次与多种人才类型教育的协调发展。完善工业设计人才培养和激励机制。完善工业设计基地和园区的工业设计人才培训基地建设，重视工业设计企业的工业设计实训中心发展。引进工业设计优秀人才，妥善解决人才待遇问题，完善技术入股等激励机制。实施工业设计从业人员资格认证制度。制定工业设计从业人员资格认定制度，面向特定工业行业发展专业领域的工业设计职业认证和资格体系，严格考核认证机制，通过展览、论坛等活动为设计师交流互动提供平台，创造有利于设计师成长的外部环境。

六、加强产业协调机构的作用

发挥行业协会等协调机构行使部分行政职能作用，执行国家关于工业设计的政策、法规；发挥行业协会的桥梁纽带作用，在发布企业信息、组织展览活动、开展企业交流、提供通用设计平台和专业软硬件设施等公共服务方面发挥更好的作用。

第二十七章　重点行业结构调整展望

第一节　2014年钢铁工业结构调整展望及政策建议

目前，我国钢铁产量稳居世界第一，已是当之无愧的钢铁大国。工信部的统计数据显示，截至2012年年底，我国的粗钢产能约为9.7亿吨。但是，钢铁工业在快速发展的进程中，存在着产能过剩、产业布局不合理、产业集中度偏低、对进口铁矿石依赖性较大等一系列问题，如在财政部发布的《2013年上半年产业经济运行分析及建议》中显示，钢铁产能利用率已经下降到67%左右，远低于合理范围。因此，在未来的钢铁工业结构调整中，政府将在充分利用当前市场倒逼机制的基础之上，通过加速淘汰落后产能、推进企业联合重组、加大节能减排力度等措施，加快钢铁行业技术升级和结构调整，实现钢铁工业强国的目标。

一、趋势展望

"十二五"期间是我国经济发展的重要战略机遇期，国民经济依旧会持续稳定增长。钢铁行业的发展进入关键时期，需求增速放缓、环境压力加大等将继续困扰钢铁行业发展，为此，为促进钢铁行业健康发展，2014年我国将继续以"结构调整、产业升级、转变发展方式"为主线，从以下几个方面推动钢铁工业结构调整：

（一）产业布局进一步优化

由于历史原因等因素的影响，我国钢铁企业主要布局在靠近资源和大中型城市的内陆地区，其中重点大型的钢铁企业（或基地）主要分布在华东、华北、中南部地区等，如全国大部分钢铁企业（或基地）主要集中在山东、辽宁、河北以及江苏等省份的省会或者大中型城市，而且不少钢铁企业还处于人口密集、严重缺水地区或者风景名胜区等，西部地区则由于经济发展较为缓慢等导致其钢铁企业（或基地）较少。然而，随着上述大中型城市能源供应、环境容量、运输条件、水资源等内外部条件的变化，已经严重制约着钢铁企业的生存发展能力。同时，随着西北地区经济发展战略的逐步实施、工业化与城镇化的快速推进，西部地区也将成为钢铁产品消费的主要地区之一。"十二五"规划中提出，我国钢铁工业布局调整进展相对缓慢，"北重南轻"的布局长期未能改善，未来要在行业内建成湛江、防城港钢铁基地，从根本上解决"北钢南运"问题。因此，预计在2014年期间，国家将在综合考虑矿产资源、水资源、能源、交通运输、环境容量等因素的基础上，依托发展基础良好的企业，出台相应的政策继续推进钢铁产业布局优化，引导产业向资源能源丰富、交通运输便利的地区转移，鼓励企业落户工业园区，发挥主体功能区的作用，实现产业集聚集群发展。

（二）产品结构进一步改善

近年来，我国钢铁行业整体盈利水平较低，产能过剩成为钢铁行业发展的最大阻力。钢铁产品市场中，由于新增产能在快速增加的同时落后产能又未能及时淘汰，造成产品同质化现象严重，低端的钢材产品比例较高，高端的特殊钢材产品比较缺乏，尤其是性能要求严格的高洁净度、高强度、高塑性变形、高抗腐蚀性能的钢材和深加工高附加值钢材还需依赖进口，中国钢铁产业整体处于中端偏上水平。钢铁工业在未来的发展中，必须通过生产工序、产品研发、产业升级等措施进一步优化钢铁产品结构，扩大我国钢铁产品的市场份额。可以说，产品升级是影响钢铁行业竞争力的关键因素。"十二五"时期，为适应国家产业转型升级的需求，国家明确提出要将产品质量的提升作为首要目标，并促进特钢品质的全面升级。因此，预计在2014年期间，国家将围绕鼓励企业开发高端钢材品种，鼓励发展高强度钢材、耐腐蚀钢材和节能高效钢材，大力发展特钢回收体系等特钢配套产业等方面，出台相应的政策措施，生产技术含量高和满足市场需求的产品，从而逐步改善我国钢铁产品结构，提升企业在国际上的竞争力。

（三）行业集中度进一步提高

市场经济条件下，规模经济是提高产业效率和竞争力的关键要素，而规模经济的效率优势会促进产业的渐进式重组，部分企业的规模会逐渐扩大，从而使市场趋向于相对集中的状态，最终带来产业集中度的提高。我国在经济转轨的过程中，虽然钢铁企业之间的竞争相对较为充分，但是钢铁行业的集中度相较于国外而言依旧较低。以粗钢产业为例来看，根据工业和信息化部的相关数据显示，我国粗钢生产企业有 500 多家，平均规模仅 100 多万吨，排名前 10 位的企业粗钢产量仅占全国总产量的 48%。相较之下，美国、日本、欧盟排名前 4 位的钢铁企业产量占本地区总产量均超过 60%，其中粗钢产量占本国总产量的比重也相对较高，如韩国浦项制铁粗钢产量约占韩国总量的 60%，德国的蒂森克房伯、美国的美国钢铁公司、俄罗斯的谢维尔等钢铁企业，粗钢产量占本国总产量的比例都超过了 20%。《关于加快推进重点行业企业兼并重组的指导意见》中明确提出到 2015 年前，要按照市场化运作、企业平等协商、政府引导的原则，支持优势大型钢铁企业集团开展跨地区、跨所有制兼并重组，鼓励各省、自治区、直辖市人民政府继续推动本地区钢铁企业的兼并重组，并且要实现钢铁行业内前 10 家企业的产业集中度要达到 60% 的目标。因此，预计在 2014 年期间，中央政府和地方政府将继续出台各项政策措施支持大型钢铁企业跨区域重组、鼓励钢铁行业开展区域性重组以及充分发挥民营企业在重组中的作用，进一步提升我国钢铁产业的集中度。

（四）绿色发展理念进一步体现

从世界各国工业化进程看，钢铁工业在带动本国经济发展中起到了关键性作用，钢铁工业也被大多数国家作为战略性支柱产业。然而，钢铁工业粗放的发展方式带来了很多的负面影响，如能源浪费、资源破坏、环境污染等，这些问题严重制约着钢铁行业的发展。目前，随着我国钢铁产量的逐步上升，钢铁工业的总耗能也在稳步增加，能源约束更加突出，节能减排突显重要，尤其是我国重点大中型钢铁企业的平均能耗仍高于国际先进水平，而且依旧存在着大量的落后产能、行业内的余能余热的利用水平较低、环保配套设施的不完善等加剧了节能减排工作推进的难度。近年来，温室气体排放、雾霾天气等问题引起高度关注，低碳化、绿色化的发展方式成为未来经济发展的主题，对于钢铁行业来说，必须进一步强化节能减排，把绿色发展作为核心。因此，预计在 2014 年期间，国家将继续在大力发展循环经济和低碳经济，加强资源、能源和废弃物的综合利用，推进高效钢材消耗等方面出台政策，以缓解钢铁生产在资源、能源和环境等方面面临的压力，为实现 2020 年国家的减排目标奠定良好基础。

二、政策措施建议

破解钢铁工业发展困境，必须加快转变发展方式，加快资源保障体系与自主创新体系建设，提升钢铁产业素质和核心竞争力，推动钢铁企业走科技含量高、经济效益好、资源消耗低、环境污染少、国际竞争力强的"绿色发展"道路。

（一）落实钢铁产业政策，严格控制产能过快增长

伴随市场需求的显著紧缩与新建产能的不断释放，钢铁行业产能过剩成为行业发展面临的首要问题。为此，建议以节能环保、能耗、水耗等作为标准，采取行政手段与经济手段并行的方式，加大淘汰落后产能的力度，严格控制新增产能；按照钢铁行业准入条件等文件的要求，严格控制新上项目或企业，继续清理整顿违规项目；深入开发和应用高效均匀加工技术、洁净钢生产技术、清洁生产技术等共性关键技术，推动产品和生产工艺升级，优化我国钢铁产品结构，推动结构调整并提高行业竞争力。

（二）营造公平竞争环境，充分发挥市场机制作用

市场经济的自发调节机制，不仅是化解钢铁行业产能过剩的重要方式，更是钢铁行业实现转型升级的重要动力。为此，建议及时从以下几方面完善市场竞争机制：一是充分发挥政府的市场监管者作用，让企业成为投资决策的主体，减少对企业生产经营活动的行政干预；二是完善相关财税政策、市场准入、环保标准等制度，对企业淘汰落后、节能减排等工作给予积极的财政政策与税收优惠，尽快清理阻碍钢铁企业在能源、资源价格改革中的各种收费项目等，为企业创造公平竞争的市场环境，促进企业实现结构调整和转型升级。

（三）推动企业兼并重组，提高钢铁行业的集中度

推进钢铁企业兼并重组，是解决我国钢铁产业集中度过低的主要举措，也是我国钢铁产业由大到强的战略需要。为此，要以培育具有较强国际竞争力和具有较强实力的特大型钢铁企业集团为目标，从以下三点提升我国钢铁产业的集中度和竞争力：一要继续落实国家相关政策，进一步实施优势企业优先发展战略，充分发挥优势企业在兼并重组中的主导作用，支持优势企业在全国范围内开展跨地区、跨所有制的兼并重组；二要尽快健全和完善有利于企业兼并重组的机制，消除影响企业兼并重组的体制性障碍，确立钢铁企业兼并重组的方向与重点，妥善协调中央、地方和企业等主体之间的利益，调动各方的积极性；三要制定科学合

理的兼并重组政策，如采取资金支持、减轻税负等方式，推动企业兼并重组。

（四）扶持国内矿山发展，推动企业走出去

进口铁矿石的高位价格与国外矿山企业的垄断地位是严重阻碍我国钢铁行业经济效益提升的关键因素之一。为此，必须从国际、国内环境出发，保障我国钢铁工业可持续发展所需的原料供应：一是支持国内矿山企业的发展。通过降低国内矿山企业税费负担，降低国内矿山企业生产成本；鼓励优势企业实现规模化经营，引导企业加强绿色、安全等方面的投入，逐步打破国外矿山企业的垄断地位。二是鼓励矿山企业技术进步。研究开发低品位资源、铁矿资源综合利用等新技术、新工艺，增加可利用的铁矿资源量，提升混合矿的利用程度与综合效益。三是拓宽我国钢铁企业的融资渠道。打破所有制限制，实行投资和融资多元化；统筹考虑矿山生产与建设，允许矿山资金捆绑使用并考虑开发周期的综合效益；增加矿山新的经济增长点，实施堤内损失堤外补，增强矿山自我发展能力。

第二节　2014年有色金属工业结构调整展望及政策建议

2014年，全球经济仍处于后金融危机时代深度调整期，欧美日主要发达经济体增长动力不足，大部分新兴经济体增速放缓，世界经济复苏缓慢。从国内情况看，钢铁、电解铝等行业产能严重过剩，企业亏损面有扩大趋势；同时，城镇化建设加快将继续带动基础设施建设的复苏，内需拉动将会明显，支撑有色金属工业运行的环境将有所改善。受宏观经济形势和产业结构调整政策影响，有色金属行业结构有望得到改善。

一、趋势展望

（一）产业结构将进一步优化

从工业和信息化部公告的2011年淘汰落后产能任务完成情况、下达的2012年和2013年淘汰落后产能目标任务，以及2012年和2013年淘汰落后产能工作的实际进展情况来看，到2013年年底，19个工业行业"十二五"目标完成率预计将分别达到[1]：炼铁92%、炼钢90%、焦炭122%、铁合金97%、电石94%、电

[1]　按照考核2013年淘汰落后产能工作计划，2013年淘汰落后产能目标任务完成情况将在2014年12月底公布。本章用2013年初下达的任务数估算"十二五"计划完成情况，（下同）。

解铝131%、铜冶炼256%、铅冶炼214%、锌冶炼127%、水泥（熟料及磨机）123%、平板玻璃112%、造纸182%、酒精143%、味精281%、柠檬酸306%、制革198%、印染132%、化纤154%、铅蓄电池655%。其中，涉及到的有色金属行业的电解铝、铜冶炼、铅冶炼、锌冶炼、铅蓄电池均有望提前一年超额完成"十二五"目标任务。同时，《国务院关于化解产能严重过剩矛盾的指导意见》（国发〔2013〕41号）明确要求在2015年年底前淘汰16万安培以下预焙槽的电解铝产能。这批落后产能的退出，将有助于缓解有色金属行业产能严重过剩的矛盾，进一步优化产业结构。

（二）龙头企业兼并重组步伐明显加快，产业集中度稳步提高

政府将继续鼓励地方大型企业集团的发展，支持龙头企业加快兼并重组步伐，有色金属行业产业集中度有望稳步提升。2011年12月，工业和信息化部发布《有色金属工业"十二五"发展规划》，明确提出到2015年，铜、铝、铅、锌排名前10位企业产量占我国总产量比例分别达到90%、90%、70%和70%。2013年1月，工业和信息化部等12部委联合发布《关于加快推进重点行业企业兼并重组的指导意见》（工信部联产业〔2013〕16号）对电解铝和稀土行业提出了明确要求，其中电解铝行业到2015年，形成若干家具有核心竞争力和国际影响力的电解铝企业集团，前10家企业的冶炼产量占全国的比例达到90%。支持具有经济、技术和管理优势的企业兼并重组落后企业，支持开展跨地区、跨行业、跨所有制兼并重组。鼓励优势企业强强联合，积极推进上下游企业联合重组，鼓励"煤（水）—电—铝"及"矿山—冶炼—加工—应用"一体化经营，实现规模化、集约化发展，培育3~5家具有较强国际竞争力的大型企业集团；稀土行业，贯彻落实《国务院关于促进稀土行业持续健康发展的若干意见》（国发〔2011〕12号）有关要求，支持大企业以资本为纽带，通过联合、兼并、重组等方式，大力推进资源整合，大幅度减少稀土开采和冶炼分离企业数量，提高产业集中度，基本形成以大型企业为主导的行业格局。

（三）产业布局逐步优化升级

2013年1月工业和信息化部发布的《铝工业"十二五"发展专项规划》提出调整优化产业空间布局，提高产业竞争力，实现产业与资源、能源、环境、社会和谐发展。建立和完善高电价地区电解铝产能退出机制，积极引导能源短缺地区电解铝产能向能源丰富的西部地区有序转移。逐步推进城市铝冶炼企业转型或

环保搬迁。同时，《有色金属工业"十二五"发展规划》提出要统筹规划，坚持上大与压小相结合、新增产能与淘汰落后相结合，优化有色金属生产力布局。以满足内需为主，严格控制资源、能源、环境容量不具备条件地区的有色金属冶炼产能。积极引导能源短缺地区电解铝及镁冶炼产能向能源资源丰富的西部地区有序转移。逐步推进部分城市有色企业转型或环保搬迁。在沿海地区，利用进口原料有序布局建设若干铜、镍基地。选择条件合适的区域，依托拆解园区，充分利用国内外废杂铜、铝资源建设若干规模化的再生金属基地。提升企业国际化经营水平，鼓励在境外建设氧化铝、电解铝、铜、铅、锌、镍等产业园区。按照循环经济发展模式，支持建设若干资源基础雄厚、产业链完整、特色鲜明、资源高效利用、环境友好的有色金属新型工业化示范基地。支持建设优势互补、合作双赢的东、中、西部产业转移合作示范区。

2013 年 5 月 10 日，发展改革委、工业和信息化部联合发布《关于坚决遏制产能严重过剩行业盲目扩张的通知》（发改产业〔2013〕892 号），提出坚决停建电解铝等产能严重过剩行业违规在建项目，要求地方人民政府立即对违规在建项目进行认真清理，对未批先建、边批边建、越权核准的违规项目，尚未开工的不准开工，正在建设的项目要停止建设。10 月，国务院颁布《关于化解产能严重过剩矛盾的指导意见》（国发〔2013〕41 号），明确指出促进电解铝等行业内优势企业跨地区整合过剩产能，支持兼并重组企业整合内部资源，优化技术、产品结构，压缩过剩产能。支持跨地区产能置换，引导国内有效产能向优势企业和更具比较优势的地区集中，推动形成分工合理、优势互补、各具特色的区域经济和产业发展格局。

通过采取强有力措施，切实制止一些地方和企业不顾国家发展规划、产业发展政策，盲目大规模投资建设冶炼生产能力；引导冶炼生产能力向资源、能源相对丰富的中西部转移；提升长江三角洲、珠江三角洲、环渤海地区铜铝加工产业水平，打造高精铜铝产业基地，有色金属行业布局将逐步得到优化升级。

二、政策措施建议

（一）完善有色金属行业管理

加快制定和完善有色工业行业准入标准。适应有色行业发展新形势、新要求，尽快修订铜、铝、铅、锌等行业准入条件，研究制定海绵钛、锆冶炼等行业准入条件，提高行业准入门槛，严格行业准入管理。加强有色金属行业产业政策与财税、金融、土地、环境保护、安全生产、价格等政策的衔接，依靠实行差别电价、调整税收及出口退税等经济杠杆，严格控制产能总量扩张及初级产品出口，禁止在能源供应紧张、环境容量有限的中东部地区新增电解铝产能。建立健全有色工业运行监测网络和指标体系，尤其是加强对电解铝和稀土行业的监测，强化行业信息统计和信息发布。

（二）积极推进化解有色金属行业产能过剩矛盾工作

加快淘汰落后产能力度。在"十二五"淘汰落后产能任务的基础上，适时适当提高电解铝、铜冶炼、铅冶炼、锌冶炼的淘汰标准，并鼓励地方根据自身产业特点进一步提高淘汰标准，加快推进淘汰落后产能工作。加快推进资源性产品价格形成机制改革，形成有利于资源节约和环境保护的资源价格体系，促进建立以市场竞争性为主、政策为辅的有色金属行业化解产能过剩矛盾的长效机制。近期应以电解铝行业为重点，做好淘汰产能任务分解落实和检查考核工作，研究利用差别电价、水价格等经济手段，提高要素成本，促使其在市场竞争中退出。

（三）积极支持企业的技术进步

强化有色金属行业企业在技术创新中的主体地位，引导和鼓励企业加大研发投入和技术改造力度，提高自主创新能力。扩大新技术、新产品财税政策支持力度，提高科技成果奖励标准，进一步完善科研创新激励机制。支持传统产业改造升级和大力发展精深加工产品，大力支持新技术、消纳过剩产能带动性强的新材料、新产品技术攻关，扩大铝材、铜材等有色金属在交通运输、航空航天、建筑、战略性新兴产业等领域的应用，充分发挥科技进步在化解过剩产能、扩大消费方面的支撑作用。

（四）积极推进国际交流与合作

优化有色金属产品进出口结构。鼓励进口有色金属资源和产品，严格限制高能耗、高排放、资源性产品及初级深加工产品出口。加大"走出去"支持力度。积极推动制定境外矿产资源勘查开发支持政策，鼓励有条件的企业积极开展国际合作，参与国际市场竞争，尽快建成一批境外资源基地，提高国内资源保障水平，并在有条件的地区建设工业园区，促进国内过剩冶炼产能产业转移。

第三节　2014 年建材工业结构调整展望及政策建议

2012~2013 年建材工业结构调整的相关政策，有望在 2014 年推动水泥、平板玻璃等行业结构调整方面取得实效。抓住这个契机，针对建材工业存在的问题及面临的调整进一步出台细化的政策和方案，确保中央各项政策落实到位，不仅可以保证"十二五"相关目标任务的顺利完成，同时也将加快建材工业结构调整的步伐。

一、趋势展望

（一）"十二五"淘汰落后产能任务有望提前完成

在工业和信息化部、财政部等部门的大力推动下，建材工业淘汰落后产能工作有序推进，"十二五"淘汰落后产能任务有望在 2014 年提前完成。根据工业和信息化部"十二五"建材工业淘汰落后产能的任务目标，水泥行业要淘汰水泥（熟料及磨机）37900 万吨、平板玻璃行业要淘汰产能 9000 万重量箱。2011 年，全国一共淘汰水泥（熟料及磨机）15497 万吨、平板玻璃 3041 万重量箱，分别比 2011 年的目标任务多 16% 和 17%。2012~2013 年，工业和信息化部共下达淘汰水泥（熟料及磨机）29245 万吨、平板玻璃 6950 万重量箱的产能。从 2013 年对 2012 年各地淘汰落后产能工作的考核情况看，2012 年的目标基本超额完成，在此基础上，2013 年的目标也将顺利完成。这样，2011 年实际淘汰的产能加上 2012、2013 年下达的目标任务，2013 年底，我国有望淘汰水泥（熟料及磨机）44742 万吨，平板玻璃 9991 万重量箱，分别比"十二五"目标任务多出 18% 和 11%，已经超额完成"十二五"目标任务。"十二五"淘汰落后产能任务在 2014 年提前完成已成定局。

（二）大气污染防治措施的落实将推动建材工业整体技术水平的提升

国家防治大气污染措施的落实将带动提升建材工业的技术水平。2013 年国务院部署的大气防治十条措施，工业和信息化部等部门联合发布的《工业领域应对气候变化行动方案（2012—2020 年）》，环保部发布的《水泥工业污染防治技术政策》等均要求建材工业要通过改良生产技术做到污染的源头治理。例如，"大气污染防治十条措施"中提出要加快重点行业脱硫脱硝除尘改造，大力推行清洁生产;《水泥工业污染防治技术政策》提出要应用新型干法窑外预分解技术、低氮燃烧技术、节能粉磨技术、原（燃）料预均化技术、自动化与智能化控制技术等清洁生产工艺和技术,实现污染物源头削减。这些措施虽然会增加企业的成本,但是也有助于推动建材企业更新生产技术和工艺,进而提升建材工业的技术水平。特别地, 由于2012年年底我国出现的雾霾天气对社会的影响十分恶劣,引起了党中央的高度重视。因此,此次国家集中治理大气污染提出了严格的时限,如"大气污染防治十条措施"要求包括建材工业在内的重点行业主要大气污染物排放强度到2017年年底下降30%以上。距离这一期限只有不到4年的时间,为保证该目标的顺利完成,各地在2014~2015年会加大力度推动建材行业企业采用先进的清洁生产技术,因此,2014~2015年或将迎来建材企业更新生产技术设备的一个高峰。

（三）新型绿色建材产业将逐步走上发展快车道

从2012~2013年国家发布的建材工业相关政策看,大部分政策都提出要鼓励发展新型绿色建材产品,扩大新型建材、节能环保建材产品需求,壮大绿色建材产业。如《新材料产业"十二五"发展规划》不仅提出要推广新型墙体材料、无机防火保温材料,壮大新型建筑材料产业规模,还提出要实施新型节能环保建材示范应用专项工程,在工程目标中明确提出到2015年高强度钢筋使用比例达到80%、建筑节能玻璃比例达到50%、新型墙体材料比例达到80%等的新型绿色建材产品的使用要求。2012年年底东部地区出现的雾霾天气也增强了我国民众的节能环保意识,为推广节能环保产品创造了条件,也将带动与节能环保有关的产业的发展。因此,无论从政策还是从市场需求变化看,新型绿色建材产业都迎来了难得的发展机遇。特别是2014年,为确保相关"十二五"规划目标到2015年年底可以顺利完成,各级政府部门会进一步加大对新型绿色建材产业的支持力度,新型绿色建材产业也将由此走上发展的快车道。

（四）建材工业兼并重组步伐有望进一步加快

行业集中度低一直是我国建材工业大而不强的主要原因之一。建材行业企业小而分散,不仅消化过剩产能、淘汰落后产能困难,小企业为争夺有限的市场空间也易爆发恶性的价格战,影响全行业的发展。因此,推动建材工业兼并重组,提升各行业竞争力对建材工业未来发展尤为重要。工业和信息化部等12个部委联合发布的促进重点行业兼并重组意见中明确提出到2015年前10家水泥企业产业集中度达到 35%，要形成 3~4 家熟料产能 1 亿吨以上、产业链完整、具备较强国际竞争力和影响力的建材企业集团。相关各级政府部门和行业协会自意见发布以来纷纷出台落实中央政策的具体方案，对推动建材工业兼并重组做出了详细的部署。特别是，目前到 2015 年年底仅有一年多的时间，能否完成《意见》提出的目标任务，2014 年尤为关键。在相关各级政府部门及行业协会的大力推动下，建材工业兼并重组进程有望在 2014 年进一步加快，行业集中度低、竞争力不强等问题有望得到初步改善，尤其是跨地区、跨所有制兼并重组将逐渐增多，这也给各地如何处理好不同地区、不同所有制企业兼并重组后的税收分配、职工安置等问题带来一定挑战，需要相关政府部门谨慎应对。

二、政策措施建议

（一）创新抑制建材工业产能过剩工作机制和手段

2012 年水泥、平板玻璃等行业出现的严重产能过剩问题已成为当前建材工业结构调整的主要障碍之一。而去产能、调结构的传统手段——"关闭小企业"去产能贡献率很低，2013 年淘汰落后产能任务目标完成后，可供淘汰的空间已无法满足去产能的要求，因此需要有关部门根据建材工业部分行业产能过剩的实际情况创新工作机制和手段。一方面，在适当提高淘汰落后产能标准的同时，鼓励各地根据经济发展的实际情况制定适合当地建材工业发展和结构调整的淘汰落后标准，并根据制定的标准推进落实淘汰落后工作。另一方面，完善市场竞争机制，建立以市场竞争性为主、政策为辅的建材工业去产能的长效机制。重点针对水泥、平板玻璃等高耗能行业建立反映资源稀缺程度的要素价格形成机制，形成以市场为主导的资源性产品价格形成机制和有利于资源节约和环境保护的资源价格体系，以提高资源性产品价格、降低再生资源价格、提高废弃物排放成本，倒逼竞争力不足的产能退出。同时要完善市场导向的资源配置机制，减少政府部门对投资的过度干预，特别是要减少政府对资源配置的干预，使市场优胜劣汰的机制自动发挥作用。

（二）进一步加大力度推动建材工业兼并重组

兼并重组不仅是化解水泥、平板玻璃等行业产能过剩矛盾的有效手段，更是提高行业集中度，增强行业竞争力的有力武器。鉴于当前水泥、平板玻璃行业集中度不高，缺乏国际竞争实力强的大企业集团的现状，水泥、平板玻璃等主要建材行业兼并重组工作不能仅停留在完成"十二五"兼并重组的目标任务上，还需从促进建材工业长远发展的角度出发，制定标准更高的兼并重组目标任务，进一步加大力度推动建材工业兼并重组。一方面要坚决禁止各地阻碍大企业集团对本地水泥的并购重组和各种保护行为，促进跨地区、跨所有制兼并重组。另一方面要以河北、广东、江苏、山东等水泥、平板玻璃重点产区和环境敏感区为突破口，重点支持这些地区企业联合重组，形成一批产业链完整、核心竞争力强的企业集团。

（三）加快发展新型绿色建材产品

2012年年底华北、华东地区出现的严重大气污染为新型绿色建材产品的研发推广提供了难得的机遇，因此要牢牢抓住这个契机，加快发展新型绿色建材产品，扩大绿色建材需求，壮大绿色建材产业。一要实施绿色建材工程，落实好2012~2013年各项政策提出的与绿色建材工程有关的各项工作任务，鼓励绿色建材产品的设计研发，支持绿色建材产品的推广应用。二是通过《绿色建材产品目录》引导和激活绿色建材产品消费，促进建材产品结构调整。三是梳理建材行业标准体系，制定完善绿色建材评价体系，并结合行业准入、节能减排、大气污染防治等要求修订重要行业标准，利用先进标准鼓励行业创新，促进建材工业绿色发展。

（四）加强建材工业结构调整过程中的监测管理

2014年是建材工业结构调整关键一年。为顺利完成"十二五"建材工业结构调整的目标任务，兼并重组、技术改造、淘汰落后产能等各项工作都要加快进行。然而无论是兼并重组还是淘汰落后产能都会涉及职工安置、债务风险等问题，同时会对部分欠发达地区经济发展造成一定负面影响，因此，必须做好对建材工业结构调整的监测和管理。一要加强日常的建材行业运行监测，建立相应的预警机制，随时发现并化解运行中的重大问题。二要加强对各地淘汰落后产能、兼并重组、技术改造工作的指导，增强对因淘汰落后、兼并重组而下岗失业的职工的责任关怀，鼓励其再就业或创业。三要支持水泥、平板玻璃等行业加强行业自律，通过自律促进这些行业自觉进行结构调整。此外，还要做好《建材工业"十二五"发展规划》中期评估的后续工作，为建材工业"十三五"规划的制定做好准备。

第四节　2014年汽车工业结构调整展望及政策建议

长期来看，我国正处在工业化和城镇化进程的加快发展时期，随着市场需求不断扩大，汽车生产和销售必将还有较大的发展空间，产品结构将进一步优化，企业技术创新能力和市场竞争力将进一步提高，汽车工业结构调整将会进一步深入。从短期看，当前国际市场需求疲软，国内市场需求增速放缓，我国汽车行业既面临着外部市场不稳定的不利因素，也面临着内部行业集中度不高、企业技术创新能力和自主品牌市场竞争力不强、产业结构仍需优化等问题。因此，应把握产业发展趋势，采取既着眼当前又利于长远的政策措施，积极推动汽车工业持续健康发展。

一、趋势展望

结合我国汽车工业发展面临的情况，展望2014年，预计我国汽车市场竞争更加激烈，消费市场增长速度趋缓，行业兼并重组频繁，产业结构调整进一步深化，节能与新能源汽车继续保持较快发展速度，市场呈现以下趋势：

（一）行业产能利用率或将降低

近年来，随着我国东部地区前几年汽车消费需求能量的释放，城市汽车保有量不断刷新纪录，已趋于"饱和"，道路拥堵问题越发突出，许多城市开始出台限购政策，汽车销售增速放缓。而中西部地区市场虽潜力巨大，但市场需求释放应是逐渐的过程，短时间内大量爆发的可能性不大。2009年以来，我国汽车销售市场销售增速呈下降趋势，预计2014年汽车消费市场增长仍然平缓。

与汽车销售市场增速平缓相比，行业投资热情较高，产能扩张速度较快。根据中国汽车工业协会的统计，到2015年，国内六大整车制造商一汽、上汽、东风、长安、广汽和北汽的总产销目标将超过2800万辆，奇瑞、吉利、比亚迪、长城、华晨和江淮的总产销目标也将达到1200万辆，主流汽车企业的产销量已经飙升到了4000万辆[1]。由此可见，市场销售难有较大改观，但产能却在快速上升，产能过剩风险值得警惕。

[1]　资料来源：新华网，《产能过剩隐忧：弱市难挡车企扩产潮》，http://news.xinhuanet.com/auto/2013-05/30/c_124784570.htm。

（二）跨区并购趋于频繁

近年来，国内汽车行业产能不断增加，但与此同时，国内销售市场增长趋于平缓，而出口市场占国内产量的比重又较小（2012年，我国汽车出口量占产能的比重仅有5.5%），随着行业产能的释放必将促使汽车行业市场竞争更加激烈。一些企业未来扩大销量提高市场占有率，不得不采取价格竞争，尤其是中低档消费市场。激烈的竞争环境在一定程度上会迫使企业更加注重提高服务能力建设，提高经营管理水平。

根据现有国家汽车产业发展政策，国家对原有汽车生产企业扩能实行备案制，而对新建汽车生产企业（包括现有汽车生产企业异地建设新的独立法人生产企业）实行核准的准入管理政策，由此可见，现有汽车生产企业的"壳资源"尤为重要。由于近期人们对行业产能过剩风险的担忧，势必会影响国家对新进入生产企业核准数量的控制，预计2014年汽车行业企业之间的并购重组会较为频繁。

（三）自主品牌汽车发展空间增大

技术创新需要一个长期的过程，技术创新研发能力的提升需要长期积累。近年来国内一些汽车生产企业已经越发认识到技术创新能力的重要性，采取措施加大投入，努力提升本企业的研发能力。但也应看到，大多数企业仍在走市场换技术、委托研发的老路子，技术创新能力的提升进展缓慢。预计未来几年，我国汽车企业整体技术创新能力会逐步提升，但在一些重点领域，一些重点企业或许会有较大突破。在自主品牌汽车发展领域，随着国家扶持力度的不断增加，加之我国汽车市场巨大，自主品牌汽车企业也在不断努力提高技术研发水平，改善品牌形象，其发展空间较大。

二、政策措施建议

围绕推动汽车工业结构调整和产业升级，根据汽车工业面临的问题及发展预测，建议2014年政府从以下几个方面入手，采取措施推动行业发展。

（一）加强行业产能控制及产业布局引导

科学引导社会资本投资方向，结合国内外汽车市场需求，合理控制汽车行业整车产能，防止行业出现严重的产能过剩风险。结合国家产业政策的落实，进一步完善行业布局，引导汽车生产企业到接近消费市场的地区、中西部布局，推动企业行业产业有序转移和布局调整。

（二）进一步加强对技术创新和自主品牌发展的扶持力度

加快推进技术创新发展战略，进一步加强对企业技术创新的支持力度，引导企业加强关键核心技术的研发投入，与科研院所开展合作，建立协同创新研发中心，健全技术研发创新的长效机制，从而从根本上提升企业技术创新水平。继续推进企业技术改造，提高企业生产基础水平，促进产品升级换代。大力推进品牌战略，引导本土企业加强品牌管理，建立符合我国实际情况的品牌管理机制，提高品牌管理水平，进一步提高品牌的市场竞争力和占有率，提高品牌知名度和忠诚度。

（三）继续推动节能与新能源汽车发展

扎实做好《节能与新能源汽车产业发展规划（2012—2020年）》以及节能与新能源汽车推广示范等工作，继续加大对节能与新能源汽车的支持力度。一方面，要鼓励企业加强关键技术攻关，国家在公共性、基础性研究方面提供更多的服务和引导，促进汽车企业与科研机构形成技术研发协作，尽快在关键技术领域形成突破，加强新能源汽车的安全性、可靠性。另一方面，在节能与新能源汽车的推广方面，要加强对基础设施建设的支持力度，出台更加优惠的政策引导社会对新能源汽车的消费。

（四）大力推进企业国际化发展战略

引导企业充分利用好外资与积极"走出去"相结合，有效利用好国内国外两个市场，加快推进企业国际化发展战略。鼓励国内企业与国外先进企业在华建立研发中心，共同开展核心关键技术研发合作。逐步建立开放、公平的汽车技术研发市场，大力推进技术研发的本土化，鼓励企业之间开展联合研究开发。加快推进"走出去"步伐，制定具体措施鼓励企业并购海外汽车生产企业、技术研发机构和市场营销机构，提高企业国际化经营能力和水平。

第五节　2014年船舶工业结构调整展望及政策建议

从全球船舶工业发展情况看，经济复苏乏力，造船产能过剩，出口贸易下滑，航运市场持续低迷的情况一段时间不会有较大改变。一系列新规范、新公约、新标准的出台给航运和造船业设定了新的标准，国际船舶市场需求结构发生变化，高技术船舶、海洋工程装备需求显著增加。从我国船舶工业发展情况看，受国际市场需求乏力影响，船舶出口量将受到压缩，加之制造成本不断上涨，产业下行压力不断增加。同时，多年的粗放发展所累积的产业集中度不高、创新能力不强、配套发展滞后等问题将给船舶行业健康运行带来沉重负担。伴随全球"绿色航运"的发展潮流和工业转型升级的迫切要求，预计船舶工业结构调整力度将进一步加大，产能过剩治理、企业兼并重组将成为政策发力点，产业链高端产品将逐渐成为新的市场增长点，促进行业结构的继续升级。

一、趋势展望

（一）市场低位企稳运行

2013 年世界船舶市场继续保持了低位运行的态势。根据中国船舶工业协会发布的信息，全年全球新船需求量预计将超过 8000 万载重吨，其中，三大主流船型仍然占据成交量大头，LNG 船和 LPG 船市场较为活跃，豪华游船、海工装备及其他特种船型亦有进一步发展，这三大类船型占比分别为 70%、10% 和 20% 左右。全球经济形势不会有大的改变，世界船运能力仍然在进一步消化中，预计 2014 年船舶工业仍将处于低位运营，但总体上企稳。同时，随着全球船舶工业结构的调整和美国、巴西等国加强深海石油的开发力度，海工装备需求将保持一定增长，成为船舶行业的新亮点。

（二）兼并重组将迈出实质性步伐

长期以来，我国船舶产业大而不强的状况一直制约着工业转型升级，骨干船厂规模偏小且布局分散，社会化、专业化程度较低；小型船厂数量多，同质化生产现象严重。在全球船舶运力过剩与造船产能过剩的矛盾下，我国船舶产业集中度低的问题严重制约着产业走出经济低迷期。2011 年我国船舶产业集中度为 52.8%，《关于加快推进重点行业企业兼并重组的指导意见》明确提出到 2015 年船舶行业前 10 家企业的产业集中度要达到 70%[1]。从船舶业发展和国家政策情况来看，兼并重组是船舶行业走出经营困境的当务之急，现阶段也是造船企业兼并重组的有利时期，大型骨干造船企业和优势企业可以趁此机会扩大规模，优化资源配置，实现产业和产品的转型升级。

---

[1] 资料来源：欧浦钢网，《中国造船业兼并重组如何上路？》，http://www.opsteel.cn/news/2013-05/DD58FB569702B91CE040080A7DC97A9E.html。

（三）行业结构有望进一步优化

随着国内外市场对高端船舶产品需求的不断增加和国家加大对船舶工业"强化需求引导，调整产品结构"的指导力度，预计2014年我国高技术高附加值船舶投资将有进一步提高。当前，我国船舶行业正处于调整转型的关键时期，船舶制造企业将会充分利用此次转型机会和扶持优惠政策，加大科技投入，将产能更多地投向节能环保船舶、高附加值船舶、海洋工程装备等高端领域，同时，液化天然气动力推进系统、低温冷藏系统、低温液货装卸系统等关键配套领域亦将有较大提高。高技术、高附加值船舶产品比重的增加将推进船舶行业结构调整进一步升级。

（四）产能过剩治理力度将加大

目前经济复苏步伐依旧缓慢，船舶产品市场需求不足，加上过去几年在建产能的不断释放，导致了现阶段船舶产能供过于求且严重过剩的局面。2012年年底，我国船舶行业产能利用率仅为75%[1]，2013年，船舶工业全年产能利用率为50%左右[2]。船舶制造行业普遍面临着开工不足、收入下滑困境。2013年1~11月，全行业实现利润252亿元，同比下降13.1%[3]。为保持产业持续健康发展，国务院于2013年7月下发《船舶工业加快结构调整促进转型升级实施方案（2013—2015年）》（国发〔2013〕29号），《方案》明确提出产能盲目扩张势头得到遏制，产能总量不增加的发展目标。为指导化解产能严重过剩矛盾工作，国务院于2013年10月下发《国务院关于化解产能严重过剩矛盾的指导意见》（国发〔2013〕41号），明确指出对产能过剩行业，要根据行业特点，开展有选择、有侧重、有针对性的化解工作。为配合国家治理产能过剩政策，预计地方一系列政策将陆续出台，2014年我国船舶产能过剩治理力度将进一步加大。

二、政策措施建议

第一，加大对骨干企业的融资支持力度。利用融资政策有针对性的引导骨干企业承接高端船舶产品制造，促进产业加快结构调整步伐。鼓励金融机构加强对船企资质的评估，对于技术水平较高、产品质量较好、生产管理规范的骨干企业

---

[1] 资料来源：和讯网，《落后产能淘汰进入"攻坚期"》，http://money.hexun.com/2013-07-30/156606257.html。
[2] 资料来源：财政部，《2013年上半年产业经济运行分析》。
[3] 数据来源：中国船舶工业协会，《2013年船舶工业经济运行分析》。

应适当增加授信额度。同时，鼓励金融机构加大对国际船东的融资支持力度，以增加国际一流船东的新船订造量。

第二，加强科技创新研发投入。当前，世界船舶科技发展迅速，市场对产品技术含量、质量品质等的要求更为严格，发达国家纷纷抢占高端市场，增加科技创新投入，我国船舶工业应积极应对船舶科技创新能力较弱等问题，适应市场结构的变化，加大科技研发投入，提高造船企业创新能力，努力开发适应市场需求的绿色船舶、海工装备，增强国际市场竞争力。

第三，积极引导船舶企业转型发展。当前，遏制新增产能、淘汰落后产能、化解产能过剩矛盾是船舶工业结构调整和转型升级的迫切要求。应遵照尊重市场规律与改善宏观调控相结合的原则，借助技术标准、规范等其他管理手段或措施，尽早制定出台淘汰落后造船产能的政策措施，推动淘汰落后产能的进度。另外，结合船舶工业实际特点，积极牵头兼并重组，帮助企业解决转产转业过程中的难题，并做好兼并后的企业扶持工作，促进行业集中度的进一步提高，推动行业健康发展。

第六节　2014年电子信息行业结构调整展望及政策建议

随着我国电子信息产业的快速发展，以及国家出台的多项鼓励和支持电子信息产业发展政策措施成效的显现，我国电子信息产业将实现产业结构的进一步优化，基础网络建设将进入快轨道，随着新一代信息技术的快速发展和商业模式的不断创新，电子信息硬件和软件产品也将更加移动智能化。产业组织方面，国内外的产业转移加快，兼并重组也将成为企业发展壮大的重要方式。2014年，电子信息产业作为国家战略性新兴产业之一，政府将加强扶持力度，逐步提升自主创新能力，完善基础设施建设，进一步鼓励企业兼并重组，加强与发达国家的技术交流与合作，并加大措施维护我国信息安全与优化网络环境。

一、趋势展望

（一）产业规模稳步增长，产品结构进一步优化

随着后危机时代经济复苏的影响和新一代信息技术的发展，世界众多国家都将电子信息产业作为其经济振兴的新的增长点、抢占技术制高点的重要手段，我国也陆续密集出台了多项鼓励电子信息产业的发展政策，这将为电子信息产业的发展提供有力的支撑，我国的电子信息产业规模也将稳步增长。预计，2014年我国规模以上电子信息制造业增加值将增长10%左右，软件业增速将在20%以上，软硬件产品比例将进一步优化。

（二）基础网络建设进入快轨道，信息消费将成为重要的发展动力

目前我国基础网络建设无法满足日益增长的信息消费需求，并且存在东西部地区和城乡之间的发展不平衡的问题。我国政府2013年实施"宽带中国"战略，将对宽带网络建设、相关技术应用以及服务水平的提高产生积极的推动效应，将使基础网络建设在2014年进入快轨道。而随着固定和无线网络的建设，也将刺激信息消费的大幅度增加，信息消费将促进生产和生活方式的改变，引领我国消费的升级，加快我国信息服务业的发展和创新。

（三）移动互联网市场仍然是竞争热点，电子信息产品将向高端智能化推进

移动互联网在近几年飞速发展，随着宽带和无线网络的普及以及移动终端设备的发展，电子信息产业已经从过去的台式电脑时代进入了移动互联网时代。众多新兴的网络信息服务企业掀起了移动互联网热潮，大型的高端移动设备制造商也将产品加速推入市场，并为用户带来了更加综合优化的体验。2014年移动互联网市场仍然是竞争热点，我国互联网巨头也加速推进移动互联网服务产品，高端智能化的移动终端设备的普及率增加。我国电子信息产品也将向高端制造推进，以大数据、云计算为代表的新一代信息技术也将带来电子信息产业发展的新格局。

（四）国内外产业转移加快，区域布局进一步优化

目前，全球电子信息产业向发展中国家转移趋势明显，日本在2011年大地震后逐步将包括高端设计的上游产业链转移到中国和越南，韩国面板产业加快了在发展中国家合资建厂步伐，欧美电子信息制造业也在加速向发展中国家转移。在国内，东部地区的电子信息产业也在逐渐向中西部地区转移，中西部地区的电子信息产业发展增速将继续高于全国的平均水平。目前，重庆、成都等中西部城市吸引了众多国际知名品牌投资，也将加速形成"品牌+代工+配套"的发展体系。通过发挥中西部地区的资源、区位及生产力优势，将进一步发掘产业发展潜力，带动区域经济的发展，实现我国电子信息产业的区域布局优化。

（五）企业兼并重组步伐加快，行业集中度进一步提高

近几年，全球电子信息领域的兼并重新十分活跃，谷歌收购摩托罗拉移动、惠普收购英国软件公司 Autonomy、微软收购诺基亚等重大并购重组案件显示出，大型企业通过并购、重组等方式抢占产业链前端的控制地位，不断构建其自身生态圈，提升抗风险能力。我国国内电子信息领域的兼并重组也频繁发生，兼并重组也成为企业做大做强的重要发展方式。2013 年，国内发生了清华紫光以 17.8 亿美元收购展讯通信、TCL 集团收购华星光电、百度收购 91 无线等多项兼并重组活动。企业通过并购等方式使得其规模迅速扩大和产品服务得到完善，市场竞争也逐渐从企业产品和服务的竞争转变为产业链的竞争。

二、政策措施建议

（一）加强政府扶持力度，提升自主创新能力

加强关键技术领域的研发投入，建立和完善信息技术扶持资金，引导和支持科研院所、企业联盟，甚至是有条件的企业开展战略性关键技术和重点产品的研究开发。通过税收优惠、信贷优惠等政策的调节作用，鼓励资源向集成电路、新型显示及新一代信息技术等核心关键领域集聚，鼓励企业建立研发中心，发挥高等院校、科研院所的科研能力，加大知识成果转化以及校企间的成果转移。

（二）加强基础设施建设，完善产业配套设施

进一步落实《"宽带中国"战略及实施方案》，加强对我国宽带建设的战略性引导和系统布局。针对我国中西部地区以及城乡之间网络建设的明显不平衡的问题，我国要加强网络基础设施建设，同时提升技术水平和网络服务质量。针对中西部地区承接产业转移，做好顶层设计和统筹规划，完善产业配套设施，形成产业集聚与产业链构建机制。

（三）鼓励优势企业进行兼并重组，支持企业"走出去"

加强对具有优势的电子信息企业兼并重组的引导与扶持，消除兼并重组的制度障碍，充分发挥资源整合的市场机制，延长和提升产业链，在重点领域取得突破。支持企业"走出去"，为企业提供税收、金融、保险、中介服务等政策扶持，提高国内企业管理水平，增强我国电子信息产业的国际竞争力。

（四）加大与发达地区合作，扩大海外市场

立足全球，积极与发达地区的优势企业展开生产与技术合作，促进信息技术向我国扩散和转移，加强大陆与台湾的合作，鼓励企业通过合资、合并、参股、联盟等多种方式展开合作，促进两岸集成电路产业发展。通过建立出口信贷制度、加大贸易自由化等政策措施，加大我国电子信息产品的出口力度，扩大本土产品的海外市场。

（五）加强信息安全与保护，改善优化网络环境

国家信息安全与保护密切关系着国家的安全，"棱镜门"、美国窃听等国际事件的发生为我国敲响了警钟。要加强我国信息的安全与保护，提高我国信息安全保障能力和水平，维护国家及公民的信息安全，维护社会稳定和公共利益。技术、管理和法律手段相结合，构建安全的信息系统防范体系。加强宣传、引导和教育工作，建立公民网络诚信体系，净化信息流通渠道，创造良好网络环境。

参考文献

1. 西蒙·库仔涅茨：《各国的经济增长》，商务印书馆 1985 年版。

2. 郭克莎：《中国产业结构变动趋势及政策研究》，经济管理出版社 2002 年版。

3. 沈玉良：《制度变迁与结构变动》，上海财经大学出版社 1998 年版。

4. 江小涓：《世纪之交的工业结构升级》，远东出版社 1996 年版。

5. 胡荣涛：《产业结构与地区利益分析》，经济管理出版社 2001 年版。

6. 周振华：《产业政策的经济理论系统分析》，中国人民大学出版社 1991 年版。

7. 江世银：《区域产业结构调整与主导产业选择研究》，上海人民出版社 2004 年版。

8. 刘伟：《工业化进程中的产业结构研究》，中国人民大学出版社 1995 年版。

9. 郭克莎、王延中：《中国产业结构变动趋势及政策研究》，经济管理出版社 1999 年版。

10. 郭克莎：《结构优化与经济发展》，广东经济出版社 2001 年版。

11. 马艳华：《世界金融危机后我国的产业结构调整》，经济科学出版社 2011 年版。

12. 傅泽平：《西部产业结构调整与产业升级研究》，四川人民出版社 2009 年版。

13. 中国社会科学院工业经济研究所：《中国工业发展报告——中国工业的转型升级》，经济管理出版 2011 年版。

14. 赵大平：《政府激励、高科技企业创新与产业结构调整》，中国经济出版社 2012 年版。

15. 王岳平等：《"十二五"时期中国产业结构调整研究》，中国计划出版社

2011 年版。

16.《产业结构调整指导目录（2011 年本）》，中国经济出版社 2011 年版。

17. 张新、李志男：《技术创新与产业结构调整》，兵器工业出版社 2010 年版。

18. 中华人民共和国工业和信息化部：《工业转型升级规划系列解读材料》，[EB/OL]. http://www.miit.gov.cn/n11293472/n11293832/n13875071/14468724.html, 2012-02-05/2012-04-28.

19. 中华人民共和国国务院：《工业转型升级规划（2011—2015 年）》，[EB/OL]. http://news.xinhuanet.com/politics/2012-01/18/c_111449533.htm, 2011-01-18/2012-04-26.

20. 中华人民共和国工业和信息化部：《工业节能"十二五"规划》，[EB/OL]. http://www.miit.gov.cn/n11293472/n11293832/n11293907/n11368223/14475991.html, 2012-02-27/2012-05-05.

21. 林峰：《可持续发展与产业结构调整》，社会科学文献出版社 2006 年版。

22. 郭树言：《推动中国产业结构战略性调整与优化升级探索》，经济管理出版社 2008 年版。

23. 张宏艳、杨德勇：《产业结构研究导论》知识产权出版社 2008 年版。

24. 工业和信息化部产业政策司、中国社会科学院工业经济研究所：《中国产业发展和产业政策报告（2011）》，中信出版社 2011 年版。

25. 卢中原：《世界产业结构变动趋势和我国的战略抉择》，人民出版社 2009 年版。

26. 国务院发展研究中心产业经济研究部课题组：《中国产业振兴与转型升级》，中国发展出版社 2010 年版。

27. 国务院发展研究中心课题组：《转变经济发展方式的战略重点》，中国发展出版社 2010 年版。

28. 杨建龙：《新一轮经济增长的结构与趋势研究》，中国发展出版社 2010 年版。

29. 中国电子信息产业发展研究院、赛迪顾问股份有限公司：《中国战略性新兴产业发展及应用实践》，机械工业出版社 2012 年版。

30. 刘志阳：《2011 中国产业发展报告》，上海财经大学出版社 2011 年版。

31. 李兴华：《战略性新兴产业 100 问》，广东科技出版社 2010 年版。

32. 张永伟：《从追赶到前沿：技术创新与产业升级之路》，中信出版社 2011 年版。

33. 王其中：《产业集群升级战略研究》，经济科学出版社 2011 年版。

34. 路通：《老工业基地振兴中的新型技术改造战略》，科学出版社 2011 年版。

35. 范恒山：《中部地区承接产业转移有关重大问题研究》，武汉大学出版社 2011 年版。

36. 邹璇：《要素流动、产业转移与经济增长：空间经济学框架下的理论探索》，经济科学出版社 2011 年版。

37. 王云平：《产业转移和区域产业结构调整》，中国水利水电出版社 2010 年版。

38. 陈泽明：《企业重组与产业转移》，清华大学出版社 2010 年版。

39. 李君华：《产业集聚与布局理论：以中国制造业为例》，经济科学出版社 2010 年版。

40. 国务院发展研究中心课题组：《中小企业发展：新环境？新问题？新对策》，中国发展出版社 2011 年版。

41. 全国工商联：《2011 年中国中小企业调研报告》，中华工商联合出版社 2012 年版。

42. 李博：《工业结构演变的动因和机制》，《湖北经济学院学报》2011 年第 4 期。

后 记

为准确把握我国工业结构调整的年度进展和未来趋势，赛迪智库产业政策研究所坚持长期跟踪研究工业结构调整相关政策和结构调整现状、存在的问题、面临的挑战及趋势，形成《中国工业结构调整蓝皮书》系列丛书。

历时数月，《2013—2014年中国工业结构调整蓝皮书》完稿，得以呈现给读者。本书由王鹏担任主编，李燕统筹组稿。全书具体撰写人员及分工如下：第一章由程楠撰写；第二、三章由李燕、童红娟撰写；第四、十九章由郧彦辉撰写；第五、十五、二十章由王致远撰写；第六、二十一章由李燕撰写；第七、十三、二十二章由郑长征撰写；第八、十八、二十三章由张建伦撰写；第九、十四、二十四章由程楠撰写；第十、二十五章由文玉春撰写；第十一、二十六章由何继伟撰写；第十二章由童红娟撰写；第十六章由杜雨潇撰写；第十七章由韩娜撰写；第二十七章由童红娟、郑长征、程楠、王致远、杜雨潇、韩娜、郭灵康、周游等人撰写。在本书编写过程中，工业和信息化部相关领导、业界专家和相关企业给予了大力的支持和帮助，在此一并致以最诚挚的谢意！

工业化的历史表明，工业结构的演变是一个漫长的历史过程，我国工业结构调整虽然不断取得积极的成效，但仍然任重而道远。《中国工业结构调整蓝皮书》系列丛书将见证我国工业结构调整的艰难与挑战，记录每一步进展与成效，共同迎接我国工业结构持续优化、工业化基本实现的美好明天。

赛迪智库

面向政府 服务决策

中国工业和信息化领域的**思想库**

《赛迪专报》	《工业和信息化研究》
《赛迪译丛》	《工业经济研究》
《赛迪软科学》	《工业科技研究》
《赛迪国际观察》	《世界工业研究》
《赛迪智库·前瞻》	《原材料工业研究》
《赛迪智库·视点》	《装备工业研究》
《智说新论》	《消费品工业研究》
《书说新语》	《工业节能与环保研究》
《两化融合研究》	《工业安全生产研究》
《互联网研究》	《产业政策研究》
《信息安全研究》	《中小企业研究》
《电子信息产业研究》	《无线电管理研究》
《软件与信息服务研究》	《财经研究》
《军民结合研究》	《跨国公司研究》

编 辑 部：工业和信息化部赛迪研究院
通讯地址：北京市海淀区万寿路27号电子大厦4层
邮政编码：100846
联 系 人：刘 颖 董 凯
联系电话：010-68200552　13701304215
　　　　　010-68207922　18701325686
传　　真：010-68200534
网　　址：www.ccidthinktank.com
电子邮件：liuying@ccidthinktank.com

赛迪智库

面向政府 服务决策

中国工业和信息化领域的咨询翘楚

信息化研究中心	工业化研究中心
产业政策研究所	规划研究所
电子信息产业研究所	工业经济研究所
软件与信息服务业研究所	工业科技研究所
信息安全研究所	工业节能与环保研究所
互联网研究所	世界工业研究所
光伏产业研究所	装备工业研究所
无线电管理研究所	消费品工业研究所
军民结合研究所	原材料工业研究所
中小企业研究所	工业安全生产研究所
	财经研究所

编 辑 部：工业和信息化部赛迪研究院
通讯地址：北京市海淀区万寿路27号电子大厦4层
邮政编码：100846
联 系 人：刘颖 董凯
联系电话：010-68200552 13701304215
010-68207922 18701325686
传 真：010-68200534
网 址：www.ccidthinktank.com
电子邮件：liuying@ccidthinktank.com